Das fachgerichtliche Rechtsbehelfssystem der Untersuchungshaft
sowie die Regelung des Vollzuges

Würzburger Schriften zur Kriminalwissenschaft

Herausgegeben von Klaus Laubenthal

Band 33

PL ACADEMIC RESEARCH

Lars Firchau

Das fachgerichtliche Rechtsbehelfssystem der Untersuchungshaft sowie die Regelung des Vollzuges

Unter Einbeziehung des Bayerischen Untersuchungshaftvollzugsgesetzes

PL ACADEMIC RESEARCH

Bibliografische Information der Deutschen Nationalbibliothek
Die Deutsche Nationalbibliothek verzeichnet diese Publikation in der Deutschen Nationalbibliografie; detaillierte bibliografische Daten sind im Internet über http://dnb.d-nb.de abrufbar.

Zugl.: Würzburg, Univ., Diss., 2013

Umschlaggestaltung:
© Olaf Gloeckler, Atelier Platen, Friedberg

Gedruckt auf alterungsbeständigem,
säurefreiem Papier.

D 20
ISSN 1618-078X
ISBN 978-3-631-64461-4 (Print)
E-ISBN 978-3-653-03188-1 (E-Book)
DOI 10.3726/978-3-653-03188-1

PL Academic Research ist ein Imprint der Peter Lang GmbH.

Peter Lang – Frankfurt am Main · Bern · Bruxelles · New York ·
Oxford · Warszawa · Wien

www.peterlang.de

Vorwort

Die vorliegende Arbeit wurde im Juli 2012 von der Juristischen Fakultät der Julius-Maximilians-Universität Würzburg als Dissertation angenommen.

Ein herzlicher Dank gilt meinem Doktorvater Herrn Prof. Dr. Klaus Laubenthal für das in mich gesetzte Vertrauen und die Förderung meines Promotionsvorhabens.

Frau PD Dr. Nina Nestler danke ich für ihren Zuspruch sowie für zahlreiche wertvolle Hinweise und kompetenten Rat.

Ferner bedanke ich mich bei Herrn Prof. Dr. Helmut Baier für die Übernahme des Zweitgutachtens.

Frau Diane Löwe gebührt Dank für die Durchsicht des fertigen Manuskripts und ihre hilfreichen Anmerkungen.

Schließlich danke ich meinen Eltern für ihre bedingungslose Unterstützung auf allen von mir eingeschlagenen Wegen.

Nürnberg, im April 2013

Lars Firchau

Inhaltsübersicht

Inhaltsverzeichnis

Abkürzungsverzeichnis

a. A.	anderer Ansicht
a. a. O.	am angegebenen Ort
Abs.	Absatz
a. F.	alte Fassung
AG	Amtsgericht
Alt.	Alternative
a. M.	anderer Meinung
Anm.	Anmerkung
AnwBl.	Anwaltsblatt
AöR	Archiv des öffentlichen Rechts (Zeitschrift)
Art.	Artikel
Aufl.	Auflage
BayObLG	Bayerisches Oberstes Landesgericht
Bd.	Band
BeckRS	Beck-Rechtsprechung (Ungekürzte Originalurteile über beck-online.de)
Beschl.	Beschluss
BGB	Bürgerliches Gesetzbuch
BGBl.	Bundesgesetzblatt
BGH	Bundesgerichtshof
BGHSt	Entscheidungen des Bundesgerichtshofs in Strafsachen

Bl.	Blatt
BLNVerf	Verfassung von Berlin
BMJ	Bundesministerium der Justiz
BT-Drs.	Drucksachen des Bundestages
bspw.	beispielsweise
BVerfG	Bundesverfassungsgericht
BVerfGE	Entscheidungen des Bundesverfassungsgerichts
BVerfGG	Bundesverfassungsgerichtsgesetz
bzgl.	bezüglich
bzw.	beziehungsweise
ders.	derselbe
d. h.	das heißt
DÖV	Die Öffentliche Verwaltung (Zeitschrift)
DRiG	Deutsches Richtergesetz
DRiZ	Deutsche Richterzeitung
Drucks.	Drucksachen
EGGVG	Einführungsgesetz zum Gerichtsverfassungsgesetz
EGMR	Europäischer Gerichtshof für Menschenrechte
einschl.	einschließlich
EL	Ergänzungslieferung
EMRK	Europäische Konvention zum Schutze der Menschenrechte und Grundfreiheiten
etc.	et cetera

EuGRCH	Europäische Grundrechtecharta
EuR	Europarecht (Zeitschrift)
EuZW	Europäische Zeitschrift für Wirtschaftsrecht
evtl.	eventuell
f.	folgende
ff.	fortfolgende
Fn.	Fußnote
FS	Festschrift
G.	Gesetz
GA	Goltdammer's Archiv für Strafrecht
gem.	gemäß
GG	Grundgesetz
ggf.	gegebenenfalls
grundl.	grundlegend
GVG	Gerichtsverfassungsgesetz
Halbs.	Halbsatz
HansOLG	Hanseatisches Oberlandesgericht
h. M.	herrschende Meinung
HRRS	HöchstRichterliche Rechtsprechung im Strafrecht (Onlinezeitschrift)
IPBPR	Internationaler Pakt über bürgerliche und politische Rechte
i. d. R.	in der Regel
i. E.	im Ergebnis

insbes.	insbesondere
insges.	insgesamt
i. S.	im Sinne
i. S. d.	im Sinne des
i. S. v.	im Sinne von
i. V. m.	in Verbindung mit
JBlRP	Justizblatt Rheinland-Pfalz
JR	Juristische Rundschau
JurBüro	Das Juristische Büro
JuS	Juristische Schulung
JVA	Justizvollzugsanstalt
JZ	Juristische Zeitung
KG	Kammergericht
krit.	kritisch
LG	Landgericht
Lit.	Literatur
m. abl. Anm.	mit ablehnender Anmerkung
m. Anm.	mit Anmerkung
MDR	Monatsschrift für Deutsches Recht
m. w. N.	mit weiteren Nachweisen
m. W. v	mit Wirkung vom
n. F.	neue Fassung

NJW	Neue Juristische Wochenschrift
NJ	Neue Justiz (Zeitschrift)
NK	Neue Kriminalpolitik (Zeitschrift)
Nr.	Nummer
NStE	Neue Entscheidungssammlung für Strafrecht
NStZ	Neue Zeitschrift für Strafrecht
NStZ-RR	Neue Zeitschrift für Strafrecht Rechtsprechungs-Report
NVwZ	Neue Zeitschrift für Verwaltungsrecht
OLG	Oberlandesgericht
RGSt	Entscheidungen des Reichsgericht in Strafsachen (zitiert nach Band und Seite)
RiStBV	Richtlinien für das Straf- und Bußgeldverfahren
Rn.	Randnummer
Rspr.	Rechtsprechung
S.	Satz, Seite
s.	siehe
s. o.	siehe oben
StA	Staatsanwaltschaft
StGB	Strafgesetzbuch
StPO	Strafprozessordnung
str.	streitig
StraFo	Strafverteidiger Forum
StRR	StrafRechtsReport (Zeitschrift)

st. Rspr.	ständige Rechtsprechung
StV	Strafverteidiger (Zeitschrift)
StVollzG	Strafvollzugsgesetz
s. u.	siehe unten
teilw.	teilweise
u.	und
u. a.	unter anderem
U-Haft	Untersuchungshaft
Urtl.	Urteil
usw.	und so weiter
UVollzO	Untersuchungshaftvollzugsordnung
VerwGH	Verwaltungsgerichtshof
v.	von, vom
vgl.	vergleiche
VR	Verkehrsrechts-Sammlung (zitiert nach Band und Seite)
wistra	Zeitschrift fürWirtschafts- und Steuerstrafrecht
z. B.	zum Beispiel
ZfStrVO	Zeitschrift für Strafvollzug und Straffälligenhilfe
Ziff.	Ziffer
ZIS	Zeitschrift für internationale Strafrechtsdogmatik
zit.	zitiert
ZRP	Zeitschrift für Rechtspolitik

ZStW	Zeitschrift für die gesamte Strafrechtswissenschaft
z. T.	zum Teil
zust.	zustimmend
zutr.	zutreffend

Einführung

A. Anlass der Untersuchung

Am 1. Oktober 1879 trat die Strafprozessordnung in Kraft.[1] Gleichsam bildet dieses Datum den Ausgangspunkt für eine einheitliche Entwicklung des Rechts der Untersuchungshaft im damaligen Deutschen Reich, hin zu der heutigen prozessualen Ausgestaltung in der Bundesrepublik Deutschland.[2] Die dramatischen politischen Umbrüche, die sich während der nationalsozialistischen Gewaltherrschaft im Verhältnis des Staates zum Bürger nicht zuletzt in einer Verschärfung des Straf- und Strafprozessrechts widerspiegelten,[3] führten zu einer stetigen Veränderung der Rechtstellung des Beschuldigten im Strafprozess.

Seit Errichtung des Bundesverfassungsgerichts in der neu gegründeten Bundesrepublik Deutschland im Jahr 1951, als „Korrektiv gegen absolute Mehrheitsherrschaft“[4], schreitet dieser Wandel, nun unter dem Schutzmantel des Grundgesetzes, weiter voran. Zahlreiche Entscheidungen des *BVerfG* bilden seitdem den Grundstein für legislatorische Bemühungen auf dem Gebiet der Untersuchungshaft.

Zuletzt führte die Föderalismusreform aus dem Jahr 2006 zu einer Neuordnung der Gesetzgebungskompetenz.[5] Anlässlich dieser teilweisen Zuständigkeitsübertragung auf die Länder und der dadurch notwendig gewordenen Überarbeitung der §§ 112 ff. StPO durch das „Gesetz zur Änderung des Untersuchungshaftrechts“ vom 29.7.2009,[6] verfolgt die Arbeit das Ziel, bisherige Ansichten und Vorgehensweisen der Rechtsprechung sowie die in der Literatur vertretenen Standpunkte kritisch zu hinterfragen, neue Problemstellungen herauszuarbeiten und einer Lösung zuzuführen. Der Schwerpunkt liegt hierbei auf Fragestellungen, die sich im Zusammenhang mit dem Rechtsschutzsystem ergeben.

---

1 Strafprozessordnung v. 01.02.1877 (RGBl. S. 253).

2 Die Einführung der StPO führte Rechtseinheit auf dem Gebiet des Strafprozesses herbei. Durch die Neukonzeption entstand ein Regelungswerk, welches noch heute die Grundlage des rechtsstaatlichen Strafprozesses bildet - freilich zu damaliger Zeit noch ohne die nunmehr richtungsweisende Orientierung am Grundgesetz. Das vormals geltende Partikularrecht wurde damit obsolet. Siehe hierzu und zur weiteren Entwicklung der StPO, bis zur aktuellen Gesetzeslage, *Rieß*, Entwicklungstendenzen in der deutschen Strafprozessgesetzgebung seit 1950, ZIS 2009, S. 466, 467 ff.

3 Siehe hierzu *Eb. Schmidt*, Einführung in die Geschichte der deutschen Strafrechtspflege, 1947, S. 396 ff.

4 *Säcker*, in: FS Zeidler, Band 1, 1987, S. 265, 265.

5 M. W. v. 01.09.2006 durch G. v. 28.08.2006 (BGBl. I, S. 2034).

6 M. W. v. 01.01.2010 (BGBl. I, S. 2274).

Da sich die Gerichte bereits in zahllosen Verfahren mit dieser Thematik befassen mussten, weist eine hierauf gerichtete Untersuchung einen hohen Praxisbezug auf, stehen doch einige Streitfragen seit Jahren im Mittelpunkt gerichtlicher Auseinandersetzungen.[7]

B. Gang der Untersuchung

Die ersten drei Kapitel behandeln grundlegendes. Der häufige Rückgriff auf verfassungsrechtliche Vorgaben,[8] bei der inhaltlichen Auseinandersetzung mit den jeweiligen Problemstellungen, erfordert eine isolierte Befassung, um hieran anknüpfend an gegebener Stelle das bereits Erörterte weiter zu konkretisieren. Zur zielgerichteten Strafverteidigung bedarf es der Kenntnis aller relevanten Umstände. Das Akteneinsichtsrecht erlangt somit auch unter verfassungsrechtlichen Gesichtspunkten eine herausragende Bedeutung, weshalb die Untersuchung diesen Einzelaspekt mitumfasst. Die Frage der Kompetenz zum Erlass der Regelungsmaterie ist von solcher wesentlichen Bedeutung, dass dies gleichfalls ein gesondertes, vorheriges Eingehen bedingt. Kapitel 3 beinhaltet eine kursorische Darstellung der vorhandenen Rechtsbehelfe, sowie eine Erörterung der in diesem Zusammenhang verwendeten Begrifflichkeiten.

Im Anschluss an die Herausarbeitung der Grundlagen, liegt der Schwerpunkt der Untersuchung bei den je nach Rechtschutzziel zur Verfügung stehenden Rechtsbehelfen innerhalb der StPO. Vorrangig, in Kapitel 4 behandelt, werden die Rechtsschutzmöglichkeiten gegen die Anordnung der Untersuchungshaft, bzw. die mit der Aussetzung des Vollzugs verbundenen Beschränkungen gem. § 116 StPO, da im Allgemeinen vom Erfolg dieser Anträge der unmittelbare Verbleib des Beschuldigten in Freiheit oder Unfreiheit abhängt.

Aufgrund des oftmals lange andauernden[9] Vollzugs der Untersuchungshaft, sind die rechtlichen Instrumentarien zur Überprüfung der Entscheidungen oder Maßnahmen, die dem Inhaftierten in der Vollzugsanstalt auferlegt werden, gleichermaßen bedeutsam. Kapitel 5 und Kapitel 6 widmen sich dieser Thematik. Der Untersuchungshaftvollzug in Bayern wird nach der Änderung der Gesetz-

7 Dies lässt sich an der Vielzahl der zitierten Entscheidungen unterschiedlichster Gerichte erkennen.

8 Nicht zu Unrecht wird die StPO als „angewandtes Verfassungsrecht" bezeichnet, siehe *BVerfG*, NJW 1972, S. 1123, 1125; *BGH*, NJW 1964, S. 1139, 1142 ff.

9 Im Durchschnitt wird die Untersuchungshaft drei bis vier Monate vollzogen, in beinahe 17 % der Fälle gar sechs Monate bis zu ein Jahr. Siehe hierzu *Ostendorf*, Die Praxis des U-Haft-Vollzugs – Daten und Fakten, NK 2009, S. 126, 130; *Püschel/Bartmeier/Mertens*, Untersuchungshaft in der anwaltlichen Praxis, 2011, S. 37 ff.

gebungskompetenz durch den neugefassten § 119 StPO[10] sowie das neu erlassene Bayerische Untersuchungshaftvollzugsgesetz[11] geregelt. Da sich die Gerichte im Rahmen der eingelegten Rechtsbehelfe mit den genannten Normen inhaltlich auseinandersetzen, findet diese Materie in Kapitel 5, 6 und 7 ebenfalls Eingang in die Untersuchung. Die sich hieran anschließende Schlussbetrachtung dient der Rekapitulation der wichtigsten Erkenntnisse.

10 M. W. v. 01.01.2010 (BGBl. I, S. 2274).

11 Das Gesetz trat am 01.01.2012 gem. Beschl. vom 14.12.2011 (Drs. 16/10707) in Kraft.

Kapitel 1 Verfassungsrechtliche Vorgaben

Grundlage einer jeden rechtsstaatlichen Strafrechtspflege ist die Regelung des Ablaufs eines Strafverfahrens durch Prozessrecht.[12] Das Verfahren wird jedoch nur dann als Fundament des Rechtsstaats seiner strafprozessualen Bedeutung gerecht, wenn es auch auf einem Regelwerk basiert, das seinerseits alle rechtsstaatlichen Kriterien erfüllt.[13] Verfahrensrecht alleine kann also kein Garant für dessen Rechtsstaatlichkeit sein, sondern gibt lediglich die Möglichkeiten prozessualen Handelns vor – ein solches Verfahren wird also durch Prozessrecht nachvollziehbar, muss aber an seinem Inhalt gemessen werden.[14]

Ein Verfahren mag in allen Einzelheiten austariert sein, sämtlichen rechtsstaatlichen Grundsätzen entsprechen und dennoch keinen Rechtsschutz für die Adressaten einer bestimmten Maßnahme bieten, wenn den Betroffenen der Zugang zu den Gerichten in der konkreten Situation überhaupt nicht offensteht. Der grundlegenden Bedeutung wegen besteht die Notwendigkeit, einige wesentliche verfassungsrechtliche Vorgaben zunächst isoliert zu betrachten. Besondere Bedeutung für das Rechtsbehelfssystem der Untersuchungshaft erlangten die Unschuldsvermutung, der Anspruch auf rechtliches Gehör, sowie die Rechtsschutzgarantie.

A. Unschuldsvermutung

I. Rechtliche Verankerung

Die Ermittlung des Aussagegehalts der Unschuldsvermutung macht es zunächst erforderlich, die Frage zu klären, auf welche verfassungsrechtliche bzw. gesetz-

---

12 Ein maßgeblicher Inhalt des Rechtsstaatsprinzips aus Art. 20 Abs. 3 GG ist die Nachvollziehbarkeit und Vorhersehbarkeit staatlichen Handelns, gewährleistet durch Verfahren, vgl. hierzu etwa *Grzeszick*, in: Maunz/Dürig, GG, Stand: 61. EL, Art. 20 Rn. 27.

13 *Stuckenberg*, Untersuchungen zur Unschuldsvermutung, 1998, S. 546 weist darauf hin, dass Recht, das seine eigene Anwendung steuert, zum bloßen Ritual verkommt, sofern es rechtsstaatlichen Grundsätzen widerspricht.

14 So betrachtet etwa *Luhmann*, Legitimation durch Verfahren, 2. Auflage, 1975, S. 232 die Leistung eines Verfahrens darin, dass „die Entscheidung […] nicht als eine unerwartbare Entscheidung auf [die Verfahrensbeteiligten] zu [fällt], als Glück oder Unglück, dem man ratlos entgegensieht, ohne sich darauf einstellen zu können, sondern als Ergebnis eines Entscheidungsprozesses, in dem man sich miterlebend und mithandelnd auf sie vorbereiten kann." *Luhmann* sieht die Funktion einer Verfahrensordnung dann auch in der Legitimation der Entscheidung und nicht in erster Linie in der Bestrebung eine bestimmte Entscheidungsqualität zu erzeugen, S. 22 ff.

liche Grundlage diese zurückgeht. Positivrechtlich verankert und im Rechtsraum der Bundesrepublik Deutschland verbindlich, ist die Unschuldsvermutung in Art. 6 Abs. 2 EMRK,[15] darüber hinaus in Art. 48 Abs. 1 EuGRCH,[16] in Art. 14 Abs. 2 IPBPR[17] sowie in einigen Landesverfassungen.[18] Nach ständiger Rechtsprechung des Bundesverfassungsgerichts handelt es sich beim Grundsatz der Unschuldsvermutung um einen Bestandteil des Bundesverfassungsrechts, welcher im Rechtsstaatsprinzip wurzelt.[19]

II. Aussagegehalt

1. Grundaussage

Der Aussagegehalt der Unschuldsvermutung kann keineswegs klar umrissen werden.[20] Gewissheit besteht nur dahingehend, dass diese nicht erst in neuerer Zeit formuliert wurde[21] und der Rechtssatz vielgestaltig, „fast universell“[22] aner-

15 Durch Zustimmungsgesetz vom 07.08.1952 in innerstaatliches Recht transformiert und damit unmittelbar anwendbar. Näher hierzu *Pache*, Die Europäische Menschenrechtskommission und die deutsche Rechtsordnung, EuR 2004, S. 393, 398.

16 Nach in Kraft treten des Vertrages von Lissabon ist die EuGRCH unmittelbare Rechtsquelle für den europäischen Grundrechtsschutz, vgl. *Weber*, Vom Verfassungsvertrag zum Vertrag von Lissabon, EuZW 2008, S. 7, 8.

17 Ratifiziert durch G. v. 15.11.1973 (BGBl. II, S. 1533). Nach Art. 2 Abs. 1 IPBPR verpflichtet sich jeder Vertragspartner die Rechte zu beachten und gem. Art. 2 Abs. 2 IPBPR gegebenenfalls erforderliche Schritte einzuleiten. Darüber hinaus besteht die Möglichkeit einer Staaten- und Individualbeschwerde, vgl. u.a. *Hailbronner*, in: Graf Vitzthum (Hrsg.), Völkerrecht, 4. Aufl., 2007, Rn. 224 ff.

18 Exemplarisch hierfür Art. 9 Abs. 2 BLNVerf : „Ein Beschuldigter gilt nicht als schuldig, solange er nicht von einem Gericht verurteilt ist“ (Die Berliner Verfassung trat in ursprünglicher Fassung am 01.09.1950 in Kraft, VOBl. I, S. 933). Weitere Nachweise und auszugsweise aufgeführte Passagen bei *Stuckenberg*, Untersuchungen zur Unschuldsvermutung, 1998, S. 46 Fn. 1.

19 *BVerfGE* 19, 342, 347; 22, 254, 265; 25, 327, 331; 35, 311, 320; 74, 358, 370; 82, 106, 114 und jüngst in NJW 2009, S. 3569, 3569. Die darüber hinausgehenden Verortungen im Schrifttum sind dagegen so vielschichtig, dass sie an dieser Stelle nicht weiter vertieft werden können. Hier ist auf die Herausarbeitung von *Stuckenberg*, Untersuchungen zur Unschuldsvermutung, 1998, S. 48 ff. mit den zahlreichen weiteren Verweisen hinzuweisen.

20 Vgl. etwa *Laubenthal*, Wiederaufnahme des Verfahrens, GA 1989, S. 20, 25; *Gropp*, Zum verfahrenslimitierenden Wirkungsgehalt der Unschuldsvermutung, JZ 1991, S. 804, 805; *Lemke*, in: HK, StPO, 4. Auf., 2009, Einl. Rn. 25.

21 Zur Historie der Unschuldsvermutung umfassend *Stuckenberg*, Untersuchungen zur Unschuldsvermutung, 1998, S. 11 ff.; *Köster*, Die Rechtsvermutung der Unschuld, 1979, S. 1 ff.

kannt wird. Vereinzelt herrscht gar die Auffassung es handele sich um einen nicht nur das Strafrecht betreffenden, allgemeinen Grundsatz.[23] Da der Kontext der Untersuchung jedoch alleine strafrechtlicher Natur ist, erstreckt sich diese im weitesten Sinne nur auf den dadurch vorgegebenen Rahmen. Obgleich der Aussagegehalt strittig ist, kann eine Grundaussage herausgearbeitet werden, die allgemeinen Konsens erfährt, dabei jedoch nicht über den Wortlaut[24] der rechtlichen Positivierung hinausgeht: Jeder Angeklagte gilt als unschuldig, bis seine Schuld in einem gesetzlich geregelten Strafverfahren nachgewiesen werden konnte.[25] Einvernehmen erzielt auch die Ausgestaltung als subjektives Recht[26] sowie eine Geltungsdauer während des gesamten Strafprozesses bis zur rechtskräftigen Verurteilung.[27]

---

22 So etwa *Stuckenberg*, Die normative Aussage der Unschuldsvermutung, ZStW 111 (1999), S. 422, 422 der als einzige Ausnahme die Volksrepublik China nennt; *Gropp*, Zum verfahrenslimitierenden Wirkungsgehalt der Unschuldsvermutung, JZ 1999, S. 804, 804 spricht von einem „weltweit anerkannten Rechtsprinzip".

23 *Stuckenberg*, Untersuchungen zur Unschuldsvermutung, 1998, S. 558, spricht von einer „unausgesprochenen" Beachtung in allen Rechtsgebieten, wobei im Strafprozess, im Gegensatz zum „blassen Art. 2 Abs. 1 GG", pathetisch die Unschuldsvermutung zur Begründung herangezogen wird; *Meyer*, in: FS Tröndle, 1989, S. 61, 74 kritisiert hingegen die Konstituierung als allgemeinen Rechtssatz; *Frister*, Unschuldsvermutung und gerichtskundige Tatsachen, Jura 1998, S. 356, 359 hält eine konsequente Einhaltung in allen Rechtsgebieten nicht für möglich und sieht eine Entwertung für den strafrechtlichen Bereich durch eine Verallgemeinerung des Prinzips.

24 Wobei die Formulierungen leichte Unterschiede aufweisen, in Art. 6 Abs. 2 EMRK gilt die Vermutung „bis zum gesetzlichen Beweis der Schuld", Art. 14 Abs. 2 IPBPR nennt als Geltungszeitraum „bis zu dem im gesetzlichen Verfahren erbrachten Nachweis der Schuld" und nach Art. 48 Abs. 1 EuGRCH ist eine Widerlegung erst durch „rechtsförmlich erbrachten Beweis der Schuld" legitim.

25 So fasst etwa *Kühl*, Unschuldsvermutung, Freispruch, Einstellung, 1983, S. 11 die Kernaussage zusammen.

26 *Pfeiffer*, in: FS Geiß, 2000, S. 147, 148; *Stuckenberg*, Untersuchungen zur Unschuldsvermutung, 1998, S. 558; *Lilie*, in: FS Remmers, 1995, S. 601, 610 ff.; *Lindner*, Der Verfassungsrechtssatz von der Unschuldsvermutung, AöR 133 (2008), S. 235, 248; *Möstl*, in: HStR VIII, 2010, § 179 Rn. 68; *Valerius*, in: Graf-StPO, 2010, Art. 6 EMRK Rn. 32; *Eser*, in: Kommentar zur EuGRCH, 2. Aufl., 2006, Art. 48 Rn. 10; *Gollwitzer*, Menschenrechte im Strafverfahren, 2005, Art. 6 MRK Rn. 116; *Pfeiffer/Hannich*, in: KK, StPO, 6. Aufl., 2008, Einl. Rn. 32a; *Lemke*, in: HK, StPO, 4. Aufl., 2009, Einl. Rn. 26.

27 *BVerfGE* 35, 202, 232; *Stuckenberg*, Untersuchungen zur Unschuldsvermutung, 1998, S. 558 ff; *Schädler*, in: KK, StPO, 6. Aufl., 2008, Art. 6 MRK Rn. 43; *Lemke*, in: HK, StPO, 4. Aufl., 2009, Einl. Rn. 26.

2. Verbot von Schuldzuweisungen

Grundsätzlich gewährleistet die Unschuldsvermutung, dass vor Abschluss der Hauptverhandlung keine Schuldzuweisungen erfolgen dürfen.[28] Dieser Aussage werden verschiedene Bedeutungen beigemessen.

a) Verbot rechtsgüterschutzorientierter Zweckverfolgung des materiellen Strafrechts

Vor einer rechtskräftigen Verurteilung darf gegen einen Beschuldigten, um eine Schuldzuweisung nicht vorwegzunehmen, ein Eingriff nicht zum Zwecke des Rechtsgüterschutzes erfolgen.[29] Rechtsgüterschutz als Reaktion auf begangenes „Unrecht" erfolgt primär durch das materielle Strafrecht.[30] Dieses wiederum basiert auf dem Schuldprinzip, welches gerade die rechtskräftig festgestellte Schuld erfordert und steht somit im Widerspruch zur Unschuldsvermutung.[31]

b) Verbot strafähnlicher Eingriffe

Nach der Interpretation des *BVerfG*[32] hinsichtlich des Inhalts der Unschuldsvermutung soll es ausgeschlossen sein, Maßnahmen gegen einen „nur" Verdächtigen zu ergreifen, die in ihrer Wirkung der Freiheitsstrafe gleichkommen. In diesem Sinne versteht ein erheblicher Teil der Literatur den Kerngehalt der Unschuldsvermutung ebenfalls, wenn diese als Verbot „strafähnlicher" Eingriffe zusammengefasst wird.[33]

c) Stellungnahme

Als Ausgangspunkt der Überlegung findet sich bei allen Deutungsversuchen die Forderung nach einem offenen Verfahren wieder. Präzisiert und ausformuliert geht aus dieser Grundüberlegung das Verbot „strafähnlicher" Sanktionen bzw. verallgemeinernd das Verbot von Schuldzuweisungen vor Abschluss des Strafprozesses hervor, da eine Zuwiderhandlung einer Vorverurteilung gleichkäme.

---

28 *BVerfG*, NJW 1987, S. 2427, 2428.

29 *BVerfG*, NJW 1966, S. 243, 244.

30 Vgl. *BVerfG*, NJW 1975, S. 573, 576.

31 Vgl. *Hassemer*, Die Voraussetzungen der Untersuchungshaft, StV 1984, S. 38, 40.

32 *BVerfG*, NJW 1966, S. 243, 244.

33 *Graf*, in: KK, StPO, 6. Auflage, 2008, Vorb. §§ 112-130 Rn. 8; *Eser*, in: Kommentar zur EuGRCH, 2. Aufl., 2006, Art. 48 Rn. 6; *Kühl*, in: FS Hubmann, 1985, S. 241, 247; a. A. *Frister*, Schuldprinzip, Verbot der Verdachtsstrafe und Unschuldsvermutung als materielle Grundprinzipien des Strafrechts, 1986, S. 92 der nicht von einem Verbot einer bestimmten Art von Eingriffen ausgeht, sondern vom Verbot einer bestimmten Rechtfertigung von Eingriffen.

Damit erfüllt die Unschuldsvermutung eine Schutzfunktion, indem sie eine Vorwegnahme des Verfahrensausgangs verhindern soll.[34]

Ein solches Vorgreifen könnte erfolgen, indem im Wege einer Präjudizierung auf die Entscheidung, als Produkt des Verfahrens, zu Lasten des Beschuldigten eingewirkt und der Ausgang des Verfahrens dadurch vorweggenommen wird. Die Unschuldsvermutung ist auf diese Weise zugleich Direktive an den Gesetzgeber das Prozessrecht so auszugestalten, dass einer Vorverurteilung entgegengewirkt wird und die Vermutung der Unschuld nur durch ein die Schuld feststellendes Urteil widerlegt werden kann.[35] Die Unschuldsvermutung wirkt damit verfahrenssichernd.[36]

Würde sich der Aussagegehalt darin erschöpfen, zum Schutz des Verfahrens, und damit mittelbar des Beschuldigten, die Unvoreingenommenheit gegenüber dem Beschuldigten zu gewährleisten, bliebe die Frage offen, ob es sich bei der Unschuldsvermutung lediglich um eine unselbstständige Präzisierung des aus dem Rechtsstaatsprinzip abgeleiteten Gebots eines fairen Verfahrens handelt.[37]

3. „Beweislastregel"

Eine darüber hinausgehende Bedeutung erfährt die Unschuldsvermutung jedoch als Sicherungselement der strafrechtlichen Beweislasttragungspflicht des Staates, indem sie vor Umkehrungen der Beweislast zum Nachteil des Beschuldigten schützt.[38] Aus diesem Verständnis der Unschuldsvermutung heraus, wird auch

34 *Stuckenberg*, Untersuchungen zur Unschuldsvermutung, 1998, S. 577 sieht die Schutzfunktion darin, dass durch den Schutz des Verfahrens an sich ein mittelbarer Schutz des einzelnen Bürgers erzielt wird.

35 Vgl. *Meyer*, in: FS Tröndle, 1989, S. 61, 64.

36 Vgl. *Stuckenberg*, Untersuchungen zur Unschuldsvermutung, 1998, S. 577.

37 So etwa *Haberstroh*, Unschuldsvermutung und Rechtsfolgenausspruch, NStZ 1984, S. 289, 289; auch *Stuckenberg*, Untersuchungen zur Unschuldsvermutung, 1998, S. 547 sieht die Unschuldsvermutung als „Unterfall des rechtsstaatlichen Gebotes eines fairen Verfahrens"; *Pfeiffer*, in: Strafprozeßordnung, 5. Aufl., 2005, Einl. Rn. 25 betrachtet die Unschuldsvermutung als „besonderen Aspekt" des fairen Verfahrens; dagegen wendet *Schulz*, Grenzen prozessualer Normativierung, GA 2001, S. 226, 240 ein, dass die Unschuldsvermutung nicht Ausdruck des Fairnessprinzips sei, sondern diesem überhaupt erst Profil verleiht; ebenso sieht das *BVerfG* die Unschuldsvermutung lediglich „in engem Zusammenhang" mit dem Recht auf ein faires Verfahren, ohne jedoch von Teilidentität zu sprechen, vgl. *BVerfGE* 74, 358, 371.

38 Vgl. *Meyer*, in: FS Tröndle, 1989, S. 61, 66; *Stuckenberg*, Untersuchungen zur Unschuldsvermutung, 1998, S. 579;

der Grundsatz in-dubio-pro-reo abgeleitet.[39] Jedoch soll die Unschuldsvermutung als Beweislastregel eine Entscheidung überhaupt erst ermöglichen, wohingegen der in-dubio-pro-reo-Rechtssatz die Entscheidung an sich betrifft.[40] Dessen ungeachtet ergeben sich Überschneidungen zwischen den beiden Grundsätzen, da eine Endentscheidung anhand des Zweifelsatzes getroffen wird, welche letzten Endes auf einer Beweiswürdigung nach Maßstäben der Unschuldsvermutung basiert.[41]

4. Drittwirkung

Jedenfalls kann, nach wohl herrschender Auffassung, der Unschuldsvermutung keine unmittelbare Drittwirkung[42] entnommen werden, die einen Anspruch gegen jedermann begründet, vorverurteilende Behauptungen zu unterlassen, welche nicht selten bei der Verhaftung Verdächtiger durch die Presse verlautbart werden.[43]

---

39 Ausführlich zum Meinungsstand, *Stuckenberg*, Untersuchungen zur Unschuldsvermutung, 1998, S. 98 ff.

40 Vgl. *BGH*, NStZ 1999, 205, 205 wonach sich der Zweifelssatz lediglich auf die Entscheidung bezieht.

41 *Eisenberg*, Beweisrecht der StPO, 6. Aufl. 2008, Rn. 117, spricht von einer „engen Verbindung" zwischen den beiden Grundsätzen; *Pfeiffer*, in: Strafprozeßordnung, 5. Aufl., 2005, Einl. Rn. 25, sieht „Berührungspunkte"; a. A. *Meyer*, in: FS Tröndle, 1989, S. 61, 67 der eine Ableitung des in-dubio-pro-reo Satzes aus der Unschuldsvermutung und damit auch eine Überschneidung mit der Begründung ablehnt, dass der in-dubio-pro-reo Grundsatz als „Entscheidungsregel" des sachlichen Strafrechts von einer Beweislastregel abzugrenzen sei.

42 Vgl. *Laubenthal*, Wiederaufnahme des Verfahrens, GA 1989, S. 20, 26, der ein solches Konstrukt „angesichts der Medienrealität" als „Leerformel" bezeichnet; *Meyer*, in: FS Tröndle, 1989, S. 61, 63; *Kühl*, in: FS Hubmann, 1985, S. 241, 248; *Bornkamm*, Die Berichterstattung über schwebende Strafverfahren und das Persönlichkeitsrecht des Beschuldigten, NStZ 1983, S. 102, 104, geht aber von einer mittelbaren Drittwirkung aus; ebenso *Frowein*, in: FS Huber, 1981, S. 553, 556, der aber die „indirekte Drittwirkung" darauf begrenzt, dass der Staat die zivilrechtliche Gewährleistung eines effektiven Schutzes gegen „Vorverurteilungen" in der Presse sicherstellen muss.

43 Oft reicht auch die bloße Ermittlung, um ein entsprechendes Medienecho samt vorverurteilender Untertöne auszulösen, wie jüngst wieder im Falle eines Bonner Oberarztes, der sich dem Vorwurf der Vergewaltigung ausgesetzt sah. Vgl. hierzu den Bericht des *Spiegels* v. 14.06.2010, S. 46 ff., in welchem sich, trotz Zugehörigkeit der Autoren zur „Pressezunft", mit kritischen Tönen nicht zurückgehalten wird. Mit diesem Thema, dargestellt anhand zweier Verfahren, setzt sich auch *Neuling*, Strafjustiz und Medien, HRRS 2006, S. 94 ff. kritisch auseinander und verweist in diesem Zusammenhang auch

III. Vereinbarkeit mit dem Institut der Untersuchungshaft

Bei der Frage der Legitimität des Instituts[44] der Untersuchungshaft gilt es zu prüfen, inwieweit die herausgearbeiteten Grundaussagen der Unschuldsvermutung hierzu im Widerspruch stehen. Dabei ist zunächst ohne Belang, ob der Unschuldsvermutung eigenständige Bedeutung zukommt, oder diese lediglich das Gebot eines fairen Verfahrens konkretisiert. Als Anknüpfungspunkt der Untersuchung dient das aus der Unschuldsvermutung hervorgehende Verbot von Schuldzuweisungen. In einem ersten Schritt erfolgt die Darstellung der Erklärungsansätze, die sich mit der „Strafähnlichkeit" der Untersuchungshaft auseinandersetzen (1.). Die folgende Stellungnahme (2.) befasst sich Eingangs mit der Wirkungsweise und Zweckrichtung der Untersuchungshaft (a) um sodann am Maßstab der „Strafähnlichkeit" der Untersuchungshaft (b) die strittigen Fragen der Vereinbarkeit des Haftgrundes der Wiederholungsgefahr sowie des Haftgrundes der Schwere der Tat (c) mit dem Grundsatz der Unschuldsvermutung anhand der gefundenen Ergebnisse zu erörtern.

1. „Strafähnlichkeit" der Untersuchungshaft

Bezüglich der Definition eines „strafähnlichen" Eingriffs existieren unterschiedliche Meinungen und Erklärungsansätze. Das *BVerfG*[45] stellt zunächst darauf ab, ob die Maßnahme ihrer Wirkung nach einer Freiheitsstrafe gleichkommt. Grundsätzlich stelle die Entziehung der Freiheit einen strafähnlichen Eingriff dar, jedoch kommt das Gericht im Rahmen einer Abwägung der widerstreitenden Interessen in Bezug auf die Untersuchungshaft zu dem Ergebnis, dass diese nicht der Art einer Strafe entspreche.

Kühl[46] bestimmt das Merkmal „Strafe" nicht nach der Wirkung, sondern nach der Zweckrichtung der Maßnahme. In diesem Sinne versteht er die Untersuchungshaft nicht als Strafe, da sie keine „sozialethische Mißbilligung" bezwecke. Auch *Meyer*[47] bestimmt den Strafcharakter frei von dem damit verbundenen Übel alleine nach der Zweckrichtung und unterscheidet explizit zwischen Untersuchungshaft und Strafe. Teilweise wird aus dem Verbot der Schuldantizipation auf die generelle Unzulässigkeit des Einsatzes der Untersuchungshaft für gene-

auf die Erteilung „offensiver und voreingenommener" Auskünfte durch Justizbedienstete.

44 Die Ausgestaltung des Untersuchungshaftvollzugs soll an dieser Stelle ausgeklammert bleiben.

45 *BVerfG*, NJW 1966, S. 243, 244.

46 *Kühl*, in: FS Hubmann, 1985, S. 241, 247.

47 *Meyer*, in: FS Tröndle, 1989, S. 61, 68.

ral- oder spezialpräventive Zwecke geschlossen und auf diese Weise die Eigenschaft der „Strafähnlichkeit" charakterisiert.[48] Ziele des materiellen Strafrechts dürfen nach Ansicht *Hassemers*[49] nicht verfolgt werden, da hierzu die Feststellung der Schuld erforderlich sei. Nach anderer Ansicht ist in engen Grenzen die Verfolgung spezialpräventiver Zwecke zum Schutze der Allgemeinheit zulässig, wobei daneben andere Zielsetzungen als die Verfahrenssicherung nicht verfolgt werden dürfen.[50] Vielfach wird auch die Länge der Untersuchungshaft als Bezugspunkt herangezogen. So wird argumentiert, dass diese in ihrer Wirkung immer weiter einer Strafe gleichkomme, je länger sie andauere.[51] *Frister*[52] schließlich lehnt es gänzlich ab, aus der Unschuldsvermutung das Verbot eines strafähnlichen Eingriffs vor rechtskräftiger Verurteilung abzuleiten. Er stellt hingegen auf das Verbot einer „strafähnlichen Rechtfertigung" ab. *Frister* führt in einer Kritik der Erklärungsansätze des *BVerfG* und *Kühl* aus, dass Strafe dem „absolute Geltung beanspruchenden Schuldprinzip" unterliege und nicht im Wege einer Güterabwägung eine andere Gestalt annehmen könne. Daher könne es nur auf die Rechtfertigung der Maßnahme ankommen.

48 So etwa *Hassemer*, Die Voraussetzungen der Untersuchungshaft, StV 1984, S. 38, 40; *Wolter*, Untersuchungshaft, Vorbeugehaft und vorläufige Sanktionen, ZStW 93 (1981), S. 452, 453 (Generalprävention), 495 (Spezialprävention).

49 *Hassemer*, Die Voraussetzungen der Untersuchungshaft, StV 1984, S. 38, 40.

50 *Jehle*, Untersuchungshaft zwischen Unschuldsvermutung und Wiedereingliederung, 1985, S. 12 ff; nach wieder a. A. berühren spezialpräventive Maßnahmen die Unschuldsvermutung überhaupt nicht, so etwa *Frister*, Schuldprinzip, 1986, S. 102.

51 Vgl. dazu *Stuckenberg*, Untersuchungen zur Unschuldsvermutung, 1998, S. 562; *Gropp*, Zum verfahrenslimitierenden Wirkungsgehalt der Unschuldsvermutung, JZ 1991, S. 804, 808; *Schubarth*, Zur Tragweite des Grundsatzes der Unschuldsvermutung, 1978, S. 28 ff. der eine absolute Höchstdauer fordert und eine Rechtfertigung der Untersuchungshaftdauer mit einer zu erwartenden Strafdauer als nicht mit der Unschuldsvermutung vereinbar ansieht; die Mitglieder des *Arbeitskreis Strafprozeßreform* wählen in: Die Untersuchungshaft. Gesetzesentwurf mit Begründung, 1983, S. 113 zwar zunächst die zu erwartende Freiheitsstrafe als Bezugspunkt, legen in § 22 Abs. 2 jedoch die Höchstgrenze auf 2 Jahre fest; ebenfalls betont das *BVerfG* in st. Rspr., ohne jedoch auf die Strafähnlichkeit der Maßnahme abzustellen, dass sich der Freiheitsanspruch des Beschuldigten gegenüber dem Strafverfolgungsanspruch mit steigender Haftdauer verstärkt und der Grundsatz der Verhältnismäßigkeit unabhängig von der zu erwartenden Strafe eine Höchstgrenze der Untersuchungshaft statuiert, vgl. etwa *BVerfG*, NJW 2005, S. 3485, 3485 ff. In dieser Entscheidung hat das *BVerfG* dann auch klargestellt, dass eine Untersuchungshaftdauer von über 8 Jahren auch nicht bei schwersten Tatvorwürfen gerechtfertigt sein kann, wenn die Verfahrensverzögerung der Sphäre des Staates entstammt.

52 *Frister*, Schuldprinzip, 1986, S. 91.

2. Stellungnahme

a) Wirkungsweise und Zweckrichtung der Untersuchungshaft

Die Untersuchungshaft entzieht dem Betroffenen seine Freiheit und stellt damit einen schweren[53] Eingriff in das durch Art. 2 Abs. 2 S. 2 GG gewährleistete Grundrecht dar.[54] Da der sachliche Anwendungsbereich der Unschuldsvermutung mangels rechtskräftiger Verurteilung eröffnet ist, handelt es sich um die Freiheitsberaubung eines von Rechts wegen Unschuldigen.[55] Dieses Sonderopfer[56] wird abverlangt, um eine wirksame Strafverfolgung gewährleisten zu können und eine nach Urteilsspruch mögliche Strafvollstreckung sicherzustellen.[57] Durch die Verhaftung soll verhindert werden, dass sich der Verhaftete dem Strafverfahren gänzlich entzieht, er Handlungen vornimmt, welche die Ermittlung der Wahrheit erschweren oder dass eine gleichartige Tat wiederholt wird.[58] Somit dient jedenfalls der Haftgrund der Verdunklungsgefahr sowie der Fluchtgefahr dazu, die Wahrheitsfindung in einem ordnungsgemäßen Prozess zu ermöglichen und eine sich etwaig anschließende Strafvollstreckung zu sichern.[59]

---

53 *Weigend*, in: FS Müller, 2008, S. 739, 741 sieht hierin den „schwersten denkbaren Eingriff in die Freiheit der Person", wohingegen *Baumann*, in: FS Eb. Schmidt, 1961, S. 524, 533 dadurch nur eine Einengung bzw. vorübergehende Suspendierung des Grundrechts der Freiheit erblickt, ohne jedoch dadurch den Grundrechtsschutz zu lockern.

54 Vgl. *Jehle*, Untersuchungshaft zwischen Unschuldsvermutung und Wiedereingliederung, 1985, S. 10.

55 *Krauß*, in: Graf-StPO, 2010, § 112 Rn. 1; *Hassemer*, Die Voraussetzungen der Untersuchungshaft, StV 1984, S. 38, 40; a. A. *Lemke*, in: HK, StPO, 4. Aufl., 2009, Vor §§ 112 ff. Rn. 6 der wegen „vielfältiger rechtlicher Absicherung" nicht von Freiheitsberaubung sprechen möchte.

56 Der Beschuldigte opfert seine Freiheit um ein Verfahren erst zu ermöglichen, vgl. *Arbeitskreis Strafprozeßreform*, Die Untersuchungshaft. Gesetzesentwurf mit Begründung, 1983, S. 30; *Wolter*, Untersuchungshaft, Vorbeugehaft und vorläufige Sanktionen, ZStW 93 (1981), S. 452, 494; a. A. *Hassemer*, Die Voraussetzungen der Untersuchungshaft, StV 1984, S. 39, 40 der die Legitimation des Freiheitsverlustes durch einen Tatverdacht begründet sieht, weshalb begrifflich nicht mehr von einem Sonderopfer gesprochen werden könne; dem gleichen Gedanken folgend sieht auch *Köster*, Die Rechtsvermutung der Unschuld, 1979, S. 181 die Untersuchungshaft nicht als Sonderopfer.

57 *BVerfG*, NJW 1966, S. 243, 243.

58 Vgl. *Münchhalffen/Gatzweiler*, Das Recht der Untersuchungshaft, 3. Aufl., 2009, Rn. 552.

59 Vgl. *Graf*, in: KK, StPO, 6. Auflage, 2008, Vorb. §§ 112-130 Rn. 11.

b) „Strafähnlichkeit“ der Untersuchungshaft als Differenzierungsmerkmal

aa) Abgrenzung anhand der Wirkung der Maßnahme

Eine klare Aussage dahingehend, aus der Unschuldsvermutung sei das Verbot einer bestimmten Art von Maßnahme abzuleiten, kann objektivierend nicht getroffen werden. Schwierigkeiten bereitet insbesondere die Argumentation des *BVerfG*.[60] Das Gericht versucht, bezogen auf Maßnahmen die vor rechtskräftiger Verurteilung durchgeführt werden, generalisierend ein Verbot für solche Handlungen aufzustellen, welche in ihrer Wirkung der Freiheitsstrafe gleichkommen. Die Absolutheit dieser Aussage relativiert das *BVerfG* jedoch sogleich, indem es die „Wirkung der Freiheitsstrafe“ nicht am Maßstab objektiver, feststehender Kriterien bestimmt, sondern anhand einer Güterabwägung.[61] Die Anordnung der Untersuchungshaft kommt nach der Sichtweise des *BVerfG* nur dann einer Strafe gleich, sofern sich die Verhängung, gemessen an der Bedeutung des Rechtsgutes der Funktionstüchtigkeit der Strafrechtspflege auf der einen, sowie hinsichtlich des persönlichen Grundrechtseingriffs des Betroffenen auf der anderen Seite, als unverhältnismäßig darstellt. Kritisch angemerkt sei hier jedoch, dass die Vollstreckung der Untersuchungshaft dem Betroffenen in jedem Falle seine Freiheit entzieht, unabhängig von der Verhältnismäßigkeit der Maßnahme. Gemessen an der Wirkung für den Inhaftierten besteht daher kein Unterschied zur Strafhaft. Daran ändert weder eine Güterabwägung, noch die Zweckrichtung des Freiheitsentzuges etwas.

bb) Abgrenzung anhand der Zweckrichtung der Maßnahme

Da die Untersuchungshaft bezüglich ihrer Wirkung „Strafähnlichkeit“ aufweist, wird weitestgehend die Zweckrichtung als Abgrenzungskriterium zur Freiheitsstrafe herangezogen.[62] Dies ist jedenfalls bei den Haftgründen des § 112 Abs. 2 StPO unproblematisch, da hier der Haftzweck nach allgemeiner Ansicht[63] in der Verfahrenssicherung begründet liegt und damit die Zweckrichtung nicht der einer Strafe ähnelt.[64]

---

60 *BVerfG*, NJW 1966, S. 243, 243 ff.

61 *BVerfG*, NJW 1966, S. 243, 244.

62 So etwa durch *Kühl*, in: FS Hubmann, 1985, S. 241, 247; *Meyer*, in: FS Tröndle, 1989, S. 61, 68.

63 Siehe etwa *Hassemer*, Die Voraussetzungen der Untersuchungshaft, StV 1984, S. 38, 40; *Jehle*, Untersuchungshaft zwischen Unschuldsvermutung und Wiedereingliederung, 1985, S. 11; *Wolter*, Untersuchungshaft, Vorbeugungshaft und vorläufige Sanktionen, ZStW 93 (1981), S. 452, 453; *Graf*, in: KK, StPO, 6. Aufl., 2008, Vor § 112 Rn. 11

64 Trotzdem sieht *Frister*, Schuldprinzip, 1986, S. 117 ff. den Haftgrund der Verdunklungsgefahr in § 112 Abs. 2 Nr. 3 StPO als mit der Unschuldsvermutung unvereinbar

Problematisch erscheint diese Betrachtungsweise jedoch bei den Haftgründen des § 112 Abs. 3 StPO sowie des § 112a Abs. 1 StPO. Diese rechtfertigen Eingriffe auch, sofern sich der dringende Tatverdacht auf bestimmte schwere Taten bezieht, sowie zur Verhinderung von katalogisierten Wiederholungstaten. An diesem Punkt versagen jegliche starre dogmatische Betrachtungsweisen, die hinsichtlich der Vereinbarkeit der Untersuchungshaft mit der Unschuldsvermutung darauf abstellen wollen, ob der Zweck der Anordnung einer Strafe entspricht, da diese Haftgründe weder alleinig der Verfahrenssicherung dienen, noch der Sicherstellung der Strafvollstreckung. Als Zweckrichtung lassen sich deutliche Parallelen zum Rechtsgüterschutz des materiellen Strafrechts erkennen. So soll durch die Verhängung von Untersuchungshaft bei den Haftgründen des § 112a Abs. 1 StPO erkennbar auch der Schutz der Allgemeinheit verfolgt werden.[65] Dem Haftgrund der Schwere der Tat i. S. d. § 112 Abs. 3 StPO wird sowohl eine generalpräventive[66] als auch eine spezialpräventive[67] Ausrichtung beigemessen.

c) Verfahrensbezug bei den Haftgründen gem. § 112a Abs. 1 StPO und § 112 Abs. 3 StPO

Zu untersuchen gilt es, inwieweit neben etwaigen general- und spezialpräventiven Zielsetzungen, auch die Verfahrenssicherung zur Begründung einer Existenzberechtigung dieser Haftgründe herangezogen werden kann und inwieweit ein eventuelles Nebeneinander materiell-rechtlicher und verfahrenssichernder Zweckverfolgung die Vereinbarkeit der Untersuchungshaft mit der Unschuldsvermutung tangiert.

aa) Verfahrensbezug beim Haftgrund der Wiederholungsgefahr

Nach umstrittener Ansicht, dient der Haftgrund der Wiederholungsgefahr, neben seiner spezialpräventiven Zielsetzung, auch der Verfahrenssicherung.[68] Zum ei-

---

an, begründet dies jedoch nicht mit dem Zweck, sondern mit der damit verbundenen Ungleichbehandlung von Verdächtigen und Nichtverdächtigen.

65 *BVerfG*, NJW 1966, S. 243, 244; *Wolter*, Untersuchungshaft, Vorbeugungshaft und vorläufige Sanktionen, ZStW 93 (1981), S. 452, 485; *Weigend*, in: FS Müller, 2008, S. 739, 742; *Wiesneth*, Die Untersuchungshaft, 2010, Rn. 48; *Graf*, in: KK, StPO, 6. Aufl., 2008, Vor § 112 Rn. 11; *Paeffgen*, in: SK, StPO, 4. Aufl., 2010, § 112a Rn. 3.

66 So etwa durch *Baumann*, Neue Haftgründe, NJW 1962, S. 649, 652; *Wolter*, Untersuchungshaft, Vorbeugungshaft und vorläufige Sanktionen, ZStW 93 (1981), S. 452, 483.

67 *Graf*, in: KK, StPO, 6. Aufl., 2008, Vor § 112 Rn. 11.

68 Dagegen betrachtet die einhellige Ansicht der Rspr., gestützt auf *BVerfG*, NJW 1966, S 243, 244, § 112a StPO nicht als Instrument der Verfahrenssicherung, siehe etwa *OLG Bremen*, NStZ-RR 2001, S. 220, 220; *OLG Karlsruhe*, NStZ-RR 2006, S. 210, 210; *KG*

nen wird auf die Bewahrung des laufenden Verfahrens vor „Hemmungen, Verzögerungen und Unterbrechungen" abgestellt, welche durch neue Ermittlungsmaßnahmen auftreten könnten.[69] Insoweit spricht *Eb. Schmidt* von „verfahrensbezogener Prävention."[70] *Rupprecht* sieht dagegen eine erhöhte „Fluchtneigung" bei dem Verdacht der wiederholten Tatbegehung. Er verweist auf die Notwendigkeit der Inhaftierung zur Sicherstellung der späteren Strafvollstreckung, sowie der Wahrheitsermittlung im Strafprozess und versucht auf diesem Wege einen Verfahrensbezug herzustellen.[71] Auch nach Ansicht *Schloths* kommt neben der präventiven Ausrichtung eine verfahrenssichernde Komponente zum Tragen. Durch die Begehung weiterer Straftaten, trotz vorliegen der Voraussetzungen des § 112a Abs. 1 StPO, werde sowohl die „Glaubwürdigkeit", als auch der „soziale Friede" gefährdet.[72] Das konkrete Strafverfahren müsse vor diesen Beeinträchtigungen geschützt werden. Diese verfahrenssichernde Funktion bezeichnet sie als „indirekte Normstabilisierung."[73]

(i) Zweck des Verfahrens

Als Ausgangspunkt der Überlegung, ob auch der Haftgrund der Wiederholungsgefahr verfahrenssichernde Elemente beinhaltet, muss zunächst auf den Zweck des Verfahrens abgestellt werden, da sich nur so ermitteln lässt, welche Maßnahmen geeignet sind, diese Funktion zu erfüllen.

Das Strafverfahren soll in erster Linie die Wahrheitsfindung gewährleisten.[74] Neben der Sicherstellung einer materiell richtigen Entscheidung, im Wege eines nach rechtsstaatlichen Maßstäben ordnungsgemäßen Prozesses über die Strafbarkeit des Beschuldigten, kommt dem Prozess die Aufgabe zu, Rechtsfrieden

Berlin, NStZ-RR 2010, S. 291, 291; *OLG Oldenburg*, NStZ-RR 2010, S. 159, 159. Dem schließt sich die überwiegende Meinung in der Literatur an, so etwa *Kazele*, Untersuchungshaft – Ein verfassungsrechtlicher Leitfaden für die Praxis, 2008, S, 50; *Weigend*, in: FS Müller, 2008, S. 739, 743; *Meyer-Goßner*, StPO, 54. Aufl., 2011, § 112a Rn. 1; *Graf*, in: KK, StPO, 6. Aufl., 2008, § 112a Rn. 4; *Hilger*, in: L/R, StPO, 26. Aufl., 2007, § 112 a Rn. 10; *Paeffgen*, in: SK, StPO, 4. Aufl., 2010, § 112a Rn. 3.

69 *Eb. Schmidt*, Repression und Prävention im Strafprozeß, JR 1970, S. 204, 207

70 *Eb. Schmidt*, Repression und Prävention im Strafprozeß, JR 1970, S. 204, 207.

71 *Rupprecht*, Verfassungsrechtsprechung zur Untersuchungshaft, NJW 1973, S. 1633, 1634.

72 *Schloth*, Die Haftgründe der Wiederholungsgefahr und der Schwere der Tat, 1999, S. 137.

73 *Schloth*, Die Haftgründe der Wiederholungsgefahr und der Schwere der Tat, 1999, S. 138 ff.

74 Siehe etwa *BVerfG*, NJW 1988, S. 329, 330; NJW 2000, S. 55, 65; *Kühne*, in: L/R, StPO, 26. Aufl., 2006, Einl. B II Rn. 13.

zu schaffen.[75] Sofern Verzögerungen aufgrund der Begehung weiterer Taten und damit einhergehender Ermittlungen auftreten, hat dies keinen Einfluss auf die Möglichkeit der Tatsachenermittlung und Wahrheitsfindung. Betrachtet man die Haftgründe des § 112 Abs. 2 StPO, so wird deutlich, dass hier eine Anordnung der Untersuchungshaft erfolgt, um das Verfahren vor Einwirkungen zu bewahren, welche einen endgültigen Charakter aufweisen. So kann eine Hauptverhandlung, die auf die rechtskräftige Feststellung der Schuld oder Unschuld abzielt, bei Abwesenheit des Beschuldigten ihre Funktion ebenso wenig erfüllen, wie dies der Fall wäre, wenn der Beschuldigte Beweise vernichtet oder auf Zeugen einwirkt. Diese Maßstäbe müssen auch beim Haftgrund der Wiederholungsgefahr gelten. Daher kommt § 112a Abs. 1 StPO in dieser Hinsicht keine verfahrenssichernde Bedeutung zu, kann doch der Prozess auch dann ordnungsgemäß durchgeführt werden, wenn gegen den Beschuldigten wegen weiterer Taten ein Ermittlungsverfahren anläuft.

(ii) Erhöhte „Fluchtneigung" als Begründungsansatz

Auch ein Erklärungsversuch, der die erhöhte „Fluchtneigung" bei dem Verdacht der wiederholten Tatbegehung zur Herstellung eines Verfahrensbezugs heranziehen möchte, ist abzulehnen.[76] Bestehen Anhaltspunkte, der Beschuldigte werde sich mittels Flucht dem Strafverfahren entziehen, und liegen die weiteren Voraussetzungen der Untersuchungshaft vor, so lässt sich der Haftbefehl schon auf den Haftgrund des § 112 Abs. 2 Nr. 2 StPO stützen. § 112a Abs. 1 StPO dürfte wegen der Subsidiaritätsklausel des § 112a Abs. 1 StPO überhaupt keine Anwendung finden.[77]

(iii) Normative Theorie der indirekten Normstabilisierung

Schloths Ausführungen zur „normativen Theorie der indirekten Normstabilisierung"[78] vermögen einen Verfahrensbezug ebenso wenig herzustellen. Richtig ist zwar die Feststellung, dass die Begehung weiterer Taten trotz dringenden Tatverdachts geeignet sei, den sozialen Frieden zu stören und dass dadurch möglicherweise eines der Ziele des Strafverfahrens konterkariert werde.[79] Hierbei darf jedoch nicht außer Acht gelassen werden, dass zum Zeitpunkt der Ausstellung

75 So etwa *Roxin/Schünemann*, Strafverfahrensrecht, 26. Aufl., 2009, § 1 Rn. 3.

76 Siehe zu diesem Ansatz *Rupprecht*, Verfassungsrechtsprechung zur Untersuchungshaft, NJW 1973, S. 1633, 1634.

77 Vgl. hierzu *Meyer-Goßner*, StPO, 54. Aufl., 2011, § 112a Rn. 17.

78 *Schloth*, Die Haftgründe der Wiederholungsgefahr und der Schwere der Tat, 1999, S. 138 ff.

79 *Schloth*, Die Haftgründe der Wiederholungsgefahr und der Schwere der Tat, 1999, S. 137.

des Haftbefehls weder Täterschaft oder Teilnahme an der Anlasstat feststehen, geschweige denn die wiederholte Begehung einer solchen Tat. Würden generalpräventive Erwägungen bereits bei der Verhängung von Untersuchungshaft angestellt, so käme dies einer Vorverurteilung gleich. Zwar verweist *Schloth* auch auf die Effekte, die ein möglicher Freispruch erzielen kann.[80] Dieser steht jedoch gerade am Ende eines Verfahrens, zu einem Zeitpunkt, zu dem bereits über die Schuld des Beschuldigten befunden wurde. Die Schaffung von Rechtsfrieden erfordert die rechtskräftige Feststellung der Schuld oder Unschuld.

(iv) Ergebnis

Die scheinbare Passivität des Staates gegenüber Tätern, die wiederholt Straftaten begehen, selbst dann noch, wenn bereits in einer Sache Anklage erhoben wurde, stößt in der Öffentlichkeit mitunter auf Unverständnis. Dies darf jedoch nicht zu einer Instrumentalisierung des Beschuldigten zum Zwecke der Beruhigung der Bevölkerung führen. Als Abgrenzung taugt daher das Kriterium der „Strafähnlichkeit" der Maßnahme hier hinsichtlich der Vereinbarkeit mit der Unschuldsvermutung nicht, da sich neben spezialpräventiven Gesichtspunkten des Schutzes der Allgemeinheit keine verfahrenssichernden Elemente im Haftgrund der Wiederholungsgefahr wiederfinden.

§ 112a Abs. 1 StPO basiert auf einer zweifachen Prognoseentscheidung. Erforderlich ist sowohl die hohe Wahrscheinlichkeit der Tatbegehung als Täter oder Mittäter und die daraus resultierende Möglichkeit einer späteren Verurteilung, als auch die Begehung weiterer Katalogtaten.[81] Zwar beinhalten auch die Tatbestände der §§ 112 Abs. 2 Nr. 2, Nr. 3 StPO, neben dem Erfordernis eines dringenden Tatverdachts und der damit verbundenen Prognose, jeweils eine Beurteilung der Wahrscheinlichkeit hinsichtlich Flucht oder Verdunkelung. Beide Einschätzungen beziehen sich hier jedoch auf das konkrete Verfahren, wohingegen die Annahme, der Täter werde eine Wiederholungstat begehen, einen solchen Bezug nicht aufweist.

Der Freiheitsentzug, aufgrund einer negativen Gefahrenprognose i. S. d. § 112a Abs. 1 S. 1 StPO, steht jedoch nicht im Widerspruch zur Unschuldsvermutung, da eine Inanspruchnahme des Beschuldigten nicht auf einer vorweggenommenen Schuldzuweisung basiert, sondern durch den dringenden Tatverdacht und die Gefahrprognose begründet ist. Würde der bloße Verweis auf die fehlende rechtskräftige Schuldfeststellung zur Unvereinbarkeit spezialpräventiver

80 *Schloth*, Die Haftgründe der Wiederholungsgefahr und der Schwere der Tat, 1999, S. 139.

81 Siehe hierzu *Graf*, in: KK, StPO, 6. Aufl., 2008, § 112a Rn. 19; *Paeffgen*, in: SK, StPO, 4. Aufl., 2010, § 112a Rn. 16 ff.

Maßnahmen mit der Unschuldsvermutung führen, so wäre schließlich jegliche Gefahrenabwehrmaßnahme unzulässig, welche auf die Inanspruchnahme potentieller Störer des Rechtsfriedens abzielt. Dadurch wäre Rechtsgüterschutz in weiten Teilen nur noch durch die nachträgliche Feststellung der Schuld im Rahmen des Strafverfahrens zu erzielen. Dies erscheint jedoch weder praktikabel noch wünschenswert.

Ungeachtet dessen führen die Feststellungen, dass es sich bei § 112a StPO nicht um eine Maßnahme zur Verfahrenssicherung handelt, zu der berechtigten Frage, ob der Haftgrund der Wiederholungsgefahr nicht aus dem Gefüge der Untersuchungshaft auszugliedern ist. Das *BVerfG* sieht eine Verhaftung auf Grundlage des § 112a StPO zwar als genuin polizeiliche Maßnahme an, hält jedoch die Anordnung durch einen Richter aufgrund der größeren Sachnähe für zweckmäßig.[82] Dagegen erachten große Teile der Literatur die Verortung innerhalb des Untersuchungshaftrechts als „systemwidrig".[83]

bb) Verfahrensbezug beim Haftgrund der Schwere der Tat

§ 112 Abs. 3 StPO würde nach seinem Wortlaut jedoch Bedenken hinsichtlich seiner Vereinbarkeit mit der Unschuldsvermutung aufweisen, da danach einzig der dringende Tatverdacht bezüglich der Begehung eines dort genannten Straftatbestandes die Verhaftung legitimiert, ausweislich auch dann, „wenn ein Haftgrund nach Absatz 2 nicht besteht". Anders als es bei § 112a Abs. 2 StPO der Fall ist, enthält der Wortlaut der Norm keine weitergehenden Voraussetzungen als das Vorliegen eines dringenden Tatverdachts, insbesondere kein negatives Prognoseergebnis, welches auf die Begehung weiterer schwerer Taten schließen lässt.

Diesem Verständnis der Norm folgend, lässt sich dem Haftgrund der Schwere der Tat keine verfahrenssichernde Funktion zuordnen. Der Haftgrund weist präventive Charakterzüge auf. Einerseits liegt der Schluss nahe, die Inhaftierung dient dem Zweck, die Bevölkerung vor der Begehung weiterer schwerer Straftaten des potentiellen Straftäters zu schützen.[84] Neben dieser spezialpräventiven Ausrichtung sah und sieht ein Teil der Literatur aber auch generalpräventive Be-

---

82 *BVerfG*, NJW 1966, S. 243, 244.

83 So bereits *Hahn*, Die gesamten Materialien zu den Reichs-Justizgesetzen, Band 3, Abteilung 1, 1885, S. 130; *Baumann*, Neue Haftgründe, NJW 1962, S. 689, 693; ders., Wird die U-Haft „umfunktioniert"?, JZ 1969, S. 134, 138; *Dahs*, Das Verbrechensbekämpfungsgesetz vom 28. 10. 1994 - ein Produkt des Superwahljahres, NJW 1995, S. 553, 555.

84 Siehe etwa *Graf*, in: KK, StPO, 6. Aufl., 2008, Vor § 112 Rn. 11.

lange durchgesetzt, indem hierin gar der Haftgrund der „Beruhigung der kochenden Volksseele" erblickt wird.[85]

(i) Auslegung des Haftgrunds durch das BVerfG

Das *BVerfG*[86] hat in seiner Entscheidung aus dem Jahre 1965 klargestellt, dass eine Auslegung des § 112 Abs. 3 StPO[87] nur dann verfassungsrechtlichen Anforderungen genügt, wenn neben dem dringenden Tatverdacht weitere Voraussetzungen erfüllt sind. Ansonsten sei die Norm nicht mit dem GG vereinbar, da die Verhängung der Haft gegen das Verhältnismäßigkeitsprinzip verstoßen würde, wäre die „Erregung der Bevölkerung" oder die „Schwere der Tat" alleiniger Anlass hierzu. Das Gericht bindet daher den Haftgrund der Tatschwere, bezüglich der Anforderungen, an die Haftgründe der Flucht-, Verdunklungs- sowie Wiederholungsgefahr, lockert jedoch die „strengen Voraussetzungen" des § 112a StPO bzw. § 112 Abs. 2 StPO, indem es bereits die „ernstliche Befürchtung" hinsichtlich wiederholter Tatbegehung bzw. einen nach den „Umständen des Falles doch nicht auszuschließenden Flucht- oder Verdunkelungsverdacht" genügen lässt.[88] Insoweit kann, über die Auslegungsvorgabe des *BVerfG*, an die Zweckrichtung der Verfahrenssicherung angeknüpft werden.

85 So wörtlich *Wolters*, Untersuchungshaft, Vorbeugungshaft und vorläufige Sanktionen, ZStW 93 (1981), S. 452, 483 der sich hier auf einen Artikel der FAZ v. 03.07.1964, Nr. 151 bezieht. Bereits *Baumann*, Neue Haftgründe, NJW 1962, S. 649, 652 führt aus, dass es nicht Aufgabe des konkreten Strafverfahrens sei, die „Volkswut zu befriedigen." Auch in einer Entscheidung des *OLG Dresden* aus dem Jahre 1946 werden generalpräventive Zielsetzungen deutlich, indem das Gericht den Haftgrund der „Schwere der Tat" weiterhin mit der Begründung in Geltung sieht, dass „die öffentliche Meinung und die Einstellung der Bevölkerung gegen sozialschädliches Verhalten in besonders empfindlicher Weise zu reagieren pflegen und mit Rücksicht auf die von der Bevölkerung durchlebten Leiden und Erschütterungen auch eine besondere Neigung zu starker Erregung aus Anlässen der in Frage kommenden Art vorhanden ist." Siehe NJW 1949, S. 234, 234. Vgl. hierzu auch *Paeffgen*, in: SK, StPO, 4. Aufl., 2010, § 112 Rn. 43a. Als zu weitführend betrachtet es dagegen *Schorn*, Die Untersuchungshaft nach dem Strafprozeßänderungsgesetz, NJW 1965, S. 841, 842 von einem „Haftgrund der kochenden Volkswut" zu sprechen.

86 *BVerfG*, NJW 1966, S. 243, 244.

87 Vormals § 112 Abs. 4 StPO a. F. Die Norm wurde durch das Gesetz zur Änderung der StPO und des GVG v. 19.12.1964 (BGBl. I S. 1067), in Kraft getreten am 01.04.1965, neu einfügt. Siehe zur Entstehungsgeschichte und zur jetzigen Fassung, *Hilger*, in: L/R, StPO, 26. Aufl., 2007, § 112 vor Rn. 1.

88 *BVerfG*, NJW 1966, S. 243, 244.

(ii) Ergebnis

Probleme ergeben sich durch die Argumentation des Gerichts hinsichtlich der Herabsetzung der Anforderungen im Vergleich zu den Haftgründen des § 112 Abs. 2 StPO bzw. § 112a Abs. 1 StPO. Hierbei wird auf die „Schwere" der bezeichneten Straftaten verwiesen, zudem wolle man verhindern,

> dass „gerade besonders gefährliche Täter sich der Bestrafung entziehen".[89]

Die Legitimität der Untersuchungshaft stützt sich hierbei in erster Linie auf den Vorwurf, der Beschuldigte habe eine schwere Rechtsverletzung begangen. Teilweise wird von Seiten der Literatur gar kritisiert, der dringende Tatverdacht hinsichtlich einer Anlasstat führe in der Praxis vielfach, ohne Prüfung weiterer Voraussetzungen, automatisch zur Annahme des Haftgrundes des § 112 Abs. 3 StPO.[90]

Selbst bei Einhaltung der Vorgaben des *BVerfG* basiert die Verhaftung, mit Ausnahme des dringenden Tatverdachts, lediglich auf reinen Vermutungen, da hinsichtlich der Haftgründe das Vorliegen bestimmter Tatsachen entbehrlich ist. Im Gegensatz zu § 112a StPO wird auch keine Gefahrenprognose gefordert, welche bei negativem Ausgang ein Einschreiten zum Schutze der Allgemeinheit erforderlich machen würde. Da generalpräventive Zielsetzungen zu einer Instrumentalisierung des Beschuldigten führen, dieser also nicht zum Zwecke der Beruhigung der Bevölkerung inhaftiert werden darf und die Gefahrenabwehr aus spezialpräventiven Erwägungen heraus ein mit Tatsachen belegtes Gefahrenpotential des mutmaßlichen Täters erfordert, steht der Haftgrund der Tatschwere nicht im Einklang mit der Unschuldsvermutung.[91]

---

89 *BVerfG*, NJW 1966, S. 243, 244.

90 Siehe etwa *Gebauer*, Die Rechtswirklichkeit der Untersuchungshaft, 1987, S. 243; *Deckers*, Die Vorschrift des § 112 Abs. 3 StPO, sogenannter „Haftgrund der Tatschwere", AnwBl. 1983, S. 420, 422; *Volk*, Haftbefehle und ihre Begründungen, 1995, S. 160; *Schlothauer/Weider*, Untersuchungshaft, 4. Aufl., 2010, Rn. 642; vgl. auch *Paeffgen*, in: SK, StPO, 4. Aufl., 2010, § 112 Rn. 41 zur Konzeption des Gesetzgebers; *Schloth*, Die Haftgründe der Wiederholungsgefahr und der Schwere der Tat, S. 83 ff. kommt anhand einer Betrachtung des Jahres 1995 jedoch zu einer gegenteiligen Auffassung. Ihrer Statistik nach, stützen sich nur 33,4 % der Haftbefehle anlässlich des Verdachts des Mordes oder Totschlags auf § 112 Abs. 3 StPO, wohingegen in 75,5 % der Fälle als Haftgrund Flucht- oder Fluchtgefahr angegeben wurde.

91 So i. E. auch *Dahs*, Die kleine Strafprozeßreform, NJW 1965, S. 81, 83; ders.; Verfassungswidrige Untersuchungshaft?, NJW 1966, S. 761, 761 ff.; *Schorn*, Die Untersuchungshaft nach dem Strafprozeßänderungsgesetz, NJW 1965, S. 841, 842; *Deckers*,

d) Zusammenfassung

In der Gesamtschau stellt ein Eingriff in das Freiheitsrecht des Beschuldigten zur Verfahrenssicherung anhand von tatsachengestützten Gefahrenprognosen keinen Verstoß gegen die Unschuldsvermutung dar. Die Haftgründe der §§ 112 Abs. 2, 112a StPO stehen somit nicht im Konflikt zur Unschuldsvermutung. Diese Eingriffe sind keine vorweggenommenen Schuldzuweisungen, sondern sollen ein rechtsstaatliches, ergebnisoffenes Verfahren erst ermöglichen. Auch wenn im Wege einer Gefahrenprognose ein Eingriff nicht der Verfahrenssicherung dient, stellt diese Maßnahme nicht einen willkürlichen und schuldvorwegnehmenden, sondern einen zur Gefahrenabwehr notwendigen Eingriff dar.

Anders ist dies bei der Verfolgung generalpräventiver Zweckrichtungen zu beurteilen. Generalpräventive Maßnahmen zu Lasten eines Individuums erfordern die rechtskräftige Feststellung der Schuld. Ein hiervon abweichendes Verständnis, welches die Schaffung des sozialen Friedens an den Anfang des Verfahrens stellt, instrumentalisiert den Beschuldigten für eine Aufgabe, welche dem rechtskräftigen Urteilsspruch vorbehalten bleiben muss.

§ 112 Abs. 3 StPO hat daher vorverurteilenden Charakter und widerspricht dem Grundsatz der Unschuldsvermutung, da sich seine Legitimität in erster Linie auf die Schwere der Anlasstat, nicht jedoch auf tatsachenbasierte, verfahrenssichernde oder spezialpräventive Erwägungen, stützt. Auch darf die überlange Dauer der Untersuchungshaft nicht allein mit einem möglicherweise zu erwartenden Strafrahmen legitimiert werden,[92] sondern kann allenfalls durch die Komplexität des Verfahrens begründet sein und muss, um eine Vorwegnahme von Schuldzuweisungen zu verhindern, einer zeitlichen Höchstgrenze unterliegen.[93] Eine hiervon abweichende Handhabe lässt sich mit dem Grundsatz der Unschuldsvermutung nicht in Einklang bringen.[94]

Die Vorschrift des § 112 Abs. 3 StPO, sogenannter „Haftgrund der Tatschwere", AnwBl 1983, S. 420, 421; *Paeffgen*, Vorüberlegungen zu einer Dogmatik des Untersuchungshaftrechts, 1986, S. 114 ff.; ders. in: SK, StPO, 4. Aufl., 2010, § 112 Rn. 43a; *Wolter*, Untersuchungshaft, Vorbeugungshaft und vorläufige Sanktionen, ZStW 93 (1981), S. 452, 453 f., 483 f, *Schloth*, Die Haftgründe der Wiederholungsgefahr und Tatschwere, 1999, S. 165.

92 Im Gegensatz dazu kann jedoch, wie in § 120 Abs. 1 S. 1 StPO gesetzlich verankert, die Beendigung der Untersuchungshaft durch die Unverhältnismäßigkeit von Untersuchungshaftdauer und zu erwartendem Strafmaß begründet sein. Hier wirkt die Heranziehung eines möglichen Strafrahmens im Falle der Verurteilung zugunsten des Beschuldigten.

93 Dem Beschleunigungsgebot aus Art. 2 Abs. 2 S. 2 GG kommt nicht zuletzt wegen der Unschuldsvermutung in Haftsachen besondere Bedeutung zu, vgl. hierzu auch *Jahn*,

B. Rechtliches Gehör

I. Grundlegendes

1. Aussagegehalt und Geltungsbereich

„Jedermann hat vor Gericht Anspruch auf rechtliches Gehör". Dieser Grundsatz wird zum Teil als so elementar erachtet, dass er, wenn nicht in Art. 103 Abs. 1 GG ausdrücklich erwähnt, schon aus dem allgemeinen Rechtsstaatsprinzip hervorgehen müsste.[95] Seine grundlegende Bedeutung kommt auch dadurch zum Ausdruck, dass sich das *BVerfG* in vielzähligen Entscheidungen mit der gerügten Verletzung des rechtlichen Gehörs beschäftigen musste.[96] Daneben findet sich der Grundsatz in dem Anspruch auf ein faires Verfahren gem. Art. 6 Abs. 1 EMRK, sowie in Art. 47 Abs. 2 der EuGRCH, wieder.[97]

Der grundgesetzliche Anspruch auf rechtliches Gehör ist sowohl eine objektive Norm des Verfahrensrechts, als auch ein subjektives Recht i. S. eines Prozessgrundrechts.[98] Die subjektiv-rechtliche Ausgestaltung enthält eine verfahrensbezogene Konkretisierung der aus der Menschenwürde abgeleiteten Forderung, dass niemand zum bloßen Objekt staatlichen Handelns degradiert werden darf.[99] Diesem Verständnis folgend muss sichergestellt sein, dass am Prozess Beteiligte niemals zum bloßen Objekt richterlicher Entscheidungen herabge-

Stürmt Karlsruhe die Bastille? - Das Bundesverfassungsgericht und die überlange Untersuchungshaft, NJW 2006, S. 652, 653.

94 Siehe zur zeitlichen Höchstgrenze auch *Roxin/Schünemann*, Strafverfahrensrecht, 26.Aufl., 2009, § 11 Rn. 3.

95 Vgl. *Jagusch*, Über das rechtliche Gehör im Strafverfahren, NJW 1959, S. 265, 265; Nach *Pfeiffer/Hannich*, in: KK, StPO, 6. Aufl., 2008, Einl. Rn. 26 ist es ein „wesentlicher Bestandteil des Rechtsstaatsprinzips".

96 Darauf weist *Eschelbach*, Gehör vor Gericht, GA 2004, S. 228, 229 hin, ebenso in einer früheren Publikation *Frohn*, Strafverteidigung und rechtliches Gehör, GA 1984, S. 554, 554

97 Vgl. zu Art. 6 Abs. 1 EMRK, *Meyer-Ladewig*, in: EMRK, 3. Aufl., 2011, Art. 6 Rn. 101 ff.; Art. 47 Abs. 2 EuGRCH entspricht diesem im weitesten Sinne inhaltlich, siehe *Eser*, in: Kommentar zur EuGRCH, 2. Aufl., 2006, Art. 47 Rn. 20 ff.

98 *BVerfGE* 107, 395, 408 mit Bezugnahme auf *BVerfGE* 55, 1, 6; *Schmidt-Aßmann*, in: Maunz/Dürig, GG, Stand: 61. EL, Art. 103 Abs. 1 Rn. 4. Uneinheitlich wird teilweise von „Prozeßgrundrecht", „Justizgrundrecht", „justiziellem Grundrecht" oder von „Verfahrensgrundrecht" gesprochen, vgl. hierzu *Bruns*, Prozeßgrundrechte im System des Grundgesetzes, 2002, S. 5 ff.

99 *BVerfGE* 9, 89, 95.

würdigt werden, wie dies etwa der Fall wäre, wenn sie dem Verfahren ohne Anhörung ausgeliefert werden.[100]

So verstanden, lässt sich aus dem Grundsatz das Recht der Verfahrensbeteiligten ableiten, auf das Ergebnis eines Verfahrens aktiv einwirken zu können.[101] Zur Sicherstellung dieses Prozessgrundrechts bedarf es daher einer Verfahrensordnung,[102] welche Äußerungen zum Sachverhalt und zur Rechtslage[103] sowie die Stellung von Anträgen[104] ermöglicht.

Mit Ausnahme in Bezug auf richterliche Entscheidungen,[105] erstreckt sich, nach weit überwiegender Meinung, gestützt auf den Wortlaut, die Gewährung rechtlichen Gehörs, unter unmittelbarer Heranziehung von Art. 103 Abs. 1 GG, nicht bereits auf das Ermittlungsverfahren.[106] In dieser Phase des Verfahrens steht der Beschuldigte jedoch hinsichtlich der Gehörsgewährung nicht ohne Rechtsanspruch. Da es sich um einen Grundsatz von essentieller Bedeutung handelt, folgt ein Rechtsanspruch hier unmittelbar aus dem Rechtsstaatsprinzip und der Menschenwürde.[107] Demzufolge hat der Grundsatz Geltung in allen Verfahrensabschnitten.[108]

Umstritten ist, ob neben dem Beschuldigten auch der Staatsanwaltschaft ein solches Äußerungsrecht zusteht. Die überwiegende Meinung lehnt dies in Bezug

---

100 *BVerfGE* 55, 1, 6; 84, 188, 190.

101 So das *BVerfG* in st. Rspr. Vgl. *BVerfGE* 9, 89, 95; zuletzt NJW 2006, S. 1048, 1048.

102 Art. 103 Abs. 1 GG gilt als Vorgabe, welche im jeweiligen Verfahrensrecht erst realisiert werden muss, vgl. *BVerfGE* 74, 1 ,5.

103 *BVerfGE* 60, 175, 210.

104 *BVerfGE* 36, 85, 87.

105 Vgl. etwa *BVerfG*, NJW 1994, S. 3219, 3220.

106 *Knemeyer*, in: HStR VI, 2.Aufl., 2001, § 155 Rn. 38; *Degenhart*, in: Sachs, GG, 5. Aufl., 2009, Art. 103 Rn. 8; *Schmidt-Aßmann*, in: Maunz/Dürig, Stand: 61. EL, Art. 103 Abs. 1 Rn. 56; *Schulze-Fielitz*, in: H.Dreier, GG, Bd. III, 2. Aufl., 2008, Art. 103 Abs. 1 Rn. 18; a. A. *Dahs*, Das rechtliche Gehör im Strafprozeß, 1965, S. 68 ff. der Art. 103 Abs. 1 GG als Teil des „fair-trial“ Grundsatzes sieht und eine ausnahmslose Stütze auf den Wortlaut als „formale Starrheit“ betrachtet.

107 *Knemeyer*, in: HStR VI, 2. Aufl., 2001, § 155 Rn. 39ff; *Kühne*, in: L/R, StPO, 26. Aufl., 2006, Einl. Abschn. I Rn. 80 nimmt, wenn er vom „Essential jedes rechtlich geregelten Verfahrens“ spricht, ebenso Bezug auf den Ursprung der Maxime aus der Menschenwürde und dem Rechtsstaatsprinzip und seiner damit verbundenen universellen Geltung. Er verweist jedoch darauf, dass nur ein „Kernbestand“ gewährleistet wird.

108 Vgl. u. a. *Wassermann*, Einsichtsrecht der Verteidigung in kriminalpolizeiliche Spurenakten, NStZ 1981, S. 211, 211; *Kühne*, in: L/R, StPO, 26. Aufl., 2006, Einl. Abschn. I Rn. 80; ebenso *Wagner*, Rechtliches Gehör im Ermittlungsverfahren, ZStW 109 (1997), S. 545, 567, der jedoch auf die unterschiedlichen Ausprägungen in den einzelnen Verfahrensabschnitten hinweist.

auf Art. 103 Abs. 1 GG mit unterschiedlichen Begründungen ab.[109] Verfahrensrechtlich wird dieser aber ein Recht auf Anhörung zuteil. So besteht ein Äußerungsrecht der Staatsanwaltschaft sowohl im Rechtsbehelfsverfahren der Untersuchungshaft,[110] als auch bei jeglicher „Entscheidung des Gerichts, die außerhalb der Hauptverhandlung ergeht".[111]

2. Prozessrechtliche Schranken

Art. 103 Abs. 1 GG enthält keinen ausdrücklichen Gesetzesvorbehalt, daher kann ein Eingriff nur aufgrund kollidierendem Verfassungsrecht erfolgen.[112] Beschränkungen durch Prozessrecht sind danach gerechtfertigt, soweit sie dem effektiven Rechtsschutz und der Rechtssicherheit dienen.[113]

---

109 Vgl. *Schmidt-Aßmann*, in: Maunz/Dürig, GG, Stand: 61. EL, Art. 103 Abs. 1 Rn. 36 verweist zwar auf die „objektiv-institutionelle Aufgabe" der Verfassungsbestimmung, lehnt eine Geltung jedoch im Ergebnis ab; *Meyer-Goßner*, in: StPO, 54. Aufl., 2011, Einl. Rn. 27 weist auf den fehlenden Eingriff in die Rechtsstellung des Staates hin; ohne weitere Begründung *Kühne*, in: L/R, StPO, 26. Aufl., 2006, Einl. Rn. 83; *Eschelbach*, Gehör vor Gericht, GA 2004, S. 229, 231 Fn. 32 verweist auf die Funktion der Grundrechte als Abwehrrechte gegen den Staat; a. A. *Arndt*, Die Verfassungsbeschwerde wegen Verletzung des rechtlichen Gehörs, NJW 1959, S. 1297, 1301 Fn. 23; *Röhl*, Das rechtliche Gehör, NJW 1964, S. 273, 275; *Dahs*, Das rechtliche Gehör im Strafprozeß, 1965, S. 56 knüpft an die „Zuständigkeitsordnung der Rechtspflege" an, wonach diese den Auftrag hat, die Grundrechte zu wahren und kraft dieser Zuständigkeit auch selbst berechtigt ist; *Seebode*, Anm. z. BGH-Urteil v. 05.12.1996, JR 1997, S. 471, 476; zur Geltung nur im Rechtsmittelverfahren, *Rüping*, Der Grundsatz des rechtlichen Gehörs und seine Bedeutung im Strafverfahren, 1976, S. 144.

110 Vgl. §§ 118a Abs. 3 S. 1, 308 Abs. 1, 309 Abs. 1 StPO.

111 Vgl. § 33 Abs. 2 StPO.

112 *Knemeyer*, in: HStR VI, 2. Aufl., 2001, § 155 Rn. 35; *Schmidt-Aßmann*, in: Maunz/Dürig, GG, Stand: 61. EL, Art. 103 Abs. 1 Rn. 16, der jedoch zum Zwecke einer sinnvollen Ausübung des rechtlichen Gehörs auch „mitgeschriebene Schranken" anerkennt, die den weiten Wortlaut begrenzen, vgl. Fn. Art. 103 Abs. 1 Rn. 15; Nach *Eschelbach*, Gehör vor Gericht, GA 2004, S. 228, 230 wird durch die grundsätzliche Möglichkeit einer Interessenabwägung der eigenständige Gehalt von Art. 103 Abs. 1 GG deutlich, da, handelt es sich lediglich um eine „prozessuale Variante" der Menschenwürde aus Art. 1 Abs. 1 GG, auch jeglicher Eingriff durch kollidierendes Verfassungsrecht ausgeschlossen wäre.

113 Als Ergebnis einer Abwägung zwischen den verschiedenen Interessen, vgl. *BVerfG*, NJW 2000, S. 1175, 1178.

II. Sicherstellung eines fachgerichtlichen Rechtsbehelfs bei Verletzung des rechtlichen Gehörs

Durch die Plenarentscheidung des *BVerfG* vom 30.04.2003[114] wurde der Rechtsschutz bei Verletzung rechtlichen Gehörs erweitert. Sofern in entscheidungserheblicher Weise das Verfahrensgrundrecht verletzt ist, muss abgeleitet aus dem allgemeinen Justizgewährungsanspruch fachgerichtlicher Rechtsschutz durch das Verfahrensrecht gewährleistet sein.[115] In diesem Zusammenhang wurden § 33a StPO sowie § 356a StPO abgeändert bzw. neu eingefügt. § 33a StPO beschränkt den Anwendungsbereich auf Beschlüsse, wohingegen § 356a StPO zur nachträglichen Abhilfe bei Verletzung der Gehörsgewährung innerhalb des Revisionsverfahrens offensteht.[116] Beide Normen setzen voraus, dass Rechtsschutz nicht auf anderem Wege erlangt werden kann.[117]

III. Strafprozessuale Verankerung des Prozessgrundrechts im Kontext der Untersuchungshaft

Untersucht werden soll die verfahrensrechtliche Ausgestaltung der grundgesetzlich gesicherten Gehörsgewährung im Hinblick auf die für den Rechtsschutz in Untersuchungshaftsachen relevanten Normen der StPO.

1. Generelle Vorschriften mit übergreifender Geltung

Im vierten Abschnitt des ersten Buches der StPO findet sich in den §§ 33,[118] 33a, 34 sowie 35 eine Inkorporierung des Anspruchs auf rechtliches Gehör.[119] Diese zentralen Vorschriften sollen grundsätzlich eine Anhörung vor der gerichtlichen Entscheidung sicherstellen, § 33 Abs. 1, 2 StPO, ebenso die Begrün-

114 *BVerfG*, NJW 2003, S. 1924, 1924 ff.

115 *BVerfG*, NJW 2003, S. 1924, 1927.

116 *Graalmann-Scheerer*, in: L/R, StPO, 26. Aufl., 2006, § 33a Rn. 4 ff.

117 Im Falle des § 33a StPO regelt dies S. 1 der Vorschrift ausdrücklich. Zu § 356a StPO bedarf es keiner ausdrücklichen Klarstellung im Gesetzestext, da die Revision den Endpunkt des Instanzenzuges bildet und damit keine weiteren strafprozessualen Rechtsbehelfe zur Verfügung stehen. Siehe auch die Begründung der Bundesregierung zu dem Gesetzesentwurf, BT-Drs. 15/3706, S. 17 ff.

118 *Hassemer*, Anm. z. BGH-Urteil v. 30.10.1991, JuS 1992, S. 527, 527 bezeichnet § 33 StPO als „zentrale Vorschrift des Strafverfahrensrechts zum rechtlichen Gehör".

119 Vgl. *Maul*, in: KK, StPO, 6. Aufl., 2008, § 35 Rn. 1. Daneben existieren noch eine Vielzahl anderer Vorschriften, die den Grundsatz konkretisieren, vgl. dazu u. a. *Graalmann-Scheerer*, in: L/R, StPO, 26. Aufl., 2006, § 33 Rn. 2 ff.

dung der Entscheidung, § 34 StPO, sowie ihre Bekanntmachung, § 35 Abs.1, 2 StPO.

2. Spezifische Vorschriften zur Untersuchungshaft

a) Gewährleistung rechtlichen Gehörs im Verhaftungsfall

Generell soll nach § 33 Abs. 3 StPO vor Anordnung der Untersuchungshaft der Beschuldigte gehört werden. Eine Einschränkung des Rechts auf vorherige Anhörung enthält § 33 Abs. 4 S. 1 StPO. Danach kann bei Anordnung der Untersuchungshaft von einer Anhörung abgesehen werden, sofern dadurch der Zweck der Anordnung gefährdet werden würde.

Dies ist immer dann der Fall, wenn Tatsachen die Annahme rechtfertigen, dass der Beschuldigte bei vorheriger Kenntnis die Maßnahme vereiteln würde.[120] Für entsprechend anwendbar erklärt wird die Vorschrift auch, wenn aus rein faktischen Gründen eine Anhörung nicht möglich ist, so beispielsweise bei unbekanntem Aufenthalt des Anzuhörenden.[121]

Unterbleibt die Anhörung gem. § 33 Abs. 4 S. 1 StPO, so ist sie von Amts wegen nachzuholen, falls der mit der Nichtgewährung vorheriger Anhörung verbundene Nachteil fortbesteht.[122] Im Falle der Anordnung der Untersuchungshaft, normiert § 114 Abs. 2, Abs. 3 StPO den notwendigen Inhalt des Haftbefehls, welcher gem. § 114 Abs. 1 StPO die Grundlage jeder rechtmäßigen Verhaftung darstellt. Dies spezifiziert den allgemeinen Begründungszwang des § 34 StPO.[123] Im Haftbefehl sollen diejenigen Tatsachen dargelegt werden, welche die Grundlage der Verhaftung darstellen. Dadurch wird der Anspruch des Beschuldigten auf rechtliches Gehör konkretisiert.[124]

Der Haftbefehl ist dem Beschuldigten gem. § 114a Abs. 1 S. 1 StPO bei der Verhaftung bekannt zu geben. Dies stellt eine Ergänzung des § 35 StPO dar, wonach Entscheidungen dem Betroffenen grundsätzlich zu eröffnen sind, bevor sie vollstreckt werden.[125] Einer Modifizierung des allgemeinen Grundsatzes bedarf es hier, um den Zugriff auf den Adressaten des Haftbefehls durch eine vorherige Bekanntmachung nicht zu gefährden.[126]

---

120 Vgl. *Graalmann-Scheerer*, in: L/R, StPO, 26. Aufl., 2006, § 33 Rn. 41; *Meyer-Goßner*, StPO, 54. Aufl., 2011, § 33 Rn. 16.

121 Vgl. *Maul*, in: KK, StPO, 6. Aufl., 2008, § 33 Rn. 13; *Meyer-Goßner*, StPO, 54. Aufl., 2011, § 33 Rn. 17.

122 Siehe *Maul*, in: KK, StPO, 6. Aufl., 2008, § 33 Rn. 14.

123 *Gercke*, in: HK, StPO, 4. Aufl., 2009, § 34 Rn. 10.

124 *Graf*, in: KK, StPO, 6. Aufl., 2008, § 114 Rn. 4.

125 *Meyer-Goßner*, StPO, 54. Aufl., 2011, § 114a Rn. 1.

126 *Graf*, in: KK, StPO, 6. Aufl., 2008, § 114a Rn. 4.

Ebenso konkretisieren die §§ 115, 115a StPO den Anspruch auf rechtliches Gehör, da hiernach eine Pflicht zur Information des Beschuldigten über die ihn belastenden Umstände besteht, § 115 Abs. 3 S. 1, und ihm Gelegenheit zu geben ist, sich zur Sache zu äußern, § 115 Abs. 3 S. 2.[127]

Die Beschränkung rechtlichen Gehörs aufgrund der Vorschriften des § 33 Abs. 4 S. 1 StPO, sowie die Abweichung vom Grundsatz der vorherigen Bekanntgabe einer Vollstreckungsmaßnahme gem. § 114a Abs. 1 S. 1 StPO, widersprechen grundgesetzlichen Vorgaben daher nicht, weil die vorgenannten Vorschriften in verfassungsgemäßer Weise nachträgliches Gehör gewähren.[128]

b) Rechtsbehelfsverfahren

Auch innerhalb des Rechtsbehelfsverfahrens muss sichergestellt sein, dass die daran beteiligten rechtliches Gehör erhalten.[129] Andernfalls bestünde keine Möglichkeit, auf das Ergebnis des Entscheidungsprozesses Einfluss nehmen zu können. Wegen der besonderen Bedeutung der Sache erlangt dieser Grundsatz insbesondere im Rahmen der mündlichen Haftprüfung Bedeutung, wonach gem. § 118a Abs. 3 S. 1 StPO eine Pflicht zur Anhörung der anwesenden Verfahrensbeteiligten besteht.[130] Ebenso bei der besonderen Haftprüfung durch das OLG gem. § 122 Abs. 2 S. 1 StPO.

Im Beschwerdeverfahren regelt § 308 Abs. 1 S. 1 StPO, dass ohne Anhörung eine Entscheidung zum Nachteil des Gegners nicht ergehen darf. Auch diese Vorschrift stellt eine verfahrensrechtliche Präzisierung des Art. 103 Abs. 1 GG dar.[131] Sofern der Zweck der Maßnahme dadurch gefährdet werden würde, steht es aber auch hier im Ermessen[132] des Richters, gem.

127 So etwa *Meyer-Goßner*, StPO, 54. Aufl., 2011, § 115 Rn. 8 mit Verweis auf *BVerfG*, NStZ 1994, S. 551, 552.

128 Vgl. *Graf*, in: KK, StPO, 6. Aufl., 2008, § 114a Rn. 1; *Paeffgen*, in: SK, StPO, 4. Aufl., 2010, § 114a Rn. 2 jeweils mit Verweis auf *BVerfG*, NJW 1959, S. 427, 428.

129 Insoweit kann nichts anderes gelten, als bei erstmaliger Entscheidung, vgl. hierzu insbesondere *BVerfG*, NJW 1994, S. 3219, 3220; NJW 2006, S. 1048, 1048.

130 Ebenso kann auf Antrag gem. § 118 Abs. 2 auch im Verfahren der Haftbeschwerde (§ 304), sowie der weiteren Haftbeschwerde (§ 310), in Ausnahme zu § 309 Abs. 1, im Ermessen des Gerichts eine mündliche Verhandlung stattfinden, vgl. *Lemke*, in: HK, StPO, 4. Aufl., 2009, § 118 Rn. 4.

131 Vgl. *BVerfG*, NJW 1957, S. 1673, 1673.

132 Siehe hierzu *Engelhardt*, in: KK, StPO, 6. Aufl., 2008, § 308 Rn. 12.

§ 308 Abs. 1 S. 2 i. V. m. § 33 Abs. 4 S. 1 StPO, lediglich nachträglich Gehör zu gewähren.[133]

IV. Einzelfragen

1. Akteneinsichtsrecht

Die umfassende Judikatur und die Bedeutung des Akteneinsichtsrechts für das Haftbeschwerde- und Haftprüfungsverfahren machen es erforderlich, dieses, zunächst anhand der Rechtsprechung des *BVerfG* und des *EGMR*, näher zu bestimmen und den Meinungsstand der Rechtsprechung und Literatur zu den wichtigsten Fragen darzulegen, um abschließend selbst Stellung zu beziehen.[134]

a) Anforderung an ein Akteneinsichtsrecht unter verfassungsrechtlichen Aspekten und unter dem Hintergrund der Rechtsprechung des *EGMR*

aa) Vollstreckter Haftbefehl

Besondere Bedeutung erlangt die Möglichkeit zur Einsichtnahme in die Akten für Beschuldigte in der Untersuchungshaft, da erst durch Zugänglichmachung des genauen Akteninhalts die belastenden Tatsachen zur Kenntnis gelangen und möglicherweise entkräftet werden können.[135]

(i)Rechtsgrundlage

BVerfG und *EGMR* haben sich in einer Vielzahl von Entscheidungen mit dem Akteneinsichtsrecht der Betroffenen auseinandergesetzt. Dabei leiten die beiden Gerichte dieses aus unterschiedlichen Rechtsgrundlagen ab. Nach Auffassung des *EGMR* geht das Akteneinsichtsrecht aus dem Recht auf ein faires Verfahren gem. Art. 6 EMRK hervor. Danach müsse das Verfahren sowohl kontradiktorisch sein, als auch Waffengleichheit zwischen den Beteiligten gewährleisten.[136] Unter einem kontradiktorischen Verfahren versteht der *EGMR* in diesem Zusammenhang eine Verfahrensgestaltung, die sowohl der Staatsanwaltschaft als auch der Verteidigung die Möglichkeit einräumt, die von der Gegenseite vorgelegten Schriftstücke und Beweismittel „zur Kenntnis zu nehmen und sich zu äu-

133 Insoweit gilt das zu § 33 Abs. 4 S. 1 StPO ausgeführte, auch in Bezug auf die Übertragung der Norm für den Fall der Unmöglichkeit der Anhörung bspw. wenn der Beschuldigte flüchtig ist, vgl. u.a. *Pfeiffer*, StPO, 5. Aufl., 2005, § 308 Rn. 3.

134 So wird das Akteneinsichtsrecht vielfach als „ein Kernstück der Verteidigung" bezeichnet, vgl. dazu *Lüderssen/Jahn*, in: L/R, StPO, 26. Aufl., 2007, § 147 Rn. 1 m. w. N.

135 Vgl. hierzu *Burhoff*, Das Akteneinsichtsrecht des Strafverteidigers nach § 147 StPO, HRRS 2003, S. 182, 188.

136 Siehe etwa *EGMR*, NJW 2002, S. 2013, 2014.

ßern."[137] Dagegen zieht das *BVerfG* als Rechtsgrundlage das Verfahrensgrundrecht des Art. 103 Abs. 1 GG sowie das Recht auf ein faires, rechtsstaatliches Verfahren heran.[138]

(ii) Umfang und personeller Geltungsbereich

Zunächst hatte sich das *BVerfG* dahingehend geäußert, dass ein Akteneinsichtsrecht in vollem Umfang grundsätzlich erst nach Abschluss der Ermittlungen besteht.[139] Ansonsten sei die Sachverhaltserforschung und Wahrheitsfindung „unerträglichen Erschwernissen und Verdunklungsmöglichkeiten" ausgesetzt.[140] Sofern sich der Beschuldigte nicht auf freiem Fuß befinde, müsse aufgrund des schwerwiegenden Eingriffs in Art. 2 Abs. 2 S. 2 GG dagegen auch vor Abschluss der Ermittlungen grundsätzlich eine Akteneinsichtsmöglichkeit gewährleistet sein.[141] Das Akteneinsichtsrecht stehe dabei aber generell nur dem Verteidiger zu.[142] Nach damaliger Ansicht des Gerichts sei es in der Regel ausreichend, nur eine Einsicht in einen Teil der Akten zu gewähren, sofern nicht auch eine mündliche Mitteilung der relevanten Informationen ausreicht.[143] Sollte einem Inhaftierten auch eine lediglich partielle Akteneinsicht mit der Begründung, dies gefährde den Ermittlungserfolg, verweigert werden, so könne das Gericht seine Entscheidung auf die in den Akten enthaltenen Tatsachen und Beweismittel nicht stützen.[144]

Schon in einer früheren Entscheidung stellt das Gericht klar, dass dem Verteidiger kein generelles Akteneinsichtsrecht zusteht. Das Recht erstrecke sich nur auf diejenigen Aktenteile, die dem Gericht auch tatsächlich vorliegen, da nur diese Bestandteile auch die Grundlage der Entscheidungsfindung bilden.[145] Darüber hinausgehend bestehe kein Anspruch auf Erweiterung der gerichtlichen Aktenlage durch Einbeziehung von Ermittlungsakten der Staatsanwaltschaft, die dem Gericht bisher nicht zugänglich gemacht wurden.[146] Das *BVerfG* verweist jedoch in diesem Punkt, ähnlich wie der *EGMR*,[147] auf den Grundsatz der „Waffengleichheit", als Konkretisierung des Rechts auf ein rechtsstaatliches, faires

137 *EGMR*, NJW 2002, S. 2013, 2014.
138 Vgl. etwa *BVerfG*, NJW 2006, S. 1048, 1048 ff.
139 *BVerfG*, NJW 1994, S. 3219, 3220.
140 *BVerfG*, NJW 1994, S. 3219, 3220.
141 *BVerfG*, NJW 1994, S. 3219, 3220.
142 *BVerfG*, NJW 1980, S. 1677, 1678.
143 *BVerfG*, NJW 1994, S. 3219, 3220.
144 *BVerfG*, NJW 1994, S. 3219, 3220.
145 *BVerfG*, NJW 1983, S. 1043, 1043.
146 *BVerfG*, NJW 1983, S. 1043, 1043.
147 Siehe etwa *EGMR*, NJW 2002, S. 2013, 2014.

Verfahren. Hiernach sei es Aufgabe des Gesetzgebers, diese zwischen der Staatsanwaltschaft und dem Beschuldigten herzustellen.[148]

Flankiert, jedoch mit darüber hinausgehenden Anforderungen, wird die Rechtsprechung des *BVerfG* durch die Jurisdiktion des *EGMR*.[149] In der sogenannten Lamy-Entscheidung[150] hat der *EGMR* postuliert, dass dem Verteidiger des inhaftierten Mandanten spätestens mit Antragstellung im Haftprüfungs- oder Beschwerdeverfahren Einsicht in alle dem Haftrichter vorliegenden Akten, die dem Haftbefehl zugrunde liegen, zu gewähren ist.[151] In einer weiteren Entscheidung wird festgestellt, dass auch dem Beschuldigten Akteneinsicht zu gewähren sei, sofern er sich selbst verteidigt.[152] Erweitert wird die Rechtsstellung des Beschuldigten durch drei am 13.02.2001 ergangene Urteile.[153] Hierin wird die Sichtweise des *EGMR*, die bereits in der Lamy-Entscheidung bezüglich eines Akteneinsichtsrechts im Haftprüfungsverfahren bzw. Beschwerdeverfahren zum Ausdruck gekommen ist, fortentwickelt und explizit auf das deutsche Recht übertragen. Danach darf das Akteneinsichtsrecht bei inhaftierten Beschuldigten auch dann nicht verweigert werden, wenn dies aus Gründen einer Gefährdung des Untersuchungszwecks erfolgen solle.[154] Weiter gefasst ist auch der Umfang des Informationsanspruchs des Beschuldigten, da nunmehr

> alle „Informationen, die für die Beurteilung der Rechtmäßigkeit einer Freiheitsentziehung wesentlich sind [...] dem Anwalt des Tatverdächtigen [...] in geeigneter Weise zugänglich gemacht werden" müssen.[155]

---

148 *BVerfG*, NJW 1983, S. 1043, 1043; *Julius*, in: HK, StPO, 4. Aufl., 2009, § 147 Rn. 1 betrachtet dann auch das Akteneinsichtsrecht in erster Linie als Ausfluss der Waffengleichheit und nur in zweiter Linie als „Element des Anspruchs auf rechtliches Gehör".

149 Zum Verhältnis BVerfG/EGMR vgl. *Klein*, Straßburger Wolken am Karlsruher Himmel. Zum geänderten Verhältnis zwischen Bundesverfassungsgericht und Europäischem Gerichtshof für Menschenrechte seit 1998, NVwZ 2010, S. 221, 221 ff.

150 *EGMR*, Urt. v. 30.03.1989 – Nr. 16/1987/139/193, auszugsweise abgedruckt in StV 1993, 283 ff.

151 *EGMR*, StV 1993, S. 283, 284.

152 *EGMR*, Urt. v. 17.02.1997 – Nr.10/1996/629/812, auszugsweise abgedruckt in NStZ 1998, 429 ff.

153 *EGMR*, Lietzow gegen Deutschland – Nr. 24479/94, abgedruckt in NJW 2002, 2013 ff.; *EGMR*, Garcia Alva gegen Deutschland – Nr. 33541/94, abgedruckt in NJW 2002, 2018 ff.; *EGMR*, Schöps gegen Deutschland – Nr. 25116/94, abgedruckt in NJW 2002, 2015 ff.

154 Vgl. etwa *EGMR*, NJW 2002, S. 2013, 2015.

155 Vgl. *EGMR*, NJW 2002, S. 2013, 2015.

Hierzu sei eine mündliche Unterrichtung über die Inhalte der Akten nicht ausreichend.[156] In einer anderen Entscheidung hat sich der *EGMR* jedoch wieder einschränkend bezüglich des Umfanges des Akteneinsichtsanspruchs geäußert.[157] Das Gericht wies eine Klage, die darauf gestützt war, dass nicht alle der Staatsanwaltschaft vorliegenden Beweismittel zur Einsichtnahme vorlagen, mit der Begründung ab, es ginge nicht aus der Argumentation des Beschwerdeführers hervor, dass diese Bestandteile für die Entscheidungsfindung wesentlich waren.[158]

Aufgrund von Art. 46 Abs. 1 EMRK haben die Vertragsstaaten der Verurteilung Folge zu leisten. Eine Verpflichtung zur Rechtsänderung geht zwar nicht direkt aus dieser Norm hervor, eine solche Pflicht ist jedoch aus Art. 1 EMRK abzuleiten, so dass allgemeine Maßnahmen zu treffen sind, die eine wiederholte Verletzung vermeiden sollen.[159]

Schließlich hat das *BVerfG* in einem zeitlich den Urteilen des *EGMR* vom 13.02.2001 nachfolgenden Rechtsspruch ausgeführt, dass dem Beschuldigten die Möglichkeit gegeben werden muss, zu überprüfen, ob alle Beweismittel sachlich und rechtlich ausreichend gewürdigt wurden. „Dazu müssen dem Beschuldigten die Beweismittel auf die gleiche Art und Weise zugänglich und anschaulich sein, wie dem Richter."[160]

bb) Nicht vollstreckter Haftbefehl

Bisherige Ausführungen bezogen sich auf die Rechtstellung des inhaftierten Beschuldigten. Nach Ansicht des *BVerfG* lassen sich diese Grundsätze nicht auf

156 Vgl. etwa *EGMR*, StV 2010, S. 490, 491 ff.

157 *EGMR*, Beschl. v. 11.05.2008 – Nr. 41077/04, abgedruckt in NStZ 2009, S. 164 ff. Zwar bezieht sich das Urteil auf Beweismittel, jedoch werden die beiden in § 147 Abs. 1 StPO genannten Rechte als im „wesentlichen gleich behandelte" Befugnisse angesehen, welche „in ihrer prozessualen Funktion gleichwertige Informationsbefugnisse" darstellen, vgl. *Rieß*, in: FS Peters, 1984, S. 113, 120 ff. Auch *Strafner*, Anm. z. Beschl. v. 11.05.2008 – Nr. 41077/04, NStZ 2009, S. 164, 166 geht davon aus, dass sich die Ausführungen des Gerichtshofs auch auf das Akteneinsichtsrecht übertragen lassen.

158 *EGMR*, NStZ 2009, S. 164, 165.

159 Vgl. dazu *Meyer-Ladewig*, in: EMRK, 3. Aufl., 2011, Art. 46 Rn. 22/34; wichtig ist in diesem Zusammenhang auch die sog. Görgülü-Entscheidung des *BVerfG* vom 14.10.2004, NJW 2004, S. 3407 ff. in der explizit darauf hingewiesen wird, dass die Rechtsprechung des EGMR auch von deutschen Gerichten zu beachten ist; vgl. dazu auch *Kazele*, Untersuchungshaft - Ein verfassungsrechtlicher Leitfaden für die Praxis, 2008, S. 33 ff..

160 Vgl. *BVerfGE*, NJW 2006, S. 1048, 1049.

einen Beschuldigten übertragen, bei dem zwar ein Haftbefehl erlassen, dieser jedoch nicht vollstreckt wurde.[161]

cc) Zusammenfassung

Maßgebend für die Entwicklung des Akteneinsichtsrechts ist die Rechtsprechung des *EGMR*, der sich das *BVerfG* immer wieder angenähert hat.[162] So erachtete das *BVerfG* anfänglich zunächst auch eine mündliche Information über den Akteninhalt als ausreichend,[163] rückt in einer späteren Entscheidung, anknüpfend an den *EGMR*, hiervon jedoch wieder ab und fordert nun eine Möglichkeit der Kenntnisnahme, die bezüglich Art und Weise derjenigen des Richters entspricht.[164] Die Ausweitung des Informationsanspruchs zugunsten des verteidigten, in Untersuchungshaft befindlichen Beschuldigten, erfolgte also, indem diesem zunächst nicht lediglich eine mündliche Übermittlung der für die Haftentscheidung relevanten Informationen zugestanden wurde, sondern auch die Gewährung von Akteneinsicht durch den Verteidiger. Der *EGMR* geht noch weiter und gewährt darüber hinaus auch dem unverteidigten Beschuldigten ein Recht auf Einsichtnahme.

Strittig und im Folgenden[165] noch vertieft zu erörtern ist der Umfang des Akteneinsichtsanspruchs. Dabei gilt es zu berücksichtigen, dass die bisher den Informationsanspruch kontinuierlich erweiternde Rechtsprechung des *EGMR* zuletzt nicht mehr fortgeführt wurde, indem das Gericht die Beschwerde eines Inhaftierten gegen die Verweigerung in die Einsichtnahme von Aktenbestandteilen der Staatsanwaltschaft als unbegründet verwarf, da ein Einsichtsrecht nur in diejenigen Bestandteile bestehe, die dem Gericht als Entscheidungsgrundlage dienten. Insoweit habe der Beschwerdeführer nicht substantiiert dargelegt, dass die vorenthaltenen Aktenbestandteile für die Anfechtung seines Haftbefehls maßgeblich seien.[166]

---

161 Danach ist ein vorläufig „abgeschirmtes Ermittlungswissen“ im Interesse der Sachverhaltserforschung und Wahrheitsfindung „verfassungsrechtlich unbedenklich“. Die Akteneinsicht kann damit aus Gründen des § 147 Abs. 2 StPO verweigert werden, vgl. *BVerfG*, NStZ-RR 1998, S. 108, 109.

162 Vgl. etwa *Bittmann*, Gesetz zur Änderung des Untersuchungshaftrechts, NStZ 2010, S. 13, 16, der die aktuelle Kodifikation des Akteneinsichtsrechts insbesondere auf die „EGMR inspirierte Rechtsprechung des BVerfG“ zurückführt.

163 *BVerfG*, NJW 1994, S. 3219, 3220.

164 *BVerfGE*, NJW 2006, S. 1048, 1049.

165 Siehe Kapitel 1, B. IV Nr. 1 c) aa), Nr. 2 a).

166 *EGMR*, NStZ 2009, S. 164, 165.

b) Unmittelbarer Akteneinsichtsanspruch aus Art. 103 Abs. 1 GG

Umstritten ist, inwieweit aus Art. 103 Abs. 1 GG ein unmittelbares Akteneinsichtsrecht folgt. Jedenfalls betrachtete das *BVerfG* die Vorschrift des § 147 StPO als verfahrensrechtliche Konkretisierung des Anspruchs auf rechtliches Gehör.[167] In einem neueren Beschluss führt das *BVerfG* jedoch aus,

> dass § 147 StPO „für das gerichtliche Verfahren keine ins Einzelne gehende Regelung" trifft.[168]

Teilweise wird daraus geschlossen, ein Recht auf Akteneinsicht folge unmittelbar aus der Verfassungsnorm, wobei dies nach einer Ansicht jedenfalls in Bezug auf das Beschwerdeverfahren gilt.[169] Nach anderer Ansicht findet keine weitere Differenzierung statt, so dass Art. 103 Abs. 1 GG unmittelbare Geltung auch über das Beschwerdeverfahren hinaus, im gesamten Ermittlungsverfahren, erlangt.[170] Der unmittelbaren Heranziehung, jedenfalls in Bezug auf das Haftbeschwerde- bzw. prüfverfahren sowie das Ermittlungsverfahren kann allerdings nicht entgegengehalten werden, dadurch würde eine Kollision mit dem Unmittelbarkeitsgrundsatz des § 261 StPO einhergehen.[171] Dieser Grundsatz erlangt

167 *BVerfG* NJW 1965, S. 1171, 1172; NJW 1994, S. 3219, 3220.

168 *BVerfG*, NJW 2004, S. 2443, 2444.

169 So etwa *Rau*, Rechtliches Gehör auf Grund von Akteneinsicht in strafprozessualen Beschwerdeverfahren, StraFo 2008, S. 9, 11, der eine Trennung zwischen Ermittlungsverfahren vornimmt, in dessen Rahmen § 147 StPO Geltung erlangt, und dem gerichtlichen Beschwerdeverfahren; *Lüderssen/Jahn*, in: L/R, StPO, 26. Aufl., 2007, § 147 Rn. 4; *Börner*, Akteneinsicht nach Durchsuchung und Beschlagnahme, NStZ 2007, S. 680, 681; *Bahnsen*, Das Akteneinsichtsrecht der Verteidigung im Strafverfahren, 1996, S. 33/ S. 90.

170 Vgl. *Hiebl*, Ausgewählte Probleme des Akteneinsichtsrechts nach § 147 StPO, 1994, S. 31; *Frohn*, Strafverteidigung und rechtliches Gehör, GA 1984, S. 554, 564; *Wasserburg*, Das Einsichtsrecht des Anwalts in die kriminalpolizeiliche Spurenakte, NJW 1980, S. 2440, 2442.

171 Diese Einschränkung nimmt jedenfalls *Welp*, Probleme des Akteneinsichtsrechts, FG Peters, 1984, S. 309, 309 vor. Seiner Auffassung nach führt eine unmittelbare Heranziehung von Art. 103 Abs. 1 GG zu einer Kollision mit dem Unmittelbarkeitsprinzip des § 261 StPO jedenfalls im Rahmen der Hauptverhandlung. Gem. § 261 StPO entscheidet das Gericht über das Ergebnis der Beweisaufnahme „nach seiner freien, aus dem Inbegriff der Verhandlung geschöpften Überzeugung." Damit würde eine Entscheidung auf Basis der Ermittlungsakten zu einem Verstoß gegen das Unmittelbarkeitsprinzip führen, so dass sogar jegliche Einsichtnahme verwehrt werden dürfe. *Welp* weist jedoch explizit darauf hin, dass diese Ausführungen nur für das Hauptverfahren zutreffen und spricht sich damit gegen eine ausnahmslose Heranziehung aus. Dadurch lehnt er eine grund-

nur innerhalb der Hauptverhandlung Geltung.[172] Schließlich steht noch die Auffassung im Raum, aus Art. 103 Abs. 1 GG gehe nur ein Verwertungsverbot für vorenthaltene Aktenbestandteile hervor.[173]

c) Ausgestaltung des Akteneinsichtsanspruchs durch § 147 StPO

aa) Umfang und Schranken

§ 147 Abs. 1 StPO enthält einen Rechtsanspruch des Verteidigers auf Einsichtnahme in die Ermittlungsakte.[174] Die Norm wurde im Laufe der Jahre vielfach geändert.[175] Auf diesem Wege hat sie sich von ihrem Wortlaut her der Auslegung des *BVerfG* und des *EGMR*, wie sie in den zitierten Entscheidungen[176] zum Ausdruck kam, immer wieder angenähert.[177]

Das Akteneinsichtsrecht des § 147 Abs. 1 StPO gilt nicht schrankenlos, sondern erfährt durch § 147 Abs. 2 S. 1 StPO Einschränkungen. Danach ist eine Versagung möglich, wenn die Ermittlungen noch nicht abgeschlossen sind und die Einsichtnahme den Untersuchungszweck gefährden könnte. Dies erfordert nach einer Ansicht eine durch Tatsachen belegte konkrete Gefahr, durch die Weitergabe der in den Ermittlungsakten enthaltenen Informationen werde der Ermittlungserfolg beeinträchtigt.[178] Einer ebenso weit verbreiteten Auffassung

sätzliche Ableitung des Akteneinsichtsrechts aus Art. 103 Abs. 1 GG nicht gänzlich ab, sondern hält die apodiktische Aussage der unmittelbaren Geltung für „ergänzungsbedürftig."; aus den gleichen Erwägungen lehnt *Wohlers*, in: SK, StPO, Stand: Juni 2008, § 147 Rn. 1, generell ein Akteneinsichtsrecht aus Art. 103 Abs. 1 GG ab, ohne sich auf die Hauptverhandlung zu beschränken.

172 Vgl. etwa *Julius*, in: HK, StPO, 4. Aufl., 2009, § 261 Rn. 5.

173 Vgl. *Park*, Der Anspruch auf rechtliches Gehör und Rechtsschutzverfahren gegen strafprozessuale Zwangsmaßnahmen, StV 2009, S. 276, 284.

174 Der ansonsten umständlichen Formulierung wegen wird das ebenso zustehende Recht amtlich verwahrte Beweisstücke zu besichtigen vom Begriff des Akteneinsichtsanspruchs hier mittumfasst.

175 Zuletzt durch G. v. 29.07.2009, BGBl. I, S. 2280.

176 Siehe Kapitel 1, B. Nr. 1 a).

177 Siehe auch *Esser/Gaede/Tsambikakis*, Übersicht zur Rechtsprechung des EGMR in den Jahren 2008 bis Mitte 2010 – Teil I, NStZ 2011, S. 78, 81, die auf die „ständigen Verurteilungen der Bundesrepublik Deutschland" als Triebfeder zur jetzigen Gesetzesfassung hinweisen.

178 *Julius*, in: HK, StPO, 4. Aufl, 2009, § 147 Rn. 3; *Wohlers*, in: SK, StPO, Stand: Juni 2008, § 147 Rn. 97; *Lüderssen/Jahn*, in: L/R, StPO, 26. Aufl., 2007, § 147 Rn. 135; *Ambos*, EGMR und Verfahrensrechte, ZStW 115 (2003), S. 583, 630; *Schlothauer*, Zum Rechtsschutz des Beschuldigten nach dem StVÄG 1999 bei Verweigerung der Akteneinsicht durch die Staatsanwaltschaft, StV 2001, S. 192, 195.

nach wird jedoch auf die Erfordernis einer konkreten Gefahr verzichtet und an den Gefahrbegriff keine hohe Anforderung gestellt.[179]

§ 147 Abs. 2 S. 2 StPO enthält wiederum eine Ausnahme von der Beschränkungsmöglichkeit des Satz 1, sofern sich der Beschuldigte in Untersuchungshaft befindet.

> Dann „sind dem Verteidiger die für die Beurteilung der Rechtmäßigkeit der Freiheitsentziehung wesentlichen Informationen in geeigneter Weise zugänglich zu machen; in der Regel ist insoweit Akteneinsicht zu gewähren."

Der Gesetzgeber hat sich hierbei an den Vorgaben des *EGMR* und des *BVerfG* orientiert.[180] Schon vor Einfügung des § 147 Abs. 2 S. 2 StPO durch die jüngste Gesetzesänderung wurde unter Zugrundelegung dieser Rechtsprechung geschlossen, dass dem Beschuldigten zur Überprüfung der Rechtmäßigkeit seiner Verhaftung jedenfalls diejenigen Aktenbestandteile vorgelegt werden müssen, die auch dem Haft- bzw. Beschwerdegericht vorgelegen haben.[181] Inwieweit ein Einsichtsrecht in den vollständigen Aktenbestand besteht, ist umstritten.[182] Daneben gewährleistet § 147 Abs. 3 StPO noch uneingeschränkte Einsicht in sogenannte privilegierte Urkunden.[183]

---

179 *Meyer-Goßner*, StPO, 54. Aufl., 2011, § 147 Rn. 25, der eine konkrete Gefahr nicht als notwendig erachtet; *Müller*, in: KMR, StPO, Stand: Januar 2010, § 147 Rn. 5 lässt die bloße „Möglichkeit" der Gefährdung ausreichen und spricht sich damit ebenfalls gegen das Erfordernis einer konkreten Gefahr aus; ebenso *Laufhütte*, in: KK, StPO, 6. Aufl., 2008, § 147 Rn. 15; *Wasserburg*, Das Einsichtsrecht des Anwalts in die kriminalpolizeiliche Spurenakte, NJW 1980, S. 2440, 2443.

180 BT-Drs. 16/11644, S. 34, wobei der Halbsatz „in der Regel ist soweit Akteneinsicht zu gewähren" erst nachträglich durch Beschlussempfehlung des Rechtsausschusses eingefügt wurde, vgl. BT-Drs. 16/13097, S. 19. Dies solle jedoch nicht die Rechtstellung erweitern, sondern lediglich klarstellen.

181 Vgl. etwa *Lüderssen/Jahn*, in: L/R, StPO, 26. Aufl., 2007, § 147 Rn. 79b; *Park*, Rechtliches Gehör und Rechtsschutz gegen Zwangsmaßnahmen, StV 2009, S. 276, 279, die den Mindestaussagegehalt der Rechtsprechung des BVerfG zusammenfassen.

182 Vollständiges Akteneinsichtsrecht: Vgl. *Lüderssen/Jahn*, in: L/R, StPO, 26.Aufl., 2007, § 147 Rn. 79b mit Hinweis darauf, dass eine klare Unterscheidung zwischen wesentlichen und unwesentlichen Aktenbestandteilen mit Schwierigkeiten behaftet ist. Zudem solle der „Gefahr des Taktierens durch die Staatsanwaltschaft" begegnet werden; *Borggräfe/Schütt*, Grundrechte und dinglicher Arrest, StraFo 2006, S. 133, 136, die nur dadurch das Rechtsschutzinteresse des Beschuldigten befriedigt sehen; *Julius*, in: HK, StPO, 4. Aufl., 2009, § 147 Rn. 15 in Interpretation der Rechtsprechung; ebenso interpretiert *Hilger*, § 147 V – Untersuchungshaft, GA 2006, S. 294, 296 die Recht-

bb) Akteneinsichtsrecht bei nicht vollstrecktem Haftbefehl

Kontrovers erörtert wird, ob auch bei nicht vollstrecktem Haftbefehl ein grundsätzliches Akteneinsichtsrecht besteht, ob also die Grundsätze, die bereits zu § 147 Abs. 2 StPO im Zusammenhang mit inhaftierten Beschuldigten entwickelt wurden, Anwendung finden.

Die Rechtsprechung hat sich hier zuletzt, Bezug nehmend auf eine Entscheidung des *BVerfG*, ablehnend gezeigt.[184] Begründet wurde dies im Falle eines flüchtigen Beschuldigten mit einer ansonsten drohenden Störung der weiteren Ermittlungen durch eine Einflussnahme, sowie der Gefahr der dauerhaften Entziehung bei Kenntnis der dem Haftbefehl zugrundeliegenden Aktenbestandteile.[185] Diese Ansicht findet jedoch in der Literatur nicht uneingeschränkte Zustimmung. So wird teilweise die Begründung, die den Haftbefehl stützenden Tatsachen könnten dazu führen, dass der Beschuldigte sein Fluchtverhalten ändere, gar als „weltfremd" bezeichnet. Nach dieser Ansicht darf sich eine Vorenthaltung der Aktenbestandteile ausschließlich auf eine mögliche, konkrete Verdunklungsgefahr stützen.[186]

Zudem führen Kritiker an, dass durch die Akteneinsicht auch ein positiver Effekt erzielt werden könne und sich der Beschuldigte bei Kenntnis der Akten-

---

sprechung des EGMR; *Pauly*, Anm. z. Urt. d. EGMR v. 09.07.2009 – Nr. 11364/03, StV 2010, S. 490, 492; *Wohlers/Schlegl*, Zum Umfang des Rechts der Verteidigung auf Akteneinsicht gemäß § 147 I StPO, NStZ 2010, S. 486, 491; dagegen einschränkend: *BGH*, NStZ 2009, S. 399, 400 nur in Bezug auf die dem Ermittlungsrichter vorliegenden Akten; *Meyer-Goßner*, StPO, 54. Aufl., 2011, § 147 Rn. 25a bezieht den Anspruch nur auf die „für die Beurteilung der Rechtmäßigkeit der Freiheitsentziehung wesentlichen – ggf. auch entlastenden - Informationen"; *Deckers*, Einige Bemerkungen zum Gesetz zur Änderung des Untersuchungshaftrechts, StrFo 2009, S. 441, 444 mit Bezugnahme auf *EGMR*, NStZ 2009, S. 164 ff. (ebenso einschränkend die Anm. v. Strafner am Ende); *Lange*, Vollständige oder teilweise Akteneinsicht für inhaftierte Beschuldigte in den Fällen des § 147 II StPO, NStZ 2003, S. 353, 348.

183 Hiervon sind gem. § 147 Abs. 3 StPO die Niederschriften der Vernehmung und der richterlichen Untersuchungshandlungen sowie der Gutachten erfasst.

184 Vgl. *OLG München*, NStZ 2009, S. 109, 110 mit Bezugnahme auf *BVerfG*, NStZ-RR 1998, S. 108.

185 Vgl. *OLG München*, NStZ 2009, S. 109, 110; ebenso *OLG Hamm*, NStZ-RR 2001, S. 254, 254 ohne auf die Gefahr von Verdunklungshandlungen einzugehen.

186 *Wohlers*, Anm. z. Urt. d. OLG München (NStZ 2009, S. 109 ff.), StV 2009, S. 538, 539 ff.; zustimmend *Paeffgen*, Übersicht über die (ober-)gerichtliche Rechtsprechung in Haftsachen – Teil 1, NStZ 2010, S. 200, 204 Fn. 22.

lage eher bereit erkläre Stellung zu beziehen, um die Verdachtsgründe zu entkräften.[187]

Eine überwiegende Ansicht folgt jedoch, meist ohne nähere Begründung, der ablehnenden Ansicht der Rechtsprechung.[188]

cc) Personeller Geltungsbereich

Grundsätzlich wird ein Akteneinsichtsrecht dem Wortlaut zufolge nur dem Verteidiger zugestanden, vgl. § 147 Abs. 1 StPO.[189] Darüber hinaus können dem unverteidigten Beschuldigten gem. § 147 Abs. 7 StPO

> „Auskünfte und Abschriften aus den Akten erteilt werden, soweit dies zu einer angemessenen Verteidigung erforderlich ist, der Untersuchungszweck, auch in einem anderen Strafverfahren, nicht gefährdet werden kann und nicht überwiegende schutzwürdige Interessen Dritter entgegenstehen."

Nach vorherrschender Ansicht ist Träger des Akteneinsichtsrechts zwar der Beschuldigte, die Ausübung soll jedoch grundsätzlich dem Verteidiger vorbehalten sein, so dass der Beschuldigte nur sein Recht auf Informationsgewährung geltend machen kann.[190] Teilweise wird jedoch entgegen des Wortlauts auch dem Beschuldigten die Ausübung seines Akteneinsichtsrecht zugestanden, wel-

---

187 So *König*, in: MAH Strafverteidigung, 2006, § 4 Rn. 106; diesen Aspekt gesteht auch das *OLG Hamm*, NStZ-RR 2001, S. 254, 254 ein, ohne jedoch von seiner Meinung abzurücken.

188 So etwa *Meyer-Goßner*, StPO, 54. Aufl., 2011, § 147 Rn. 25a; *Julius*, in: HK, StPO, 4. Aufl., 2009, § 147 Rn. 15; *Laufhütte*, in: KK, StPO, 6. Aufl., 2008, § 147 Rn. 16; nicht ganz so überzeugt zeigen sich *Dallmeyer*, in: HbStrVf, 2008, Rn. II. 355 Fn. 689; *Burhoff*, EV, 5. Aufl., 2010, Rn. 100a, die beide zwar daran zweifeln, ob die Rechtsprechung des *EGMR* (NJW 2002, S. 2013 ff./ S. 2015 ff. / S. 2018 ff.) nicht einen anderen Schluss zulässt, im Ergebnis wohl jedoch trotzdem eine Übertragung auf nicht vollstreckte Haftbefehle ablehnen.

189 Zur Wortlautinterpretation: *Schlegel*, Das Akteneinsichtsrecht des Beschuldigten im Strafverfahren, HRRS 2004, S. 411, 412; *Meyer*, Das Akteninformationsrecht des Beschuldigten, 2003, S. 136; *Welp*, Probleme des Akteneinsichtsrechts, FG Peters, 1984, S. 309, 312; kritisch *Hiebl*, Ausgewählte Probleme des Akteneinsichtsrechts nach § 147 StPO, 1994, S. 37 ff.

190 *Lüderssen/Jahn*, in: L/R, StPO, 26.Aufl., 2007, § 147 Rn. 9 ; *Hiebl*, Ausgewählte Probleme des Akteneinsichtsrechts nach § 147 StPO, 1994, S. 34/ S. 81 führt aus, dass aus Art. 103 Abs. 1 GG die Trägerschaft des Beschuldigten hervorgeht, „zum Schutz der Integrität der Akten" diesem jedoch die Ausübung verwehrt bleibt; darauf verweist auch *Bahnsen*, Das Akteneinsichtsrecht der Verteidigung im Strafverfahren, 1996, S. 35; ebenso *Meyer*, Das Akteninformationsrecht des Beschuldigten, 2003, S. 133 / S. 146.

ches sich vom Umfang her an dem des Verteidigers bemessen soll. Die Begründungen hierzu variieren.[191]

2. Stellungnahme

Umfang und personeller Geltungsbereich des Akteneinsichtsrechts aus § 147 StPO können nicht ohne Rückgriff auf die verfassungsrechtlichen Grundlagen bestimmt werden.

a) Umfang

Legt man dem Akteneinsichtsrecht den Anspruch auf rechtliches Gehör aus Art. 103 Abs. 1 GG als Bezugspunkt zugrunde, so erstreckt sich dieses jedenfalls grundsätzlich auf die dem Gericht bei seiner Entscheidungsfindung zur Verfügung stehenden Akten.

Da Art. 103 Abs. 1 GG unmittelbare Geltung im Rahmen eines Gerichtsverfahrens erlangt, und der Anspruch auf rechtliches Gehör durch das Verfahrensrecht konkretisiert wird, ist das Verfahrensgrundrecht bei der Auslegung des § 147 StPO heranzuziehen. Sofern die gesetzliche Regelung hinter der Verfassungsnorm zurückbleibt, ist ein Anspruch unmittelbar aus Art. 103 Abs. 1 GG gegeben. Ein Anspruch auf Einsichtnahme auch in diejenigen Ermittlungsakten, die dem Gericht nicht vorliegen, kann dagegen nicht aus Art. 103 Abs. 1 GG hervorgehen, da das Gericht seine Entscheidung nicht auf diese Akten stützt.

Daneben gilt es noch zu berücksichtigen, dass das *BVerfG* und der *EGMR* jeweils von unterschiedlichen Rechtsgrundlagen ausgehen. Daher ist auch der Aspekt der Waffengleichheit als Ausfluss eines rechtsstaatlichen, fairen Verfahrens zu berücksichtigen. Diese Rechtsgrundlage wird in Bezug auf das Akteneinsichtsrecht vom *EGMR* generell herangezogen, das *BVerfG* betont aber gleichfalls, dass dieses Prinzip verletzt sein kann, wenn ein prozessuales Ungleichgewicht zwischen der Staatsanwaltschaft und dem Beschuldigten besteht.[192] Zwar hat der *EGMR* in einer neueren Entscheidung festgestellt, dass seine Rechtsprechung nicht so zu interpretieren sei, dass grundsätzlich ein Anspruch auf Einsicht in alle Ermittlungsakten bestehe.[193] Dessen ungeachtet darf

---

191 *Schlegel*, Das Akteneinsichtsrecht des Beschuldigten im Strafverfahren, HRRS 2004, S. 411, 417 verweist auf das Selbstverteidigungsrecht des Art. 6 Abs. 3 lit. b EMRK; *Frohn*, Strafverteidigung und rechtliches Gehör, GA 1984, S. 554, 564 sieht den Anspruch aus Art. 103 Abs. 1 GG gegeben und verweist darauf, dass ansonsten auch ein Verstoß gegen Art. 3 Abs. 1 GG durch Benachteiligung des nicht anwaltlich vertretenen Beschuldigten vorliegt.

192 Vgl. *BVerfG*, NJW 1983, S. 1043, 1043 ff.

193 Vgl. *EGMR*, NStZ 2009, S. 164 ff.

dies aus Gründen der Parität von Staatsanwaltschaft und Beschuldigtenseite nicht zu einer Vorauswahl von Aktenbestandteilen seitens der Staatsanwaltschaft führen. Bliebe es der Anklageseite vorbehalten darüber zu bestimmen, welche Akteninformationen die Grundlage der Inhaftierung bilden, so wäre der Verteidiger daran gehindert, diejenigen Informationen für sich fruchtbar zu machen, welche möglicherweise für den Beschuldigten entlastend wirken.

Daher kann eine Einsichtnahme in die Ermittlungsakten im Rahmen eines Haftprüfungs- bzw. Beschwerdeverfahrens grundsätzlich in Bezug auf alle Akteile zugestanden werden.

b) Besonderheiten bei nichtvollzogenen Haftbefehlen

Sofern der Haftbefehl nicht vollzogen ist, kann eine Beschränkung des Einsichtsrechts im Rahmen des gerichtlichen Rechtsmittelverfahrens dagegen statthaft sein. Zwar bestehen die Gewährleistungen des Art. 103 Abs. 1 GG grundsätzlich schrankenlos, jedoch kann im Wege kollidierenden Verfassungsrechts eine Einschränkung vorgenommen werden. Das *BVerfG* führt hierzu selbst aus, dass „dies durch sachliche Gründe hinreichend gerechtfertigt" sein muss.[194] Somit müssen konkrete Anhaltspunkte einer sonst drohenden Gefährdung des Zweckes der Untersuchungshaft, und damit des Verfahrens, dargelegt werden. Ein lediglich verallgemeinerndes Abstellen auf eine mögliche „Verfestigung der Flucht" kann den Anforderungen nicht entsprechen.[195]

Außerhalb des gerichtlichen Haftprüfungs- bzw. Beschwerdeverfahrens, im laufenden Ermittlungsverfahren, muss der Staatsanwaltschaft ein Ermittlungsvorsprung gewährt werden, um eine vollständige und unbeeinflusste Tatsachenermittlung sicherzustellen.[196] Der Ermittlungsvorsprung in dieser Phase dient damit, ebenso wie die Anordnung der Untersuchungshaft, der Verfahrenssicherung. Zwar bleibt es dem Beschuldigten verwehrt, sich auf das Prozessgrundrecht des Art. 103 Abs. 1 GG zu berufen, da hier das gerichtliche Verfahren noch gar nicht seinen Anfang genommen hat. Jedoch rechtfertigt die Zielsetzung der Verfahrenssicherung nicht, auch völlig substanzlose Behauptungen zur Begründung einer Verweigerung der Akteneinsicht genügen zu lassen. Da sich § 147 Abs. 2 S. 1 StPO einzig durch den gewährten Ermittlungsvorsprung legitimiert, dieser jedoch nicht zum Selbstzweck verkommen darf, sondern sich sachlich durch die damit verbundene Verfahrenssicherung begründet, muss eine Verweigerung ebenso auf konkrete Tatsachen gestützt werden. Dies gilt umso

194 Vgl. *BVerfG*, NJW 2000, S. 1175, 1178.

195 So aber *OLG Hamm*, NStZ-RR 2001, S. 254, 254; *OLG München*, NStZ 2009, S. 109, 110.

196 Insoweit siehe *BVerfG*, NJW 1994, S. 3219, 3220.

mehr, sofern gegen den Beschuldigten ein Haftbefehl erlassen wurde, da bereits die bloße Existenz eine enorme Belastung darstellt sowie einen Eingriff in Art. 2 Abs. 2 S. 2 GG.[197]

Gerade die Ausrichtung der Verteidigung hinsichtlich der Auswahl prozessualer Handlungsmöglichkeiten erfordert hier die Kenntnis des Akteninhalts. So kann sich ein gescheiterter Rechtsbehelf, den der Verteidiger bei Kenntnis der Aktenlage als aussichtslos erachtet hätte, als erheblich negativ auf die Situation des Beschuldigten auswirken, da mitunter zeitliche Verzögerungen zu einer Verlängerung des Verfahrens führen und damit zu einem Fortbestand der Auflagen.[198]

c) Personeller Geltungsbereich

Ein Ausübungsrecht auch des Beschuldigten ist zur Gewährleistung der Verfahrensgrundrechte aus Art. 103 Abs. 1 GG und aus Gründen der Verwirklichung des Grundsatzes eines fairen Verfahrens dagegen nicht erforderlich. Der verteidigte Beschuldigte hat gegenüber seinem Verteidiger ein umfassendes Auskunftsrecht.[199] Zudem ist im Wege der jüngsten Gesetzesänderung[200] durch § 140 Abs. 1 Nr. 4 StPO die Pflichtverteidigerbestellung nun auch auf die Fälle der vollstreckten Untersuchungshaft ausgeweitet worden, so dass hierbei in den meisten Fällen Akteneinsicht durch den Verteidiger gewährleistet ist.

Dem unverteidigten Beschuldigten steht gem. § 147 Abs. 7 StPO nur ein Informationsgewährungsanspruch zu. Dies lässt sich mit der Sorge um die Integrität der Originalakten sachlich hinreichend rechtfertigen. Der Informationsgewährungsanspruch muss jedoch, um Art. 103 Abs. 1 GG inhaltlich zu entsprechen, alle Erkenntnisse vermitteln, die aus der Akte hervorgehen und sonst dem Verteidiger über § 147 Abs. 1 bzw. § 147 Abs. 2 S. 2 Hs. 2 StPO zugänglich sind. Hierbei würde eine Kopie der Akte diesen Auftrag am zweckmäßigsten umsetzen.

3. Besonderer Rechtsbehelf bei Versagung der Akteneinsicht

a) Anwendungsbereich

Gem. § 147 Abs. 5 S. 2 StPO kann gerichtliche Entscheidung beantragt werden, sofern die Akteneinsicht verweigert wird, nachdem die Ermittlungen abge-

---

197 So etwa *BVerfG*, NStZ-RR 2006, S. 188, 188.

198 Vgl. zu den negativen Auswirkungen eines gescheiterten Rechtsbehelfs *Schlothauer/Weider*, Untersuchungshaft, 4. Aufl., 2010, Rn. 727 ff.

199 Vgl. hierzu etwa *BGH*, NJW 1980, S. 64, 64; *Laufhütte*, in: KK, StPO, 6. Aufl., 2008, § 147 Rn. 14.

200 Geändert m. W. v. 01.01.2010 durch G. v. 29.07.2009 (BGBl. I, S. 2274).

schlossen sind, es sich um privilegierte Urkunden im Sinne von § 147 Abs. 3 StPO handelt, oder sich der Beschuldigte nicht auf freiem Fuß befindet. Gegen die Entscheidung steht die Beschwerdemöglichkeit nach § 304 ff. StPO offen.[201] Darüber hinaus bestehen unterschiedliche Ansichten über die Voraussetzungen der analogen Anwendung des § 147 Abs. 5 S. 2 StPO, bzw. der Zulässigkeit des Rechtswegs nach § 23 EGGVG, für die nicht in § 147 Abs. 5 S. 2 StPO genannten Fälle versagter Akteneinsicht. Nach Auffassung der Rechtsprechung kommt eine Heranziehung der Vorschriften nur in eng begrenzten Ausnahmefällen in Betracht.[202] So sollen die Normen Rechtsschutz gewähren, wenn es sich um die Einsichtnahme in Spurenakten[203] handelt, dies aufgrund der Gewährung gerichtlichen Rechtsschutzes innerhalb angemessener Zeit erforderlich ist, insbesondere bei langjährigen Ermittlungsverfahren,[204] oder wenn die Versagung auf sachfremden, willkürlichen[205] Erwägungen basiert. Diese Sichtweise stößt in der Literatur nur teilweise auf Zustimmung.[206] Nach anderer Meinung erstreckt sich der Anwendungsbereich auf jegliche Fälle versagter Akteneinsicht.[207]

b) Stellungnahme

Problematisch bleibt die gerichtliche Überprüfung der Verweigerung der Akteneinsicht bei denjenigen Beschuldigten, die sich auf freiem Fuße befinden und bei denen die Anklage noch nicht erhoben wurde. Dabei ist weiter zu differenzieren ob ein Haftbefehl erlassen, aber (noch) nicht vollzogen wurde, oder mangels Voraussetzungen ein solcher überhaupt nicht vorliegt.

---

201 Diese Möglichkeit wurde erst durch das 2. Opferrechtsreformgesetz geschaffen, siehe BT-Drs. 16/12098, S. 21.

202 *BVerfG*, NJW 1985, S. 1019, 1019; *BGH*, NStZ 2005, S. 569, 571 wegen dem „vorliegenden ganz speziell und außergewöhnlich gelagerten Fall“; *BGH*, NStZ-RR 2009, S. 145, 145 hält solche Entscheidungen im Ermittlungsverfahren „regelmäßig [für] nicht“ anfechtbar; *OLG Saarbrücken*, NJW 1995, S. 1440, 1441; NStZ-RR 2008, S. 48, 48; *OLG Karlsruhe*, NStZ 1997, S. 49, 50; *OLG Hamm*, Beschl. v. 08.04.2003 – 1 VAs 7/03, Rn. 7 (juris); *OLG Frankfurt a. M.*, NStZ-RR 2005, S. 376, 376.

203 *BVerfG*, NJW 1983, S. 1043, 1045.

204 *OLG Hamm*, Beschl.v. 21.11.1991 – 1 VAs 31/91, Rn. 14 (juris).

205 *OLG Frankfurt* NStZ-RR 2005, 376, 376.

206 So etwa von *Böttcher*, in: L/R, StPO, 26. Aufl., 2010, § 23 EGGVG Rn. 115; Laufhütte, in: KK, StPO, 6. Aufl., 2008, § 147 Rn. 25; *Meyer-Goßner*, StPO, 54. Aufl., 2011, § 147 Rn. 40, wobei dieser nur auf die Einsichtnahme in Spurenakten verweist.

207 *Julius*, in: HK, StPO, 4. Aufl., 2009, § 147 Rn. 26 hält eine analoge Anwendung „für alle Fälle versagter Akteneinsicht rechtsstaatlich geboten“; *Lüderssen/Jahn*, in: L/R, StPO, 26. Aufl., 2007, § 147 Rn. 159 verweist u.a. auf den Regelungsgehalt des § 406e Abs. 4 S. 2 StPO; *Wessing*, in: BeckOK, StPO, Stand: 01.02.2012, § 147 Rn. 26.

Grundsätzlich besteht in allen genannten Fällen ein Akteneinsichtsrecht aus § 147 Abs. 1 StPO, welches bei Versagung möglicherweise verletzt ist. Nur hinsichtlich der Einschränkungsmöglichkeiten besteht eine Divergenz in Bezug auf die Anforderungen, so dass eine etwaige Verweigerung jeweils einer unterschiedlichen Begründungsintensität bedarf.[208]

Dies eröffnet, in Vorwegnahme der folgenden Ausführungen,[209] grundsätzlich den Anwendungsbereich der Rechtsschutzgarantie des Art. 19 Abs. 4 GG, wonach bei einer möglichen Verletzung durch die öffentliche Gewalt ein effizienter Rechtsschutz gewährleistet sein muss, um die Begründung der ablehnenden Entscheidung oder eine Nichtbeachtung des Akteneinsichtsrechts einer gerichtlichen Überprüfung zu unterziehen.[210] Weiter konkretisierte das *BVerfG* jedoch bezüglich der Notwendigkeit zur Gewährung von Rechtsschutz bei verweigerter Akteneinsicht im Ermittlungsverfahren:

> Das bedeutet aber nicht stets sofortigen Rechtsschutz, sondern nur Rechtsschutz "innerhalb angemessener Zeit", wobei die Angemessenheit der Dauer eines Verfahrens nach den besonderen Umständen des einzelnen Falles zu beurteilen ist.[211]

Allerdings verwundert die Gesetzesbegründung zur Einfügung des § 406e StPO durch das 1. Opferschutzgesetz.[212] Darin heißt es:

> „Dagegen ist im Hinblick auf Art. 19 Abs. 4 GG jedenfalls für den Verletzten, dem die Akteneinsicht durch eine staatsanwaltliche Entscheidung versagt wird, eine Anfechtungsmöglichkeit vorzusehen.“[213]

Im Ergebnis bedeutet dies, dass zwar an die Voraussetzungen der Beschränkung des Akteneinsichtsrechts des Verletzten im Vergleich zum Beschuldigten niedrigere Maßstäbe anzulegen sind,[214] ersterem aber, auf Art. 19 Abs. 4 GG

208 Siehe hierzu die obigen Ausführungen.

209 Siehe hierzu die Nachweise und Ausführungen in Kapitel 1, C.

210 Wäre die Verletzung eines gesetzlichen Anspruches nicht gerichtlich überprüfbar, so verkäme das Gesetz zu einem „papierenen Konstrukt“, wie *Schmidt-Jortzig*, Effektiver Rechtsschutz als Kernstück des Rechtsstaatsprinzips nach dem Grundgesetz, NJW 1994, S. 2569, 2571 ausführt.

211 *BVerfG*, NJW 1985, S. 1019, 1019. Vgl. auch *BVerfG*, NStZ 1984, S. 228, 229.

212 Erstes Gesetz zur Verbesserung der Stellung des Verletzten im Strafverfahren (OpferschutzG) vom 18.12.1986, BGBl I, S. 2496, Art. 1 Nr. 15.

213 BT-Drs. 10/5305, S. 18.

214 Eine Versagungsmöglichkeit im Ermittlungsverfahren besteht nach § 406 e Abs. 2 S. 1 StPO, „soweit überwiegende schutzwürdige Interessen des Beschuldigten oder anderer

gestützt, eine Kontrollmöglichkeit auch im Ermittlungsverfahren eingeräumt wird.[215] Unter diesem Gesichtspunkt muss auch die vorher zitierte Rechtsprechung des *BVerfG* einer nochmaligen Überprüfung unterzogen werden. Hierin prüft das Gericht die Versagung des Rechtswegs auch am Maßstab des Art. 3 Abs. 1 GG.[216] Das Gericht bezieht sich jedoch noch auf die bis dahin alleinig geltenden strengen Maßstäbe, wonach Willkür

> „nicht schon dann gegeben [ist], wenn die Rechtsanwendung oder das eingeschlagene Verfahren Fehler enthalten. Hinzukommen muß vielmehr, daß Rechtsanwendung und Verfahren bei einer verständigen Würdigung der das GG beherrschenden Gedanken nicht mehr verständlich sind und sich daher der Schluß aufdrängt, daß sie auf sachfremden Erwägungen beruhen“[217]

Nach der sogenannten „neuen Formel“, die auf eine Entscheidung aus dem Jahre 1980 zurückgeht[218] und nunmehr in ständiger Rechtsprechung Anwendung findet, löst sich das Gericht von einer starren Willkürprüfung und bezieht den Verhältnismäßigkeitsgrundsatz in seine Abwägung ein:

> „Diese Verfassungsnorm gebietet, alle Menschen vor dem Gesetz gleichzubehandeln. Demgemäß ist dieses Grundrecht vor allem dann verletzt, wenn eine Gruppe von Normadressaten im Vergleich zu anderen Normadressaten anders behandelt wird, obwohl zwischen beiden Gruppen keine Unterschiede von solcher Art und solchem Gewicht bestehen, daß sie die ungleiche Behandlung rechtfertigen könnten.“[219]

Die Besserstellung des Verletzten gegenüber dem als unschuldig geltenden Beschuldigten bedarf daher eines sachlichen Grundes, wobei die Verhältnismä-

---

Personen entgegenstehen“, nach S. 2 bei der Gefährdung des Untersuchungszwecks, auch bezüglich eines anderen Strafverfahrens.

215 Vgl. *Lüderssen/Jahn*, in: L/R, StPO, 26. Aufl., 2007, § 147 Rn. 158.

216 *BVerfG*, NJW 1985, S. 1019, 1019.

217 Siehe etwa *BVerfG*, NJW 1964, S. 1715, 1717. Auf diese Entscheidung nimmt *BVerfG*, NJW 1985, S. 1019, 1019 Bezug.

218 Vgl. zur Fortentwicklung der Rechtsprechung des *BVerfG* in Bezug auf Art. 3 GG hin zur sog. „neuen Formel“ *Maaß*, Die neuere Rechtsprechung des BVerfG zum allgemeinen Gleichheitssatz - Ein Neuansatz?, NVwZ 1988, S. 14 ff.

219 NJW 1981, S. 271, 271 ff.; NJW 1990, S. 2869, 2871 ff.; NJW 1991, S. 1667, 1670; NVwZ 1999, S. 517, 517; NJW 2000, S. 1855, S. 1856; Beschl. v. 17.03.2008 - 1 BvR 96/06, BeckRS 2008, 35224.

ßigkeitsprüfung aufgrund der Intensität des Eingriffs, wegen der Bedeutung der Akteinsicht für die Verteidigung, erhöhten Anforderungen unterliegt.[220]

Wenn *Böttcher*[221] anmerkt, eine gerichtliche Nachprüfung im Ermittlungsverfahren führe zu einer erheblichen Veränderung der „Rollenverteilung zwischen Staatsanwaltschaft und Gericht" und beseitige zudem den „Informationsvorsprung der Staatsanwaltschaft vor der Verteidigung", so finden diese Aussagen keine Zustimmung und rechtfertigen einen weitergehenden Schutz des Verletzten durch Art. 19 Abs. 4 GG sachlich nicht.

Sowohl die Zuständigkeit für die Beantragung der gerichtlichen Entscheidung durch den Beschuldigten nach § 147 Abs. 5 S. 2, als auch für den Antrag des Verletzten nach § 407e Abs. 4 S. 2 StPO, richtet sich nach § 162 StPO. Dies würde zu dem Ergebnis führen, dass dem Richter im Ermittlungsverfahren zwar zugestanden wird zu beurteilen, ob die Akteneinsichtnahme des Verletzten den Untersuchungszweck gefährden kann, nicht aber ob diese Voraussetzung hinsichtlich des Beschuldigten gegeben ist. In beiden Konstellationen kommt der Richter nicht umhin, sich mit den bisherigen Ermittlungen und dem weiteren Verfahrensgang zu befassen. Auch besteht jeweils die Möglichkeit auf die Begründung der gerichtlichen Entscheidung zu verzichten, wenn ansonsten der Untersuchungszweck gefährdet werden könnte.[222]

Sofern der Richter die Entscheidung der Staatsanwaltschaft bestätigt, besteht demzufolge keine Gefahr hinsichtlich der Beseitigung des Informationsvorsprunges der Staatsanwaltschaft. Andernfalls, wenn dem Beschuldigten ein Recht auf Akteneinsicht zusteht, räumen rechtsstaatliche Erwägungen der Strafverfolgungsbehörde eben gerade keinen Informationsvorsprung ein.

c) Ergebnis

Da ein gerichtlicher Rechtsschutzanspruch nach den obigen Ausführungen grundsätzlich besteht, stellt sich abschließend die Frage, ob der Rechtsweg nach § 23 EGGVG oder die analoge Anwendung des § 147 Abs. 5 S. 2 StPO den Vorzug verdient. Das Verfahren der Dienstaufsichtsbeschwerde genügt nicht den Anforderungen an einen Rechtsweg i. S. d. Art. 19 Abs. 4 GG.[223] Aufgrund der Subsidiaritätsklausel des § 23 Abs. 3 EGGVG, sowie der Sachnähe des nach § 162 StPO zuständigen Gerichts, erscheint eine analoge Anwendung des § 147

220 Vgl. zur Anforderung an die Verhältnismäßigkeitsprüfung innerhalb des Art. 3 Abs. 1 GG, *Kannengießer*, in: Schmidt-Bleibtreu/Hofmann/Hopfauf, GG, 12. Aufl., 2011, Art. 3 Rn. 17.

221 *Böttcher*, in: L/R, StPO, 26., Aufl., 2010, § 23 EGGVG Rn. 115.

222 Siehe § 147 Abs. 5 S. 4 bzw. § 406e Abs. 4 S. 5 StPO.

223 Siehe *Schmidt-Aßmann*, in: Maunz/Dürig, GG, Stand: 61. EL, Art. 19 Abs. 4 Rn. 173a ff.

Abs. 5 S. 2 StPO geboten.[224] Dies entspricht auch der überwiegenden Meinung in Rechtsprechung und Schrifttum, die jedoch, wie bereits erörtert, teilweise nur von einem eingeschränkten Anwendungsbereich ausgehen.[225]

C. Rechtsschutzgarantie

Die generelle Existenz eines Rechtsschutzsystems bietet dem Einzelnen die Möglichkeit ein Verfahren zu betreiben und Entscheidungen erneuter Prüfung zu unterziehen. Ohne Rechtsanspruch auf ein solches Verfahren wäre eine erneute Überprüfung nicht durchsetzbar, was schließlich auch zur Folge hätte, dass der Anspruch auf rechtliches Gehör leer liefe, da hierzu zunächst ein Verfahren erforderlich ist, in welchem überhaupt richterliche Entscheidungen getroffen werden können. An dieser Stelle wird der „funktionale Zusammenhang" zwischen beiden Rechtsinstituten sichtbar, die beide auf die Gewährleistung eines wirkungsvollen Rechtsschutzes abzielen.[226]

Das *BVerfG* führt in ständiger Rechtsprechung zur Rechtsschutzgarantie des Art. 19 Abs. 4 GG aus:

> „Art. 19 Abs. 4 GG enthält ein Grundrecht auf effektiven und möglichst lückenlosen richterlichen Rechtsschutz gegen Akte der öffentlichen Gewalt"[227]

Da es sich bei der Untersuchungshaft um eine Maßnahme handelt, die gegen von Rechts wegen als unschuldig geltende gerichtet ist, und der Vollzug sowie die bloße Existenz eines Haftbefehls einen Eingriff in den Schutzbereich des Art. 2 Abs. 2 S. 2 GG darstellt,[228] erlangt diese Gewährleistung des Grundgesetzes besondere Bedeutung. Art. 19 Abs. 4 GG regelt jedoch nicht, in welcher zeitlichen Abfolge Rechtsschutz zu erfolgen hat. Im Falle der Freiheitsentzie-

---

224 Auf die Sachnähe bei mehreren Rechtswegen als Auswahlkriterium weisst auch *Lorenz*, Der Rechtsschutz des Bürgers und die Rechtsweggarantie, 1973, S. 251 hin.

225 Siehe hierzu *Böttcher*, in: L/R, StPO, 26. Aufl., 2010, § 23 EGGVG mit entsprechenden Nachweisen.

226 So wird durch die Rechtsschutzgarantie der „Zugang zum Verfahren" gesichert, wobei Art. 103 Abs. 1 GG „auf einen angemessenen Ablauf des Verfahrens zielt", vgl. *BVerfG*, NJW 2003, S. 1924, 1926.

227 Siehe etwa *BVerfG*, NJW 1959, S. 475, 477; NJW 1984, 2028, 2029; NJW 1997, S. 2163, 2164; NJW 2002, S. 2456, 2456; NJW 2005, S. 1855, 1855; NStZ 2009, S. 166, 167.

228 Vgl. etwa *BVerfG*, NJW 2006, S. 668, 669 ff.

hung enthält hierzu der speziellere Art. 104 Abs. 2, Abs. 3 GG weitere Vorgaben.[229]

I. Schutzbereich

Art. 19 Abs. 4 S. 1 GG gewährleistet, dass jede Rechtsverletzung durch die öffentliche Gewalt gerichtlicher Kontrolle unterliegen muss. Prüfungsmaßstab für eine mögliche Rechtsverletzung bildet neben den Grundrechten und sonstigen verfassungsmäßigen Rechten vor allem das einfache Recht.[230] Neben dem inländischen Recht kann auch die Verletzung von EG-Recht den Schutzbereich des Art. 19 Abs. 4 GG eröffnen.[231]

Um Aussagen über die Eröffnung des Schutzbereiches zu treffen, bedarf es zunächst einer Begriffsbestimmung der „öffentlichen Gewalt" i. S. d. Art. 19 Abs. 4 S. 1 GG. „Öffentliche Gewalt" ist dabei nicht gleichbedeutend mit dem Inhalt des Art. 1 Abs. 3 GG und umfasst grundsätzlich nicht die Rechtsprechung sowie die formelle Gesetzgebung. Einprägsam und generalisierend wurde in diesem Zusammenhang ausgeführt:

> „Art. 19 Abs. 4 GG gewährt Rechtsschutz durch den Richter, aber nicht gegen den Richter".[232]

Durch die aufsehenerregende Plenarentscheidung des *BVerfG* vom 30.04.2003,[233] in der nun bei Verletzung des rechtlichen Gehörs ein wenigstens einmaliger, fachgerichtlicher Rechtsschutz - zwar nicht aus Art. 19 Abs. 4 GG, sondern aus dem allgemeinen Justizgewährungsanspruch - abgeleitet wird, werden Stimmen lauter, die eine einengende Auslegung des Begriffs der „öffentlichen Gewalt" ablehnen und damit Rechtsschutz auch gegen den Richter vom Schutzbereich umfasst sehen.[234] Grundsätzlich sind jedenfalls Maßnahmen der

---

229 Vgl. bspw. *Gusy*, Freiheitsentziehung und Grundgesetz, NJW 1992, S. 457, 461.

230 Vgl. *BVerfG* NJW 1989, S. 666, 667; NJW 1991, S. 1878, 1878.

231 *Jarass/Pieroth*, GG, 11. Aufl., 2011, Art. 19 Rn. 37.

232 So *Dürig*, in: Maunz/Dürig, GG, Erstkommentierung, Art. 19 Abs. 4 Rn. 17 zitiert durch *Schmidt-Aßmann*, in: Maunz/Dürig, GG, Stand: 61. EL, Art. 19 Abs. 4 Rn. 96.

233 *BVerfG*, NJW 2003, S. 1924, 1924 ff.

234 So etwa *Voßkuhle*, Bruch mit einem Dogma: Die Verfassung garantiert Rechtsschutz gegen den Richter, NJW 2003, S. 2193, 2196 in gleichzeitiger Besprechung der Plenarentscheidung, der unter Zugrundelegung von „Wortlaut, Systematik und Zielsetzung" des Art. 19 Abs. 4 GG zu diesem Ergebnis kommt; dagegen weist das Plenum des BVerfG in seinem Plenarbeschluss ausdrücklich daraufhin, dass es „keine Notwendigkeit" sieht, die einengende Auslegung aufzugeben, vgl. NJW 2003, S. 1924, 1926.

Staatsanwaltschaft erfasst, da diese der Exekutive angehören.[235] Ebenso solche, etwa zur Sicherheit oder Ordnung der Anstalt, durch deren Mitarbeiter getroffene Anordnungen.[236]

Problematisch erscheint die Überprüfung von richterlichen Anordnungen auf Grundlage von Art. 19 Abs. 4 GG, wie beispielsweise die Anordnung der Untersuchungshaft gem. § 114 Abs. 1 StPO. Da durch Art. 19 Abs. 4 GG nach wohl noch überwiegender Meinung nicht gewährleistet ist, dass eine gerichtliche Prüfung über mehrere Instanzen zu erfolgen hat,[237] würde sich ein Rechtsweganspruch aus Art. 19 Abs. 4 GG streng genommen nicht auf solcherlei Maßnahmen erstrecken, die ein Richter im Rahmen einer eigenständigen Entscheidung getroffen hat. Um dieser Einbuße an Rechtsschutz zu entgegnen, wurden Entscheidungen aufgrund eines einfachgesetzlichen oder verfassungsrechtlichen Richtervorbehalts nicht vom Schutzbereich des Art. 19 Abs. 4 GG ausgenommen, da der Richter hier eine Tätigkeit wahrnimmt, die außerhalb einer streitentscheidenden Funktion im Gerichtsverfahren steht.[238] Somit besteht in diesem Zusammenhang kein Bedarf nach einer erweiterten Auslegung des Begriffs der „öffentlichen Gewalt" auf richterliche Entscheidungen, weil diese ohnehin erfasst sind. Im sachlichen Zusammenhang der Untersuchungshaft unterliegen damit alle Maßnahmen grundsätzlich gerichtlicher Kontrolle, da diese Maßnahmen entweder einem Richtervorbehalt unterliegen, oder durch die Exekutivorgane veranlasst werden.

Wenn ausnahmsweise die Anwendung des Art. 19 Abs. 4 GG dennoch versagt bleibt, bedeutet dies jedoch für den Rechtsschutzsuchenden nicht die völlige Schutzlosigkeit gegenüber richterlichem Handeln.[239] Die Rechtschutzgarantie findet ebenso im Rechtsstaatsprinzip gem. Art. 20 Abs. 3 GG seine Verankerung

235 Vgl. *BVerfG*, NJW 2001, S. 1121, 1123.

236 Diese Maßnahmen, als Justizverwaltungsakte zu qualifizieren, siehe etwa *Meyer-Goßner*, StPO, 54. Aufl., 2011, § 119a Rn. 1 ff., fallen unter den Begriff der vollziehenden Gewalt, vgl. *BVerfG*, NJW 1970, S. 853, 854.

237 St. Rspr. des *BVerfG* sowie herrschende Meinung, vgl. *Schmidt-Aßmann*, in: Maunz/Dürig, GG, Stand: 61. EL, Art. 19 Abs. 4 Rn. 179 mit umfangreichen Nachweisen in Fn. 558.

238 Das *BVerfG* weist darauf hin, dass es in solchen Fällen häufig zum Ausschluss vorherigen rechtlichen Gehörs kommt, woraufhin der Anspruch auf Rechtsschutz besondere Bedeutung erlangt, st. Rspr. des *BVerfG*, zuletzt in NJW 2003, S. 1924, 1925 ff.; *Schmidt-Aßmann*, in: Maunz/Dürig, GG, Stand: 61. EL, Art. 19 Abs. 4 Rn. 100.

239 So verweist das *BVerfG* darauf, dass Art. 19 Abs. 4 GG nicht so gefasst sei, „dass Rechtsschutz „nur" in seinem Rahmen garantiert sei", siehe *BVerfG*, NJW 2003, S. 1924, 1926.

und gewährleistet weitreichende Rechtsschutz- und Verfahrensgarantien.[240] Im selben Umfang wie Art. 19 Abs. 4 GG, stellt auch Art. 20 Abs. 3 GG sicher, dass der Rechtsweg zu den Gerichten grundsätzlich offensteht und über das gesamte Verfahren hinweg eine effektive Verfahrensgestaltung möglichst weitreichenden Rechtsschutz bietet.[241]

II. Nachträgliche Feststellung der Rechtswidrigkeit

Am Dogma der uneingeschränkten Überprüfbarkeit kann dort nicht mehr bedingungslos festgehalten werden, wo es um die nachträgliche Feststellung der Rechtswidrigkeit bereits erledigter Maßnahmen geht.

Hierbei wurde zunächst vom *BVerfG* nur in Ausnahmefällen dem Betroffenen die Möglichkeit der richterlichen Überprüfung zugestanden. Nach dieser mittlerweile aufgegebenen Rechtsprechung wurde im allgemeinen davon ausgegangen, dass Feststellungsentscheidungen über die Rechtswidrigkeit vollzogener Maßnahmen in der StPO grundsätzlich nicht vorgesehen sind und nur dann in Betracht zu ziehen sind, wenn etwa „die erheblichen Folgen eines Eingriffs oder die Gefahr der Wiederholung, möglicherweise auch die Schwere der Rechtsverletzung, ein nachwirkendes Bedürfnis für eine richterliche Überprüfung" begründen.[242]

Ein Paradigmenwechsel erfolgte mit der Entscheidung des *BVerfG* vom 30.04.1997. Danach wurde generell vom Fortbestehen eines Rechtschutzbedürfnisses ausgegangen, sofern ein „tiefgreifender Grundrechtseingriff" mit der Maßnahme einherging.[243] Zwar verzichtete das Gericht auf eine genauere Bestimmung der Eingriffsintensität, jedoch wurde ein solcher „tiefgreifender Grundrechtseingriff" jedenfalls solchen Maßnahmen zugestanden, die „vorbeugend dem Richter vorbehalten" sind, wie etwa Art. 13 Abs. 2 und Art. 104 Abs. 2 und Abs. 3 GG.[244]

240 Siehe hierzu etwa *Jarass/Pieroth*, GG, 11. Aufl., 2011, Art. 20 Rn. 104; *Sachs*, in: Sachs, GG, 5. Aufl., 2009, Art. 20 Rn. 162 ff.

241 Siehe hierzu etwa *BVerfG*, NJW 1993, S. 1635, 1635; NJW 2005, S. 1999, 2001.

242 Vgl. *BVerfG*, NJW 1979, S. 154, 154. Siehe auch *BGH*, NJW 1978, S. 1815, 1815.

243 *BVerfG*, NJW 1997, S. 2163, 2164.

244 *BVerfG*, NJW 1997, S. 2163, 2164. Vgl. auch *BVerfG* NJW 1998, S. 2131, 2132; NJW 1999, S. 273, 273; NJW 2002, S. 2456, 2456; NJW 2007, S. 1117, 1121; NVwZ-RR 2009, S. 785, 786. Siehe auch *Meyer/Rettenmaier*, Die Praxis des nachträglichen Rechtsschutzes gegen strafprozessuale Zwangsmaßnahmen, NJW 2009, S. 1238, 1239, hierin weisen sie auf die Schwierigkeiten bei der Bestimmung des „tiefgreifenden Grundrechtseingriffs" hin und kritisieren, dass das *BVerfG* hierzu kaum Anhaltspunkte liefert.

Somit kann in Verhaftungsfällen eine Feststellung der Rechtswidrigkeit der Maßnahme nicht allein aufgrund der Erledigung der Maßnahme versagt werden. Jedoch kann eine etwaige „Verwirkung“ dazu führen, dass nachträglicher Rechtsschutz nicht gewährt wird.

Dies ist anzunehmen,

> wenn sich der Berechtigte verspätet auf sein Recht beruft und „unter Verhältnissen untätig bleibt“, unter denen er „vernünftigerweise“ etwas zur Wahrung des Rechts unternehmen würde.[245]

Somit besteht auch bei grundsätzlich unbefristeten Rechtsinstituten wie der Beschwerde gem. §§ 304 ff. StPO kein grenzenloser Anspruch auf gerichtliche Überprüfung.[246]

Die folgende Untersuchung soll Aufschluss darüber geben, inwieweit dem aus Art. 19 Abs. 4 GG sowie dem Rechtsstaatsprinzip folgenden „umfassenden und lückenlosen Rechtsschutz“[247] mittels der einzelnen Rechtsinstitute und der Anwendung dieser durch die Rechtsprechung Rechnung getragen wird und welche Anforderungen sich hieraus an die Ausgestaltung des Rechtsschutzsystems ergeben.

---

245 St. Rspr., etwa *BVerfG*, NJW 1972, S. 675, 676; NJW 2003, S. 1514, 1515; NJW 2005, S. 1855, 1856; NStZ 2009, S. 166, 167.

246 *Meyer/Rettenmaier*, Die Praxis des nachträglichen Rechtsschutzes gegen strafprozessuale Zwangsmaßnahmen, NJW 2009, S. 1238, 1243 beklagen, dass durch die ausufernde und konturenlose Heranziehung der „Verwirkung“ in der Rechtsprechungspraxis die vermeintlich überwundene „prozessuale Überholung“ „in neuem Gewand in die Prozesslandschaft“ zurückkehrt.

247 Siehe *BVerfG*, NJW 1959, S. 475, 477; NJW 1984, 2028, 2029; NJW 1997, S. 2163, 2164; NJW 2002, S. 2456, 2456; NJW 2005, S. 1855, 1855; NStZ 2009, S. 166, 167.

Kapitel 2 Gesetzgebungskompetenz

A. Zuständigkeit, Art. 74 Abs. 1 Nr. 1 GG

I. Problemaufriss

Einige Schwierigkeiten bereitet die Abgrenzung der Gesetzgebungskompetenz zwischen Bund und Ländern im Bereich der Untersuchungshaft seit Inkrafttreten der sogenannten Föderalismusreform zum 01.09.2006.[248]

Seither entzieht sich das Gebiet des Strafvollzugs, sowie das Recht des Untersuchungshaftvollzugs, der Einwirkungsmöglichkeit des Bundesgesetzgebers, da nun die Länder gem. Art. 70 Abs. 1 GG, durch Herausnahme aus dem Katalog der konkurrierenden Gesetzgebung, alleinige Zuständigkeit für sich beanspruchen können. Einstweilen galten die bisherigen Bestimmungen nach Art. 125a Abs. 1 S. 1 GG so lange fort, bis der Landesgesetzgeber von seiner Kompetenz Gebrauch machte. Nach Art. 13 EGStPO bestanden die für den Untersuchungshaftvollzug relevanten Regelungen, welche für den Bereich der StPO in § 119 verankert sind, bis zum 31.12.2011 weiter.[249] Gleichsam geht mit der Überschreitung dieses Datums der endgültige Abschied von der seit Anbeginn wenig geliebten Praxis, den Untersuchungshaftvollzug in Form von bundesweit einheitlichen Verwaltungsvorschriften (UVollzO)[250] näher auszugestalten, einher.[251]

---

248 Gesetz zur Änderung des GG v. 28.08.2006 (BGBl. I, S. 2034).

249 § 13 EGStPO wurde durch Art. 1a des UHaftRÄndG v. 29.07.2009 (BGBl. I, S. 2274) eingefügt.

250 UVollzO v. 12.02.1953, Neufassung ab 01.01.1977. Von den Bundesländern durch Allgemeinverfügungen ergänzt und geändert. Ausführlich zur Rechtsnatur, *Veit*, Die Rechtsstellung des Untersuchungsgefangenen, 1971. S. 89 ff.

251 Zur Kritik an der bisherigen Rechtslage siehe etwa *Rotthaus*, Unzulänglichkeiten der heutigen Regelung der Untersuchungshaft, NJW 1973, S. 2269, S. 2270; *Bockwoldt*, Grundrechtsbeschränkungen im Untersuchungshaftvollzug, ZfStrVo 1982, S. 153, 154 ff.; *Seebode*, Vollzug der Untersuchungshaft, 1985, S. 48 ff. m. w. N.; ders., Recht und Wirklichkeit der Untersuchungshaft, ZfStrVo 1988, S. 268, 272 ff.; *Jehle*, Untersuchungshaft zwischen Unschuldsvermutung und Wiedereingliederung, 1985, S. 176 ff.; *Eisenberg*, Einzelne Bemerkungen zur Schaffung eines Untersuchungshaftvollzugsgesetzes, ZRP 1987, S. 238, 240; *Baumann*, Gesetzliche Regelung des Vollzuges der Untersuchungshaft, JZ 1990, S. 107, 109; *Paeffgen/Seebode*, Stellungnahme zum Entwurf eines Gesetzes zur Regelung des Vollzuges der Untersuchungshaft, ZRP 1999, S. 524, 525. Die Stellungnahme wird neben den Autoren von 32 Strafrechtslehrern mitgetragen; *Friedrich*, Die Normierung des Untersuchungshaftvollzuges, 2004, S. 14 ff.

Die im Vorfeld und auch nach Inkrafttreten vielfach kritisierte[252] Föderalismusreform führte zu Unklarheiten hinsichtlich der Regelungskompetenz bezüglich des „Recht des Untersuchungshaftvollzugs" i. S. d. Art. 74 Abs. 1 Nr. 1 GG. Einhelligkeit besteht darin, dass die Bestimmungen über das „Ob" der Untersuchungshaft, also Erlass, Aussetzung und Aufhebung des Haftbefehls, weiterhin dem Bundesgesetzgeber durch die Regelung in der StPO vorbehalten bleiben sollen.[253] Des Weiteren wird anerkannt, dass auch der Untersuchungshaftvollzug dem gerichtlichen Verfahren als Teilbereich zuzuordnen ist.[254] Daneben verbleibt auch der Rechtsschutz, als dem gerichtlichen Verfahren zugehöriger Teil, im konkurrierenden Kompetenzkatalog des Art. 74 Abs. 1 GG und daher, zwecks Ausübung der Gesetzgebungszuständigkeit, in der Verantwortung des Bundesgesetzgebers.[255] Darüber hinausgehend ist jedoch kein Konsens zu erzielen.

252 Exemplarisch hierfür bereits vor in Kraft treten, *Müller-Dietz*, Gesetzgebungskompetenz für den Strafvollzug, ZRP 2005, S. 156 ff., der durch eine Aufspaltung der Kompetenz einen „Rückfall in die einstigen kleinstaatlichen Lösungen des deutschen Bundes" sieht und aufgrund der weiter fortschreitenden Europäisierung des Themenkomplexes die Föderalismusreform als „anachronistisch" bezeichnet. Spätere Stimmen äußern sich nicht weniger kritisch. Siehe etwa *Paeffgen*, Das Niedersächsische Justizvollzugsgesetz vom 14.12.2007, StV 2009, S. 46, 46. Er spricht ganz „unverblümt" von einer „Sumpfblüte"; ders., in: SK, StPO, 4. Aufl., 2010, Vor §§ 112 ff. Rn. 2a; ders., § 119 StPO soll reformiert werden!?, GA 2009, S. 450, 450; dagegen eher abwägend, *Laubenthal*, Strafvollzug, 4. Aufl., 2007, Rn. 84, der aber jedenfalls dem Bundesgesetzgeber anlässlich seiner Untätigkeit für eine Regelung des Untersuchungs- und Jugendstrafvollzugs sowie der Fortschreibung des StVollzG Versagen attestiert; auch *Brune/Müller*, Wohin geht der Untersuchungshaftvollzug?, ZRP 2009, S. 143, 143 weisen darauf hin, dass nunmehr wenigstens gesetzgeberische „Aktivität" zu verzeichnen sei.

253 So *König*, Zur Neuregelung der haftrichterlichen Zuständigkeiten in § 119 StPO, NStZ 2010, S. 185, 185; *Kazele*, Änderungen im Recht der Untersuchungshaft, NJ 2010, S. 1, 4; ders., Anm. z. *OLG Celle*, Beschl. v. 9.12.2010 – 1 Ws 37/10, StV 2010, S. 258, 259.

254 Dies ergibt sich bereits aus dem Wortlaut „gerichtliches Verfahren (ohne das Recht des Untersuchungshaftvollzugs)", soll jedoch zur Darstellung der Bereiche, über die weitgehend Konsens herrscht, trotzdem hervorgehoben werden. Siehe etwa *Seebode*, Das „Recht des Untersuchungshaftvollzugs" im Sinne des Art. 74 GG, HRRS 2008, S. 236, 238; dagegen differenzieren *Kirschke/Brune*, Der gemeinsame Gesetzentwurf der länderübergreifenden Arbeitsgruppe zum Untersuchungshaftvollzugsgesetz, Forum Strafvollzug 2009, S. 18, 18 entgegen des eindeutigen Wortlauts nicht zwischen dem Untersuchungshaftvollzug und dem übrigen gerichtlichen Verfahren, indem sie die Gesetzgebungskompetenz für das gerichtliche Verfahren gänzlich nur dem Bund zuweisen.

255 Siehe etwa *Maunz*, in: Maunz/Dürig, GG, Stand: 61. EL, Art. 74 Rn. 79; *Jarass/Pieroth*, GG, 11. Aufl., 2011, Art. 74 Rn. 9; *Sannwald*, in: Schmidt-Bleibtreu/Hofmann/Hopfauf, GG, 12. Aufl., 2011, Art. 74 Rn. 40; *Seiler*, in: BeckOK, GG, Stand: 01.04.2012, Art. 74 Rn. 10.

Bei der Auslegung des Begriffs „Untersuchungshaftvollzug" spalten sich die Meinungen in zwei unterschiedliche Lager. Nach einem weiten Begriffsverständnis soll sich die Gesetzgebungskompetenz des Bundes lediglich auf die Zulässigkeit und Fortdauer der Untersuchungshaft erstrecken, so dass im Vollzug erfolgende Beschränkungen oder Maßnahmen nicht auf Grundlage der StPO erfolgen dürfen, vielmehr sei dieses Gebiet landesrechtlicher Regelung vorbehalten.[256]

Einer engeren Auslegung folgend ist der Bundesgesetzgeber auch im Bereich des Vollzugs befugt Regelungen zu treffen, sofern die Erreichung des Zweckes der Untersuchungshaft dies erfordert.[257]

---

256 *Seebode*, Das „Recht des Untersuchungshaftvollzugs" im Sinne des Art. 74 GG, HRRS 2008, S. 236, 238 ff. benennt hierzu im Wesentlichen drei Gründe. Zunächst verlöre der Untersuchungshaftvollzug als Teil des gerichtlichen Verfahrens jeglichen Verfahrensbezug, beschränkt man ihn auf die Regelungsbefugnis der Sicherheit und Ordnung in der Anstalt, zum anderen decke sich der „historisch gewachsene, aktuelle juristische Sprachgebrauch" des Untersuchungshaftvollzugs mit dieser Ansicht, da dem Wortteil „Vollzug" zu entnehmen sei, dass alle Maßnahmen davon gedeckt seien, welche dem Inhaftierten im Rahmen der Haft auferlegt werden. Zudem sei eine weite Auslegung durch die Föderalismusreform bezweckt worden und damit eine vollständige Übertragung der Kompetenz, da Sinn und Zweck die Stärkung des Landesgesetzgebers sei und jahrzehntelanges Scheitern auf diesem Gebiet den Gesetzgeber zur Kompetenzabgabe veranlasst habe; vgl. dazu auch die Ausführungen *Seebodes*, Wer regelt den Justizvollzug?, Forum Strafvollzug 2009, S. 7, 9 ff.; der Argumentation Seebodes folgt weitgehend auch das *OLG Celle*, StV 2010, S. 194, 194 ff.; auch *Winzer/Hupka*, Das neue niedersächsische Justizvollzugsgesetz, DRiZ 2008, S. 146, 148 sehen die Trennung zwischen Maßnahmen im Vollzug, die aufgrund der Sicherheit und Ordnung getroffen werden, sowie solcher Maßnahmen, die der Verfahrenssicherung dienen, als zu „formalistisch", zumal durch die Föderalismusreform eine solche Trennung nicht bezweckt worden sei. Im Ergebnis sprechen sie sich damit wohl für eine weite Auslegung aus, ohne jedoch eindeutig Stellung zu beziehen.

257 Siehe *Kazele*, Anm. z. OLG Celle, Beschl. v. 09.02.2010 – 1 Ws 37/10, StV 2010, S. 258, 259 ff. Dieser führt zunächst gestützt auf den Wortlaut unter Beachtung des Gesamtzusammenhangs aus, dass „die Anordnung der Intensität des Eingriffs" nicht von den Untersuchungshaftzwecken zu trennen sei und daher eine solche Eingriffsnorm dem Bundesgesetzgeber vorbehalten sein müsse. Zudem diene auch der Vollzug, entgegen der Argumentation *Seebodes* bzw. des *OLG Celles*, der Sicherstellung des Gerichtsverfahrens, so dass ein konkreter Bezug zum gerichtlichen Verfahren i. S. d. Art. 74 Abs. 1 Nr. 1 GG hergestellt sei. Daneben enthalte die Gesetzesbegründung zur sog. Föderalismusreform keine Anhaltspunkte für eine Entziehung von Zuständigkeiten des Haftrichters, was ebenfalls eher gegen eine weite Auslegung des Begriffs spreche. Zuletzt greift *Kazele* im Rahmen der teleologischen Auslegung die gleichzeitige Verlagerung des Strafvollzugs als weiteres Faktum zur Untermauerung seiner Ansicht auf. Seiner Meinung nach liege es „förmlich auf der Hand", dem Gebiet des „Untersuchungshaftvoll-

In Folge der Änderung der StPO zum 01.01.2010[258] und der nunmehr neuen Fassung des § 119 wurde die enge Auslegung positiviert, so dass gem. § 119 Abs. 1 StPO, also aufgrund bundesgesetzlich erlassenem Gesetz, einem Inhaftierten im Vollzug der Untersuchungshaft Beschränkungen auferlegt werden können, sofern dies „zur Abwehr einer Flucht-, Verdunklungs- oder Wiederholungsgefahr (§§ 112, 112a) erforderlich ist." Der Gesetzgeber hat sich damit gegen eine vollständige Zuständigkeitsübertragung entschieden.[259]

Die Rechtsauffassung des Bundesgesetzgebers steht somit im Widerspruch zur landesrechtlichen Ausgestaltung des Untersuchungshaftvollzugs des Landes Niedersachsen.[260] Auch in Bayern wurde zunächst, allerdings in einer frühen Entwurfsphase, ein entgegengesetztes Verständnis der Kompetenzverteilung vertreten.[261] Das nunmehr am 01.01.2012 in Kraft getretene Bayerische Untersuchungshaftvollzugsgesetz (BayUVollzG) steht jedoch mit der Rechtsauffassung des Bundesgesetzgebers im Einklang.[262]

In Niedersachsen hat sich sowohl das *OLG Celle*[263] als auch das *OLG Oldenburg*[264] wegen der unklaren Kompetenzverteilung bereits mit der Sache be-

---

zuges" nur diejenigen Teilbereiche zuzuordnen, welche „parallel" ebenso im Strafvollzug eine Regelung erfahren; das *OLG Oldenburg*, StV 2008, S. 195, 195 ff. trennt zwischen Maßnahmen, die das konkrete Verfahren betreffen, und solchen, die „in allgemeiner Weise" die Ausgestaltung des Vollzugs betreffen. Zu letzteren zählt es Maßnahmen, die aufgrund der Sicherheit und Ordnung der Anstalt erforderlich sind. Nur diese Maßnahmen betreffen den Untersuchungshaftvollzug, so dass eine weitergehende Zuständigkeit nicht bestehe; ebenso geht *Paeffgen*, Das Niedersächsischer Justizvollzugsgesetz vom 14.12.2007, StV 2009, S. 46, 47 von einer weiterbestehenden Kompetenz des Bundes für die in § 119 StPO geregelten Eingriffe aus, ohne eine nähere Auslegung des Art. 74 Abs. 1 Nr. 1 GG durchzuführen; ohne Begründung auch *Harms*, Der Entwurf für ein Gesetz zur Änderung des Untersuchungshaftrechts, Forum Strafvollzug 2009, S. 13, 13.

258 G. v. 29.07.2009 (BGBl. I, S. 2274).

259 Vgl. dazu die Entwurfsbegründung, BT-Drs. 16/11644, S. 12.

260 Vgl. NJVollzG v. 14.12.2007 (Nds. GVBl. Nr. 41/2007, S. 720) etwa in Bezug auf die §§ 143 ff., die auch den Zweck der Untersuchungshaft als Legitimation für Beschränkungen heranziehen. Durch die Änderung aufgrund des G v. 20. 02. 2009 (Nds. GVBl., S. 32) wurde die Zuständigkeitsregelung in § 134a dahingehend geändert, dass nunmehr bei der Anordnung beschränkender Maßnahmen gleichermaßen das Gericht i. S. d. § 126 StPO zuständig ist, so dass hier keine Unterschiede mehr zur StPO bestehen.

261 So *Schneider*, Überlegungen zu einem Bayerischen Untersuchungshaftvollzugsgesetz, Forum Strafvollzug 2009, S. 24 ff.

262 Siehe zum Kompetenzverständnis der Urheber des BayUVollzG, Kapitel 7, C.

263 *OLG Celle*, StV 2010, 194, 194 ff.

264 *OLG Oldenburg*, StV 2008, 195, 195 ff.

fassen müssen.[265] Zwar hat sich auch das *BVerfG* der Sache aufgrund zweier Richtervorlagen nach Art. 100 Abs. 1 GG angenommen, diese Vorlagen jedoch mangels Entscheidungserheblichkeit ohne Stellungnahme als unzulässig verworfen.[266] Somit steht eine Klärung durch das *BVerfG* noch aus.[267]

II. Stellungnahme

Grundsätzlich kann bei der Auslegung von Verfassungsrecht auf die allgemeinen Auslegungsgrundsätze zurückgegriffen werden.[268] Damit ist die Frage nach der Bundes- oder Landeskompetenz in erster Linie mittels grammatikalischer, systematischer, historischer und teleologischer Auslegungskriterien zu beantworten.[269] Zwar vertritt das *BVerfG* prinzipiell eine „objektive Theorie"[270] der Gesetzesauslegung, indem es in ständiger Rechtsprechung als maßgebliches Kriterium auf den „objektiven Willen des Gesetzgebers" abstellt,[271] jedoch misst das Gericht, soweit die objektiven Methoden keine zweifelsfreien Ergebnisse liefern, der historischen Auslegung dennoch „erhebliches Gewicht" bei.[272] Da-

265 Dabei kam das *OLG Celle* im Rahmen seiner Auslegung zu einer umfassenden Kompetenzverlagerung, eine entgegengesetzte Ansicht vertrat das *OLG Oldenburg*. Siehe bezüglich der einzelnen Argumentationen die obigen Ausführungen.

266 *BVerfG*, Beschl. v. 28.05.2008 - 2 BvL 8/08, BeckRS 2008, 37757. Die Richtervorlage des OLG Oldenburg wurde abgelehnt, da bereits das erstbefasste AG Meppen die Frage der Verfassungsmäßigkeit dem BVerfG zur Prüfung hätte vorlegen müssen. Eine erneute Richtervorlage des AG Meppen scheiterte dann an der mangelnden Darlegung der Entscheidungserheblichkeit der zur Prüfung gestellten Normen, siehe *BVerfG*, Beschl. v. 20.11.2008 – 2 BvL 16/08, BeckRS 2008, 41128.

267 Auch *Seiler*, in: BeckOK, GG, Stand: 01.04.2012, Art. 74 Rn. 12 rechnet wohl noch mit einer endgültigen Klärung durch das BVerfG

268 Siehe hierzu *Jarass/Pieroth*, GG, 11. Aufl., 2011, Einl. Rn. 10; *Sachs*, in: Sachs, GG, 5. Aufl., 2009, Einf. Rn. 37.

269 Vgl. dazu etwa *Bleckmann*, Zu den Methoden der Gesetzesauslegung in der Rechtsprechung des BVerfG, JuS 2002, S. 942, 943.

270 Zu den verschiedenen Ansätzen, also der Unterscheidung zwischen objektiven und subjektiven Auslegungsgesichtspunkten, *Larenz*, Methodenlehre der Rechtswissenschaft, 6. Aufl., 1991, S. 316 ff.

271 *BVerfG*, NJW 1952, S. 737, 737; NJW 1959, S. 475, 476; NJW 1960, S. 1563, 1564; NJW 1967, S. 291, 292; NJW 1989, S. 1599, 1599; NJW 2002, S. 1779, 1781; NJW 2004, S. 1305, 1306.

272 Vgl. hierzu etwa *BVerfG*, NJW 1980, S. 2179, 2181.

rüber hinaus betont das *BVerfG* die Bedeutung der historischen Interpretation gerade bei Kompetenznormen.[273]

Die Grenzen der Auslegungsmethoden sind fließend, da bspw. ein Sinn und Zweck nicht ohne Rückgriff auf Wortlaut, Materialien und Systematik ermittelt werden kann, so dass die verschiedenen Methoden „aufeinander angewiesene Teilmomente des Auslegungsgeschäfts" darstellen.[274]

1. Wortlaut

Dem Grunde nach besteht zwar keine unterschiedliche Gewichtung der einzelnen Auslegungskriterien da der Wortlaut jedoch Hinweis auf die Grenzen der jeweiligen Interpretationsmöglichkeiten gibt,[275] erscheint es sinnvoll, mit diesem bei der Auslegung zu beginnen.[276] Zudem wäre nach der Rechtsprechung des *BVerfG* bei einem klaren und eindeutigen Wortlaut ein Rückgriff auf andere Kriterien versperrt.[277]

Art. 74 Abs. 1 Nr. 1 GG wurde dahingehend geändert, dass nunmehr das gerichtliche Verfahren nur noch teilweise, nämlich „ohne das Recht des Untersuchungshaftvollzugs", der konkurrierenden Gesetzgebungskompetenz angehört.

Unter „Untersuchungshaftvollzug" versteht man, unter Heranziehung des allgemeinen Sprachgebrauchs, die Durchführung einer freiheitsentziehenden Maßnahme, welche der rechtskräftigen Verurteilung vorausgeht, auf der Grundlage eines Haftbefehls.[278] Daher können nur solcherlei Maßnahmen von der Gesetzgebungskompetenz der Länder gem. Art. 70 GG umfasst sein, welche den Inhaftierten im Vollzug betreffen.

Unstrittig und nur der Klarstellung halber Zustimmung findet folglich die Zugehörigkeit der Normierung der Voraussetzungen für die Aufrechterhaltung

---

273 *BVerfG*, NJW 1972, S. 1504, 1505; NJW 1976, S. 667, 668; NJW 1985, S. 2185, 2186; NJW 2004, S. 750, 751. Siehe auch *Jarass*, Allgemeine Probleme der Gesetzgebungskompetenz des Bundes, NVwZ 2000, S. 1089, 1089.

274 Vgl. *Müller/Christensen*, Juristische Methodik, Band I, 10. Aufl., 2009, Rn. 429.

275 Zum Wortlaut, als gewisse Grenzziehung, *Sachs*, GG, 5. Aufl., 2009, Einf. Rn. 40; *Jarass/Pieroth*, GG, 11. Aufl., 2011, Einl. Rn. 7, wobei „keine unübersteigbare Grenze" durch den Wortlaut gezogen wird, ein eindeutiger Wortlaut jedoch „nur durch sehr gewichtige Gegenargumente zu überwinden" ist; *Larenz*, Die Methodenlehre der Rechtswissenschaft, 6. Aufl., 1991, S. 324.

276 *Larenz*, Die Methodenlehre der Rechtswissenschaft, 6. Aufl., 1991, S. 345.

277 Siehe etwa *BVerfG*, NJW 1966, S. 295, 296 „Wortlaut [...] nicht eindeutig, sondern auslegungsfähig."; Urt. v. 14.12.1965 – 1 BvL 2/60, Rn. 16 (juris); NJW 1967, S. 1459, 1462.

278 „Vollzug" bedeutet die Ausführung, Durchführung bzw. Vollstreckung einer bestimmten Handlung, vgl. etwa *Duden*, Das Bedeutungswörterbuch, 4. Aufl., 2010.

oder Beendigung der Untersuchungshaft, sowie des gesamten Rechtsschutzkomplexes, zum Kompetenzkatalog des Art. 74 Nr. 1 GG. Diese Bereiche sind somit einer Regelungsmöglichkeit der Länder entzogen, da der Bundesgesetzgeber in dieser Hinsicht von seiner Gesetzgebungszuständigkeit Gebrauch gemacht hat.

Keinen eindeutigen Hinweis liefert der Wortlaut dagegen, inwieweit der Landesgesetzgeber ermächtigt wird, den Vollzug abschließend zu regeln. Lediglich Anhaltspunkte für eine vollumfängliche Regelungskompetenz auch hinsichtlich Beschränkungen, die zur Erreichung des Zweckes der Untersuchungshaft auferlegt werden, liefert § 119 StPO a. F. Die Tatsache, dass der Paragraph mit „Vollzug der Untersuchungshaft" überschrieben war, hierin sowohl Beschränkungen zur Aufrechterhaltung der Ordnung, als auch hinsichtlich der Zweckerreichung geregelt waren, könnte für eine weite Interpretation sprechen. Jedoch handelte es sich hierbei um eine inoffizielle Überschrift, so dass der Erkenntnisgewinn begrenzt ist.

Da es sich beim Untersuchungshaftvollzug um einen Teilbereich des gerichtlichen Verfahrens handelt, muss auch dieser Aspekt bei der Wortlautinterpretation Berücksichtigung finden. Die Regelungskompetenz muss sich demnach auf ein konkretes Verfahren beziehen, da unter „gerichtlichem Verfahren" der Ablauf des Verfahrens vor den Gerichten zu verstehen ist.[279] Somit verbietet sich eine solche Bestimmung des Kompetenzbereiches, welche den Ländern nur diejenigen Teilbereiche der Vollzugsgestaltung zuschreibt, die das Innenleben der Anstalt betreffen und keinerlei Verfahrensbezug aufweisen.

Eine klare Abgrenzung fällt auch hier schwer. Nach dem engen Begriffsverständnis des Gesetzgebers bezüglich der Neuverteilung der Gesetzgebungszuständigkeiten im Bereich des Untersuchungshaftrechts verbleibt dem Landesgesetzgeber lediglich eine Regelungskompetenz um die „Aufrechterhaltung der Sicherheit und Ordnung" der Anstalt mittels Eingriffsnorm zu gewährleisten.[280] Zwar handelt es sich bei Maßnahmen, die aufgrund der Sicherheit und Ordnung getroffen werden, grundsätzlich um vollzugsgestaltende Bestimmungen, die das „innere Funktionieren" der Anstalt betreffen, jedoch umfasst die „Sicherheit" der Anstalt auch diejenigen Aspekte, welche gewährleisten sollen, dass der Zweck der Anstalt erfüllt werden kann.[281] Erfasst sind hiervon bspw. Maßnahmen, die zur Verhinderung einer Flucht getroffen werden müssen.[282] Das Institut der Untersuchungshaft, das, wie bereits ausgeführt wurde, neben der Sicherstel-

279 So etwa *Sannwald*, in: Schmidt-Bleibtreu/Hofmann/Hopfauf, GG, 12. Aufl., 2011, Art. 74 Rn. 40; *Degenhart*, in: Sachs, GG, 5. Aufl., 2009, Art. 74 Rn. 25.

280 BT-Drs. 16/11644, S. 23.

281 Siehe hierzu etwa *Laufhütte*, in: KK, StPO, 6. Aufl., 2008, § 138a Rn. 11.

282 Vgl. insoweit BT-Drs. 16/11644, S. 23.

lung einer möglichen späteren Strafvollstreckung die Gewährleistung der Durchführung eines geordneten Strafverfahrens bezweckt,[283] wäre ohne Vollzugseinrichtung seines Sinnes beraubt.

Infolgedessen weist auch diejenige Maßnahme, die zur „Aufrechterhaltung der Sicherheit und Ordnung der Anstalt“ durchgeführt wird, einen konkreten Verfahrensbezug auf, da die Zielsetzung „Sicherung der Zweckerfüllung einer Vollzugsanstalt“, zu deren Zielerreichung diese Eingriffsnorm in Gestalt einer Generalklausel erforderlich ist, nicht losgelöst von der Funktion der Untersuchungshaft betrachtet werden kann. Daher besteht, auch bei einer engen Auslegung des Art. 74 Abs. 1 Nr. 1 GG, ein Bezugspunkt zum konkreten Verfahren, welcher neben der Neuregelung des § 119 Abs. 1 S. 1 Nr. 1-5 StPO fortbesteht, so dass eine Abgrenzung in diesem Punkt erfolglos verläuft und keinen Aufschluss über den Regelungsgehalt gibt.

2. Teleologie

Sinn und Zweck der Grundgesetzänderung durch die sogenannte Föderalismusreform war es u. a., die Gesetzgebungskompetenz sowohl des Bundes als auch der Länder zu stärken, indem auf der einen Seite die Zahl der zustimmungsbedürftigen Gesetze gesenkt und auf der anderen Seite die Landesgesetzgebungskompetenz erweitert worden ist.[284] Die Änderung des Grundgesetzes zielte zudem auf eine deutlichere Abgrenzung zwischen Bundes- und Landesgesetzgebungskompetenz ab.[285] Daraus resultiert jedoch nicht zwangsläufig, es sollte durch die Neufassung eine möglichst weitreichende Kompetenzverlagerung auf die Länder beabsichtigt sein. Zieht man die bei Auslegung von Kompetenznormen mit besonderem Gewicht versehene historische Interpretation zur Ermittlung des Sinnes und Zweckes hinzu, so lässt sich die Verfassungsänderung als Maßnahme gegen die Umkehrung des Regel/Ausnahmeverhältnisses bei der Gesetzgebungskompetenz der Länder begreifen.[286] Auf den Zuständigkeitsbereich

283 Siehe etwa *BVerfG*, NStZ 2004, S. 274, 275; *OLG Hamm*, Besch. v. 09.02.2010 - 3 Ws 46/10, BeckRS 2010, 07733.

284 Siehe BT-Drs. 16/813, S. 7.

285 BT-Drs. 16/813, S. 8.

286 Das Grundgesetz beinhaltet einen „Grundsatz der Länderkompetenz“, vgl. etwa *BVerfG*, NJW 1959, S. 1675, 1675; NJW 1976, S. 1835, 1835; NJW 1983, S. 25, 31. Vielfach wurde jedoch kritisiert, dass die Verfassung in ihrer Gestalt vor der Föderalismusreform nicht mehr diesem Grundsatz entsprach, vgl. etwa *Bauer*, in: Entwicklungstendenzen und Perspektiven des Föderalismus in der Bundesrepublik Deutschland, DÖV 2002, S. 837, 839; *Schwanengel*, Die Malaise des deutschen Bundesstaates, DÖV 2004, S. 553, 554. Einen Überblick über den schwindenden Einfluss der Länder auf die Gesetzgebung gibt *Kluth*, Föderalismusreformgesetz, 2007, Einf. Rn. 5 ff.

der Länder verlagert werden sollten Gebiete „mit besonderem Regionalbezug und solche Materien, die eine bundesgesetzliche Regelung nicht zwingend erfordern.“[287]

Für die Notwendigkeit einer alleinigen bundesgesetzlichen Regelungskompetenz bezüglich solcherlei Maßnahmen, welche zur Zweckerreichung der Untersuchungshaft erforderlich sind, sprechen entstehende Problemstellungen im Bereich der gerichtlichen Zuständigkeit, wie sie im Falle des Niedersächsischen Justizvollzugsgesetzes zu Tage getreten sind.[288] Diese Spannungsfelder können auftreten, wenn der Landesgesetzgeber im Vergleich zum Bundesgesetzgeber eine divergierende Regelung trifft, aber auch, wenn innerhalb der einzelnen Untersuchungshaftvollzugsgesetze uneinheitlich verfahren wird. „Zwingend“ erfordert dies jedoch keine bundesgesetzliche Regelung. Eine Angleichung kann ebenso durch die Landesgesetzgeber erfolgen, wie dies unlängst auch am Beispiel des Niedersächsischen Justizvollzugsgesetzes verfolgt werden konnte.[289] Wenn aber zur Gewährleistung eines im Bundesgebiet einheitlichen Rechtsstandards auf dem Gebiet der Strafrechtspflege, im speziellen Fall für Maßnahmen, die zur Sicherstellung des Zweckes der Untersuchungshaft erforderlich sind, jedenfalls im Ergebnis zwingend identische Regelungen existieren müssen,[290] so spricht dies für einen Verbleib dieser Materie im konkurrierenden Gesetzgebungskatalog.

Auch ein anderer Aspekt liefert Anhaltspunkte für eine solche Lesart. Die gleichzeitige Herausnahme des Strafvollzugs aus dem Bereich der konkurrierenden Gesetzgebung lässt den Schluss zu, dass im Zuge dieser Umgestaltung ebenso der regelungsidentische Bereich des Untersuchungshaftvollzugs übertragen werden sollte, um hier eine Angleichung zu ermöglichen. Da im Strafvollzug sowohl durch das StVollzG[291] bzw. die Verwaltungsvorschriften, als auch

---

287 BT-Drs. 16/813, S. 9.

288 Hier war bei der Erstfassung des NJVollzG gem. § 134 Abs. 1 Nr. 1. NJVollzG a. F. noch das Amtsgericht, in dessen Bezirk die Vollzugsbehörde ihren Sitz hat, auch für Maßnahmen zuständig, die der Zweck der Untersuchungshaft erfordert (etwa § 147 Abs. 1 S. 1 NJVollzG). Dies divergierte mit den Regelungen der StPO, vgl. § 126 StPO.

289 Durch Einfügung des § 134a NJVollzG aufgrund des G. v. 20.02.2009 (Nds. GVBl., S. 32) wurde das Gesetz bezüglich der Zuständigkeit an die Gesetzeslage der StPO angeglichen.

290 Siehe hierzu *Nestler*, Zum „Recht des Untersuchungshaftvollzugs“ i. S. v. Art. 74 Abs. 1 Nr. 1 GG, HRRS 2010, S. 546, 549, die dieses Erfordernis aus dem „Grundsatz des fairen Verfahrens“ ableitet, weil ansonsten u.a. durch die unterschiedliche Ausgestaltung der Beschränkungsmöglichkeiten je nach Bundesland divergierende Verteidigungsmöglichkeiten bestünden.

291 Siehe hierzu die §§ 81 ff. StVollzG.

durch die neugestalteten Ländergesetze[292] nur Maßnahmen auf Grund der Sicherheit und Ordnung der Anstalt getroffen werden können, würde dies ebenfalls für eine enge Interpretation des „Untersuchungshaftvollzugs" sprechen.

3. Ergebnis

Ein Ziel der Föderalismusreform wurde jedenfalls verfehlt: Die Reform sollte „klarere Verantwortlichkeit schaffen".[293] In der Gesamtschau der Auslegungsergebnisse (einbezogen ist hierbei auch die teilweise Ergebnislosigkeit der Auslegung), lässt letztlich einzig die gleichzeitige Verlagerung des Strafvollzugs eine gewisse Tendenz dahingehend erkennen, dass die bisherig in § 119 Abs. 3 Alt. 1 StPO a. F. geregelte Materie weiterhin als Bestandteil der konkurrierenden Gesetzgebung des Art. 74 Abs. 1 Nr. 1 GG zu betrachten ist. Diese Lesart kann im Ergebnis überzeugen, würde eine andere Auslegung doch zu einer Entwicklung führen, die die Rechtsstellung des Beschuldigten innerhalb des Strafprozesses von den jeweiligen Gegebenheiten eines Landesgesetzes abhängig macht. Hiergegen bestehen, wie *Nestler*[294] darlegt, zu Recht Bedenken. Sofern als äußerstes Mittel, zur Durchführung eines geordneten Strafverfahrens, oder zur Begegnung der Gefahr der Wiederholung einer Straftat, die Anordnung sowie der Vollzug der Untersuchungshaft erfolgt, so lässt sich schwerlich rechtfertigen, dass in einem Bundesland der ansonsten einheitlich in der StPO geregelte Haftzweck mit anderen, möglicherweise einschneidenderen Mitteln, als in einem anderen Bundesland erreicht werden soll. Dem Erfordernis einer einheitlichen Regelung entspricht es daher, wenn insoweit im Rahmen der konkurrierenden Gesetzgebungskompetenz die Zuständigkeit beim Bund verbleibt.

---

292 Mittlerweile wurde in fünf Bundesländern (Baden-Württemberg, Bayern, Hamburg, Hessen, Niedersachsen), teils zusammen mit einem Jugendstrafvollzugsgesetz (etwa BayStVollzG v. 10.12.2007; HmbStVollzG v. 14.12.2007), teils weitreichender durch darüber hinausgehende Regelung des Untersuchungshaftvollzugs (etwa NJVollzG v. 14.12.2007) von der Gesetzgebungskompetenz zum Strafvollzug Gebrauch gemacht, so dass das StVollzG gem. Art. 125a Abs. 1 S. 2 GG in diesen Bundesländern seine eigenständige Bedeutung verloren hat. Siehe zum aktuellen Stand der Gesetzgebung, *www.strafvollzugsarchiv.de.*

293 BT-Drs. 16/813, S. 7.

294 *Nestler*, Zum „Recht des Untersuchungshaftvollzugs" i. S. v. Art. 74 Abs. 1 Nr. 1 GG, HRRS 2010, S. 546, 550.

B. Kompetenz zur Regelung der Untersuchungshaft junger Gefangener

Hinsichtlich der Gesetzgebungskompetenz bestehen keine Besonderheiten im Vergleich zur Regelung des Untersuchungshaftvollzugs bei Erwachsenen, so dass der Landesgesetzgeber, mit Ausnahme verfahrenssichernder Anordnungen, die vollumfängliche Gestaltungsbefugnis innehat.[295]

Diesem Ergebnis steht die im Jahre 2010 neueingefügte[296] Vorschrift des § 89c JGG entgegen. Hiernach wird festgelegt, inwieweit ein zur Tatzeit unter 21-jähriger bzw. unter 24-jähriger speziellen, vom Erwachsenenvollzug abweichenden Regelungen unterliegt und ob der Vollzug in jugendgerechten Einrichtungen erfolgt. Nach Ansicht des Bundesgesetzgebers,[297] mit diesem stimmt im Ergebnis auch *Eisenberg*[298] überein, handele es sich hierbei nicht um das „Wie" des Vollzugs, „d. h. die konkrete Ausgestaltung des Vollzugs." Vielmehr sei die „übergeordnete Art des Vollzugs im Hinblick auf die gebotene jugendgemäße Ausgestaltung des Strafverfahrens" berührt.

Diese Lesart der Kompetenzvorschriften ist abzulehnen.[299] Die Frage, in welcher Anstalt und nach welchen Vorschriften der Vollzug der Untersuchungshaft erfolgt, betrifft einzig das „Wie" des Vollzugs und zwar die „konkrete Ausgestaltung des Vollzugs." Die hiervon zu trennende materiell-rechtliche Frage der „jugendgemäßen Ausgestaltung" der konkreten Vorschriften obliegt dem Verantwortungsbereich der Landesgesetzgeber und ist im Zweifel durch die Verfassungsgerichte nachzuprüfen.

---

295 *Eisenberg*, JGG, 14. Aufl., 2010, § 89c Rn. 2 ff. Siehe auch BR-Drs. 829/08, S. 8.

296 § 89c JGG eingefügt m. W. v. 01.01.2010 durch G. v. 29.07.2009 (BGBl. I, S. 2274).

297 Siehe BT-Drs. 16/11644, S. 36.

298 *Eisenberg*, JGG, 14. Aufl., 2010, § 89c Rn. 3 spricht von „Grundvoraussetzungen des U-Vollzuges" ohne näher zwischen „Ob" und „Wie" zu differenzieren.

299 So auch BR-Drs. 829/08, S. 8.

Kapitel 3 Rechtsbehelfssystem

Dem Rechtsschutzsuchenden steht eine Vielzahl von Möglichkeiten offen, einen potentiellen Eingriff in seine Rechtssphäre der Überprüfung zu unterziehen und falls eine Beeinträchtigung zum Zeitpunkt der Überprüfung nicht mehr besteht, die Rechtswidrigkeit einer Maßnahme ggf. auch nachträglich feststellen zu lassen.

Rechtsschutz bietet im Einzelnen die Individualbeschwerde vor dem *EGMR*, die Anrufung des *BVerfG* mittels Verfassungsbeschwerde, die Beschwerde und weitere Beschwerde gem. §§ 304, 310 StPO, die Haftprüfung und Haftbeschwerde i. S. d. § 117 Abs. 1 bzw. §§ 117 Abs. 2, 304 Abs. 1 StPO, der Antrag auf gerichtliche Entscheidung nach den §§ 119 Abs. 5, 119a StPO, sowie letztendlich Gegenvorstellung und Dienstaufsichtsbeschwerde. Zu untersuchen gilt es noch, welche Bedeutung dem vormals vor allem bei Fragen des Haftvollzugs eröffneten Rechtswegs des § 23 EGGVG zukommt, nachdem die §§ 119 Abs. 5, 119a StPO, durch die Änderung der StPO zum 01.01.2010,[300] neueingefügt wurden.

Prinzipiell untergliedert sich das Rechtsschutzsystem in eine vertikale und eine horizontale Ebene. Eine Segmentierung der einzelnen Rechtsbehelfe erfolgt dabei nach Instanz und Zielsetzung. Die vertikale Ebene wird durch den *EGMR* angeführt, da die Anrufung die Ausschöpfung des innerstaatlichen Rechtswegs erfordert, welcher auch die Verfassungsbeschwerde umfasst.[301] Dem Gerichtshof kommt daher dem Grund nach die Letztendscheidungskompetenz zu.[302] Während die Haftprüfung i. S. d. § 117 Abs. 1 StPO in die Zuständigkeit des mit der Sache befassten Gerichts fällt,[303] führt die Beschwerde und weitere Beschwerde grundsätzlich zur Befassung des jeweils nächsthöheren Gerichts.[304] Außerhalb der Strafprozessordnung stehen noch Rechtsbehelfe in Gestalt der

---

300 Durch G. v. 29.07.2009 (BGBl. I, S. 2274).

301 So die st. Rspr. des *EGMR* in Bezug auf Art. 35 Abs. 1 EMRK, etwa *EGMR*, NJW 2008, S. 3273, 3274.

302 Zwar steht die Europäische Menschenrechtskonvention in der deutschen Rechtsordnung im Range eines Bundesgesetzes, siehe hierzu *BVerfG*, NJW 2004, S. 3407, 3408, jedoch hat ein Urteil des EGMR Bindungswirkung für alle innerdeutschen Gerichte, so dass bei Nichtbefolgung das BVerfG angerufen werden kann. Siehe hierzu *Meyer-Ladewig*, EMRK, 3. Aufl., 2011, Art. 46 Rn. 38; *Gerhardt*, Europa als Rechtsgemeinschaft: Der Beitrag des Bundesverfassungsgerichts, ZRP 2010, S. 161, 161.

303 Vgl. § 126 StPO.

304 Vgl. §§ 73 Abs. 1, 121 Abs. 1 Nr. 2, 135 Abs. 2 GVG. Zu den Einzelheiten im folgenden Kapitel genaueres.

Dienstaufsichtsbeschwerde und Gegenvorstellung zur Verfügung.[305] Hierbei richtet sich die Gegenvorstellung an den Entscheidungsträger.[306] Adressat der Dienstaufsichtsbeschwerde ist hingegen die dienstaufsichtführende Stelle.[307] Beide Rechtsbehelfe bedürfen keiner bestimmten Form und haben auf das Verfahren keinen unmittelbaren Einfluss,[308] so dass ihnen eher geringes Gewicht beikommt. Auf horizontaler Ebene erfolgt eine Differenzierung hinsichtlich des Gegenstandes der erstrebten Entscheidung. Hierbei geht es im Großen und Ganzen um die Frage, ob die angegriffene Entscheidung die Haftanordnung als solche betrifft, oder ob die Ausgestaltung des Haftvollzugs den Antragsteller zur Überprüfung veranlasst.

Abschließend sei noch auf die unterschiedlichen Termini verwiesen, die in diesem Zusammenhang Verwendung finden. Eine Unterteilung findet zwischen ordentlichen und außerordentlichen Rechtsbehelfen statt. Solche Rechtsbehelfe, die nur vor Eintritt der Rechtskraft der angefochtenen Entscheidung eingelegt werden können, werden als ordentliche Rechtsbehelfe bezeichnet, ansonsten spricht man von außerordentlichen.[309]

„Rechtsbehelfe" stellen wiederum einen Oberbegriff dar und sind vom „Rechtsmittel" im engeren Sinne abzugrenzen. Letzteres ist grundsätzlich durch einen Devolutiv- und Suspensiveffekt gekennzeichnet.[310] Dennoch spricht die StPO auch im Rahmen der Beschwerde von „Rechtsmittel", vgl. § 296 StPO, obwohl weder die Einlegung der Beschwerde zur unmittelbaren Nachprüfung durch ein höheres Gericht führt, noch dadurch eine aufschiebende Wirkung erzielt wird.[311]

305 Vgl. hierzu etwa *Paul*, in: KK, StPO, 6. Aufl., 2008, Vor. § 296 Rn. 4.

306 Siehe etwa *Werner*, Strafprozessuale Gegenvorstellung und Rechtsmittelsystem, NJW 1991, S. 19, 20.

307 *Paul*, in: KK, StPO, 6. Aufl., 2008, Vor. § 296 Rn. 4.

308 *Paul*, in: KK, StPO, 6. Aufl., 2008, Vor. § 296 Rn. 4.

309 Siehe hierzu, *Bloy*, Die Ausgestaltung der Rechtsmittel im deutschen Strafprozeßrecht, JuS 1986, S. 585, 585.

310 *Bloy*, Die Ausgestaltung der Rechtsmittel im deutschen Strafprozeßrecht, JuS 1986, S. 585, 585.

311 Dies ergibt sich hinsichtlich des fehlenden Devolutiveffekt aus § 306 Abs. 2 StPO, da zunächst das Gericht mit der Entscheidung befasst ist, welches die angefochtene Entscheidung erlassen hat und nur bei Nichtabhilfe gem. § 306 Abs. 2 Hs. 2 StPO das nächsthöhere Gericht mit der Sache zur Entscheidung berufen ist. § 307 Abs. 1 StPO legt fest, dass durch Einlegung der Beschwerde grundsätzlich keine Vollzugshemmung eintritt und damit auch kein Suspensiveffekt erzielt wird.

Kapitel 4 Rechtsbehelfe gegen Haftentscheidungen

A. Haftprüfung gem. § 117 Abs. 1 StPO

I. Zulässigkeit

Die Möglichkeit der gerichtlichen Überprüfung der Haftentscheidung steht dem Beschuldigten nach § 117 Abs. 1 StPO zu, solange er „in Untersuchungshaft ist". Gem. § 117 Abs. 1 StPO beantragt der Beschuldigte[312] im Rahmen der gerichtlichen Prüfung die Aufhebung oder Außervollzugsetzung des Haftbefehls i. S. d. §§ 120 bzw. 116 StPO. Der Richter kann dem Antrag entsprechen oder den Haftbefehl inhaltlich verändern.[313]

Die Zulässigkeit beurteilt sich demnach zunächst danach, ob sich der Beschuldigte tatsächlich in Untersuchungshaft befindet.[314] Der Antrag auf Haftprüfung kann jederzeit gestellt werden und unterliegt keiner quantitativen Beschränkung.[315] Keine Rolle spielt dabei auch, in welchem Stadium sich das Verfahren befindet.[316]

Eine genauere Betrachtung erfordert die Fragestellung, ob auch der in „Überhaft"[317] Befindliche einen Haftbefehl im Wege der Haftprüfung gem.

---

312 Der Antrag kann vom Beschuldigten, § 118 Abs. 1 StPO, seinem gesetzlichen Vertreter, §§ 118b, 298 StPO, sowie seinem Verteidiger, §§ 118b, 297 StPO gestellt werden. Gegen den Willen des Beschuldigten ist eine Antragsstellung des Verteidigers nicht möglich, §§ 118b, 297 StPO.

313 Die Ausdehnung auf weitere Taten ist jedoch nur auf Antrag des StA hin möglich, vgl. *Krauß*, in: BeckOK, StPO, Stand: 01.02.2012, § 117 Rn. 3.

314 *Meyer-Goßner*, StPO, 54. Aufl., 2011, § 117 Rn. 4; *Paeffgen*, in: SK, StPO, 4. Aufl., 2010, § 117 Rn. 5b.

315 Da ständig neue Erkenntnisse die Haftentscheidung verändern können, ist dies notwendig, um einen effektiven Rechtsschutz gewährleisten zu können. Vgl. *Welp*, in: FS Richter II, 2006, S. 573, 581.

316 Siehe hierzu *Hilger*, in: L/R, StPO, 26. Aufl., 2007, § 117 Rn. 6.

317 Sofern ein Haftbefehl nicht vollzogen werden kann, weil sich der Beschuldigte in einer anderen Sache in Haft befindet, wird für den nicht vollzogenen Haftbefehl „Überhaft" notiert, vgl. *Meyer-Goßner*, StPO, 54. Aufl., 2011, Vor § 112 Rn. 13; relevant ist dies in erster Linie, sofern mehrere Haftbefehle in unterschiedlichen Sachen erlassen wurden oder sofern die Unterbrechung der Untersuchungshaft zur Vollstreckung der Freiheitsstrafe i. S. v. § 38 StGB dient. „Andere freiheitsentziehende Maßnahmen" i. S. v. § 116b S. 2 StPO, welche dem Vollzug des Haftbefehls vorgehen, sind aber auch die Ersatzfreiheitsstrafe, § 43 StGB, die Unterbringung in einer Entziehungsanstalt, § 64

§ 117 Abs. 1 StPO anfechten kann. Im Kern geht es dabei darum, unter welchen Voraussetzungen ein nicht vollzogener Haftbefehl möglicherweise dennoch im formellen Haftprüfungsverfahren der Kontrolle unterliegt.

1. Meinungsstand

Die Literatur lehnt, zumeist mit Verweis auf den „ausdrücklichen Wortlaut“, eine über den aktuell vollzogenen Haftbefehl hinausgehende Überprüfungsmöglichkeit, bei Inhaftierung in einer anderen Sache, ab.[318] Dabei bedient sich diese Ansicht folgender Argumentation: Sofern mehr als ein Haftbefehl in verschiedenen Angelegenheiten erlassen wurde, könne nur einer davon vollzogen werden.[319] Die Vollstreckung der Strafhaft gehe gem. § 116b S. 2 StPO der Vollstreckung von Untersuchungshaft grundsätzlich vor.[320] Demnach befinde sich der Inhaftierte dann nicht in Untersuchungshaft, sondern in Strafhaft, wonach eine Haftprüfung nicht zulässig sei. Neben dem Wortlaut wurde von Seiten der Rechtsprechung auch angeführt, dass eine Zulassung des Antrags „beträchtliche Unruhe“ in den Strafvollzug bringen würde. Zudem erfordere die etwaig gehäufte Antragstellung eine „umständliche Verschubung vom Ort des Strafvollzuges zum Gerichtssitz“ und führe damit zu einer Verzögerung der Strafverfolgung.[321] Eine Ausnahme wird in Fällen der notierten „Überhaft“ allgemein nur dann anerkannt, wenn das Ende der Strafhaft unmittelbar bevorsteht.[322]

StGB, und die Sicherungsverwahrung, § 66 StGB. Daneben kommt noch der Jugendstrafe, § 17 JGG, besondere Bedeutung zu. Vgl. hierzu *Meyer-Goßner*, 54. Aufl., 2011, § 116b Rn. 4.

318 *Meyer-Goßner*, StPO, 54. Aufl., 2011, § 117 Rn. 4; *Graf*, in: KK, StPO, 6. Aufl., 2008, § 117 Rn. 2; *Hilger*, in: L/R, StPO, 26. Aufl., 2007, § 117 Rn. 7.

319 Siehe hierzu genaueres bei *Meyer-Goßner*, StPO, 54. Aufl., 2011, Vor § 112 Rn. 12.

320 Ausnahmen vom Nachrangigkeitsgrundsatz sind nur nach § 116b S. 2 Hs. 2 StPO möglich, sofern die Erreichung des Zweckes der Untersuchungshaft ansonsten mit angemessenen Mitteln im Freiheitsentzug nicht gewährleistet ist, vgl. *Wankel*, in: KMR, StPO, Stand: Januar 2010, § 116b Rn. 4.

321 Beide Argumente führt das *HansOLG Hamburg*, MDR 1974, S. 861, 861 an; durch diese Argumentation sieht allerdings *Hohmann*, Rechtsbehelf bei "Überhaft": Antrag auf Haftprüfung oder Haftbeschwerde?, NJW 1990, S. 1649, 1650 den effektiven Rechtsschutz zugunsten der effektiven Strafrechtspflege verdrängt und weist darauf hin, dass das Haftprüfungsverfahren gerade dies nicht bezwecke.

322 Siehe *LG Saarbrücken*, NJW 1990, S. 1679, 1679; *Hilger*, in: L/R, StPO, 26.Aufl., 2007, § 117 Rn. 8; *Meyer-Goßner*, StPO, 54. Aufl., 2011, § 117 Rn. 4; *Lemke*, in: HK, StPO, 4. Aufl., 2009, § 117 Rn. 4; *Lammer*, in: AnwK, StPO, 2. Aufl., 2010, § 117 Rn. 1 erachtet dies für zulässig, sofern die Untersuchungshaft voraussichtlich am Haftprüfungstermin vollzogen wird.

Kritiker verweisen darauf, dass ein nicht vollzogener Haftbefehl dennoch auf die Strafhaft großen Einfluss ausübe und sich diese dadurch faktisch als Untersuchungshaft darstellen könne. Ausgehend von der Wirkung und den Parallelen zur Untersuchungshaft, könne trotz Strafhaft davon gesprochen werden, dass der Inhaftierte „in Untersuchungshaft ist", wie es § 117 Abs. 1 StPO fordert.[323] Nach dieser Ansicht besteht die Möglichkeit der Stellung eines Haftprüfungsantrages unter besonderen Umständen auch aus der Strafhaft heraus.[324]

2. Stellungnahme

Wie bereits von Seiten der Literatur und Rechtsprechung dargelegt, spricht der Wortlaut des § 117 Abs. 1 StPO dem Grunde nach gegen die Zulässigkeit der Antragstellung aus der Strafhaft heraus bei notierter „Überhaft". Dies erklärt sich alleine aus der Tatsache, dass der Inhaftierte nicht mehr, wie durch § 117 Abs. 1 StPO gefordert, „in Untersuchungshaft ist", wenn gem. § 116b S. 2 StPO Strafhaft oder ein anderer Haftbefehl vollzogen wird.

Es bleibt zu fragen, ob die Heranziehung des Sinn und Zweckes der Vorschrift dennoch zu einem gegenteiligen Ergebnis führt. In diesem Zusammenhang erlangt die Entstehungsgeschichte der Vorschrift besondere Bedeutung. Das Haftprüfungsverfahren wurde erstmals im Rahmen der großen Haftnovelle zum 27.12.1926 eingefügt.[325] Bei Inkrafttreten der StPO[326] stand dem Inhaftier-

323 Vgl. *OLG Stuttgart*, Beschl. v. 23.12.1976 – 3 Ws 411/76, Rn. 24 (juris). Das Gericht spricht davon, dass der Haftbefehl teilweise auf die Ausgestaltung der Strafhaft durchschlägt und damit „teilweise Vollzugswirkung" entfaltet; *Matt*, Zu Problemen der Haftbeschwerde und des Haftprüfungsantrags, JA 1991, S. 85, 90 nennt hierzu u. a. den Einfluss des im Raume stehenden Haftbefehls auf die Aussetzung der Reststrafe nach § 57 StGB sowie die Beschränkungen gem. § 122 StVollzG (aufgebohen mit Wirkung zum 01.01.2010, jedoch findet sich in § 119 Abs. 6 S. 1 StPO eine identische Regelung); diesen Argumenten wurde jedoch bereits von der älteren Rechtsprechung entgegnet, dass der Gesetzgeber durchaus mit der Problematik vertraut war, sich aber dennoch im Rahmen der vielfältigen Gesetzesänderungen im Bereich der StPO gegen eine Änderung des Wortlautes entschieden hat, vgl. *HansOLG Hamburg*, MDR 1974, S. 861, 861.

324 Vgl. *Matt*, Zu Problemen der Haftbeschwerde und des Haftprüfungsantrags, JA 1991, S. 85, 90; entsprechende Anwendung der Vorschrift nach *OLG Stuttgart*, Beschl. v. 23.12.1976 – 3 Ws 411/76, Rn. 24 (juris); auch *Paeffgen*, in: SK, StPO, 4. Aufl., 2010, § 117 Rn. 3 hält einen generellen Ausschluss in solchen Fällen für „bedenklich", äußert sich entgegen seiner Bedenken jedoch nicht, ob ein solcher Antrag zulässig ist. *Hilger*, in: L/R, StPO, 26. Aufl., 2007, § 117 Rn. 8 bezeichnet einen generellen Ausschluss als „problematisch".

325 RGBl. I, S. 529. Zur Entstehungsgeschichte der auch als „Lex Höfle" bezeichneten Novelle vgl. auch *Hartung*, Das Recht der Untersuchungshaft, 1927, S. 14 ff. Der Verfasser hat als Beauftragter der Preußischen Regierung selbst an der Novelle mitgearbeitet.

ten nur die Beschwerde gem. § 346 sowie die weitere Beschwerde gem. § 352 zu.[327] Nach der nationalsozialistischen Machtergreifung wurde die Rechtsstellung des Beschuldigten jedoch durch Abschaffung des Rechtsbehelfs wieder beschnitten[328] und erst durch das Vereinheitlichungsgesetz vom 12.09.1950[329] erneut Bestandteil der Strafprozessordnung. Die ursprüngliche Intention des Gesetzgebers, an die 1950 angeknüpft wurde,[330] war es, dem Beschuldigten einen Rechtsbehelf an die Hand zu geben, mit dessen Hilfe die Rechtmäßigkeit der auf einem Haftbefehl basierenden Freiheitsentziehung überprüft werden kann.[331]

Wenn nun aber der konkrete Anlass der Inhaftierung nicht der als Grundlage der Haftprüfung zugedachte Haftbefehl ist, dann stellt sich die Freiheitsentziehung, selbst wenn die Vollziehung dieses Haftbefehls rechtswidrig wäre, nicht als ungesetzlich dar, da diese ihre Rechtsgrundlage im vollzogenen Haftbefehl bzw. in der rechtmäßigen Vollziehung der Strafhaft findet.

Auch nach Sinn und Zweck der Vorschrift ist demnach der h. M. zu folgen, wonach ein Anspruch nur dann besteht, wenn die Haftprüfungsentscheidung zu einem Zeitpunkt ergeht, in dem sich der Inhaftierte auf Grund des angegriffenen Haftbefehls in Haft befindet.

326 Die StPO v. 1.2.1877 trat am 1.10.1879 in Kraft (RGBl. I, S. 253).

327 Die genannten Vorschriften entsprechen im Wesentlichen dem heutigen § 304 sowie § 310 StPO. Zur Reichweite und den Motiven der damaligen Regelungen vgl. *Hahn/Mugdan*, Die gesamten Materialien zu den Reichs-Justizgesetzen, Band 3, Abteilung 1, 1885, S. 244 ff.

328 Durch das Gesetz zur Änderung von Vorschriften des Strafverfahrens und des Gerichtsverfassungsgesetzes vom 28.6.1935 (RGBl. I, S. 844). *Eb.Schmidt*, in: StPO Teil II, 1957, § 112 Rn. 3 verweist darauf, dass das Haftprüfungsverfahren als Ausformung der „liberalistischen Rücksichtnahme auf den Einzelnen" nicht dem damaligen Zeitgeist entsprach.

329 BGBl. S. 455. Schon ab 1945 wurde das Haftprüfungsverfahren in der britischen und amerikanischen Zone wieder etabliert, vgl. *Kern*, Die Wiederherstellung der Rechtseinheit auf dem Gebiet der Strafgerichtsverfassung und des Strafverfahrens, MDR 1950, S. 582, 585.

330 So sieht etwa *Eb.Schmidt*, in: StPO Teil II, 1957, § 112 Rn. 6 die Ordnung von 1926 in Bezug auf das Haftprüfungsverfahren durch das Vereinheitlichungsgesetz vom 12.09.1950 „im wesentlichen" wiederhergestellt.

331 Vgl. *Brandt*, Die Strafprozeßnovelle vom 27. Dezember 1926, 1927, S. 49.

II. Ausgestaltung des Rechtbehelfsverfahrens

1. Zuständigkeit

a) Gericht

Die Zuständigkeit für die Haftprüfung ergibt sich grundsätzlich aus § 126 StPO. Vor Anklageerhebung ist demnach gem. § 126 Abs. 1 S. 1 StPO i. V. m. § 125 Abs. 1 StPO der Richter des AG, in dessen Bezirk ein Gerichtsstand begründet ist oder sich der Beschuldigte zur Zeit des Erlasses aufhält, zuständig.

Zudem bestimmt § 162 Abs. 1 S. 2 StPO, dass eine Antragstellung auch bei dem Gericht erfolgen kann, in dessen Bezirk die „Staatsanwaltschaft oder ihre den Antrag stellende Zweigstelle ihren Sitz hat.“ Als zusätzliche Voraussetzung muss dann aber, neben dem Haftbefehl, eine weitere „richterliche Untersuchungshandlung“ i. S. d. § 162 Abs. 1 S. 1 StPO beantragt werden.[332]

Abweichungen ergeben sich, sofern der Haftbefehl durch das Beschwerdegericht erlassen wurde. Dann normiert § 126 Abs. 1 S. 2 StPO, dass die Haftentscheidung durch dasjenige Gericht zu treffen ist, welches die vorangegangene Entscheidung erlassen hat. Ebenso besteht vor Erhebung der öffentlichen Klage auf Antrag der Staatsanwaltschaft gem. § 126 Abs. 1 S. 3 StPO die Möglichkeit, einen Zuständigkeitswechsel auf ein anderes AG herbeizuführen, sofern dort die Untersuchungshaft vollzogen oder das Ermittlungsverfahren geführt wird.

Nach Erhebung der Klage geht die Zuständigkeit auf das Tatgericht über, § 126 Abs. 2 S. 1 StPO. Das Berufungsgericht entscheidet über die Haftfrage ab dem Zeitpunkt, zu dem diesem die Akten gem. § 321 S. 2 StPO auch tatsächlich vorliegen.[333] In der Revisionsinstanz verbleibt hingegen die Zuständigkeit über die Haftentscheidung bei dem Gericht, dessen Entscheidung angefochten wird, § 126 Abs. 2 S. 2 StPO.

Besonderheiten bestehen, wenn im Rahmen der besonderen Haftprüfung gem. § 121 Abs. 2 StPO die Fortdauer der Untersuchungshaft angeordnet wurde. Dann bestimmt § 122 Abs. 3 S. 2 StPO, dass über die weitere Haftprüfung nach § 117 Abs. 1 StPO solange das OLG entscheidet, „bis ein Urteil ergeht, das auf Freiheitsstrafe oder eine freiheitsentziehende Maßregel der Besserung und Sicherung erkennt.“[334]

---

332 *Meyer-Goßner*, StPO, 54. Aufl., 2011, § 162 Rn. 10.

333 Siehe hierzu *OLG Karlsruhe*, NJW 1975, S. 458, 459; *Paul*, in: KK, StPO, 6. Aufl., 2008, § 321 Rn. 4; *Meyer-Goßner*, StPO, 54. Aufl., 2011, § 321 Rn. 2; *Krauß*, in: BeckOK, StPO, Stand: 01.02.2012, § 126 Rn. 5.

334 Weitere Besonderheiten in diesem Zusammenhange ergeben sich aus § 121 Abs. 4 StPO und § 122 Abs. 7 StPO. In Staatsschutzsachen regelt § 120 GVG die Zuständigkeit, so-

b) Besetzung

aa) Meinungsstand

Eine Klärung bedarf die Frage, in welcher Besetzung das Gericht zu entscheiden hat, wenn eine Haftprüfung im Zeitraum zwischen Beginn und Ende der Hauptverhandlung erfolgt. Zwar besteht grundsätzlich gem. § 118 Abs. 4 StPO „solange die Hauptverhandlung andauert" kein Anspruch auf eine mündliche Haftprüfung, jedoch ist die Besetzungsfrage dann relevant, wenn von Amts wegen eine solche dennoch anberaumt wird. Daneben tritt die identische Problematik auf, wenn innerhalb der Hauptverhandlung nach Antrag über die Haftfrage entschieden wird, oder wenn die Haftprüfung im schriftlichen Verfahren erfolgt. Hierbei bereiten insbesondere die im GVG verwendeten Begriffe „während"[335] und „außerhalb"[336] der Hauptverhandlung Auslegungsschwierigkeiten. Zu differenzieren ist die Untersuchung danach, ob das Haftprüfungsverfahren vor dem AG bzw. LG oder dem OLG durchgeführt wird, da sich die Frage der Schöffenbeteiligung bei Verhandlungen vor dem OLG naturgemäß nicht stellt und somit eine einheitliche Argumentationslinie nicht vollumfänglich möglich ist.[337]

(i) Haftprüfung vor dem AG / LG

(1) Differenzierung

Teilweise wird bezüglich der Besetzung differenziert, je nachdem, ob eine Entscheidung innerhalb der laufenden Hauptverhandlung getroffen wird oder eine Entscheidung gesondert ergeht. Eine Entscheidung sei jedenfalls dann „außerhalb" i. S. d. GVG erlassen worden, wenn diese während einer Unterbrechung ergeht.[338] Findet die Haftprüfung innerhalb der Hauptverhandlung statt, so soll das Gericht so zusammengesetzt sein, wie dies auch bei der Urteilsfällung der

fern nach allgemeiner Zuständigkeitsregelung die Staatsschutzkammer i. S. d. § 74a GVG das Haftprüfungsverfahren durchführen würde, § 121 Abs. 4 S. 1 StPO. Sofern bereits § 126 Abs. 2 S. 1 StPO i. V. m. § 120 GVG die Zuständigkeit des OLG begründet, liegt das Haftprüfungsverfahren in den Händen des BGH, § 121 Abs. 4 S. 2 StPO.

335 Vgl. § 30 Abs. 1 GVG.

336 Vgl. § 30 Abs. 2 GVG, § 76 Abs. 1 S. 2 GVG.

337 Siehe zur Besetzung der Senate des OLG § 122 GVG.

338 So etwa durch das *OLG Schleswig*, NStZ 1990, S. 198, 198; OLG Naumburg, NStZ-RR 2001, S. 347, 347; *Meyer-Goßner*, StPO, 54. Aufl., 2011, § 126 Rn. 8 stützt dies auf den Wortlaut von § 30 GVG; *Bertram*, Mitwirkung von Schöffen während unterbrochener Hauptverhandlung?, NJW 1998, S. 2934, 2934 ff. wägt Für und Wider ab, hält eine generelle Nichtbeteiligung der Schöffen für vertretbar, wobei in der Tendenz seine Argumentation mehr Argumente für eine Differenzierung je nach Lage des Verfahrens enthält.

Fall ist,[339] ansonsten ergeht ein Beschluss in der für Entscheidungen „außerhalb“ der Hauptverhandlung vorgesehenen Besetzung, also ohne Beteiligung der Schöffen.[340] Gestützt wird diese Argumentation in erster Linie auf das in Haftsachen besondere Geltung erlangende Beschleunigungsgebot. Während einer Unterbrechung sei eine schnelle Entscheidung nicht gewährleistet, da Schöffen in diesem Zeitraum oftmals nicht erreichbar seien. Daher sei auf eine Heranziehung der Schöffen zu verzichten.[341]

(2) Keine Schöffenbeteiligung

Nach anderer Ansicht soll stets in der für außerhalb der Hauptverhandlung durch das GVG vorgesehenen Besetzung, also ohne Mitwirkung der Schöffen, entschieden werden.[342] Parallelen zur vorhergehenden Ansicht finden sich, da der generelle Ausschluss der Schöffen durch einen Verweis auf das Beschleunigungsgebot begründet wird.[343]

Einen anderen Ansatz wählt das *OLG München*.[344] Das Gericht siedelt das Haftprüfungsverfahren als gesondertes Verfahren neben der Hauptverhandlung

---

339 Für die Besetzung des AG als Schöffengericht oder erweitertes Schöffengericht gilt § 29 GVG, sofern nicht der Strafrichter gem. § 25 GVG zuständig ist. Entscheidungen des LG werden nach dem Maßstab des § 76 GVG in der jeweiligen Besetzung getroffen, je nachdem, ob erstinstanzlich vor der großen Strafkammer oder dem Schwurgericht verhandelt wird oder die kleine Strafkammer als Berufungsinstanz angerufen wird.

340 Vgl. § 30 Abs. 1 GVG bzw. § 76 Abs. 1 S. 2 GVG.

341 So etwa das *OLG Naumburg*, NStZ-RR 2001, S. 347, 347; ähnlich auch das *OLG Schleswig*, NStZ 1990, S. 198, 199.

342 *BGH*, NStZ 2011, S. 356, 356; *OLG Hamburg*, NStZ 1998, S. 99 ff.; *OLG München*, Beschl. v. 18.04.2007 – 2 Ws 347/07, 2 Ws 348/07; *OLG Jena*, Beschl. v. 28.09.2009 - 1 Ws 373/09, BeckRS 2009, 86302; *OLG Köln*, Beschl. v. 07.01.2009 - 2 Ws 640-641/08, 2 Ws 640, 641/08, BeckRS 2009, 09119; *OLG München*, Beschl. v. 21.06.2010 - 2 Ws 503-10, 2 Ws 503/10, BeckRS 2010, 16217; *Schultheis*, in: KK, StPO, 6. Aufl., 2008, § 126 Rn. 9; *Foth*, Anm. z. Beschl. d. *OLG Köln* v. 13.02.1998 – 2 Ws 93/98, NStZ 1998, S. 419, 420 ff. Die Entscheidung des *OLG Hamburg* war Bestandteil einer Überprüfung des *BVerfG*. Dieses hat entschieden, dass eine solcherlei durchgeführte Auslegung keinen verfassungsmäßigen Bedenken begegnet. Daher wurde die Verfassungsbeschwerde nicht zur Entscheidung angenommen, siehe *BVerfG*, NJW 1998, S. 2962, 2963.

343 So jeweils *BGH*, NStZ 2011, S. 356, 356; *OLG Hamburg*, NStZ 1998, S. 99 ff.; *OLG Jena*, Beschl. v. 28.09.2009 - 1 Ws 373/09, BeckRS 2009, 86302; *OLG Köln*, Beschl. v. 07.01.2009 - 2 Ws 640-641/08, 2 Ws 640, 641/08, BeckRS 2009, 09119; *Schultheis*, in: KK, StPO, 6. Aufl., 2008, § 126 Rn. 9.

344 *OLG München*, Beschl. v. 18.04.2007 – 2 Ws 347/07, 2 Ws 348/07, bestätigt durch eine aktuelle Entscheidung des Senats v. 21.06.2010 - 2 Ws 503-10, 2 Ws 503/10, BeckRS 2010, 16217.

an, so dass dieses stets außerhalb der Hauptverhandlung durchgeführt werde. Demzufolge sei, gestützt auf den Wortlaut des § 76 Abs. 1 S. 2 GVG, ohne Schöffen zu entscheiden.[345]

Schon *Foth*[346] legt „außerhalb der Hauptverhandlung" nicht zeitlich, sondern sachlich aus und kommt damit zu dem Ergebnis, dass eine Haftprüfungsentscheidung zwingend außerhalb der Hauptverhandlung stattfinde.

Siolek[347] führt als Argument, neben der Vermeidung von zeitlichen Verzögerungen, auch § 268b StPO an. Dieser bestimme einen Sonderfall, der die Mitwirkung der Schöffen erfordere. Ansonsten gehören Haftentscheidungen seiner Ansicht nach jedoch nicht zum Kernbereich der Schöffentätigkeit.

Zuletzt äußerte sich *Krüger*[348] in einer Anmerkung zum Beschluss des *OLG Köln* zu der Problematik. Das Gericht vollführte einen Meinungswechsel[349] und kommt nunmehr zu dem Ergebnis, die Schöffen seien generell nicht an Haftentscheidungen zu beteiligen. Seiner Ansicht nach bedarf es zur Beantwortung der Frage eines Blicks auf andere strafprozessuale Normen. *Krüger* zieht hierzu § 33 StPO heran. Aus § 33 Abs. 4 StPO und der darin enthaltenen Verweisung auf die Absätze 3 und 2 leite sich ab, dass die Anordnung der Untersuchungshaft grundsätzlich „außerhalb der Hauptverhandlung" ergehe. Zwar sei von § 33 Abs. 4 StPO nur die „Anordnung der Untersuchungshaft" erfasst, nicht etwa Aufhebung oder Außervollzugsetzung des Haftbefehls. Unter Heranziehung der „verwaltungsgerichtlichen Kehrseitentheorie" gelte der Grundsatz jedoch für alle Haftentscheidungen, so dass hierüber generell außerhalb der Hauptverhandlung, in der dafür vorgesehenen Zusammensetzung, zu entscheiden sei.

345 *OLG München*, Beschl. v. 18.04.2007 – 2 Ws 347/07, 2 Ws 348/07, Rn. 5 (juris).

346 *Foth*, Anm. z. Beschl. d. OLG Köln v. 13.02.1998 – 2 Ws 93/98, NStZ 1998, S. 419, 420 ff.; ders, Anm. z. Beschl. d. BGH v. v. 30.04.1997 - StB 4/97, NStZ 1998, S. 262, 262.

347 *Siolek*, in: L/R, StPO, 25. Aufl., 1999, § 30 GVG Rn. 22 ff. Diese Meinung wird auch in der nachfolgenden Auflage vertreten, siehe *Gittermann*, in: L/R, StPO, 26. Aufl., 2010, § 30 GVG Rn. 22 ff.

348 *Krüger*, Anm. z. Beschl. d. OLG Köln v. 07.01.2009 – 2 Ws 640 – 641/08, NStZ 2009, S. 589, 590 ff.

349 Das OLG gibt hierin seine Rechtsauffassung, wie sie noch in dem Beschluss des *OLG Köln*, NStZ 1998, S. 419, 419 ff. vertreten wurde, auf. Vormals war das Gericht noch der Ansicht, eine Haftentscheidung während laufender Hauptverhandlung sei stets unter Beteiligung der Schöffen zu treffen.

(3) Schöffenbeteiligung

Einer dritten Auffassung zur Folge ist die Beteiligung der Schöffen stets erforderlich.[350] *Dehn*[351] kommt zu diesem Ergebnis, indem er die Grundsätze des *BGH*,[352] die dieser zur Besetzung der Senate des OLG in Haftfragen entwickelte, auf die Schöffengerichte und Strafkammern überträgt. Als Hauptargument zieht er § 268b StPO heran, wonach hervorgehe, dass über Haftentscheidungen aus dem Inbegriff der Hauptverhandlung zu entscheiden sei. Daher sei eine Beteiligung der Schöffen zwingend erforderlich. Des Weiteren sieht *Dehn* im Wortlaut des § 30 GVG ein Indiz für seine Auffassung. Gem. § 30 Abs. 1 GVG seien Schöffen im Laufe der Hauptverhandlung sogar an solchen Entscheidungen beteiligt, welche „in keiner Beziehung zu der Urteilsfällung stehen und die auch ohne mündliche Verhandlung erlassen werden können." Dies spreche für eine weite Auslegung der Gesetzespassage „während der Hauptverhandlung."

Siegert[353] sieht die Haftfrage in innerem Zusammenhang mit der Urteilsfällung. Damit sei die Haftprüfung nach sachlichen Gesichtspunkten innerhalb der Hauptverhandlung verortet. Er begründet seine Ansicht mit der Systematik des § 305 StPO. Die Vorschrift benenne in Satz 2 Ausnahmen vom Grundsatz des Satzes 1, welcher besagt, dass Entscheidungen der Gerichte nicht der Beschwerde unterliegen, sofern sie der Urteilsfällung vorausgehen. Stünden Haftentscheidungen nicht in innerem Zusammenhang mit der Urteilsfällung, wäre Satz 2 überflüssig, da diese nach Satz 1 ohnehin nicht dem Ausschluss unterlägen. Zudem werde, wenn bspw. über den dringenden Tatverdacht als Voraussetzung des Haftbefehls zu entscheiden sei, analog zur Hauptverhandlung, über die Schuldfrage entschieden, „lediglich mit noch geringerem Verdachtsgrad." Auch auf diesem Wege versucht er einen Bezug zur Hauptverhandlung herzustellen.

Die vorgenannten Argumente greift *Wankel*[354] auf und weist zudem darauf hin, dass sowohl in der StPO als auch im GVG der Wortlaut dann eindeutig sei,

350 *OLG Köln*, NStZ 1998, S. 419 ff; *OLG Koblenz*, Beschl. v. 20.01.2009 - 2 Ws 2/09, BeckRS 2010, 00266; *Dehn*, Anm. z. Beschl. d. BGH v. 30.04.1997 – StB 4/97, NStZ 1997, S. 606, 607 ff.; *Siegert*, Anm. z. Beschl. d. OLG Köln v. 13.02.1998 – 2 Ws 93/98, NStZ 1998, S. 419, 421 ff.; *Sowada*, Die Gerichtsbesetzung bei Haftentscheidungen während einer anhängigen Hauptverhandlung, NStZ 2001, S. 169, 174 ff.; *Wankel*, Zuständigkeitsfragen im Haftrecht, 2002, S. 84; *Schlothauer/Weider*, Untersuchungshaft, 4. Aufl., 2010, Rn. 833.

351 *Dehn*, Anm. z. Beschl. d. BGH v. 30.04.1997 – StB 4/97, NStZ 1997, S. 606, 607 ff.; ähnlich argumentiert das *OLG Köln*, NStZ 1998, S. 419, 419 ff.

352 *BGH*, NJW 1997, S. 2531, 2531 ff. = NStZ 1997, S. 606, 606 ff.

353 *Siegert*, Anm. z. Beschl. d. OLG Köln v. 13.02.1998 – 2 Ws 93/98, NStZ 1998, S. 419, 421 ff.

354 *Wankel*, Zuständigkeitsfragen im Haftrecht, 2002, S. 83 ff.

wenn explizit der Zeitraum außerhalb eines Sitzungstages gemeint sei. Er verweist hierbei auf § 275 Abs. 1 S. 2 Hs. 2 StPO sowie auf § 45 Abs. 1 GVG. Daher sei mit „außerhalb der Hauptverhandlung" in den §§ 30, 76 GVG der Zeitraum vor Aufruf der Sache und nach Urteilsverkündung gemeint.

(ii) Haftprüfung vor dem OLG

Da die Mitwirkung von Schöffen beim OLG nicht vorgesehen ist, stellt sich die Frage, ob eine Entscheidung generell mit drei oder, sofern die Hauptverhandlungsbesetzung erforderlich ist, mit fünf Berufsrichtern getroffen werden muss.[355]

(1) Hauptverhandlungsbesetzung

Der *BGH,* diesem folgen auch Teile der Literatur, vertritt die Auffassung, der Senat beschließe, unabhängig davon, ob eine Entscheidung innerhalb oder außerhalb der Hauptverhandlung ergeht, stets mit der Hauptverhandlungsbesetzung i. S. d. § 122 Abs. 2 S. 2 GVG.[356] Als Begründung wird darauf verwiesen, dass anderenfalls das Gebot des gesetzlichen Richters aus Art. 101 Abs. 1 S. 2 GG verletzt sei, da keine Bestimmungen existieren, die besagen, wann eine Entscheidung innerhalb oder außerhalb der Hauptverhandlung zu treffen sei und nur durch die vorherige Festlegung auf eine Gerichtsbesetzung Manipulationen verhindert werden können. Des Weiteren sei eine Befassung der Hauptverhandlungsbesetzung sachgerecht, da diese bereits die bisherige Beweisaufnahme durchgeführt habe. Zudem könne so vermieden werden, dass über dieselbe Frage Entscheidungen mit unterschiedlichen Mehrheitsverhältnissen getroffen werden.

355 Die Besetzung des OLG wird in § 122 GVG geregelt. Hiernach entscheidet das Gericht grundsätzlich gem. § 122 Abs. 1 GVG mit drei und nur in den Ausnahmefällen des § 122 Abs. 2 GVG mit fünf Richtern. Somit wären Entscheidungen außerhalb der Hauptverhandlung, da § 122 Abs. 2 GVG nach seinem klaren Wortlaut nur die dort genannten Ausnahmen zulässt, vgl. *Hannich*, in: KK, StPO, 6. Aufl., 2008, § 122 GVG Rn. 3 (str., jedoch handelt es sich bei den im Raum stehenden ungeschriebenen Ausnahmen nicht um Haftentscheidungen) gem. § 122 Abs. 1 GVG mit drei Richtern zu treffen und Entscheidungen innerhalb der Hauptverhandlung, sofern es Umfang oder Schwierigkeit des Verfahrens erfordert, vgl. § 122 Abs. 2 S. 2 GVG, mit zwei weiteren Richtern.

356 *BGH*, NJW 1997, S. 2531, 2531; *Dehn*, Anm. z. Beschl. d. BGH v. 30.04.1997 – StB 4/97, NStZ 1997, S. 606, 607 ff.; *Wankel*, Zuständigkeitsfragen im Haftrecht, 2002, S. 82.

(2) Differenzierung

Franke[357] hingegen hält § 122 GVG für hinreichend bestimmt. Entscheidungen innerhalb laufender Hauptverhandlung seien in Hauptverhandlungsbesetzung zu erlassen, solche, die nicht darunter fallen, in der nach § 122 Abs. 1 StPO maßgeblichen. Da Art. 101 Abs. 1 S. 2 GG den Beschuldigten vor Manipulationen schützen solle, sei der Anwendungsbereich erst gar nicht eröffnet, wenn es sich um die Einflussnahme auf die Besetzung von Seiten des Beschuldigten handele. Andererseits räume das Gesetz dem Gericht an einer Vielzahl von Stellen Entscheidungsspielräume ein, so dass auch eine Einflussmöglichkeit des Gerichts auf die Besetzung in diesem Fall nicht mit der Verfassung kollidiere. Gegen die Argumentation des *BGH* wird auch § 122 Abs. 2 S. 3 GVG angeführt. Dieser beschränke den Anwendungsbereich von § 122 Abs. 2 GVG auf die dort genannten Ausnahmen. Haftentscheidungen seien hiervon jedoch nicht erfasst. Zudem sei die generelle Heranziehung des für Entscheidungen außerhalb der Hauptverhandlung zuständigen Spruchkörpers ebenfalls verfassungsgemäß, so dass es einer gesonderten Begründung bedürfe, warum sich der *BGH* gerade für die uneingeschränkte Anwendung des § 122 Abs. 2 S. 2 GVG ausspricht.[358]

(3) Beschlussbesetzung nach § 122 Abs. 1 GVG

Nach *Foths*[359] Ansicht sind die Vorschriften „sachlich-inhaltlich" zu bestimmen. Der gleichen Argumentation folgend, die er bereits im Rahmen der §§ 30, 76 GVG anführt,[360] sieht er mangels sachlichen Bezuges zwischen Haftprüfung und Hauptverhandlung die Besetzung des Senats auf die Beschlussbesetzung des § 122 Abs. 1 GVG beschränkt. Dies sei auch notwendig, um die „aufwendige, kostspielige" Hauptverhandlung von Zwecken freizumachen, welche nicht in unmittelbarem Zusammenhang mit dieser stehen.

(4) Abgrenzung nach Eilbedürftigkeit der Entscheidung

Katholnigg[361] schließlich macht die Besetzung zwischen Beginn und Ende der Hauptverhandlung von der Eilbedürftigkeit der Entscheidung abhängig. Danach

---

357 *Franke*, in: L/R, StPO, 26. Aufl., 2010, § 122 GVG Rn. 6.

358 Diese beiden Kritikpunkte nennt *Hannich*, in: KK, StPO, 6. Aufl., 2008, § 122 GVG Rn. 3, ohne klar Stellung zu beziehen.

359 *Foth*, Anm. z. Beschl. d. BGH v. v. 30.04.1997 - StB 4/97, NStZ 1998, S. 262, 262.

360 Foth, Anm. z. Beschl. d. OLG Köln v. 13.02.1998 – 2 Ws 93/98, NStZ 1998, S. 419, 420 ff.

361 *Katholnigg*, Anm. z. Beschl. d. BGH v. 30.04.1997 – StB 4/97, JR 1998, S. 33, 34 ff.; zustimmend *Bertram*, Mitwirkung von Schöffen während unterbrochener Hauptverhandlung?, NJW 1998, S. 2934, 2936.

trifft der Senat eilbedürftige Haftentscheidungen während der Unterbrechung der Hauptverhandlung in der Stammbesetzung mit drei Richtern. Sofern in Ausnahmefällen kein sofortiger Handlungsbedarf bestehe, soll seiner Ansicht nach die Entscheidung erst nach Fortsetzung der Hauptverhandlung in der dann vorgesehenen Besetzung erfolgen. *Katholnigg* unterlegt seine Argumentation mit dem Verweis auf die §§ 125, 126 StPO, welche zum Ausdruck brächten, dass Haftentscheidungen in den verschiedenen Verfahrensstadien jeweils unterschiedlichen Zuständigkeiten unterlägen. Ausschlaggebend sei die Sachnähe des Gerichts. Hierbei können, seiner Meinung nach, unterschiedliche Dringlichkeitsstufen das Abweichen vom vollbesetzten Spruchkörper erfordern.

bb) Stellungnahme

§ 126 Abs. 2 S. 1 StPO regelt die gerichtliche Zuständigkeit für Haftentscheidungen nach Erhebung der öffentlichen Klage. Die Besetzung des Gerichts erfolgt schließlich nach den Vorschriften des GVG. Hierbei sind insbesondere die §§ 30, 76 bzw. 122 GVG näher zu betrachten. Im Folgenden gilt es zunächst zu untersuchen, ob der Wortlaut (i) der in Betracht kommenden Vorschriften für eine Interpretation fruchtbar gemacht werden kann. Hierbei ist zwischen einer Auslegung nach sachlichen und zeitlichen Gesichtspunkten zu differenzieren. Ebenso ist herauszuarbeiten, auf welcher Erkenntnisgrundlage (ii) die Haftprüfungsentscheidung basiert und ob Schöffen und Berufsrichtern gleichermaßen Zugang zu dem Aktenmaterial gewährt wird. Sofern hier Abweichungen bestehen, könnte dies Aufschluss über die Besetzung des Spruchkörpers geben. Ferner ist das Ergebnis auf die Vereinbarkeit mit verfassungsrechtlichen Prinzipien, insbesondere der Garantie des gesetzlichen Richters gem. Art. 101 Abs. 1 S. 2 GG (iii) sowie dem Beschleunigungsgebot aus Art. 2 Abs. 2 S. 2 GG (iv) zu überprüfen. In einem letzten Schritt sind die Besonderheiten der Haftprüfung vor dem OLG (v) mit den gefundenen Ergebnissen abzugleichen.

(i) Wortlautbestimmung

(1) Zeitliche Komponente

„Während der Hauptverhandlung" gem. § 30 Abs. 1 GVG kann nach zeitlichen Gesichtspunkten entweder bedeuten, dass hiervon alle Entscheidungen zwischen Beginn und Ende der Hauptverhandlung erfasst sind,[362] kann jedoch auch dahin-

362 Hiernach markiert der auf den Eröffnungsbeschluss gem. § 203 StPO folgende erste Hauptverhandlungstermin den Beginn. Die Hauptverhandlung endet gem. § 260 Abs. 1 StPO mit Verkündung des Urteils.

gehend ausgelegt werden, dass nur solche Entscheidungen betroffen sind, welche innerhalb eines Hauptverhandlungstermins erfolgen.

„Außerhalb“ i. S. d. §§ 30 Abs. 2, 76 Abs. 1 S. 2 GVG wären nach letzter Ansicht all diejenigen Entscheidungen angesiedelt, die während einer Unterbrechung der Hauptverhandlung erfolgen, wohingegen die erste Deutung dazu führt, dass alle Entscheidungen in der Hauptverhandlungsbesetzung zu erlassen sind.

(2) Sachliche Komponente

Sofern sich die Abgrenzung an sachlichen Kriterien bemisst, stehen ebenfalls widerstreitende Ansichten im Raume.

Einerseits könnte aus § 118 StPO und den Vorschriften über die Haftprüfung im Allgemeinen geschlossen werden, hierbei handele es sich um ein separates, generell nicht der Hauptverhandlung zugehöriges Verfahren, so dass dies stets „außerhalb“ der Hauptverhandlung angesiedelt sei, [363] andererseits wird darauf verwiesen, dass aus § 305 S. 2 StPO hervorgehe, dass auch die Haftprüfung im „inneren Zusammenhang mit der Urteilsfällung“ stehe und damit in sachlichem Zusammenhang zur Hauptverhandlung.[364] Letzterer Ansicht ist jedoch zu entgegnen, dass aus der Vorschrift an sich nicht hervorgeht, dass Haftentscheidungen einen sachlichen Bezug zur Hauptverhandlung aufweisen. Nach § 305 S. 1 StPO sind solche Entscheidungen nicht mit der Beschwerde anfechtbar, welche

> „in innerem Zusammenhang mit der Urteilsfällung stehen, ausschließlich ihrer Vorbereitung dienen, bei der Urteilsfällung selbst der nochmaligen Prüfung des Gerichts unterliegen und keine weiteren Verfahrenswirkungen äußern.“[365]

Die Beispielsfälle des § 305 S. 2 StPO verdeutlichen lediglich, dass es sich bei einer Haftentscheidung um eine Frage handelt, welche schon gem. § 305 S. 1 StPO nicht dem Beschwerdeausschluss unterliegt.[366] Zwar weist eine Haftentscheidung inhaltliche Überschneidungen, etwa hinsichtlich der Erörterungen

363 So etwa das *OLG München*, Beschl. v. 18.04.2007 – 2 Ws 347/07, 2 Ws 348/07; bestätigt durch Beschl v. 21.06.2010 - 2 Ws 503-10, 2 Ws 503/10, BeckRS 2010, 16217.

364 Siehe *Siegert*, Anm. z. Beschl. d. OLG Köln v. 13.02.1998 – 2 Ws 93/98, NStZ 1998, S. 419, 421. Dieser beruft sich auf die h. M. zu § 305 S. 1 StPO, welche entgegen des Wortlauts die Statthaftigkeit der Beschwerde nicht nur vom zeitlichen Moment abhängig macht, vgl. etwa *Engelhardt*, in: KK, StPO, 6.Aufl., 2008, § 305 Rn. 5.

365 Siehe hierzu *Meyer-Goßner*, StPO, 54. Aufl., 2011, § 305 Rn. 1 m. w. N.

366 Siehe etwa *Frisch*, in: SK, StPO, Stand: Juni 2008, § 305 Rn. 26.

zum dringenden Tatverdacht sowie der Beweismittel auf, jedoch steht die Entscheidung nicht im inneren Zusammenhang mit der Urteilsfällung.[367] Bei der Haftentscheidung geht es, entgegen der Hauptverhandlung, nicht um die Schuldfrage, da sich auch bei eindeutiger Beweislage und Verurteilung die Inhaftierung als rechtswidrig erweisen kann.[368] Schuld und rechtswidrige Inhaftierung müssen somit nicht im Widerspruch stehen.[369]

Daneben nennt § 115 Abs. 4 S. 1 StPO die Haftprüfung als Rechtsbehelf, für den die §§ 117 ff. StPO eigene Verfahrensregelungen beinhalten. Dies spricht für ein separates, sachlich neben der Hauptverhandlung angesiedeltes Verfahren.

Soweit § 33 StPO als Begründungsversuch herangezogen wird, Haftentscheidungen grundsätzlich außerhalb der Hauptverhandlung anzusiedeln, kann dies nicht überzeugen.[370] § 33 Abs. 4 S. 1 StPO weicht vom Grundsatz der vorherigen Anhörung bei nachteiligen Entscheidungen ab, um zu verhindern, dass die geplante Maßnahme vereitelt wird.[371] Dies ist nur erforderlich, sofern eine Entscheidung außerhalb einer laufenden Hauptverhandlung ergeht. Ansonsten besteht wegen der Möglichkeit der sofortigen Vollstreckung des Haftbefehls keine Vereitelungsgefahr, da der Beschuldigte weder die Gelegenheit zur Flucht erhält, noch auf andere Weise den Zweck der Anordnung in Gefahr bringen kann. Dies alleine erklärt die Tatsache, dass § 33 Abs. 4 S. 1 StPO nicht auch auf § 33 Abs. 1 StPO verweist. Somit kann durch § 33 Abs. 2 StPO auch nicht der Beweis angetreten werden, Haftentscheidungen ergingen grundsätzlich außerhalb der Hauptverhandlung.

Abschließend sei noch auf die Haftfortdauerentscheidung gem. § 268b S. 1 StPO einzugehen, welche interessanterweise sowohl als Argument herangezogen wird, Haftentscheidungen seien stets aus dem Inbegriff der

367 Vgl. auch *Frisch*, in: SK, StPO, Stand: Juni 2008, § 305 Rn. 26.

368 Vgl. zu den unterschiedlichen Prüfungsmaßstäben, *BVerfG*, NJW 2005, S. 1855, 1857; *Dörr*, Rechtsschutz gegen vollzogene Durchsuchungen und Beschlagnahmen im Strafermittlungsverfahren, NJW 1984, S. 2258, 2261, zwar jeweils in Bezug auf die gerichtliche Überprüfung strafprozessualer Ermittlungsmaßnahmen, die Grundsätze können aber auf das Haftprüfungsverfahren übertragen werden.

369 Sofern der dringende Tatverdacht im Rahmen der Haftprüfung einer Überprüfung unterzogen wird, ist dies zwar, worauf *Siegert*, Anm. z. Beschl. d. OLG Köln v. 13.02.1998 – 2 Ws 93/98, NStZ 1998, S. 419, 421ff. hinweist, eine mit der Schuld verwobene Frage, jedoch ändert dies nichts am Wesen der Haftprüfung, welche auf die Überprüfung der Rechtmäßigkeit der Inhaftierung, und nicht auf die Klärung der Schuldfrage, gerichtet ist.

370 Dieses Argument führt soweit ersichtlich nur *Krüger*, Anm. z. Beschl. d. OLG Köln v. 07.01.2009 – 2 Ws 640 – 641/08, NStZ 2009, S. 589, 590 ff. an.

371 *Maul*, in: KK, StPO, 6. Aufl., 2008, § 33 Rn. 12.

Hauptverhandlung zu treffen und damit sachlich innerhalb der Hauptverhandlung anzusiedeln,[372] als auch als Begründungsansatz für die Gegenposition.[373]

Richtig ist, dass der Haftfortdauerbeschluss gem. § 268b S. 1 StPO in innerem Zusammenhang zum Urteil steht.[374] Er wird aus dem Inbegriff der Hauptverhandlung in der hierfür vorgeschriebenen Besetzung getroffen.[375] Die Vorschrift wurde eingefügt, um gesetzlich zu verankern, dass unabhängig davon, ob eine baldige Rechtskraft des Urteils zu erwarten ist, zwingend eine Entscheidung über die Fortdauer der Untersuchungshaft durch das Gericht zu treffen ist.[376] Sie besagt jedoch nichts über eine Symbiose zwischen Haftfrage und Hauptverhandlung, sondern regelt nur den speziellen Fall der Haftfortdauerentscheidung bei Urteilsfällung. Hierbei gilt es zu berücksichtigen, dass das erkennende Gericht bereits die Frage der Schuld abschließend im Rahmen des Urteils bewertet und somit inzident darüber befunden hat, ob ein dringender Tatverdacht besteht oder nicht.[377]

Zwar kann dennoch das Fortbestehen der Untersuchungshaft rechtswidrig sein, etwa wenn kein Haftgrund besteht oder das Verhältnismäßigkeitsprinzip verletzt wird, so dass aus einer Verurteilung nicht sogleich auf die Rechtmäßigkeit der Maßnahme geschlossen werden kann, jedoch erscheint es hier zweckmäßig, die Haftentscheidung in der Hauptverhandlung zu treffen, um direkt im Anschluss an das Urteil auch die wichtige Frage des Fortbestandes des Haftbefehls und seiner Vollstreckung gerichtlich zu beantworten.[378]

Daher handelt es sich um eine Ausnahmevorschrift. Dies geht auch aus § 120 Abs. 1 S. 1 StPO hervor, der die Regel darstellt und festlegt, dass das Gericht jederzeit von Amts wegen zu überprüfen hat, ob die Voraussetzungen der Untersuchungshaft noch vorliegen.[379] Hieraus lässt sich jedoch kein Schluss auf die Besetzung des Gerichts ziehen, da die Vorschrift letztlich über § 126 Abs. 2

---

372 So etwa *Dehn*, Anm. z. Beschl. d. BGH v. 30.04.1997 – StB 4/97, NStZ 1997, S. 606, 608.

373 Siehe hierzu *Siolek*, in: L/R, StPO, 25. Aufl., 1999, § 30 GVG Rn. 22; *Gittermann*, in: L/R, StPO, 26. Aufl., 2010, § 30 GVG Rn. 22.

374 Siehe etwa *Gollwitzer*, in: L/R, StPO, 25. Aufl., 2001, § 268b Rn. 9.

375 *Siolek*, in: L/R, StPO, 25. Aufl., 1999, § 30 GVG Rn. 1; *Gittermann*, in: L/R, StPO, 26. Aufl., 2010, § 30 GVG Rn. 1.

376 Eingefügt durch StrÄndG 1953, BGBl. I/735. Siehe hierzu *H.W. Schmidt*, Untersuchungshaft noch nach Rechtskraft des Urteils?, NJW 1959, S. 1717, 1718.

377 Insofern ist auch keine gesonderte Begründung zum dringenden Tatverdacht mehr erforderlich, siehe etwa *Gollwitzer*, in: L/R, StPO, 25. Aufl., 2001, § 268b Rn. 4.

378 Zum Prüfungsmaßstab und dem Entscheidungsumfang der Haftfortdauerentscheidung siehe *Engelhardt*, in: KK, StPO, 6. Aufl., 2008, § 268b Rn. 4.

379 Vgl. hierzu *Engelhardt*, in: KK, StPO, 6. Aufl., 2008, § 268b Rn. 1.

S. 1 StPO auf die Regelungen des GVG verweist und damit auf die Ausgangsproblematik bezüglich der Auslegung innerhalb der §§ 30, 76 GVG.

(3) Zwischenergebnis

Unter zeitlichen Gesichtspunkten lassen sich die Begriffe nicht eindeutig abgrenzen. Somit gibt ein Rückgriff alleine auf diesen Auslegungsaspekt keinen Aufschluss. Eine Lesart, welche nach sachlichen Kriterien differenziert, fasst unter „außerhalb der Hauptverhandlung" i. S. d. § 30 Abs. 2 GVG ein Verfahren, welches von der Hauptverhandlung inhaltlich zu trennen ist, zu dessen Kerngehalt somit nicht die Ermittlung von Schuld oder Nichtschuld zählt. Das Haftprüfungsverfahren stellt ein solches sachlich außerhalb stehendes Verfahren dar, da hierin über das Vorliegen der Voraussetzungen der Untersuchungshaft befunden wird und nicht über die Schuldfrage. Lediglich bei der Beurteilung des dringenden Tatverdachts ergeben sich Überschneidungen. Auf einen sachlichen Bedeutungsgehalt abstellend ließe sich demzufolge die Besetzungsregelung bestimmen.

(ii) Erkenntnisgrundlage

Würde die Haftfrage einzig aus dem Inbegriff der Hauptverhandlung heraus ermittelt, so könnten hierbei nur diejenigen Beweismittel berücksichtigt werden, welche bereits unmittelbar in die Hauptverhandlung eingeführt wurden. Unberücksichtigt blieben solche Tatsachen, welche „nicht durch die Verhandlung und in der Verhandlung gewonnen" wurden.[380] Somit wäre auch der Inhalt der Akten, sofern dieser nicht ordnungsgemäß in die Hauptverhandlung eingeführt wurde, nicht verwertbar.[381]

Bei der Haftfrage sind jedoch sowohl die Erkenntnisse, die in der Hauptverhandlung erzielt wurden, als auch sonstige, für die Entscheidung maßgebliche Tatsachen, die bspw. aus den Akten gewonnen werden können, heranzuziehen und zu bewerten.[382] Sofern innerhalb der Hauptverhandlung bereits eine Beweiswürdigung über ein bestimmtes Beweismittel stattgefunden hat, so sind diese Feststellungen auch innerhalb der Haftprüfungsentscheidung zu berücksichtigen.[383]

380 Vgl. etwa *BGH*, NJW 1964, S. 602, 603

381 Siehe hierzu *Schoreit*, in: KK, StPO, 6. Aufl., 2008, § 261 Rn. 8.

382 Vgl. *OLG München*, Beschl v. 21.06.2010 - 2 Ws 503-10, 2 Ws 503/10, BeckRS 2010, 16217; *Welp*, Haft und Haftprüfung, 2006, S. 573, 584 ff.

383 *BGH*, StV 1991, S. 525, 525; *OLG Koblenz* StV 1994, S. 316, 317; *OLG Frankfurt* StV 2000, S. 374, 375; *OLG Karlsruhe* StV 1997, S. 312, 313; StV 2001, S. 118, 118.

(1) Akteneinsichtsrecht des Laienrichters

Zu untersuchen ist, inwieweit Laien- und Berufsrichtern unterschiedliche Erkenntnisgrundlagen bei ihrer Entscheidungsfindung zur Verfügung stehen. Dies ist bedeutsam, da ein Ungleichgewicht mitunter als Argument für den Ausschluss der Laienrichter bei der Haftprüfungsentscheidung herangezogen werden könnte. Sowohl Schöffen als auch Berufsrichter wirken an der Hauptverhandlung mit und sind daher mit dem Ergebnis der Beweiswürdigung und den Einlassungen vertraut. Anderes gilt für den aus den Akten ersichtlichen, noch nicht zum Gegenstand der Hauptverhandlung gemachten, Erkenntnisstand. Umstritten ist, ob auch Schöffen Einblick in die Ermittlungsakten nehmen dürfen.

Die grundsätzlich ablehnende[384] Position des *BGH* hat sich in einer neueren Entscheidung aus dem Jahr 1997 dahingehend verändert, dass der Senat nunmehr „geneigt" sei, der auch von der wohl h. M. in der Literatur vertretenen Auffassung bezüglich einer einheitlichen Behandlung von Laien- und Berufsrichtern in Bezug auf die Akteneinsicht zu folgen.[385] Eine Gleichbehandlung ist nach einer verbreiteten Ansicht in der Literatur erforderlich, um das Schöffenamt überhaupt wirksam ausführen zu können. Insbesondere das Fragerecht sowie die Entscheidung, ob ein Vereidigungsverbot nach § 60 Nr. 2 StPO bzw. die Berechtigung zur Auskunftsverweigerung nach § 55 StPO vorliegt, würden die Kenntnis des Akteninhalts erforderlich machen.[386]

Gleichwohl bestehen Bedenken gegen diese Gleichstellung, die mitunter auf die unterschiedliche Ausbildung und Erfahrung von Berufs- und Laienrichtern gestützt werden. Im Hinblick auf die Wahrnehmung von Geschehnissen in der Hauptverhandlung könne das Aktenmaterial zu einer unbewussten Beeinflussung führen.[387]

---

384 In einer Entscheidung des *BGH*, NJW 1954, S. 483, 484 nimmt dieser Bezug auf *RGSt* 69, 120, 124 und folgt damit der Auffassung des RG.

385 *BGH*, NStZ 1997, S. 506, 507. Bereits in einem obiter dictum des 1. Strafsenats z. Urteil v. 23.02.1960 - 1 StR 648/59 wurden Bedenken geäußert. *BGH*, NJW 1987, S. 1209, 1209 ff. lässt die Frage ausdrücklich offen.

386 So etwa *Hannich*, in: KK, StPO, 6. Aufl., 2008, § 30 GVG Rn. 2; *Siolek*, in: L/R, StPO, 25. Aufl., 1991, § 30 GVG Rn. 8; *Gittermann*, in: L/R, StPO, 26. Aufl., 2010, § 30 GVG Rn. 8 jeweils m. w. N. Vgl. auch *Meyer-Goßner*, StPO, 54. Aufl., 2011, § 30 GVG Rn. 2; *Kemmer*, Befangenheit von Schöffen durch Aktenkenntnis?, 1989, S. 211 ff.. Einschränkend auf Aktenstücke, „die den Verfahrensgegenstand definieren", sowie diejenigen, „deren Kenntnis zwingend erforderlich ist", auch *Rennig*, Die Entscheidungsfindung durch Schöffen und Berufsrichter, 1993, S. 170.

387 So bereits *RGSt* 69, 120, 124, fortgesetzt von *BGHSt* 13,73,73 ff. Siehe auch *Eb. Schmidt*, Anm. z. Urt. d. BGH v. 17.11.1958 – 2 StR 188/58 (BGHSt 13,73,73 ff.),

Börner[388] rückt das vorgebrachte Argument der drohenden Entwertung des Unmittelbarkeitsgrundsatzes in seinem Plädoyer für eine differenzierte Behandlung von Schöffen und Berufsrichtern in ein anderes Licht. Er verweist auf die „hinlänglich bekannten psychologischen Effekte, welche die Vorbefassung mit bestimmten Inhalten mit sich bringt", deren sich auch ein Berufsrichter nicht erwehren könne. Daher sei gerade eine Meinungsbildung der Laienrichter frei von äußerer Einflussnahme wichtig, um die Geltung des § 261 StPO abzusichern.

Zuletzt brachte das *OLG München*[389] in einer Entscheidung zum Ausdruck, dass unterschiedliche Kognitionsmöglichkeiten zwischen Laien- und Berufsrichtern bestehen, da nur letzteren Einsichtnahme in die Akten gestattet sei, die Haftentscheidung aber sowohl auf die Akten als auch auf den Inbegriff der Hauptverhandlung zu stützen sei. Teilweise wird daher von Seiten der Praxis den Verteidigern empfohlen, die für die Haftentscheidung relevanten Akteninhalte den Schöffen schriftlich oder mündlich zur Kenntnis zu bringen.[390]

(2) Bewertung

Nach dem bisherigen Stand der Rechtsprechung besteht eine Divergenz zwischen dem Kenntnisstand der Berufsrichter, diese können auf sämtliche Erkenntnisse der Hauptverhandlung sowie den Akteninhalt zugreifen, und den Laienrichtern, welchen letzteres versagt bleibt. Die Handhabe der Praxis spricht also in diesem Punkt für den Ausschluss der Schöffen bei Haftentscheidungen.

Allerdings ist festzustellen, dass sich der *BGH* mit den Argumenten der wohl h. M. in der Literatur befasst und offensichtlich Sympathien hierfür entwickelt hat. Ein eindeutiges Bekenntnis blieb bisher jedoch aus.

§ 30 Abs. 1 GVG, der gem. § 77 Abs. 1 GVG auch für die Schöffen beim Landgericht Geltung beansprucht, kann als Indiz für ein Gleichbehandlung von Laien- und Berufsrichtern gewertet werden.
Hiernach

> „üben die Schöffen während der Hauptverhandlung das Richteramt in vollem Umfang und mit gleichem Stimmrecht wie die Richter beim Amtsgericht aus und neh-

JR 1961, S. 30, 31; *LG Hamburg*, MDR 1973, S. 69, 69; *Katholnigg*, Anm. z. Urt. d. BGH v. 26.03.1997 - 3 StR 421/96, NStZ 1997, S. 506, 507.

388 *Börner*, Die Ungleichheit von Schöffen und Berufsrichtern, ZStW 122 (2010), S. 157, 189 ff.

389 *OLG München*, Beschl v. 21.06.2010 - 2 Ws 503-10, 2 Ws 503/10, BeckRS 2010, 16217.

390 Dies legen *Schlothauer/Weider*, Untersuchungshaft, 4. Aufl., 2010, Rn. 834, nahe.

men auch an den im Laufe einer Hauptverhandlung zu erlassenden Entscheidungen teil, die in keiner Beziehung zu der Urteilsfällung stehen und die auch ohne mündliche Verhandlung erlassen werden können."

Wenn die Schöffen das Richteramt „in vollem Umfang" ausüben, so bedeutet dies, dass auch der Aktenbestand vollumfänglich der Kenntnisnahme zugänglich sein muss.

Eine Lesart, die § 30 GVG gerade als Argument gegen eine Unterrichtung der Schöffen über den Akteninhalt heranzieht, überzeugt nicht. So wendet etwa *Börner*[391] ein, aus der Vorschrift gehe hervor, dass sich der zeitliche Rahmen der Schöffenbeteiligung auf die Zeit zwischen dem Aufruf der Sache nach § 243 Abs. 1 S. 1 StPO und der Verkündung des Urteils gem. § 260 Abs. 1 StPO erstrecke. Da hiervon die Vorbereitung der Hauptverhandlung und die Eröffnungsentscheidung ausgenommen sei, zu deren elementarem Bestandteil das Aktenstudium gehöre, werde die vom Gesetzgeber intendierte Ungleichbehandlung von Schöffen und Berufsrichtern in diesem Punkt deutlich.

Diese Deutung lässt jedoch außer Acht, dass es für die Nichtbeteiligung der Schöffen an der Vorbereitung und insbesondere am Eröffnungsbeschluss sachliche Gründe gibt. So dient die Beteiligung der Schöffen am Strafprozess der Entscheidungsfindung und der Legitimation dieser Entscheidung.[392] Die Mitwirkung soll die Qualität der Rechtsprechung verbessern, indem der juristisch geprägten Sichtweise des Berufsrichters eine in juristischen Fragen unverbildete Betrachtungsweise gegenübergestellt wird und auf diesem Wege eine Plausibilitätskontrolle stattfindet.[393] Eine Mitwirkung der Schöffen an der Vorbereitung der Hauptverhandlung und am Eröffnungsbeschluss erfüllt keine dieser Funktionen. Zudem sprechen die an die Beurteilung der Zulassung oder Nichtzulassung geknüpften juristischen Fragestellungen gegen eine Schöffenbeteiligung in diesem Stadium. Dem juristischen Laien könnte kaum abverlangt werden, die Verwertbarkeit eines Beweismittels oder die Wahrscheinlichkeit des Vorliegens der Voraussetzungen des objektiven und subjektiven Tatbestandes unter Heranziehung der Ermittlungsakten zu beurteilen.[394]

Der Einwand, Schöffen seien aufgrund ihrer ungleichen Ausbildung, anders als Berufsrichter, nicht in der Lage bei ihrer Teilnahme an der Hauptverhandlung den Akteninhalt auszublenden, klingt zwar zunächst plausibel, ist jedoch nicht durch einen Gesetzestext gestützt, aus dem eine solche gewollte Ungleich-

391 *Börner*, Die Ungleichheit von Schöffen und Berufsrichtern, ZStW 122 (2010), S. 157, 186 ff.

392 *Löhr*, Zur Mitwirkung der Laienrichter im Strafprozess, 2008, S. 177 ff.

393 *Grube*, Richter ohne Robe, 2005, S. 93 ff.

394 Vgl. zum Prüfungsumfang etwa *BayObLG*, NStZ 1983, S. 123, 123.

behandlung hervorgehen könnte. Im Gegenteil: Betrachtet man die umfangreichen Mitwirkungsmöglichkeiten, die das Gesetz dem Laienrichter einräumt, so geht hieraus eher eine Gleichstellung hervor.[395] Zudem hat der *EGMR* in einer aktuellen Entscheidung hervorgehoben, dass einer möglichen Vermengung von Akteninformation und aus dem Inbegriff der Hauptverhandlung geschöpften Erkenntnissen auch wirksam begegnet werden könne, indem die Schöffen nochmals gesondert über die Bedeutung des Unmittelbarkeitsgrundsatzes unterrichtet werden.[396] Bei *Kemmer*[397] findet sich der Hinweis auf eine Studie, deren Ergebnis die Sichtweise des *EGMR* empirisch belegt.

Im Übrigen greift die vorhergenannte Argumentation bezüglich einer möglichen Beeinflussung der Schöffen bei solchen Aktenbestandteilen nicht, welche innerhalb der Hauptverhandlung noch gar keiner Würdigung unterzogen wurden. Hier besteht nicht die Gefahr einer differenzierten Wahrnehmung. So kann bei einer Haftentscheidung innerhalb der ersten Verhandlungstage mitunter nur der Akteninhalt herangezogen werden, da die Hauptverhandlung noch gar nicht in ein entscheidendes Stadium eingetreten ist.[398]

Daher müsste Schöffen zumindest im Rahmen von Haftentscheidungen ein Akteneinsichtsrecht in diejenigen Teile zugebilligt werden, welche für die Entscheidung relevant sind.[399] Andernfalls wäre der Beschuldigte benachteiligt, da mögliche entlastende Tatsachen den Laienrichtern bei ihrer Entscheidungsfindung nicht zur Verfügung stünden.

(3) Zwischenergebnis

Bezüglich der Ausgangsfrage liefert das gefundene Ergebnis keine Argumente. Da sowohl Laienrichter als auch Berufsrichter bei ihrer Entscheidungsfindung sowohl auf den Akteninhalt als auch auf Erkenntnisse aus dem Inbegriff der Hauptverhandlung nach der hier vertretenen Ansicht zurückgreifen können, bestehen in diesem Punkt keine Differenzierungsmerkmale.

395 Eine Aufzählung der Mitwirkungsmöglichkeiten findet sich bei *Kemmer*, Befangenheit von Schöffen durch Aktenkenntnis, 1989, S.50.

396 *EGMR*, NJW 2009, S. 2871, 2873 in Bezug auf die Aushändigung einer Abschrift der wesentlichen Ergebnisse der Ermittlungen, welche gem. § 200 Abs. 2 S. 1 StPO einen Beweiswürdigung enthaltenen Teil der Anklageschrift darstellen.

397 *Kemmer*, Befangenheit von Schöffen durch Aktenkenntnis?, 1989, S. 209.

398 Vgl. *Rennig*, Die Entscheidungsfindung durch Schöffen und Berufsrichter, 1993, S. 160.

399 Vgl. auch *Siolek*, in: L/R, StPO, 25. Aufl., 1999, § 30 GVG Rn. 8. Dieser hebt, ohne sich auf die Teileinsicht zu beschränken, hervor, dass eine Einsicht bei Haftfragen erforderlich sei, da eine Mitwirkung ansonsten nur „formaler Natur“ wäre. Ebenso *Kemmer*, Befangenheit von Schöffen durch Aktenkenntnis?, 1989, S. 179.

(iii) Garantie des gesetzlichen Richters

Eine Lösung, welche je nach Lage des Haftprüfungsverfahrens eine Entscheidung über die Sache in unterschiedlicher Besetzung erfordert, widerspricht der Garantie des gesetzlichen Richters aus Art. 101 Abs. 1 S. 2 GG, [400] da der Beschuldigte bei Antragstellung nicht abschätzen könnte, ob das Haftprüfungsverfahren in Hauptverhandlungsbesetzung oder in der für außerhalb der Hauptverhandlung vorgesehenen Besetzung durchgeführt wird.[401]

Da bei mehreren Auslegungsmöglichkeiten diejenige Variante nicht gewählt werden darf, welche nicht im Einklang mit der Verfassung steht, scheidet eine Deutung aus, welche im zeitlichen Sinne danach differenziert, ob eine Entscheidung im Hauptverhandlungstermin oder während einer Unterbrechung bzw. im separaten Haftprüfungstermin erfolgt.[402]

Dadurch wird auch vermieden, dass aufgrund unterschiedlicher Mehrheitsverhältnisse[403] ein und dieselben Fragen unterschiedlich behandelt werden.[404] Art. 101 Abs. 1 S. 2 GG steht jedoch weder einer Auslegung entgegen, welche die Beteiligung der Schöffen stets als erforderlich erachtet, noch einer Auffassung, nach der Laienrichter von Haftfragen generell auszuschließen sind.

(iv) Beschleunigungsgebot in Haftsachen

Eine Deutung, die nach sachlichen Gesichtspunkten Entscheidungen bezüglich der Voraussetzungen der Untersuchungshaft als sachlich „außerhalb" der Hauptverhandlung einzuordnend betrachtet, hätte den Vorzug, dass Berufsrichter aufgrund ihrer besseren Erreichbarkeit und der Möglichkeit der Vertretung zeitnah über die Haftfrage entscheiden könnten.[405]

Sofern Haftentscheidungen während einer Unterbrechung i. S. d. § 229 StPO oder außerhalb der Sitzungstage getroffen werden, wäre nicht gewährleistet, dass die Schöffen stets bereitstünden, um an der Entscheidung mitzuwirken. Dies kollidiert mit dem in Haftsachen besondere Bedeutung zukommenden Beschleunigungsgebot aus Art. 2 Abs. 2 S. 2 GG, wonach sichergestellt sein muss,

---

400 Durch Art. 101 Abs. 1 S. 2 GG soll gewährleistet werden, dass der konkret zuständige Richter im Einzelfall vorher bestimmbar ist, vgl. *BVerfG*, NJW 1997, S. 1497, 1498; *BVerfG*, NJW 1998, S. 743, 744.

401 Siehe hierzu nun auch *BGH*, NStZ 2011, S. 356, 356.

402 Vgl. zur verfassungskonformen Auslegung *Larenz*, Die Methodenlehre der Rechtswissenschaft, 6. Aufl., 1991, S. 339 ff.; *Bleckmann*, Zu den Methoden der Gesetzesauslegung in der Rechtsprechung des BVerfG, JuS 2002, S. 942, 946 ff.

403 Vgl. zum Quorum § 196 GVG.

404 So auch *BGH*, NStZ 2011, S. 356, 356.

405 Dieses Argument zieht auch der *BGH* heran, siehe NStZ 2011, S. 356, 356.

dass über Untersuchungshaftsachen schnellstmöglich, ohne vermeidbare Verzögerungen, entschieden wird.[406]

(v) Besonderheiten bei Haftprüfungen vor dem OLG

Die maßgebliche Norm, welche über die Besetzung des Gerichts Aufschluss gibt, stellt § 122 GVG dar. Zu differenzieren ist auch hier zwischen der Hauptverhandlungsbesetzung gem. § 122 Abs. 2 GVG und der Besetzung nach § 122 Abs. 1 GVG, ohne dass hier wie in § 30 Abs. 2 GVG von „außerhalb der Hauptverhandlung" gesprochen wird.

§ 122 Abs. 2 GVG stellt klar, dass die Senate über die Eröffnung der Hauptverhandlung (S. 1) in Fünferbesetzung entscheiden. Im Falle der Eröffnung befinden die Senate sogleich darüber, ob die Hauptverhandlung mit drei oder fünf Berufsrichtern durchgeführt wird (S. 2). Die Einstellung des Hauptverfahrens wegen eines Verfahrenshindernisses wird mit der nach S. 2 bestimmten Anzahl von Richtern beschlossen (S. 3).

Dass die Sätze 1 – 3 auch Einzelfälle wie die Eröffnung und die Einstellung nennen, die Haftentscheidung jedoch nicht explizit ansprechen, könnte auf die Geltung von Abs. 1 für die Entscheidung von Haftfragen hindeuten.

Zudem entscheidet das OLG, dessen Zuständigkeit sich hier aus § 121 Abs. 1 Nr. 2 GVG ergibt, bei Haftbeschwerden i. S. d. § 304 Abs. 1 StPO gegen Beschlüsse und Verfügungen des LG nach allgemeiner Ansicht stets in der Besetzung mit drei Richtern einschließlich des Vorsitzenden und damit in der nach § 122 Abs. 1 GVG maßgeblichen Besetzung.[407]

Auch bei der Beschwerde handelt es sich grundsätzlich um eine Tatsacheninstanz,[408] die ebenfalls die Haftfrage zum Gegenstand haben kann, so dass gemessen am Prüfungsumfang und der zu treffenden Sachentscheidung gewisse Parallelen bestehen. Die Tatsache, dass § 122 GVG, anders als § 139 Abs. 2 S. 1 GVG, die Gerichtsbesetzung im Beschwerdeverfahren nicht ausdrücklich festlegt und in diesem Fall aus dem Fehlen einer eindeutigen Regelung die Vorschrift des § 122 Abs. 1 GVG herangezogen wird, lässt den Schluss zu, dass dies auch für die Besetzung des Strafsenats im Rahmen der Haftprüfung gelten muss.

Zwar kann Art. 2 Abs. 2 S. 2 GG bei Haftprüfungsterminen vor dem OLG nicht herangezogen werden, da eine Entscheidung hier in jedem Fall ohne Schöffen ergeht, jedoch verbleibt als Argument die Ausgestaltung des Haftprü-

406 Vgl. hierzu etwa *BVerfG*, NJW 2006, S. 672, 673 ff.; *OLG Koblenz*, Beschl. v. 09.12.2010 - 1 Ws 569/10, BeckRS 2011, 01271; *Kazele*, Untersuchungshaft – Ein verfassungsrechtlicher Leitfaden, 2008, S. 68 ff.

407 Vgl. etwa *OLG Köln*, Beschl. v. 05.06.2003 - 2 Ws 317/03, BeckRS 2003, 05977; *Meyer-Goßner*, StPO, 54. Aufl., 2011, § 122 GVG Rn. 2.

408 Siehe hierzu etwa *Ellersiek*, Die Beschwerde im Strafprozeß, 1981, S. 190 ff.

fungsverfahrens als sachlich von der Hauptverhandlung abgetrenntes, und damit außerhalb stehendes Verfahren, welches mit der Hauptverhandlung nicht deckungsgleich ist. Eine unterschiedliche Besetzung je nach Lage des Verfahrens und dem Zeitpunkt der zu treffenden Haftentscheidung, als bisher noch nicht genannte Variante, wäre dagegen schon nicht mit Art. 101 Abs. 1 S. 2 GG zu vereinbaren.

cc) Ergebnis

Da somit mehrere Auslegungsvarianten existieren, davon jedoch im Wege verfassungskonformer Auslegung eine solche nicht gewählt werden darf, welche gegen die Garantie des gesetzlichen Richters aus Art. 101 Abs. 1 S. 2 GG verstößt, ebenso eine dem in Art. 2 Abs. 2 S. 2 GG verankerten Beschleunigungsgebot widersprechende Deutungsmöglichkeit ausfällt, bleibt als Ergebnis die Besetzung des Gerichts in Haftprüfungsentscheidungen generell auf die für „außerhalb“ der Hauptverhandlung durchzuführenden Entscheidungen zu beschränken. Dieses Ergebnis findet eine Stütze bezüglich Entscheidungen des OLG auch im Wortlaut des § 122 Abs. 2 GVG. Dieser regelt Einzelfälle, äußert sich jedoch nicht zu Haftentscheidungen, so dass die personelle Ausstattung des Spruchkörpers § 122 Abs. 1 GVG zu entnehmen ist.

2. Mündliche Verhandlung

Im Rahmen des Haftprüfungsverfahrens ergeht eine Entscheidung nach Aktenlage, oder, sofern die Voraussetzungen des § 118 Abs. 1, 3 und 4 StPO vorliegen, nach mündlicher Verhandlung.[409]

Mündlich verhandelt das Gericht demzufolge entweder aufgrund vorheriger Antragstellung, § 118 Abs. 1 Alt. 1 StPO, oder nach eigenem Ermessen, § 118 Abs. 1 Alt. 2 StPO. Gem. § 118 Abs. 4 StPO besteht kein Anspruch auf mündliche Verhandlung, sofern die Hauptverhandlung andauert oder „ein Urteil ergangen ist, das auf eine Freiheitsstrafe oder eine freiheitsentziehende Maßregel der Besserung und Sicherung erkennt.“ Ansonsten ist die mündliche Verhandlung nach § 118 Abs. 5 Hs. 1 StPO „unverzüglich“, d. h. ohne vermeidbare Verzögerung, durchzuführen.[410] § 118 Abs. 5 Hs. 2 StPO bestimmt, dass ohne Zustimmung des Beschuldigten nicht mehr als zwei Wochen zwischen Antragstellung und Anberaumung der mündlichen Verhandlung vergehen dürfen.[411]

409 Vgl. *Meyer-Goßner*, StPO, 54. Aufl., 2011, § 117 Rn. 6.

410 *Lemke*, in: HK, StPO, 4. Aufl., 2009, § 118 Rn. 7; *Meyer-Goßner*, StPO, 54. Aufl., 2011, § 118 Rn. 4.

411 Für die Fristberechnung gilt § 43 StPO. Die Frist beginnt gem. §§ 118b, 299 Abs. 1, 2 StPO bereits mit Rechtsmittelerklärung zu Protokoll der Geschäftsstelle des Amtsge-

a) Verstoß gegen § 118 Abs. 5 Hs. 2 StPO

aa) Meinungsstand

Uneinigkeit herrscht, welche Konsequenzen die Missachtung der Zweiwochenfrist des § 118 Abs. 5 Hs. 2 StPO nach sich zieht. Nach wohl überwiegender Ansicht führt die Fristversäumung nicht als zwingende Folge zur Haftentlassung.[412] Allenfalls eine Untätigkeitsbeschwerde sei hiergegen statthaft.[413] Begründet wird dies damit, dass es sich bei der Vorschrift um eine reine Ordnungsvorschrift handele,[414] mit den „untragbaren Folgen", die sich hieraus ergeben würden, sowie den Erfordernissen einer „funktionierenden Strafrechtspflege".[415]

Dem gegenüber steht zum einen die Meinung, eine Überschreitung der Frist führe generell zur Freilassung des Inhaftierten.[416] Nach einer anderen Ansicht soll dies jedenfalls dann der Fall sein, wenn die Staatsanwaltschaft die Ermitt-

richts, vgl. *Meyer-Goßner*, StPO, 54. Aufl., 2011, § 118 Rn. 4; *Lemke*, in: HK, StPO, 4. Aufl., 2009, § 118 Rn. 7. Entgegen des Wortlauts von § 118b StPO hält einzig *Graf*, in: KK, StPO, 6. Aufl., 2008, § 118 Rn. 6 den Eingang des Antrags bei dem zuständigen Gericht für maßgeblich, da seiner Ansicht nach ansonsten keine angemessene Vorbereitung des zuständigen Gerichts möglich sei.

412 *BGH*, Beschl. v. 04.12.1976 – 1 BJs 20/75 (nicht veröffentlicht); *OLG Hamm*, NStZ-RR 2006, S. 17, 18; *OLG Köln*, NStZ 2009, S. 656, 656; *KG Berlin*, Beschl. v. 20.07.2009 – 4 Ws 72/09, Rn. 3 (juris); *Meyer-Goßner*, StPO, 54. Aufl., 2011, § 118 Rn. 4; *Lemke*, in: HK, StPO, 4. Aufl., 2009, § 118 Rn. 7; *Wankel*, in: KMR, StPO, Stand: Januar 2010, § 118 Rn. 5; *Krauß*, in: BeckOK, StPO, Stand: 01.02.2012, § 118 Rn. 4; *Graf*, in: KK, StPO, 6. Aufl., 2008, § 118 Rn. 6.

413 Schon *Hartung*, Das Recht der Untersuchungshaft, 1927, S. 54; *Lobe/Alsberg*, Die Untersuchungshaft, 1927, S. 32 weisen auf diese Möglichkeit hin; in neuerer Zeit siehe etwa *OLG Braunschweig*, StV 2005, S. 39, 39; *OLG Köln*, NStZ 2009, S. 656, 656; *Meyer-Goßner*, StPO, 54. Aufl., 2011, § 118 Rn. 4; *Lemke*, in: HK, StPO, 4. Aufl., 2009, § 118 Rn. 7.

414 *BGH*, Beschl. v. 04.12.1976 – 1 BJs 20/75, S. 4 (nicht veröffentlicht) spricht von einer „lex imperfecta" und sieht die Vorschrift im Ergebnis damit mangels Rechtsfolge ebenso als Ordnungsvorschrift; ohne weitergehende Begründung *Wankel*, in: KMR, StPO, Stand: Januar 2010, § 118 Rn. 5.

415 Diese beiden Argumente führt das *OLG Hamm*, NStZ-RR 2006, S. 17, 17 an.

416 Vgl. *Schlothauer/Weider*, Untersuchungshaft, 4. Aufl., 2010, Rn. 761; *Kühne*, Anm. z. Beschl. d. OLG Köln v. 28.01.2009 – 2 Ws 31/09, StV 2009, S. 653, 654 ff.; zustimmend auch *Münchhalffen/Gatzweiler*, Das Recht der Untersuchungshaft, 3. Aufl., 2009, Rn. 399 Fn. 21; *Herrmann*, Untersuchungshaft, 2008, Rn. 1070; ebenso lehnt *Paeffgen*, in: SK, StPO, 4. Aufl., 2010, § 118 Rn. 6 generell den „Topos der bloßen Ordnungsvorschrift" ab. *Paeffgen* bemängelte bereits in: Übersicht über die (ober-) gerichtliche Rechtsprechung in Haftsachen – Teil 1, NStZ 2007, S. 79, 85 Fn. 14, dass eine „unmissverständliche gesetzliche Frist" zur Ordnungsvorschrift „herabbagatellisiert" wird.

lungsakten trotz Anforderung des Gerichts nicht zum Haftprüfungstermin vorlegt.[417]

Neben Wortlaut und Intention[418] wird auch Art. 104 Abs. 1 GG[419] zur Untermauerung einer strikten Handhabe bei Missachtung der Frist herangezogen.[420]

bb) Stellungnahme

Zum Zeitpunkt der Einfügung des mündlichen Haftprüfungsverfahrens waren sich die Autoren der Zeit darüber einig, dass die Überschreitung der im damaligen § 114d StPO enthaltenen Frist nicht zur Entlassung des Beschuldigten führen solle.[421] Da jedoch die damalige Frist lediglich eine Woche betrug, schon mit der generellen Einführung einer mündlichen Haftprüfung die Stellung des Beschuldigten enorm verbessert wurde[422] und damit im Zuge nur einer Gesetzesänderung wohl ein noch weitreichenderer Rechtsschutz nicht zu verwirklichen gewesen wäre, lässt dies nur begrenzt Rückschlüsse auf die Rechtsfolge über 85 Jahre nach ihrem Einzug in die StPO zu.[423]

Dass die Norm, als sog. „lex imperfecta" ausgestaltet, bei Missachtung der Zeitvorgabe keine Rechtsfolgen vorsieht, genügt noch nicht, um dieser den Stempel der „Ordnungsvorschrift" aufzudrücken, mit der Konsequenz, eine Nichtbeachtung der Frist hätte keinerlei eigenständige Wirkung.[424] Insbesondere

---

417 Vgl. *AG Frankfurt*, StV 1993, S. 33, 33; *AG Kamen*, StV 1995, S. 476, 476; StV 2002, S. 315, 315.

418 *Schlothauer/Weider*, Untersuchungshaft, 4. Aufl., 2010, Rn. 761 sehen nur dadurch eine Möglichkeit zur Zweckerreichung, da anderenfalls die Fristbeachtung nicht erzwungen werden könne.

419 *Herrmann*, Untersuchungshaft, 2008, Rn. 1069 weist auf die Rspr. des BVerfG zu Art. 104 GG hin.

420 Alle drei Argumente zieht *Kühne*, Anm. z. Beschl. d. OLG Köln v. 28.01.2009 – 2 Ws 31/09, StV 2009, S. 653, 654 ff. zur Begründung heran. Da die Formvorschrift des § 118 Abs. 5 StPO die Freiheitsbeschränkung regelt, die Pflicht zur Beachtung solcher Formvorschriften unmittelbar aus Art. 104 Abs. 1 GG hervorgehe, stelle eine Verletzung der Formvorschrift auch eine Verletzung der Freiheit der Person dar.

421 Sowohl *Hartung*, Das Recht der Untersuchungshaft, 1927, S. 54, als auch *Lobe/Alsberg*, Die Untersuchungshaft, 1927, S. 32 weisen darauf hin, dass eine Fristüberschreitung lediglich die Beschwerdeberechtigung zur Konsequenz habe.

422 So bezeichnete etwa *Hartung*, Das Recht der Untersuchungshaft, 1927, S. 17 die Einführung des Haftprüfungsverfahrens als „Kernpunkt des neuen Gesetzes".

423 Zur Entstehungsgeschichte der Vorschrift siehe *Hilger*, in: L/R, StPO, 26. Aufl., 2007, § 118 Rn. 1 ff.; *Paeffgen*, in: SK, StPO, 4. Aufl., 2010, § 118 Rn. 1 ff.

424 Zwar wird teilweise § 118 Abs. 5 Hs. 2 StPO ausdrücklich nicht als „Ordnungsvorschrift" bezeichnet, dies hat jedoch keine Bedeutung, wenn als Konsequenz nicht die Freilassung des Inhaftierten gefordert wird. So aber *OLG Hamm*, NStZ-RR 2006, S. 17, 17.

dem Wortlaut lässt sich nichts entnehmen, das darauf hindeutet, der Gesetzgeber wollte lediglich eine unverbindliche Regelung treffen.[425] Zudem wurde der Zeitraum der Anberaumung des Haftprüfungsverfahrens seit Einfügung der Vorschrift auch zeitlich dahingehend ausgedehnt, dass dem Gericht nun zwei Wochen zur Verfügung stehen.[426]

Gerade die Verlängerung der Frist, ohne klarstellende Veränderungen des Wortlautes, lässt darauf schließen, dass der Gesetzgeber nunmehr eine längere Frist gewählt hat, um zu gewährleisten, dass in diesem Zeitraum unter allen Umständen - auch bei einer Überlastung des Gerichts oder in Krankheitsfällen - eine mündliche Haftprüfung anberaumt werden kann.[427]

Dieses Normverständnis des Gesetzgebers kommt auch in der Begründung des Gesetzesentwurfs der Bundesregierung durch den Verweis auf Art. 5 Abs. 3 Satz 2 EMRK zum Ausdruck. Hierin heißt es:

> „Die Neuregelung trägt auch dem Artikel 5 Abs. 3 Satz 2 [EMRK] Rechnung, wonach eine festgenommene Person „Anspruch auf Aburteilung innerhalb angemessener Frist oder auf Haftentlassung während des Verfahrens“ hat.“[428]

Der Verweis auf diese Passage der Konvention, der die Haftentlassung als Folge einer unangemessenen Verfahrenslänge nennt, spricht für ebendiese Konsequenz auch bei Überschreitung der Frist des § 118 Abs. 5 Alt. 2 StPO.

Daher bedarf es einer nachdrücklichen Begründung, die Norm lediglich als „Sollensvorschrift“ zu behandeln, da gerade im Falle des Freiheitsentzuges, welcher nach Art. 104 Abs. 1 S. 1 GG „nur auf Grund eines förmlichen Gesetzes

425 Hierauf verweist auch *Kühne*, Anm. z. Beschl. d. OLG Köln v. 28.01.2009 – 2 Ws 31/09, StV 2009, S. 653, 654.

426 Die Frist wurde von einer auf zwei Wochen durch das StPÄG v. 19.12.1964 (BGBl. I, S. 1067) geändert. Die geänderte Fassung trat am 01.04.1965 in Kraft.

427 Mit der Änderung der §§ 112 bis 126a der StPO durch das StPÄG v. 19.12.1964 sollte vor allem die Anordnung und Dauer der Untersuchungshaft beschränkt werden, vgl. dazu die Begründung der Bundesregierung, BT-Drs. 4/178, S. 16. Zwar wird in derselben Begründung (ebenfalls S. 16) einschränkend darauf verwiesen, dass diese Restriktion und damit die Ausweitung der Rechtsstellung des Beschuldigten nur im Rahmen des „kriminalpolitisch Vertretbaren“ erfolgt, was wiederum die Auslegung des *OLG Hamm*, NStZ-RR 2006, S. 17, 17 bekräftigt, welches darauf hinweist, dass eine Freilassung in bestimmten Fällen „untragbare Folgen“ hätte, jedoch ist diese „untragbare Folge“ abzuwenden, indem innerhalb der Frist von zwei Wochen über die Rechtmäßigkeit des Freiheitsentzuges mündlich verhandelt wird, was im Hinblick auf die Tragweite und den Eingriff in die Grundrechte des Beschuldigten (welcher auf Grundlage der Unschuldsvermutung als unschuldig zu gelten hat) als angemessen erscheint.

428 BT-Drs. 4/178, S. 17.

und nur unter Beachtung der darin vorgeschriebenen Formen“ verfassungsrechtlich legitimiert ist, gesetzlich eingeräumten Rechten und Formvorschriften ein hoher Stellenwert zukommt.

Ebenso wie die Anordnung der Freiheitsbeschränkung bilden auch die Regelungen über die Überprüfung ihrer Gesetzmäßigkeit einen Bestandteil der verfassungsmäßig von Art. 104 Abs. 1 S. 1 GG gedeckten Garantien.[429] Die Schranken des Art. 2 Abs. 2 S. 3, 104 Abs. 1 S. 1 GG, welche Eingriffe in die verfassungsrechtliche Freiheitsgarantie legitimieren, bilden zwar eine Grundlage für Beschränkungen von Freiheitsrechten aus Gesichtspunkten einer effektiven Strafrechtspflege.[430] In die Freiheitsrechte kann jedoch schon nach dem Wortlaut des Gesetzesvorbehalts nur „auf Grund eines Gesetzes eingegriffen werden“.[431] Somit müsste eine Beschränkung der Anwendbarkeit von § 118 Abs. 5 Hs. 2 StPO gesetzlich festgelegt sein, der Gesetzesanwender darf jedoch eingeräumte Rechte nicht neutralisieren, indem er sie zur Ordnungsvorschrift erhebt. Dies gilt hier umso mehr, kommt doch in der Vorschrift die besondere Dringlichkeit des Handelns zum Ausdruck und die aus dem Beschleunigungsgebot resultierende Direktive, alle zumutbaren Maßnahmen so schnell wie möglich abzuschließen, um eine gerichtliche Entscheidung zu ermöglichen.[432]

Folglich erfordert es die Bedeutung der Verfahrensvorschrift, an die Überschreitung der Frist eine Rechtsfolge zu knüpfen. Ein Verstoß führt damit folgerichtig zur Aufhebung des Haftbefehls. Inwieweit, einer gemäßigten Auffassung folgend, die Möglichkeit einer Untätigkeitsbeschwerde besteht, richtet sich nach

429 Aus dem Rechtsstaatsgebot des Art. 20 Abs. 3 GG i.V.m. Art. 2 Abs. 2 S. 2 GG geht hervor, dass die Haftgerichte die Rechtmäßigkeit einer Inhaftierung, auch unter Berücksichtigung nachträglicher Umstände, zu überprüfen haben, vgl. *BVerfG*, Beschl. v. 29.02.2000 – 2 BvR 347/00, Rn. 15 (juris). Da Art. 104 GG das Grundrecht der Freiheit der Person in Art. 2 Abs. 2 S. 2 durch „zusätzliche verfahrensmäßige Sicherungen“ ergänzt, vgl. *Degenhart*, in: Sachs, GG, 5. Aufl., 2009, Art. 104 Rn. 1, die formellen Garantien des Art. 104 GG damit mit den materiellen Garantien des Art. 2 Abs. 2 S. 2 GG in „unlösbarem Zusammenhang“ stehen, vgl. *BVerfG*, NJW 2002, S. 3161, 3161, stellt ein Verstoß gegen § 118 Abs. 5 Hs. 2 StPO, der das Verfahren der Überprüfung der Freiheitsentziehung sichern soll, auch einen Verstoß gegen Art. 2 Abs. 2 S. 2 GG i.V.m. Art. 104 Abs. 1 S. 1 GG dar.

430 Siehe etwa *BVerfG*, NJW 1966, S. 243, 243 ff.; NJW 1991, S. 2821, 2821; *BVerfG*, NJW 2006, S. 1336, 1337; zuletzt *BVerG*, Beschl. v. 13.05.2009 - 2 BvR 388/09, BeckRS 2009, 34595.

431 Zur näheren Ausgestaltung des Gesetzesvorbehalts siehe *Gusy*, Freiheitsentziehung und Grundgesetz, NJW 1992, S. 457, 460 ff.

432 Vgl. etwa *BVerfG*, NStZ-RR 2002, S. 24, 25; NJW 2006, S. 1336, 1337.

deren genereller Anerkennung und ist im Kontext der Haftbeschwerde zu untersuchen.[433]

b) Ausnahmen

§ 118 Abs. 3 und Abs. 4 StPO enthalten Ausnahmen und besagen, wann kein Anspruch auf Durchführung einer mündlichen Verhandlung besteht.

aa) § 118 Abs. 3 StPO

(i) Meinungsstand

Nach § 118 Abs. 3 StPO muss sich der Beschuldigte, sofern die Untersuchungshaft nach mündlicher Verhandlung aufrechterhalten wurde, vor Stellung eines erneuten Antrages mindestens drei Monate in Untersuchungshaft befunden haben, zudem müssen seit der letzten Verhandlung mindestens zwei Monate vergangen sein.[434]

Nach wohl überwiegend vertretener Meinung spielt es für die Ingangsetzung der Frist keine Rolle, ob die mündliche Haftprüfung auf Antrag oder von Amts wegen erfolgte.[435]

Bedenkenträger sehen hierdurch die Rechte des Beschuldigten beschnitten und plädieren dafür, nur dann einen weiteren mündlichen Termin zu versagen, wenn die vorherige Antragstellung der Sphäre des Beschuldigten entstammt.[436]

433 Siehe hierzu Kapitel 4, B. I Nr. 2.

434 Allerdings bleibt es dem Gericht im Rahmen seines Ermessens vorbehalten, dennoch eine mündliche Verhandlung anzuberaumen, vgl. *Schröder*, Die jederzeitige Haftprüfung von Amts wegen, NStZ 1998, S. 68, 69; *Graf*, in: KK, StPO, 6. Aufl., 2008, § 118 Rn. 3.

435 Siehe hierzu *OLG Köln*, NStZ 2007, S. 608, 608; *Meyer-Goßner*, StPO, 54. Aufl., 2011, § 118 Rn. 2; *Lemke*, HK, StPO, 4. Aufl., 2009, § 118 Rn. 5; *Graf*, in: KK, StPO, 6. Aufl., 2008, § 118 Rn. 3; *Krauß*, in: BeckOK, StPO, Stand: 01.02.2012, § 118 Rn. 2; *Münchhalffen/Gatzweiler*, Das Recht der Untersuchungshaft, 3. Aufl., 2009, Rn. 392.

436 So etwa *Lammer*, in: AnwK, StPO, 2. Aufl., 2010, § 118 Rn. 3, der ausführt, dass ansonsten dem Beschuldigten das Recht beschnitten werde, zu einem ihm sinnvoll erscheinenden Zeitpunkt die mündliche Verhandlung zu beantragen; ähnlich auch *Schlothauer/Weider*, Untersuchungshaft, 4. Aufl., 2010, Rn. 737; i. E. ebenso *Schröder*, Die jederzeitige Haftprüfung von Amts wegen, NStZ 1998, S. 68, 69, der die Vorschrift dahingehend auslegt, dass die Ausschlussfrist nur bei Antragstellung durch den Beschuldigten zwingend sei, ansonsten müsse das Gericht von seinem eingeräumten Ermessen Gebrauch machen und eine mündliche Verhandlung durchführen; *Matt*, Haftbeschwerde und Haftprüfungsantrag, JA 1991, S. 85, 93 sieht die Ausschlussfrist ebenfalls nur bewirkt, sofern der Beschuldigte im Rahmen einer Prozesshandlung die mündliche Haftprüfung beantragt.

Die Frist kommt aber generell nur dann in Gang, nachdem die Haftfortdauer in einer mündlichen Verhandlung beschlossen wurde und der Haftbefehl weiterhin vollzogen wird, nicht aber bei erneuter Vollziehung bzw. Erlass eines neuen Haftbefehls nach zwischenzeitlicher Außervollzugsetzung oder Aufhebung.[437] Wird dagegen im Haftprüfungstermin ein abgeänderter Haftbefehl verkündet und der Beschuldigte gem. § 115 StPO gehört,[438] beginnt die Ausschlussfrist des § 118 Abs. 3 StPO von neuem zu laufen, unabhängig davon, ob der Antrag nach Verkündung des abgeänderten Haftbefehls zurückgenommen wird.[439]

(ii) Stellungnahme

Sinn und Zweck der Vorschrift ist, Verzögerungen des laufenden Verfahrens zu begegnen, welche mit der wiederholten Durchführung eines mündlichen Haftprüfungstermins einhergehen würden.[440] Dadurch soll verhindert werden, dass

---

437 Vgl. *Wankel*, in: KMR, StPO, Stand: Januar 2010, § 118 Rn. 2; *Graf*, in: KK, StPO, 6. Aufl., 2008, § 118 Rn. 3; *Krauß*, in: BeckOK, StPO, Stand: 01.02.2012, § 118 Rn. 2; *Lammer*, in: AnwK, StPO, 2. Aufl., 2010, § 118 Rn. 3; *Münchhalffen/Gatzweiler*, Das Recht der Untersuchungshaft, 3. Aufl., 2009, Rn. 392. Dagegen sehen *Meyer-Goßner*, StPO, 54. Aufl., 2011, § 118 Rn. 2 sowie *Lemke*, in: HK, StPO, 4. Aufl., 2009, § 118 Rn. 5 es darüber hinaus als erforderlich an, dass der Beschuldigte sich zwischen erneuter Antragstellung und Inhaftierung (aufgrund des neuen Haftbefehls oder der Anordnung nach § 116 Abs. 4 StPO) mindestens drei Monate in Haft befunden haben muss. Verwirrend ist hieran, dass beide Autoren auf Graf (KK, Rn. 3) verweisen, welcher jedoch keine Einschränkungen dahingehend macht.

438 Die Vorschrift des § 115 StPO findet nach einhelliger Meinung in Rechtsprechung und Literatur entsprechende Anwendung auch auf einen abgeänderten oder erweiterten Haftbefehl, vgl. etwa *BVerfG*, NStZ 2002, S. 157, 157; *OLG Stuttgart*, NStZ 2006, S. 588, 589; *Graf*, in: KK, StPO, 6. Aufl., 2008, § 115 Rn. 15.

439 Vgl. *OLG Köln*, NStZ 2007, S. 608, 608; ebenso mit Bezug auf die Entscheidung *Meyer-Goßner*, StPO, 54. Aufl., 2011, § 118 Rn. 2; *Graf*, in: KK, StPO, 6. Aufl., 2008, § 118 Rn. 3. Begründet wird eine entsprechende Anwendung damit, dass der Beschuldigte in einer mündlichen Haftprüfung nicht mehr erreichen kann, als in einem Termin nach § 115 StPO, da sich jener jeweils äußern kann und das Gericht nach der Vernehmung über die weitere Vollstreckung des Haftbefehls entscheidet.

440 So die Begründung der Bundesregierung in dem Gesetzesentwurf, welcher inhaltlich an die Haftnovelle v. 27.12.1926 anknüpfen soll, BT-Drs. 4/178 Anlage 1, S. 24. Zwar ist § 118 der Entwurfsfassung nochmals durch Beschlüsse des Rechtsausschusses geändert worden (und hat so seine heutige Fassung erhalten), jedoch stellte der Rechtsausschuss klar, dass durch die Änderungen lediglich Vereinfachungen des Verfahrens erfolgen sollen, ohne dabei die Rechte des Beschuldigten zu schwächen. Vgl. BT-Drs. 4/1020, S. 2.

dem Beschuldigten durch die Verlängerung des Verfahrens Nachteile entstehen.[441]

Eine solche Verzögerung kann gerade infolge der Bearbeitung von Haftprüfungsanträgen und Haftbeschwerden nicht unerheblich ausfallen und führt bei Misserfolg mitunter sogar dazu, dass der Inhaftierte länger in Haft verbleibt, als dies ohne Stellung der Rechtsbehelfsanträge der Fall wäre.[442]

Ausgehend vom Sinn und Zweck der Vorschrift und gestützt auf die Systematik des § 118 StPO, der im Absatz 3 keine Einschränkungen dahingehend macht, dass nur bei Antragstellung des Beschuldigten die Frist ausgelöst werden soll, nach Absatz 1 hingegen sowohl die Möglichkeit der Antragstellung, als auch die von Amts wegen durchführbare mündliche Verhandlung gangbar ist, läuft die Ausschlussfrist unabhängig vom Initiator der mündlichen Verhandlung. Durch die Gehörsgewährung bei Verhaftung, im Falle einer Abänderung oder Erweiterung des Haftbefehls, gem. § 115 StPO sowie durch den zwar nicht jederzeitigen, aber strengen Fristen folgenden Anspruch auf mündliche Haftprüfung gem. § 118 StPO ist gewährleistet, dass sich der Beschuldigte zu jeder gegen ihn ergangenen Entscheidung äußern kann.

bb) § 118 Abs. 4 StPO

(i) Meinungsstand

§ 118 Abs. 4 StPO schließt einen Anspruch aus, sofern die „Hauptverhandlung andauert oder wenn ein Urteil ergangen ist, das auf eine Freiheitsstrafe oder eine freiheitsentziehende Maßregel der Besserung und Sicherung erkennt."

Die Versagung der mündlichen Haftprüfung während laufender Hauptverhandlung wird mit dem Sinn und Zweck der Vorschrift begründet. Da der mündliche Haftprüfungstermin Gewähr für die Äußerungsmöglichkeit des Beschuldigten geben soll, in der Hauptverhandlung[443] ein reger Austausch zwischen Gericht und Beschuldigtem erfolgt, sei keine Notwendigkeit mehr für weitergehen-

441 Vgl. BT-Drs. 4/178 Anlage 1, S. 24.

442 Darauf weisen *Schlothauer/Weider*, Untersuchungshaft, 4. Aufl., 2010, Rn. 728 hin und plädieren für einen sorgsamen, keinesfalls wahllosen Umgang mit Rechtsbehelfen.

443 Hiervon ist die Hauptverhandlung in erster Instanz und im Berufungsverfahren umfasst, nicht dagegen in der Revisionsinstanz, vgl. *Lemke*, in: HK, StPO, 4. Aufl., 2009, § 118 Rn. 6; *Meyer-Goßner*, StPO, 54. Aufl., 2011, § 118 Rn. 3; *Paeffgen*, in: SK, StPO, 4. Aufl., 2010, § 118 Rn. 5. Begründet wird dies damit, dass gem. § 126 Abs. 2 S. 1 StPO in erster Instanz und Berufungsinstanz das Gericht für die Haftprüfung zuständig ist, welches auch die Hauptsache verhandelt, und somit keine Notwendigkeit für eine nochmalige mündliche Verhandlung derselben Sache besteht. Demgegenüber divergieren Revisionsgericht und zuständiges Gericht für die Haftprüfung, vgl. § 126 Abs. 2 S. 2 StPO. Hierzu *Graf*, in: KK, StPO, 6.Aufl., 2008, § 118 Rn. 4.

de Gehörsgewährung.[444] Ebenso besteht nach Erlass eines auf Freiheitsstrafe oder freiheitsentziehende Maßregel erkennenden Urteils kein Raum mehr für eine weitere mündliche Verhandlung, da sich das Gericht im Prozess oder der darauffolgenden Berufungsinstanz ein umfassendes Bild vom Beschuldigten und der zu beurteilenden Sachlage schaffen konnte und damit eine umfassende Würdigung und Bewertung des Gerichts bereits erfolgte.[445]

Uneinigkeit besteht bei der Frage, welche Auswirkungen eine Unterbrechung der Hauptverhandlung gem. § 229 StPO auf den Ausschlussgrund des § 118 Abs. 4 StPO hat. Hierzu vertritt die h. M., dass bei einer Unterbrechung nach § 229 Abs. 2 StPO die Hauptverhandlung nicht mehr i. S. d. § 118 Abs. 4 StPO „andauert", so dass dann ein Anspruch auf Haftprüfung, bei Erfüllung der weiteren Voraussetzungen, bestehe.[446]

(ii) Stellungnahme

Grundsätzlich dauert die Hauptverhandlung auch bei einer Unterbrechung nach § 229 Abs. 1 oder Abs. 2 StPO an. Dies geht aus § 229 Abs. 4 S. 1 StPO hervor, welcher bestimmt, dass die Hauptverhandlung bei Überschreitung der Unterbrechungsfristen von neuem beginnt, ansonsten also fortdauert.[447]

Dem Sinn und Zweck der Vorschrift des § 118 Abs. 4 StPO, während laufender Verhandlung keine mündliche Haftprüfung zuzulassen, weil der Beschuldigte vor Gericht ohnehin Gehör findet, widerspricht jedoch die Anwendung der Norm, wenn der Beschuldigte während einer längeren Verhandlungsunterbrechung keine Gelegenheit bekommt, sich im Rahmen der Hauptverhandlung zu äußern.

444 Vgl. *OLG Celle*, NStZ-RR 1996, S. 171, 171.

445 Vgl. *Graf*, in: KK, StPO, 6. Aufl., 2008, § 118 Rn. 4.

446 Vgl. *Meyer-Goßner*, StPO, 54. Aufl., 2011, § 118 Rn. 3; *Lemke*, in: HK, StPO, 4. Aufl., 2009, § 118 Rn. 6; *Lammer*, in: AnwK, StPO, 2. Aufl., 2010, § 118 Rn. 4; *Graf*, in: KK, StPO, 6. Aufl., 2008, § 118 Rn. 4; *Krauß*, in: BeckOK, StPO, Stand: 01.02.2012, § 118 Rn. 3; *Paeffgen*, in: SK, StPO, 4. Aufl., 2010, § 118 Rn. 4; *Hilger*, in: L/R, StPO, 26. Aufl., 2007, § 118 Rn. 11; a. A. *OLG Celle*, NStZ-RR 1996, S. 171, 171. Dieses bewertet die Statthaftigkeit nach zeitlichen und inhaltlichen Gesichtspunkten des Antrages. Je näher die Antragstellung auf die Unterbrechung der Hauptverhandlung folgt und je mehr sich der Antrag inhaltlich mit den Erkenntnissen, die bereits in der Hauptverhandlung vorhanden waren, deckt, umso eher sei der Antrag wegen § 118 Abs. 4 StPO zurückzuweisen.

447 Hiervon zu unterscheiden ist die Anordnung der Aussetzung des Verfahrens nach § 228 Abs. 1 S. 1 Alt. 1 StPO. Diese führt zum Abbruch der Hauptverhandlung. Folglich müsste die Hauptverhandlung im Anschluss von neuem beginnen, vgl. *Gmel*, in: KK, StPO, 6. Aufl., 2008, § 228 Rn. 1.

Prinzipiell gewährleistet § 118 Abs. 5 StPO die Anberaumung der mündlichen Haftprüfung innerhalb von zwei Wochen nach Antragstellung. Zieht man dieses Zeitintervall als Grundlage einer Äußerungsmöglichkeit heran, so wäre dem Beschuldigten bei einer Unterbrechung von mindestens zwei Wochen eine Antragstellung zu gewähren. Dies könnte jedoch dazu führen, dass die Hauptverhandlung unmittelbar nach Durchführung der mündlichen Haftprüfung wieder fortgesetzt wird, so dass keine Notwendigkeit für eine vorherige Äußerungsmöglichkeit besteht.

Daher erscheint es zweckmäßig, der h. M. folgend nur bei Ausschöpfung der vierwöchigen Unterbrechungsfrist des § 228 Abs. 2 StPO einen Anspruch auf mündliche Haftprüfung zu bejahen. Ansonsten steht es im Ermessen des Gerichts, auch bei kürzeren Unterbrechungen diese durchzuführen, wenn sich bspw. aus der Antragsstellung ergibt, dass der Beschuldigte neue Erkenntnisse vortragen möchte.

c) Beweisverfahren

aa) Meinungsstand

Nach § 118a Abs. 3 S. 2 StPO bestimmt „Art und Umfang der Beweisaufnahme" das Gericht. Daraus und aus dem Wesen des Haftprüfungsverfahrens als „summarisches Verfahren" wird geschlossen, dass eine Beweisaufnahme in Gestalt des Freibeweisverfahrens erfolgt.[448]

Der Richter sei also nicht an die umfangreichen gesetzlichen Vorgaben des Strengbeweisverfahrens[449] gebunden, insbesondere nicht an § 250 StPO und könne demzufolge seine Erkenntnisse auch unmittelbar aus der Ermittlungsakte gewinnen oder Auskünfte, egal ob in telefonischer, schriftlicher oder mündlicher Form erlangt, zur Grundlage seiner Entscheidung machen.[450] Auch im Freibeweisverfahren sei das Gericht dagegen uneingeschränkt verpflichtet die Wahrheit zu ermitteln.[451] Ebenso gilt der Grundsatz des rechtlichen Gehörs gem.

448 Vgl. *BGH*, NJW 1979, S. 115, 116; *Meyer-Goßner*, StPO, 54. Aufl., 2011, § 118a Rn. 4; *Lemke*, in: HK, StPO, 4. Aufl., 2009, § 118a Rn. 5; *Graf*, in: KK, StPO, 6. Aufl., 2008, § 118a Rn. 5; *Paeffgen*, in: SK, StPO, 4. Aufl., 2010, § 118a Rn. 6.

449 Das Strengbeweisverfahren richtet sich nach den Vorschriften der §§ 244 – 256 StPO und unterliegt den Grundsätzen der Mündlichkeit und Öffentlichkeit, vgl. *Meyer-Goßner*, StPO, 54. Aufl., 2011, § 244 Rn. 6.

450 Vgl. *Többens*, Der Freibeweis und die Prozeßvoraussetzungen im Strafprozeß, NStZ 1982, S. 184, 184 ff.; im Freibeweisverfahren gilt demnach weder der Unmittelbarkeits- noch der Mündlichkeits- oder Öffentlichkeitsgrundsatz, vgl. *Eisenberg*, Beweisrecht der StPO, 6. Aufl., 2008, Rn. 36.

451 Hierbei ist auch von dem "Gebot bestmöglicher Sachaufklärung" die Rede, vgl. *BVerfG*, NJW 1986, S. 767, 768.

Art. 103 Abs. 1 GG.[452] Nach vorherrschender Ansicht sei die Stellung von Beweisanträgen zwar möglich, dem Beschuldigten stehe jedoch grundsätzlich kein Beweisantragsrecht zu, so dass über eine Ablehnung nicht förmlich beschieden werden müsse.[453]

Dies führt bei Haftprüfungsterminen, die nach dem Beginn der Hauptverhandlung durchgeführt werden, zu dem Ergebnis, dass zwar die eigentliche Haftprüfung dem Freibeweisverfahren unterliegt, in diesem Verfahren aber Erkenntnisse berücksichtigt werden müssen, welche in der Hauptverhandlung und damit unter Anwendung des Strengbeweisverfahrens gewonnen wurden.[454]

Nach Ansicht *Welps* erscheint dies fragwürdig, da dies doch zu einer Situation führen könne, in der der Beschuldigte wegen eines im Rahmen der Hauptverhandlung gestellten Beweisantrages freigelassen wird, ihm aber ein solches Beweisantragsrecht im Haftprüfungstermin verwehrt geblieben wäre.[455]

bb) Stellungnahme

Die von *Welp*[456] aufgeworfene Problemstellung bedarf einer näheren Betrachtung. Anzumerken sei hierzu zunächst, dass es sich um eine Konstellation handelt, in der dem Beschuldigten kein Anspruch auf mündliche Verhandlung zusteht, da eine Vermengung von Freibeweis- und Strengbeweisverfahren nur während andauernder Hauptverhandlung möglich ist, hier jedoch grundsätzlich § 118 Abs. 4 StPO zum Anspruchsausschluss führt. Somit verbleiben die Fälle, in denen das Gericht im Rahmen seines Ermessens dennoch einen mündlichen Haftprüfungstermin anberaumt,[457] bzw. Haftprüfungsanträge, welche während längerer Unterbrechung[458] der Hauptverhandlung gestellt werden.

---

452 Siehe hierzu *Eisenberg*, Beweisrecht der StPO, 6. Aufl., 2008, Rn. 36. Dies nur zur Klarstellung in Bezug auf das Freibeweisverfahren im Allgemeinen. Für das mündliche Haftprüfungsverfahren folgt dies bereits unmittelbar aus § 118a Abs. 3 S. 1 StPO.

453 *KG Berlin*, Beschl. v. 17.04.1997 - 1 AR 476/97, Rn. 4 (juris); *Meyer-Goßner*, StPO, 54. Aufl., 2011, § 118a Rn. 4; *Lemke*, in: HK, StPO, 4. Aufl., 2009, § 118a Rn. 5; *Graf*, in: KK, StPO, 6. Aufl., 2008, § 118a Rn. 5; *Paeffgen*, in: SK, StPO, 4. Aufl., 2010, § 118a Rn. 6.

454 Vgl. zur Berücksichtigung der Ergebnisse der Hauptverhandlung bei Haftentscheidungen, *BGH*, StV 1991, S. 525, 525; *OLG Karlsruhe*, StV 1997, S. 312, 313; StV 2001, S. 118, 118.

455 *Welp*, in: FS Richter II, 2006, S. 573, 585.

456 *Welp*, in: FS Richter II, 2006, S. 573, 585.

457 *Graf*, in: KK, StPO, 6. Aufl., 2008, § 118 Rn. 4.

458 Vgl. insoweit die Ausführungen zu § 118 Abs. 4 StPO, Kapitel 3, A. II Nr. 2 b) bb).

(i) Heranziehung von Art. 103 Abs. 1 GG

Aus dem Prozessgrundrecht des Art. 103 Abs. 1 GG folgt das Recht des Beschuldigten Anträge zu stellen.[459] Zwar gewährleistet das Grundrecht auf rechtliches Gehör selbst ein „Mindestmaß an Verfahrensbeteiligung",[460] grundsätzlich bedarf es aber einer Ausgestaltung durch den Gesetzgeber,[461] so dass aus Art. 103 Abs. 1 GG kein generelles Beweisantragsrecht hervorgeht.[462] Somit ist eine Regelung, welche es dem Richter im mündlichen Haftprüfungsverfahren ermöglicht, im Rahmen seines pflichtgemäßen Ermessens[463] Beweisanträge abzulehnen, mit Art. 103 Abs. 1 GG zu vereinbaren, folgt daraus doch, dass der Richter die Anträge zur Kenntnis nehmen muss und diese im Rahmen seiner Entscheidung zu berücksichtigen hat.[464] Dagegen besteht kein Ermessensspielraum für solche Beweisanträge, die die Freilassung des Beschuldigten begründen können.[465]

(ii) Heranziehung von § 166 Abs. 1 StPO

Zudem könnte ein Antragsrecht aus dem im mündlichen Haftprüfungsverfahren nach h. M. prinzipiell für anwendbar erklärten § 166 Abs. 1 StPO hervorgehen.[466] Gem. § 166 Abs. 1 StPO sind Beweismittel zuzulassen, wenn die Be-

---

459 So etwa *BVerfGE* 6, 19, 20; 15, 303, 307; 36, 85, 87.

460 *BVerfGE* 89, 28, 36.

461 *BVerfGE* 89, 28, 35.

462 *BVerfG*, NJW 1953, S. 177, 178; NJW 1981, S. 1719, 1722.

463 Vgl. etwa *Graf*, in: KK, StPO, 6. Aufl., 2008, § 118a Rn. 5, welcher zudem noch darauf hinweist, dass das Gericht „nur mit Zurückhaltung" von der Zurückweisung Gebrauch machen sollte.

464 Vgl. *Kopp*, Die Ablehnung von Beweisanträgen und Beweisermittlungsanträgen als Verletzung des Rechts auf Gehör gem. Art. 103 I GG?, NJW 1988, S. 1708, 1708.

465 Siehe dazu auch die Entscheidung des *OLG Hamm*, Beschl. v. 06.11.2001 – 2 Ws 271/01, BeckRS 2001, 30216856. Das OLG lehnt in dieser Entscheidung die Heranziehung von § 166 Abs. 1 StPO ab, da das Gericht unter Beachtung von Art. 103 Abs. 1 GG solche Anträge nicht zurückweisen dürfe; siehe auch *OLG Köln*, NStZ-RR 2009, S. 123, 123; *Paeffgen*, in: SK, StPO, 4. Aufl., 2010, § 118a Rn. 6.

466 Die Anwendbarkeit auch im Haftprüfungsverfahren bejahen etwa *OLG Hamm*, Beschl. v. 06.11.2001 – 2 Ws 271/01, BeckRS 2001, 30216856; *OLG Köln*, NStZ-RR 2009, S. 123, 123; *LG Zweibrücken*, Beschl. v. 22.8.2007 – Qs 106/07, BeckRS 2007, 16120; *Meyer-Goßner*, StPO, 54. Aufl., 2011, § 166 Rn. 2; *Erb*, in: L/R, StPO, 26. Aufl., 2008, § 166 Rn. 3; *Graf*, in: KK, StPO, 6. Aufl., 2008, § 118a Rn. 5; *Lemke*, in: HK, StPO, 4. Aufl., 2009, § 118a Rn. 5; *Krauß*, in: BeckOK, StPO, Stand: 01.02.2012, § 118a Rn. 4; *Borowsky*, Zum Beweisantragsrecht im Ermittlungsverfahren, StV 1986, S. 455, 455; *Schlothauer*, Der Beweiserhebungsanspruch des Beschuldigten gegenüber dem Ermittlungsrichter (§ 166 Abs. 1 StPO), StV 1995, S. 158, 161; a. A., jedoch aus der älteren

sorgnis des Beweisverlustes besteht oder wenn sie die Freilassung des Beschuldigten begründen.[467] Wie sich aus der systematischen Stellung und den Regelungen der §§ 244 ff. StPO ergibt, ist die Vorschrift jedoch grundsätzlich nur im Ermittlungsverfahren anwendbar.[468] Daher kommt allenfalls eine analoge Heranziehung in Betracht.

§ 166 StPO ermöglicht eine „Notbeweisaufnahme" vor dem Richter in einem Stadium des Verfahrens, in dem ansonsten die Staatsanwaltschaft, als Herrin des Ermittlungsverfahrens, vgl. § 160 Abs. 2 StPO, die Beweiserhebung vornimmt.[469] Innerhalb der Hauptverhandlung besteht dagegen ein Beweisantragsrecht, so dass es einer Anwendung von § 166 StPO nicht bedarf.[470] Da aus den genannten Gründen jedoch im mündlichen Haftprüfungsverfahren generell kein Beweisantragsrecht besteht, unabhängig davon, ob diese im Stadium des Ermittlungsverfahrens oder in einer anderen Lage des Verfahrens durchgeführt wird, würde die Beschränkung der Anwendung des § 166 StPO auf das Ermittlungsverfahren zur Trennung eines sonst einheitlichen Verfahrens führen.[471] Gegen eine analoge Anwendung spricht auch nicht, dass jedenfalls während laufender Hauptverhandlung ein solches Recht besteht und diese Erkenntnisse auch im Haftprüfungsverfahren beachtet werden müssen. Aufgrund der besonderen Bedeutung des Rechtsgutes der persönlichen Freiheit aus Art. 2 Abs. 2 S. 2 GG kann eine Entscheidung über Beweise, welche der Legitimität der Freiheitsentziehung die Grundlage entziehen, nicht aufgeschoben werden. Das gleiche gilt

---

Kommentarliteratur entnommen, etwa *Boujong*, in: KK, StPO, 1999, 4. Aufl., § 118a Rn. 5, der auf die seiner Ansicht nach abschließende Regelung des § 118a Abs. 3 S. 2 StPO verweist.

467 Ausführlich zu § 166 Abs. 1 StPO siehe auch *Schlothauer*, Der Beweiserhebungsanspruch des Beschuldigten gegenüber dem Ermittlungsrichter (§ 166 Abs. 1 StPO), StV 1995, S. 158, 158 ff.

468 Vgl. hierzu *OLG Hamm*, Beschl. v. 06.11.2001 – 2 Ws 271/01, BeckRS 2001, 30216856; siehe auch *Meyer-Goßner*, StPO, 54. Aufl., 2011, § 166 Rn. 1; *Erb*, in: L/R, StPO, 26. Aufl., 2008, § 166 Rn. 2; *Griesbaum*, in: KK, StPO, 6. Aufl., 2008, § 166 Rn. 2.

469 Vgl. *Meyer-Goßner*, StPO, 54. Aufl., 2011, § 166 Rn. 1; *Borowsky*, Zum Beweisantragsrecht im Ermittlungsverfahren, StV 1986, S. 455, 455.

470 Eine Zurückweisung ist nur unter den abschließend aufgezählten Gründen des § 244 Abs. 3 und Abs. 4 StPO zulässig, vgl. *BGHSt* 29, 149, 150; *BGH*, NStZ 2008, S. 52, 54.

471 Zwar differenziert § 118 Abs. 4 StPO ebenfalls zwischen Ermittlungsverfahren und Hauptverhandlung, diese Ungleichbehandlung ist jedoch sachlich gerechtfertigt, da im Ermittlungsverfahren, im Gegensatz zur laufenden Hauptverhandlung, nur begrenzte Möglichkeiten bestehen, sich zur Sache mündlich zu äußern. Zudem betrifft die Vorschrift lediglich den Anspruch auf die mündliche Verhandlung, lässt aber die Ausgestaltung des Verfahrens unberührt.

für Beweise, welche ansonsten verloren gehen würden, da hier ein späteres Vorbringen im Rahmen der Hauptverhandlung nicht mehr möglich wäre.

(iii) Ergebnis

Somit lässt sich ein Beweisantragsrecht unter Heranziehung von Art. 103 Abs. 1 GG und der (ggf. analogen) Anwendung des § 166 Abs. 1 StPO begründen. Daraus folgt, dass das Gericht im Haftprüfungsverfahren, auch während andauernder Hauptverhandlung, diejenigen Beweisanträge zwingend berücksichtigen muss, welche die Freiheit des Inhaftierten begründen. Insoweit reduziert sich das Ermessen des Gerichts auf Null. Beraumt das Gericht eine mündliche Haftprüfung an, obwohl dem Beschuldigten kein Anspruch auf ein solches Verfahren zusteht, wird darüber hinaus ein Gericht sowieso geneigt sein einem Beweisantrag zu entsprechen, verspricht es sich doch durch den Haftprüfungstermin neue Erkenntnisse.

III. Zusammenfassung der Ergebnisse

- Das Haftprüfungsverfahren i. S. d. § 117 Abs. 1 StPO dient alleinig der Überprüfung der Rechtmäßigkeit des konkret vollzogenen Haftbefehls.

- Das Haftprüfungsverfahren steht sachlich außerhalb der Hauptverhandlung. Daher sind die §§ 30 Abs. 2, 76 Abs. 2 S. 1, 122 Abs. 1 GVG maßgeblich für die Besetzung des Spruchkörpers.

- Fristen, welche die verfahrensrechtliche Überprüfung einer Freiheitsentziehung gewährleisten, sind zwingend. Eine Verletzung des § 118 Abs. 5 Hs. 2 StPO stellt daher gleichsam einen Eingriff in Art. 104 Abs. 1 S. 1, Art. 2 Abs. 2 S. 2 GG dar. Die Konsequenz hieraus liegt in der Rechtswidrigkeit der Untersuchungshaft bei Fristüberschreitung.

- Da § 118 Abs. 3 StPO, auch zum Wohle des Inhaftierten, verhindern soll, dass in kurzen Abständen mündliche Haftprüfungstermine stattfinden, welche das Verfahren verzögern könnten, ohne neue Erkenntnisse einfließen zu lassen, kommt es bei Ingangsetzung der Ausschlussfrist nicht darauf an, aus welcher Sphäre die Antragstellung entstammt.

- Der identische Normzweck, nämlich die Sicherstellung verfassungsgemäßer Gehörsgewährung, unter Vermeidung von Verdoppelungen auf Kosten der Verfahrensdauer, liegt § 118 Abs. 4 StPO zugrunde. Ausnahmen vom Wortlaut müssen jedoch gelten, um eine ausreichende Gehörsgewährung zu sichern, wenn das Verfahren zwar formal während einer Unterbrechung „andauert", jedoch gem. § 229 Abs. 2 StPO erst nach einem Monat fortgesetzt wird, da in diesem Zeitraum eine Äußerungsmöglichkeit innerhalb der Hauptverhandlung mangels Durchführung nicht existiert.

- Dem Beschuldigten bzw. seinem Bevollmächtigten steht im Haftprüfungsverfahren ein Beweisantragsrecht in den Grenzen des § 166 Abs. 1 StPO zu, da solcherlei Anträge zu einer Ermessensreduktion des § 118a Abs. 3 S. 2 StPO auf Null führen.

B. Haftbeschwerde gem. §§ 304 ff. StPO

I. Zulässigkeit

1. Allgemeines

Im Gegensatz zum Haftprüfungsantrag unterliegt die Beschwerde keinen so weitreichenden Beschränkungen. Beschwerdeberechtigt sind der Beschuldigte, sein Verteidiger und gesetzlicher Vertreter sowie die Staatsanwaltschaft.[472] Das fristungebundene Rechtsmittel[473] erfordert neben der Einhaltung der Formvorschriften des § 306 Abs. 1 StPO das Vorhandensein einer Beschwer.[474] Unter Beschwer wird die unmittelbare Beeinträchtigung der Rechte oder schutzwürdigen Interessen der Beteiligten durch die Entscheidung verstanden.[475]

Das Rechtsmittel der Beschwerde richtet sich grundsätzlich gegen den Haftbefehl, unabhängig davon, ob dieser vollstreckt oder vollzogen wird.[476] Da eine

---

472 Vgl. *Krauß*, in: BeckOK, StPO, Stand: 01.02.2012, § 117 Rn. 5. Die StA kann auch zugunsten des Beschuldigten Beschwerde einlegen, vgl. *Meyer-Goßner*, StPO, 54. Aufl., 2011, § 117 Rn. 9; *Lemke*, in: HK, StPO, 4. Aufl., 2009, § 117 Rn. 11.

473 Strenggenommen handelt es sich um einen Rechtsbehelf. Das Gesetz spricht allerdings, trotz fehlendem Suspensiveffekt und der Erstbefassung durch das Ausgangsgericht, im 3. Buch der StPO allgemein von „Rechtsmittel", vgl. § 296 StPO. Siehe hierzu und zu den Begrifflichkeiten Kapitel 3.

474 Das ungeschriebene Erfordernis einer „Beschwer" wird aus dem Sinn und Zweck eines Rechtsmittels abgeleitet. Ein Anfechtungsrecht soll nur demjenigen zustehen, der auch durch die Entscheidung belastet wird, siehe *Bloy*, Die Ausgestaltung der Rechtsmittel im deutschen Strafprozeßrecht, JuS 1986, S. 585, 585.

475 *BGH*, NJW 1955, S. 639, 639; NJW 1962, S. 404, 404; *Ellersiek*, Die Beschwerde im Strafprozeß, 1981, S. 50.

476 *Meyer-Goßner*, StPO, 54. Aufl., 2011, § 117 Rn. 8; *Herrmann*, Untersuchungshaft, 2008, Rn. 1087, 1095.

Beschwer des Beschuldigten schon mit der Existenz des Haftbefehls einhergeht, besteht das Beschwerderecht unabhängig von der Verkündung.[477] Zulässig ist die Beschwerde auch gegen jede Änderung des Haftbefehls oder die im Haftprüfungsverfahren ergangene Entscheidung.[478]

Grundsätzlich sind nur solche Entscheidungen durch das Rechtsmittel angreifbar, welche im vorbereitenden Verfahren, im ersten Rechtszug oder im Berufungsverfahren ergangen sind.[479] Darüber hinaus unterliegen in Haftsachen auch diejenigen Entscheidungen dem Beschwerderecht, welche im anhängigen Revisionsverfahren durch das letzte Tatsachengericht gem. § 125 Abs. 2 S. 1 Hs. 2 StPO bzw. § 126 Abs. 2 S. 2 StPO erlassen werden.[480]

Die Haftbeschwerde ist dem Grunde nach nur gegen die zuletzt ergangene Entscheidung statthaft.[481] Dadurch soll vermieden werden, dass ein Beschwerdeführer Entscheidungen anficht, welche durch neuere Entscheidungen und die darin enthaltene Begründungen bereits überholt sind.[482] Dies gilt jedoch nur dann, wenn die Haftentscheidung den Bestand des Haftbefehls zum Gegenstand hat.[483]

Die Beschränkung auf die zuletzt ergangene Haftentscheidung ist darüber hinaus auch dann nicht geboten, wenn dies zur erneuten Haftentscheidung desselben Spruchkörpers innerhalb kurzer Zeit führt und damit die Befassung des Beschwerdegerichts ohne „sachlich zwingende Gründe" hinausgezögert werden würde.[484] Ein Beschwerderecht besteht auch dann noch fort, wenn die Maßnah-

477 Vgl. etwa *OLG Stuttgart*, NStZ 1990, S. 247, 247; *OLG Hamm*, NStZ-RR 2001, S. 254, 254 mit Bezug auf *BGH*, NJW 1974, S. 66, 67. Danach ist es der StPO wesensfremd, Prozesshandlungen von subjektiven Merkmalen abhängig zu machen; *Wankel*, in: KMR, StPO, Stand: Januar 2010, § 117 Rn. 19; dagegen kritisch: *Lammer*, in: AnwK, StPO, 2. Aufl., 2010, § 117 Rn. 3.

478 Siehe etwa *Lemke*, in: HK, StPO, 4. Aufl., 2009, § 117 Rn. 10.

479 *Meyer-Goßner*, StPO, 54. Aufl., 2011, § 304 Rn. 2.

480 *Frisch*, in: SK, StPO, Stand: Juni 2008, § 304 Rn. 12.

481 Dies wird aus dem Wortlaut des § 117 Abs. 2 S. 2 StPO abgeleitet, siehe hierzu *OLG Düsseldorf*, MDR 1969, S. 779, 780; MDR 1992, S. 399, 399; MDR 1990, S. 75, 75; MDR 1995, S. 950, 950; *HansOLG Hamburg*, MDR 1984, S. 72, 72; StV 1994, S. 323, 324; *Meyer-Goßner*, StPO, 54. Aufl., 2011, § 117 Rn. 8; *Graf*, in: KK, StPO, 6. Aufl., 2008, § 117 Rn. 5.

482 *OLG Düsseldorf*, MDR 1990, S. 75, 76; *HansOLG Hamburg*, StV 1994, S. 323, 324.

483 So etwa *OLG Frankfurt*, Beschl. v. 03.07.2008 - 1 Ws 64/08, BeckRS 2008, 13780; *Lemke*, in: HK, StPO, 4. Aufl., 2009, § 117 Rn. 10; *Meyer-Goßner*, StPO, 54. Aufl., 2011, § 117 Rn. 8; *Schlothauer/Weider*, Untersuchungshaft, 4. Aufl., 2010, Rn. 789; *Münchhalffen/Gatzweiler*, Das Recht der Untersuchungshaft, 3. Aufl., 2009, Rn. 403.

484 So etwa, wenn der Spruchkörper zunächst auf Einlegung der Haftprüfung hin die Fortdauer anordnet, hiergegen Haftbeschwerde erhoben wurde, eine Abhilfe nicht erfolgt,

me bereits erledigt ist, sofern dadurch die Feststellung eines tiefgreifenden Grundrechtseingriffes bezweckt werden soll.[485] Das *BVerfG* nennt in seiner Entscheidung als Indiz für einen tiefgreifenden Grundrechtseingriff u. a. solche Maßnahmen, welche gem. Art. 104 Abs. 2 GG dem Richter vorbehalten sind.[486]

Somit besteht die Beschwerdemöglichkeit des § 304 Abs. 1 StPO, bezogen auf die Feststellung der Rechtswidrigkeit des Haftbefehls, auch dann noch fort, wenn der Haftbefehl, welcher zur Inhaftierung des Beschwerdeführers führte, zwischenzeitlich aufgehoben wurde.[487] Dabei richtet sich die Zulässigkeit der nachträglichen Feststellung der Rechtswidrigkeit auch nicht danach, ob zum Zeitpunkt der begehrten Feststellung bereits ein Antrag auf Haftbeschwerde gestellt wurde.[488]

2. Untätigkeitsbeschwerde

a) Problemaufriss

Kontrovers erörtert wird die Frage, unter welchen Voraussetzungen auch ein Unterlassen innerhalb des Strafverfahrens zur Zulässigkeit der Beschwerde führen kann. Der *BGH*, [489] gestützt auf eine breite Meinung in der Literatur und Rechtsprechung, sieht die Beschwerdemöglichkeit im Allgemeinen nur dann als gegeben, sofern die unterlassene Entscheidung oder deren Ablehnung selbst anfechtbar wäre und die Unterlassung der Bedeutung nach einer endgültigen Ab-

jedoch vor Entscheidung des Beschwerdegerichts über den Erfolg des Rechtsbehelfs die Anklageerhebung zu einer erneuten Haftentscheidung im Rahmen des Eröffnungsbeschlusses führt. Der Verweis auf die letzte Haftentscheidung würde dann, gem. § 306 Abs. 1 StPO, zur erneuten Befassung desjenigen Spruchkörpers führen, welcher bereits kurz zuvor die Haftfortdauer im Eröffnungsbeschlusse anordnete. So entschieden durch das *OLG Hamm*, Beschl. v. 27.05.2008 - 4 Ws 136/08, BeckRS 2009, 02365; Beschl. v. 29.06.2010 - 2 Ws 149/10, BeckRS 2010, 19469. Siehe auch *Krauß*, in: BeckOK, StPO, Stand: 01.02.2012, § 117 Rn. 4.

485 *BVerfG*, NJW 1997, S. 2163, 2164; *BVerfG*, NJW 2002, S. 2456, 2456.Vgl. aber auch schon *Ellersiek*, Die Beschwerde im Strafprozeß, 1981, S. 58 ff. Hierin weist er, weit vor der Entscheidung des BVerfG, darauf hin, dass der Wegfall der Beschwer durch prozessuale Überholung grds. nur bei rein prozessualen Rechten eintreten könne. Anders sei dies bei strafprozessualen Grundrechtseingriffen. Eine Beschwer sei hier unabhängig von der prozessualen Lage gegeben.

486 *BVerfG*, NJW 1997, S. 2163, 2164.

487 *BVerfG*, StraFo 2006, S. 20, 22; *OLG München*, StV 2006, S. 317, 317 ff.; siehe auch die Entscheidung des *OLG Celle*, NStZ-RR 2003, S. 177, 177, allerdings in Bezug auf einen Sitzungshaftbefehl.

488 *BVerfG*, StraFo 2006, S. 20, 22.

489 *BGH*, NJW 1993, S. 1279, 1280 m. w. N.

lehnung entspricht.[490] Stellt sich das Unterlassen lediglich als Verzögerung einer zu treffenden Entscheidung dar, so sei dies jedoch nicht mittels Beschwerde angreifbar, da der StPO eine reine Untätigkeitsbeschwerde fremd sei.[491]

Gleichwohl erachtet ein Teil der Literatur die Untätigkeitsbeschwerde bei Überschreitung der Zweiwochenfrist zur Anberaumung der mündlichen Haftprüfung gem. § 118 Abs. 5 Hs. 2 StPO als statthaft.[492] Zwar sei das Unterlassen der Haftprüfung nicht gleichbedeutend mit der negativen Bescheidung des Haftprüfungsantrages und reine Verzögerungen nicht beschwerdefähig, jedoch handele es sich den Worten des *OLG Braunschweigs* zur Folge hierbei um

> einen Akt der „Rechtsverweigerung", der angesichts des hohen Gutes des Grundrechts der Freiheit die „Zulässigkeit der Untätigkeitsbeschwerde als außerordentliches Rechtsmittel zur Durchsetzung der Rechtsweggarantie des Art. 19 Abs. 4 GG ausnahmsweise erfordert."[493]

Auch *Graßmann,* der sich in seiner Publikation intensiv mit der Thematik beschäftigt, hält eine Untätigkeitsbeschwerde dem Grunde nach für zulässig. Er stützt seine Ausführungen auf das erweiterte Verständnis des Zweckes der Beschwerde nach Abwendung des *BVerfG* von den Grundsätzen der „prozessualen Überholung."[494] Ähnlich wie auch das *OLG Braunschweig*, zieht *Graßmann* dabei Art. 19 Abs. 4 GG zur Begründung heran. Dieser Rückgriff erfordere es, aufgrund des Einsatzes der Beschwerde nun auch als Instrument zur alleinigen Überprüfung von Grundrechtseingriffen, an die einzelnen Zulässigkeitsvoraussetzungen geringere Anforderungen zu stellen.[495] Konkretisiert auf die Untätigkeitsbeschwerde besteht seiner Ansicht nach eine Beschwerdemöglichkeit dann, wenn dem Beschwerdeführer ein Anspruch auf die Entscheidung innerhalb einer

490 Ähnlich auch *Ellersiek*, Die Beschwerde im Strafprozeß, 1981, S. 65.

491 *BGH*, NJW 1993, S. 1279, 1280; *OLG Frankfurt*, NJW 2002, S. 453, 453; *OLG Stuttgart*, NStZ-RR 2003, S. 284, 285; *Meyer-Goßner*, StPO, 54. Aufl., 2011, § 304 Rn. 3; *Rautenberg*, HK, StPO, 4. Aufl., 2009, § 304 Rn. 9; a. A. *Hoffmann*, Die Untätigkeitsbeschwerde der Staatsanwaltschaft, NStZ 2006, S. 256, 257. Seiner Ansicht nach ist jedenfalls bei Nichteröffnung der Hauptverhandlung die Untätigkeitsbeschwerde als Rechtsmittel der StA statthaft; *Graßmann*, Rechtsbehelfe gegen Unterlassen im Strafverfahren, 2004, S. 159 ff.

492 So *OLG Braunschweig*, StV 2005, S. 39, 39; *OLG Köln*, NStZ 2009, S. 656, 656; *Meyer-Goßner*, StPO, 54. Aufl., 2011, § 118 Rn. 4; *Lemke*, in: HK, StPO, 4. Aufl., 2009, § 118 Rn. 7.

493 *OLG Braunschweig*, StV 2005, S. 39, 39.

494 *BVerfG*, NJW 1997, S. 2163, 2163 ff.

495 *Graßmann*, Rechtsbehelfe gegen Unterlassen im Strafverfahren, 2004, S. 137.

bestimmten Zeit zustehe.[496] Hinzukommen müsse in Fällen „vorläufigen Unterlassens“, dass der infolge der Verzögerung hervorgerufenen Eingriffsintensität höheres Gewicht zukommt, als dem Interesse an der Durchführung des jeweiligen Verfahrensteils.[497] Bildet die Verletzung des Beschleunigungsgrundsatzes die alleinige Grundlage der Beschwerde, so sei diese nur statthaft, wenn eine „weitgehend irreversible Beeinträchtigung des Beschleunigungsgebots eingetreten ist“ und ein Ausgleich durch außerhalb des Strafverfahrens stehende Mittel oder eine Berücksichtigung im Urteil „ungenügend“ erscheint. [498]

b) Stellungnahme

Zu untersuchen gilt es, unter welchen Voraussetzungen auch unterlassene Maßnahmen innerhalb des Strafverfahrens Gegenstand der Beschwerde sein können, und inwieweit dies zu einer Untätigkeitsbeschwerde berechtigt.

Der Untersuchung vorangestellt wird ein kurzer Überblick (aa) über diejenigen Rechtsbehelfe, welche reine Untätigkeit als Gegenstand der Überprüfung genügen lassen. Dabei beschränkt sich die Darstellung auf den vorgegebenen Themenkreis. Anhand des Sinn und Zweckes des Rechtsmittels der Beschwerde (bb) erfolgt sodann eine erste Abgrenzung. Daran anknüpfend wird der Versuch unternommen, losgelöst vom Einzelfall, jedoch bezogen auf die besondere Problemstellung des hier behandelten Kontextes, den Anwendungsbereich des Rechtsmittels zu präzisieren (cc) und am konkreten Fall des Verstoßes gegen § 118 Abs. 5 Hs. 2 StPO anzuwenden (dd).

aa) Rechtsbehelfe bei Untätigkeit

Bezogen auf den Themenkreis „Untersuchungshaft“ bildet der neueingefügte § 119a Abs. 1 S. 2 StPO die einzige geschriebene Rechtsschutzmöglichkeit gegen reine Untätigkeit innerhalb der Strafprozessordnung.[499] Eine Antragstellung bei Untätigkeit der Behörde ermöglicht neben § 119a Abs. 1 S. 2 StPO auch

---

496 *Graßmann*, Rechtsbehelfe gegen Unterlassen im Strafverfahren, 2004, S. 159.

497 *Graßmann*, Rechtsbehelfe gegen Unterlassen im Strafverfahren, 2004, S. 160.

498 *Graßmann*, Rechtsbehelfe gegen Unterlassen im Strafverfahren, 2004, S. 161.

499 § 119a StPO wurde eingefügt m. W. v 01.01.2010 durch G. v. 29.07.2009 (BGBl. I, S. 2274). Der identische Regelungsgehalt, jedoch im Bereich des Strafvollzugs, findet sich in § 113 Abs. 1 StVollzG wieder. Wegen der Bedeutung der Unschuldsvermutung und der Eigenart der Untersuchungshaft berechtigt jedoch § 119a Abs. 1 S. 2 StPO bereits nach 3 Wochen zu einem Antrag auf gerichtliche Entscheidung. In § 113 Abs. 1 StVollzG beträgt diese Frist dagegen 3 Monate. Siehe hierzu die Begründung des Gesetzesentwurfs, BT-Drs. 16/11644, S. 32.

§ 27 Abs. 1 S. 1 EGGVG.[500] Als formloser Rechtsbehelf steht des Weiteren noch die Dienstaufsichtsbeschwerde zur Verfügung, nicht jedoch die Gegenvorstellung, da letztere eine Entscheidung zum Gegenstand haben muss.[501]

bb) Sinn und Zweck der Beschwerde

Rechtsbehelfe dienen dem Grundsatz nach der erneuten Überprüfung einer Entscheidung zur Gewährleistung ihrer Richtigkeit.[502] Eine Notwendigkeit hierzu besteht, da die getroffene Entscheidung das Produkt eines menschlichen Denkvorganges darstellt und daher naturgemäß einer gewissen Fehleranfälligkeit un terliegt.[503]

Gemessen hieran erlaubt es das Rechtsmittel der Beschwerde gem. § 304 Abs. 1 StPO Beschlüsse und Verfügungen erneuter Kontrolle zu unterziehen und hierdurch eine möglicherweise fehlerhafte Entscheidung des Richters zu korrigieren.

§ 305 S. 1 StPO grenzt den Anwendungsbereich der Beschwerde ein, um zu verhindern, dass die Entscheidung zunächst durch das Beschwerdegericht und später erneut, durch Anfechtung des Urteils mittels Berufung oder Revision, der Überprüfung unterliegt.[504] Diese Einschränkung dient also zum einen der Beschleunigung des strafprozessualen Ablaufs durch die Vermeidung einer „unangemessenen Verzögerung und Verzettelung des laufenden Hauptverfahrens."[505] Daneben soll verhindert werden, dass durch die Verdoppelung des Rechtsschutzes zwei Gerichte in unterschiedlicher Zusammensetzung über dieselbe Frage entscheiden.[506] Schließlich kommt als weiteres Motiv die Sicherstellung der tatrichterlichen Unabhängigkeit zum Tragen, indem bestimmte Entscheidungen der frühzeitigen Überprüfungsmöglichkeit entzogen werden und so der Weg für eine vom Beschwerdegericht unbeeinflusste Entscheidungsfindung geebnet wird.[507]

---

500 Inwieweit den §§ 23 ff. EGGVG wegen der Subsidiaritätsklausel des § 23 Abs. 3 EGGVG im Untersuchungshaftrecht noch eigenständige Bedeutung zukommt, gilt es im Folgenden noch zu erörtern. Siehe hierzu Kapitel 6, E.

501 So *Graßmann*, Rechtsbehelfe gegen Unterlassen im Strafverfahren, 2004, S. 36, der darauf hinweist, dass aufgrund der richterlichen Unabhängigkeit die richterliche Untätigkeit nur „in streng begrenzten Ausnahmefällen" zur Dienstaufsichtsbeschwerde berechtigt. Siehe hierzu auch § 26 DRiG.

502 Siehe etwa *Weitzel*, Grundzüge des Rechts der Rechtsmittel, JuS 1992, S. 625, 625.

503 Vgl. *Ellersiek*, Die Beschwerde im Strafprozeß, 1981, S. 19.

504 Siehe etwa *Bloy*, Die Ausgestaltung der Rechtsmittel im deutschen Strafprozeßrecht, JuS 1986, S. 585, 588; *Meyer-Goßner*, StPO, 54. Aufl., 2011, § 305 Rn. 1.

505 *Giesler*, Der Ausschluß der Beschwerde gegen richterliche Entscheidungen im Strafverfahren, 1981, S. 131.

506 Vgl. *Ellersiek*, Die Beschwerde im Strafprozeß, 1981, S. 121.

507 Vgl. *Schwentker*, Der Ausschluss der Beschwerde nach § 305 StPO, 1990, S. 28 ff.

Neben die bisherige Ansicht hinsichtlich der Bedeutung und Funktion der Beschwerde und der Notwendigkeit ihrer Beschränkung gem. § 305 S. 1 StPO tritt die Frage, inwieweit ein geändertes Verständnis des Rechtsmittels mit der Auffassung des *BVerfG* zur Aufgabe der „prozessualen Überholung“ einhergeht.[508]

Graßmanns Ausführungen verdienen insoweit Zustimmung, wenn er abweichend vom ursprünglichen Sinn und Zweck, der Überprüfung von Entscheidungen mit dem Ziel ihrer Aufhebung oder Abänderung und damit letztlich der Beförderung einer richtigen Endentscheidung, die Beschwerde auch als „Instrument allein zur Überprüfung von Grundrechtseingriffen“ betrachtet.[509] Die nunmehr eröffnete Möglichkeit, tiefgreifende Grundrechtseingriffe, welche bspw. durch erledigte Durchsuchungsanordnungen[510] oder Haftbefehle[511] eintreten können, mittels Beschwerde auf ihre Rechtmäßigkeit zu überprüfen, begründet sich einzig aus der Schwere des Grundrechtseingriffes heraus, zeigt dagegen, wegen der Erledigung der Maßnahme, keine darüber hinausgehende unmittelbare[512] Wirkung.

cc) Präzisierung der Zulässigkeitsvoraussetzungen

Der Anwendungsbereich der Beschwerde umfasst gem. § 304 Abs. 1 StPO grundsätzlich alle richterlichen Anordnungen, „soweit das Gesetz sie nicht ausdrücklich einer Anfechtung entzieht.“ Dabei kommt der Differenzierung zwischen „Beschlüssen“ und „Verfügungen“ keine besondere Bedeutung zu, wird doch in § 305 S. 1 StPO allgemein von „Entscheidungen der erkennenden Gerichte“ gesprochen.[513]

(i) Begriffsbestimmung des Merkmals „Entscheidung“

Prinzipiell fällt unter den Begriff der Entscheidung jeder „Ausspruch, der die Rechtsstellung eines Beteiligten unmittelbar berührt.“[514] Konsens herrscht bezüglich der Zulässigkeit der Beschwerde bei unterlassenen Entscheidungen in

508 *BVerfG*, NJW 1997, S. 2163, 2163 ff.

509 So *Graßmann*, Rechtsbehelfe gegen Unterlassen im Strafverfahren, 2004, S. 137.

510 *BVerfG*, NJW 1997, S. 2163, 2163 ff.

511 *BVerfG*, StraFo 2006, S. 20, 20 ff.

512 Siehe zu den mittelbaren Wirkungen, wie etwa dem normstabilisierenden Effekt, Kapitel 5, A. I Nr. 2 b); Kapitel 6, A. I Nr. 3 c).

513 Siehe etwa *Matt*, in: L/R, StPO, 25. Aufl., 2003, § 304 Rn. 4.

514 *BVerfG*, NJW 2001, S. 3615, 3615.

solchen Fällen, in denen die Unterlassung einer endgültigen Ablehnung der Entscheidung gleichkommt.[515]

Das *BVerfG* beurteilt die Frage der endgültigen Ablehnung auch nach der mit der Untätigkeit verbundenen Grundrechtsbeeinträchtigung.[516] Demzufolge führt auch vorübergehendes Unterlassen zur Beschwerdemöglichkeit, wenn dies eine Grundrechtsverletzung zur Folge hat, die gemessen an ihrer Intensität einer ablehnenden Entscheidung entspricht.[517]

Das Merkmal der „Entscheidung" erhält durch diese Auslegung eine veränderte Bedeutung. Maßgeblich lässt sich dieses Zulässigkeitskriterium nicht mehr nach der Erscheinungsform und danach, ob eine Handlung im Raum steht, charakterisieren, sondern nach der Auswirkung des Handelns oder Unterlassens auf den Rechtsschutzsuchenden.[518]

Dies kommt in der geänderten Auffassung des *BVerfG* zur „prozessualen Überholung" zum Ausdruck, wenn fortan die Feststellung einer bereits erledigten Rechtsverletzung zur Zulässigkeit der Beschwerde führt.[519] Das Gericht knüpft bei seiner Interpretation der Zulässigkeit des Rechtsmittels zwar an ein vormals gegebenes Beschwerderecht und damit an eine Entscheidung im Sinne einer Handlung an. Grundlage der Überprüfung bildet jedoch die Frage, inwieweit der Beschwerdeführer aufgrund der erledigten Handlung in seinen Grundrechten verletzt wurde.

Stützen lässt sich diese weite Auslegung auf die in Art. 19 Abs. 4 GG enthaltenen Garantien. Wie bereits ausgeführt, bleibt nach allgemeiner Ansicht zwar eine Berufung auf Art. 19 Abs. 4 GG i. S. einer Rechtsschutzgarantie verwehrt, da der Begriff der „öffentlichen Gewalt", nach überwiegender Ansicht, die Rechtsprechung nicht umfasst.[520] Etwas anderes ergibt sich jedoch aus dem ebenso in Art. 19 Abs. 4 GG enthaltenen Recht auf effektiven Rechtsschutz, wonach dem Bürger ein „Anspruch auf eine wirksame gerichtliche Kontrolle" zusteht.[521] Diese Garantie erstreckt sich allerdings nicht uneingeschränkt auf jegliches gerichtliches Verfahren, sondern gewährleistet Effektivität wiederum nur in Bezug auf Eingriffe der „öffentlichen Gewalt." i. S. d. bereits dargestellten Begriffsverständnisses. Art. 19 Abs. 4 GG garantiert also den erstmaligen Zu-

515 So wie vom *BGH* erstmals in der Entscheidung, NJW 1993, S. S. 1279, 1279 ff. zum Ausdruck gekommen. Vgl. insoweit obige Ausführungen, Kapitel 1, B. I Nr. 2 a).

516 *BVerfG*, NStZ-RR 2005, S. 92, 94.

517 *BVerfG*, NStZ-RR 2005, S. 92, 94.

518 So auch *Graßmann*, Rechtsbehelfe gegen Unterlassen im Strafverfahren, 2004, S. 156.

519 Vgl. etwa *BVerfG*, NJW 1997, S. 2163, 2163 ff.

520 Siehe hierzu die Nachweise unter Kapitel 1, C. I.

521 St. Rspr. siehe etwa *BVerfG*, NJW 1973, S. 1491, 1493; NJW 1976, S. 141, 141; NJW 1997, S. 2163, 2164.

gang zu den Gerichten, soweit die Verletzung von Rechten durch die Exekutive oder, bei Handlungen auf Grundlage eines Richtervorbehalts, durch den Richter gerügt wird.[522] Steht prozessual eine weitere Instanz zur Überprüfung *dieser* Rechtsverletzungen bereit, so gewährleistet die Garantie des effektiven Rechtsschutzes aber auch höherinstanzlich eine möglichst wirksame Kontrolle.[523] Somit steht einer Heranziehung von Art. 19 Abs. 4 GG zur Bestimmung der Reichweite des Rechtsbehelfs nichts entgegen, da der Gesetzgeber mit der Beschwerde eine Rechtsschutzinstanz gegen richterliche Entscheidungen geschaffen hat. Die Reichweite bemisst sich daher nach den verfassungsrechtlichen Vorgaben des Art. 19 Abs. 4 GG. Das daraus hervorgehende Recht auf effektiven Rechtsschutz gebietet es

> „Verfahrensrecht so anzuwenden, dass den erkennbaren Interessen des rechtsschutzsuchenden Bürgers bestmöglich Rechnung getragen wird."[524]

Dass nach der Rspr. des *BVerfG* bereits die Feststellung eines schwerwiegenden, aber nicht mehr fortwirkenden Grundrechtseingriffs zur Beschwerde berechtigt, muss bei der Auslegung der Vorschriften der §§ 304 ff. StPO Berücksichtigung finden.

(ii) Anforderungen an die Intensität der Rechtsverletzung

Bestimmt sich die Statthaftigkeit des Rechtsmittels somit prinzipiell unabhängig von der Verhaltensweise, alleine nach der Schwere des hervorgerufenen Rechtseingriffes, so bedarf es einer weiteren Konkretisierung.

Untätigkeit berechtigt nur zur Anfechtung, sofern hierdurch eine Rechtsverletzung hervorgerufen wird, welche dem Ausmaß nach einer ablehnenden Entscheidung entspricht.[525] Das *BVerfG* führt weiter aus, dass die Verletzung reiner Verfahrensvorschriften nur dann zur Untätigkeitsbeschwerde berechtigt, wenn darüber hinausgehend Grundrechte tangiert werden.[526]

Ebenso verdeutlicht der Vergleich zur Möglichkeit der Feststellung erledigter Grundrechtseingriffe, dass nicht jeder Grundrechtseingriff zur Beschwerde

---

522 Vgl. etwa *BVerfG*, NJW 2003, S. 1924, 1925.

523 Siehe etwa *BVerfG*, NJW 1997, S. 2163, 2164.

524 *BVerfG*, Besch. v. 15.07.2010 - 2 BvR 1023/08, BeckRS 2010, 51173 unter Bezugnahme auf NJW 1997, S. 2163, 2164. Vgl. auch NJW 1999, S. 273, 273.

525 *BVerfG*, NStZ-RR 2005, S. 92, 94; *OLG Jena*, NJW 2006, S. 3795, 3796.

526 *BVerfG*, NStZ-RR 2005, S. 92, 94.

berechtigt, da ein vormals gegebenes Beschwerderecht nur im Falle eines „tiefgreifenden“ Eingriffs in die Rechte des Betroffenen fortbesteht.[527]

Wiederum dürfen keine überzogenen Anforderungen an die Eingriffsintensität gestellt werden, weil der Berechtigte gerade Untätigkeitsbeschwerde einlegt, um die Rechtsverletzung zu beenden, nicht um die Rechtswidrigkeit einer beendeten Maßnahme nachträglich feststellen zu lassen. Daher muss dem Rechtsschutzsuchenden dem Grunde nach das Rechtsmittel bei jeglicher Grundrechtsverletzung zur Disposition stehen. Ausnahmen können nur bestehen, wenn die Grenze zur Unerheblichkeit unterschritten ist. Die Überschreitung einer gesetzlichen Frist in Untersuchungshaftsachen hat jedenfalls dann die Zulässigkeit der Beschwerde zur Folge, wenn die Frist der verfahrensrechtlichen Absicherung des in Art. 2 Abs. 2 S. 2 GG verankerten Beschleunigungsgebots dient.[528] Zu beachten gilt es, dass nicht jede Verzögerung gleichsam zur Verletzung dieser grundrechtlichen Gewährleistung führt, sondern das Verfahren als Ganzes verzögert sein muss.[529]

(iii) Ergebnis

Die „reine“ Untätigkeit des Gerichts berechtigt alleine noch nicht zur Beschwerde i. S. d. §§ 304 ff. StPO. Hinzukommen muss eine Grundrechtsbeeinträchtigung, welche kausal darauf zurückgeht, dass ein gesetzlich gebotenes Handeln unterlassen wurde.

dd) Verstoß gegen § 118 Abs. 5 Hs. 2 StPO

In Anwendung der eben dargestellten Grundsätze gilt es folgende Fragen zu beantworten: Handelt es sich bei § 118 Abs. 5 Hs. 2 StPO um eine zwingende Verfahrensvorschrift, besteht also eine Pflicht zum Handeln? Verletzt die Überschreitung der Frist grundrechtlich geschützte Belange des Antragstellers?

Wie bereits dargestellt, beinhaltet die Norm eine Pflicht zur Anberaumung der Haftprüfung innerhalb von zwei Wochen und trägt damit dem Beschleunigungsgebot in Haftsachen Rechnung.[530] Diese Frist dient damit der verfahrensrechtlichen Absicherung von Art. 104 Abs. 1 S. 1, Art. 2 Abs. 2 S. 2 GG. Eine Missachtung verletzt den Beschuldigten daher in seinem Recht auf Freiheit aus Art. 2 Abs. 2 S. 2 GG. Die Untätigkeitsklage ist mithin statthaft. Das weitere

527 Vgl. *BVerfG*, NJW 1997, S. 2163, 2164; NJW 2002, S. 2456, 2456; NJW 2003, S. 1514, 1515.

528 *BVerfG*, NStZ-RR 2005, S. 92, 94.

529 Siehe hierzu *Graßmann*, Rechtsbehelfe gegen Unterlassen im Strafverfahren, 2004, S. 160.

530 Siehe hierzu die Ausführungen unter Kapitel 3, A. II Nr. 2 a) bb).

Verfahren bestimmt sich nach Maßgabe der §§ 306 Abs. 2, 309 Abs. 2 StPO. Hilft das für die mündliche Haftprüfung zuständige Gericht der Beschwerde gem. § 306 Abs. 2 HS. 1 StPO nicht mittels Anberaumung des Termins ab, so spricht das Beschwerdegericht eine diesbezügliche Weisung aus.[531]

3. Entscheidungen nach § 116b S. 2 StPO

a) Meinungsstand

Uneinheitlich wird auch die Frage beantwortet, ob die Beschwerde gegen die Unterbrechung der Untersuchungshaft gem. § 116b S. 2 Alt. 1 StPO zum Zwecke der Strafvollstreckung statthaft ist, bzw. wie im umgekehrten Falle zu verfahren ist, also bei Anwendung der Ausnahmeregelung des § 116b S. 2 Alt. 2 StPO.[532]

Die Zulässigkeit der Beschwerde gegen eine Entscheidung gestützt auf den aus § 116b S. 2 Alt. 1 StPO hervorgehenden Grundsatz wird nach allgemeiner Auffassung abgelehnt. Die Haftbeschwerde sei mangels Beschwer ausgeschlossen, da diese Maßnahme geeignet sei, zur Verkürzung der Untersuchungshaft beizutragen.[533] Dagegen erachtete die h. M. nach alter Rechtslage die Beschwerde allgemein als zulässig, sofern sie sich gegen die Ablehnung der Unterbrechung der Untersuchungshaft zum Zwecke der Strafvollstreckung richtete.[534] *Meyer-Goßner* hält indessen - nun nach neuer Gesetzeslage - die Rechtsbehelfe

531 Eine eigene Sachentscheidung zur Haftfrage verbietet sich, da es dem Beschwerdegericht hierzu an einer überprüfbaren Entscheidung mangelt, siehe *OLG Braunschweig*, StV 2005, S. 39, 39. Vgl. auch *BGH*, NJW 1992, S. 2775, 2775; *Matt*, in: L/R, StPO, 25. Aufl., 2003, § 309 Rn. 12 ff.; *Meyer-Goßner*, StPO, 54. Aufl., 2011, § 309 Rn. 5.

532 Rechtsprechung und Literatur beziehen sich, aufgrund der Neueinfügung des § 116b StPO durch G. v. 29. 7. 2009 (BGBl. I, S. 2274), mit Ausnahme der neueren Veröffentlichungen auf die uneinheitliche Regelung in § 455a StPO, § 122 StVollzG sowie auf Nr. 92 Abs. 1, Abs. 5 UVollzO. Die vorherige Regelung wurde durch § 116b StPO ersetzt, der nun als allgemeinen Grundsatz und unter Heranziehung der Unschuldsvermutung festlegt, dass grundsätzlich die Vollziehung „anderer freiheitsentziehender Maßnahmen" der Vollstreckung der U-Haft vorausgeht. Vgl. hierzu, *Krauß*, in: BeckOK, StPO, Stand: 01.02.2012, § 116b Rn. 3 ff.

533 So etwa *OLG Düsseldorf*, NStZ 1984, S. 236, 236; *OLG Jena*, NStZ 1997, S. 510, 510; *OLG Köln*, NStZ-RR 2009, S. 324, 324; *OLG Jena*, Beschl. v. 29.07.2008 - 1 Ws 312/08, BeckRS 2009, 00092; *Lemke*, in: HK, StPO, 4. Aufl., 2009, § 117 Rn. 12.

534 Vgl. *HansOLG Hamburg*, NStZ 1992, S. 206, 206; *Lammer*, in: AnwK, StPO, 2. Aufl., 2010, § 117 Rn. 3; *Lemke*, in: HK, 4. Aufl., 2009, § 117 Rn. 12; *Burhoff*, in: EV, 5. Aufl., 2010, Rn. 916.

der §§ 119 Abs. 5, 119a StPO für statthaft.[535] Zwar geht dies nicht eindeutig hervor, er stützt sein Ergebnis allem Anschein nach jedoch auf den neueingefügten § 119 Abs. 6 S. 1 StPO.[536]

b) Stellungnahme

Sofern Strafhaft vollzogen und die Untersuchungshaft aus diesem Grunde nicht vollzogen wird, so trägt dies dem Grundsatz der Unschuldsvermutung Rechnung, da nun die Grundlage der Inhaftierung eine rechtskräftige Verurteilung darstellt.

Zudem geht damit im Allgemeinen eine Verkürzung der Untersuchungshaft einher, so dass eine Beschwer, der einhelligen Literatur- und Rechtsprechungsansicht folgend, nicht gegeben ist.[537] Im Ergebnis scheidet daher eine Beschwerdemöglichkeit aus.

Anders gestaltet sich der umgekehrte Fall. Dieselben Argumente, welche die Grundlage zur Begründung einer fehlenden Beschwer gegen auf § 116b S. 2 Alt. 1 StPO gestützte Entscheidungen bilden, führen zur Statthaftigkeit des Rechtsmittels, wenn abweichend vom Vorrang der Strafhaft dennoch gem. § 116b S. 2 Alt. 2 StPO Untersuchungshaft vollzogen wird.

Der neueingefügte § 119 Abs. 6 S. 1 StPO ändert an diesem Ergebnis nichts. Diese Norm stellt lediglich klar, dass auch während des Vollzugs „anderer freiheitsentziehender Maßnahmen“ Beschränkungen nach § 119 StPO angeordnet werden können. Hiergegen ist nunmehr der Rechtsbehelf des § 119 Abs. 5 S. 1 StPO statthaft.[538]

Auch der in § 119 Abs. 5 S. 1 a. E. StPO enthaltene Subsidiaritätsgrundsatz, auf den § 119 Abs. 6 S. 1 StPO verweist, spricht gegen die Anwendbarkeit des § 119 Abs. 5 S. 1 StPO und für die Statthaftigkeit der Beschwerde. Da der Rechtsbehelf nach dem Normtext nur dann zur Anwendung kommen soll, „soweit nicht das Rechtsmittel der Beschwerde statthaft ist“, dieses, wie dargestellt, wegen des Vorhandenseins einer Beschwer sowie des Vorliegens der weiteren Zulässigkeitsvoraussetzungen dem Rechtsschutzsuchenden zur Verfügung steht, verbleibt kein Raum für das subsidiäre Antragsrecht nach § 119 Abs. 5 S. 1 StPO.

---

535 Vgl. *Meyer-Goßner*, StPO, 54. Aufl., 2011, § 117 Rn. 10; ders. erachtete in der Vorauflage an derselben Stelle noch die Beschwerde für den „wohl“ statthaften Rechtsbehelf.

536 Ein anderer Grund für den Meinungswechsel ist nicht ersichtlich.

537 Siehe zu den Nachweisen obige Fn.

538 *Paeffgen*, in: SK, StPO, 4. Aufl., 2010, § 119 Rn. 74; *Krauß*, in: BeckOK, StPO, Stand: 01.02.2012, § 119 Rn. 46.

4. Besonderheiten bei Beschwerden gegen Beschlüsse und Verfügungen des OLG bzw. des Ermittlungsrichters des OLG und des BGH

a) Meinungsstand

aa) Einführung

Einschränkungen des Beschwerderechts finden sich u. a. in den §§ 304 Abs. 1 Hs. 2, Abs. 4 S. 1, S. 2 Hs. 1, Abs. 5 sowie in § 305 S. 1 StPO. Gem. § 304 Abs. 4 S. 2 Hs. 1, Abs. 5 StPO sind Beschwerden gegen Beschlüsse und Verfügungen des OLG sowie des Ermittlungsrichters des OLG und des BGH grundsätzlich nicht mittels Beschwerde anfechtbar. Eine Ausnahme hiervon enthalten die §§ 304 Abs. 4 S. 2 Nr. 1, Abs. 5 StPO. Nach diesen Vorschriften besteht ein Beschwerderecht dennoch, sofern es sich um Verfügungen und Beschlüsse handelt, welche die „Verhaftung" betreffen. Daneben normiert § 305 S. 1 StPO einen generellen Beschwerdeausschluss bezüglich solcher Entscheidungen der erkennenden Gerichte, „die der Urteilsfällung vorausgehen." Diese Eingrenzung der Zulässigkeit des Rechtsmittels soll jedoch gem. § 305 S. 2 StPO wiederum nicht für „Entscheidungen über Verhaftungen" gelten.

bb) Differenziertes Begriffsverständnis

Einer weit verbreiteten Ansicht zufolge sind an die Auslegung des Begriffes „Verhaftung" jeweils unterschiedliche Maßstäbe anzulegen. Nach diesem uneinheitlichen Begriffsverständnis findet eine Differenzierung zwischen Verfügungen und Beschlüssen der AGe und LGe sowie solchen der OLGe und des Ermittlungsrichters des OLG/BGH statt.

Bei ersteren, alleinig am Maßstab des Verhaftungsbegriffs in § 305 S. 2 StPO zu bestimmen, sei eine weite Auslegung des Begriffs aufgrund des Sinn und Zweckes der Vorschrift notwendig. Demnach umfasse der Terminus alle Entscheidungen, die im Zusammenhang mit der Verhaftung ergehen und deren Auswirkungen mit Anfechtung des Urteils nicht mehr rückwirkend beseitigt werden, da hierbei die Gefahr der Verdoppelung des Rechtsschutzes durch Berufung und Revision nicht bestehe.[539]

Demgegenüber sei „Verhaftung" i. S. d. § 304 Abs. 4 S. 2 Nr. 1 sowie § 304 Abs. 5 StPO jeweils eng auszulegen. Dies ergebe sich aus dem Charakter der Norm als Ausnahmevorschrift.[540] Die Anfechtungsmöglichkeit besteht nach

539 Vgl. hierzu *OLG Karlsruhe*, StV 1997, S. 312, 312; *Meyer-Goßner*, StPO, 54. Aufl., 2011, § 305 Rn. 7; *Rautenberg*, in: HK, StPO, 4. Aufl., 2009, § 305 Rn. 10; *Engelhardt*, in: KK, StPO, 6. Aufl., 2008, § 305 Rn. 10.

540 *BGH*, NJW 1973, S. 664, 664; NJW 1976, S. 721, 721; NJW 1986, S. 1821, 1821; NJW 2003, S. 1132, 1133.

dieser Auffassung daher nur, sofern durch die Beschwerde der Bestand oder Vollzug des Haftbefehls angegriffen wird.[541] Aus diesem Begriffsverständnis folgt, dass einzelne Auflagen,[542] ebenso wie einer von mehreren Haftgründen,[543] nicht einzeln durch das Rechtsmittel anfechtbar sind.[544]

cc) Einheitliches Begriffsverständnis

Nach anderer Ansicht wird der Begriff „Verhaftung" in den genannten Vorschriften einheitlich, der weiten Auslegung des § 305 S. 2 StPO folgend, angewandt.

Grundlage der Argumentation *Hilgers*[545] bezüglich der letztgenannten Lesart bildet zum einen der Charakter des § 305 S. 2 StPO. Dabei handele es sich, genau wie bei dem vergleichbaren Regelungsgehalt in § 304 Abs. 4, Abs. 5 StPO um eine Ausnahmeregelung, so dass dies allein nicht zwingend eine Beschränkung der Anfechtbarkeit nur des Bestands und Vollzugs des Haftbefehls erfordere. Gerade die Aufnahme eines weiteren Haftgrundes könne zu einem Eingriff in die Grundrechte des Art. 2 Abs. 1 sowie Art. 104 Abs. 1 führen, da der durch

---

541 *BGH*, NJW 1973, S. 664, 664; NJW 1976, S. 721, 721; NJW 1980, S. 1401, 1402; NJW 1986, S. 1821, 1822; NJW 2003, S. 1132, 1132; *Meyer-Goßner*, StPO, 54. Aufl., 2011, § 304 Rn. 13, § 310 Rn. 7; *Engelhardt*, in: KK, 6. Aufl., 2008, § 304 Rn. 7; *Ellersiek*, Die Beschwerde im Strafprozeß, 1981, S. 120.

542 Vgl. *BGH*, NJW 1973, S. 664, 664; *BGH*, Beschl. v. 03.06.1998 – StB 6/98, 3 StE 11/96 – 1 (3), Rn. 6 (juris); *Ellersiek*, Die Beschwerde im Strafprozeß, 1981, S. 120.

543 Vgl. hierzu *BGH*, NJW 1986, S. 1821, 1822; NJW 2003, S. 1132, 1132. Für den umgekehrten Fall, der Beschwerde der Generalbundesanwaltschaft mit dem Ziel der Erweiterung des Haftbefehls um weitere Tatvorwürfe, vgl. *BGH*, NJW 1991, S. 502, 502.

544 Begründet wird dies neben dem Ausnahmecharakter der Regelung auch mit dem Schutz vor Überlastung der Gerichte sowie im Falle der Auflagen mit dem Regelungsgehalt von § 304 Abs. 4 S. 2 Nr. 5 StPO, welcher nur den Widerruf der Strafaussetzung als solche als Beschwerdegegenstand nennt, nicht jedoch die mit der Strafaussetzung verbundenen Auflagen. Vgl. *BGH*, NJW 1973, S. 664, 664 ff.

545 Siehe *Hilger*, Anm. z. Beschl. d. BGH v. 12.03.2002 – 3 BJs 16/00 – 1 StB 5/02, NStZ 2002, S. 444, 445; ders. in: L/R, StPO, 26. Aufl., 2007, § 116 Rn. 41 ff.; *Matt*, Zur (weiteren) Beschwerde nach §§ 304, 310 StPO, NJW 1991, S. 1801 ff. zieht darüber hinaus noch die Unschuldsvermutung heran, fordert sie doch „weitreichende Verteidigungsmöglichkeiten" ein. Ebenso belegt er sein Ergebnis durch historische Auslegung sowie die für zulässig gehaltene Anfechtung einzelner Auflagen, sofern dadurch die Freilassung des Beschuldigten erreicht wird (bezugnehmend auf *OLG Frankfurt*, NJW 1973, S. 209, 210). Allerdings distanziert sich *Matt* in seiner späteren Kommentierung dahingehend, dass er sich der verbreiteten h. M. anschließt, welche eine enge Auslegung des Begriffs i. S. d. heutigen *BGH* Rspr. annimmt. Nur bezüglich der Anfechtung einzelner Auflagen, sofern dies unmittelbar die Inhaftierung berührt, sei auch hier die Beschwerde statthaft. Siehe *Matt*, in: L/R, StPO, 25. Aufl., 2005, § 304 Rn. 74 ff.

Gründe erweiterte Haftbefehl unter Umständen negative Auswirkungen auf die Vollzugsgestaltung haben könne. Zudem sei denkbar, dass hierdurch einer möglichen Haftverschonung die Grundlage entzogen werden könnte.

Überdies sei eine differenzierte Behandlung derselben Begriffe in zwei aufeinanderfolgenden Normen, ebenso die Tatsache, dass die Durchführung eines Verfahrens vor dem OLG, welches wegen seiner Bedeutung dort und nicht beim AG oder LG angesiedelt sei, zum Ausschluss von Rechtsbehelfen führt, dem Beschuldigten nicht zu vermitteln. Es sei zwar durch ein extensives Begriffsverständnis durchaus mit einer Mehrbelastung der Gerichte zu rechnen, dies könne jedoch nicht als Begründung für die Beschneidung von Beschuldigtenrechte herangezogen werden.

Nach der Sichtweise *Paeffgens*[546] sollen „alle die Verhaftung betreffende Entscheidungen“ mit dem Rechtsmittel anfechtbar sein. Da Auflagen seiner Meinung nach „besonders nachhaltig in die Rechtssphäre des Betroffenen [eingreifen]“, sei hierdurch zumindest mittelbar die Verhaftung betroffen.

Giesler[547] hingegen lehnt die Verfassungsmäßigkeit der §§ 304 Abs. 4 S. 2 Nr. 1 – 5, Abs. 5 StPO gleich gänzlich ab und gelangt auf diesem Wege zu einer gleichförmigen Handhabe. Seiner Ansicht nach sei es nicht mit Art. 3 Abs. 1 GG zu vereinbaren, erstinstanzliche Strafverfahren sowie die Anfechtbarkeit der Entscheidungen des Ermittlungsrichters uneinheitlich zu gestalten.

Baumann[548] äußert sich zwar nicht explizit zu einer Gleichstellung des Bedeutungsgehalts des Verhaftungsbegriffes, zweifelt aber an der Notwendigkeit einer engen Auslegung des § 304 StPO. Jedenfalls die Anfechtung einzelner Haftgründe sieht er als geboten an und verweist hierzu auf die Auswirkungen des Vollzugsalltags infolge des Hinzutretens neuer Haftgründe.

b) Stellungnahme

aa) Gesonderte Anfechtung einzelner Auflagen

Erster Ansatzpunkt der Überlegung stellt der Wortlaut dar. Daher gilt es zunächst zu ermitteln, welcher Sinngehalt dem Begriff „Verhaftung“, bezogen auf § 304 StPO, beigemessen werden kann.

Ohne weiteres könnte sich hiernach der Anwendungsbereich des Rechtsbehelfs nur auf diejenigen Fragen erstrecken, welche in unmittelbarem Zusam-

546 *Paeffgen*, in: SK, StPO, 4. Aufl., 2010, § 116 Rn. 22.

547 *Giesler*, Der Ausschluß der Beschwerde gegen richterliche Entscheidungen im Strafverfahren, 1981, S. 109 ff.

548 *Baumann*, in: FS Pfeiffer, 1988, S. 255, 260.

menhang mit dem Verbleib des Inhaftierten in Freiheit oder Unfreiheit stehen.[549] Der Wortlaut umfasst ebenfalls das Beschwerderecht gegen einen nicht vollzogenen Haftbefehl, enthält doch der bloße Bestand des Haftbefehls eine das Grundrecht aus Art. 2 Abs. 2 S. 2 GG tangierende Komponente, wodurch ein direkter Zusammenhang zur persönlichen Freiheit des Beschuldigten hergestellt wird.[550] Dies bestätigt sich bei der Wiederinvollzugsetzung. Auch eine hiergegen gerichtete Beschwerde könnte mangels aufschiebender Wirkung die Inhaftierung zunächst nicht abwenden.[551]

Eine Übergewichtung des Wortlautes bei der Auslegung des Bedeutungsgehaltes sollte jedoch vermieden werden, findet sich der Begriff doch in der Überschrift zum 9. Abschnitt des ersten Buches, erstreckt sich sein Gehalt damit jedenfalls auf jegliche im Zusammenhang zur Untersuchungshaft stehende Materie.[552]

Zur Wortlautinterpretation sind daher ergänzend auch die übrigen Auslegungsmethoden heranzuziehen. Das Augenmerk richtet sich hier zunächst auf die historische Interpretation. Hiernach kommt, unter Zugrundelegung der Materialien zur Einfügung[553] des § 304 Abs. 4 S. 2 Nr. 1 sowie des § 304 Abs. 5 StPO, der Ausnahmecharakter der Vorschriften zur Geltung, sollen diese doch eine Überlastung der Gerichte durch „untergeordnete Aufgaben“ verhindern.[554] Daher sieht die Gesetzesbegründung vor, dass die Beschwerde nur gegen solche Entscheidungen zulässig sein soll, welche

> „besonders nachhaltig in die Rechtssphäre der Betroffenen eingreifen, die den Abschluss des Verfahrens herbeiführen würden, oder die sonst von besonderem Gewicht sind“.[555]

549 Vgl. dazu *Hohmann*, Anm. z. Beschl. d. OLG Koblenz v. 18.10.1989 - 1 Ws 533/89, NStZ 1990, S. 507, 507; auch *Paeffgen*, in: SK, StPO, 4. Aufl., 2010, § 116 Rn. 22 weist auf diese Auslegungsmöglichkeit des Wortlauts hin; a. A. *Hilger*, in: L/R, StPO, 26. Aufl., 2007, § 116 Rn. 42 der schon den Wortlaut extensiv auslegt und damit auch Haftersatzmaßnahmen als die „Verhaftung“ betreffend bezeichnet.

550 *BVerfG*, NJW 1980, S. 1448, 1449; NJW 2006, S. 668, 669.

551 Es sei denn, der Richter ordnet dies gem. § 307 Abs. 2 StPO ausdrücklich an.

552 Vgl. hierzu *Kopp*, Anm. z. Beschl. d. KG Berlin v. 18.06.1979 - 3 Ws 161/79, NJW 1979, S. 2626, 2627; *Renzikowski/Günther*, in: AK, StPO, 1996, § 310 Rn. 14.

553 *Paeffgen*, in: SK, StPO, 4. Aufl., 2010, § 116 Rn. 22 weist hierzu jedoch zutreffend darauf hin, dass auch vor Einfügung der Norm bis zum Jahre 1924 in den §§ 138 Abs. 1 i. V. m. 136 Abs. 1 S. 1 GVG die Möglichkeit bestand, zumindest gegen Entscheidungen des Ermittlungsrichters beim RG Beschwerde einzulegen.

554 BT-Drs. 8/976, S. 29 ff.

555 BT-Drs. 5/4086, S. 11.

Im Rahmen der teilweisen Neuordnung der Regelungen des Untersuchungshaftrechts zum 01.01.2010 bekräftigte der Gesetzgeber nochmals das Festhalten an diesen Grundsätzen.[556]

Zu erörtern wäre nun, ob es diese Begriffsdeutung unter Beachtung der verfassungsrechtlichen Tragweite zulässt, auch gegen einzelne Auflagen und Haftgründe vorzugehen. Unproblematisch ist dies im Falle der einzelnen Auflage, sofern dadurch die Freiheit des Beschuldigten erreicht wird, oder die Entscheidung sonst in unmittelbarem Zusammenhang mit der Inhaftierung steht.[557]

Anders beurteilt sich die Lage, wenn diese Beziehung nicht besteht. Daher bedarf es weiterer Überlegung. Auflagen an sich, als Ausfluss des Verhältnismäßigkeitsprinzips zur Vermeidung der Untersuchungshaft auferlegt,[558] stellen eine Einschränkung der persönlichen Bewegungsfreiheit des Betroffenen dar, sofern es sich dabei um solche i. S. d. § 116 Abs. 1 S. 2 Nr. 1 – 3 StPO handelt.

Allerdings wird hier, anders als bei der Inhaftierung, lediglich eine psychische Barriere errichtet, da eine Zuwiderhandlung möglich und nicht durch unmittelbaren Zwang ausgeschlossen wird. Somit ist der Schutzbereich des Art. 2 Abs. 2 S. 2 GG durch die Weisung, sich nur innerhalb eines bestimmten Bereichs aufhalten zu dürfen, oder durch das Auferlegen von Meldepflichten, nicht eröffnet.[559]

Demzufolge sind der Bestand des Haftbefehls und die mit der Außervollzugsetzung verbundenen einzelnen Auflagen von unterschiedlicher Eingriffsintensität. Zwar kann ein Haftbefehl niemals ohne Auflage i. S. d. § 116 Abs. 1 S. 2 StPO außer Vollzug gesetzt werden, wäre er ansonsten doch unverhältnismäßig und daher gesetzeswidrig,[560] jedoch greift nur der Bestand des Haftbefehls in den Schutzbereich der körperlichen Freiheit i. S. d. Art. 2 Abs. 2 S. 2 GG des Beschuldigten ein.

---

556 BT-Drs. 16/11644, S. 21 bzw. S. 30.

557 So übereinstimmend auch das *OLG Frankfurt*, NJW 1973, S. 209, 210 in einem obiter dictum; ebenso *Matt*, in: L/R, StPO, 25. Aufl., 2003, § 304 Rn. 74.

558 Siehe *BVerfG*, NJW 1966, S. 244, 245.

559 Erst die Reaktion auf die Zuwiderhandlung gegen die auferlegten Pflichten führt zur Eröffnung des Schutzbereiches, vgl. hierzu *BVerfG*, NJW 1967, S. 1221, 1222; anders dagegen *Tiemann*, Der Schutzbereich des Art. 2 II2 GG, NVwZ 1987, S. 10, 13 ff., der bereits die räumliche Einschränkung der Bewegungsfreiheit, also die Freiheit einen Ort aufsuchen zu dürfen oder zu verlassen, vom Schutzbereich umfasst sieht. Dem widerspricht jedoch die h. M. Vgl. etwa *Di Fabio*, in: Maunz/Dürig, GG, Stand: 61. EL, Art. 2 Abs. 2 S. 2 Rn. 22 ff. m. w. N.

560 Siehe etwa *Meyer-Goßner*, StPO, 54. Aufl., 2011, § 116 Rn. 5; *Neuhaus*, Haftverschonungsauflagen und ihre Kontrolle, StV 1999, S. 340, 341.

bb) Inzidente Überprüfungsmöglichkeit

Bleibt die Frage offen, ob eine andere Möglichkeit besteht, die Auferlegung einzelner Maßnahmen nach § 116 StPO mittels Beschwerde überprüfen zu lassen. Fraglich ist in diesem Zusammenhang, inwieweit das Gericht bei der Entscheidung der Haftfrage auch den Umfang der Auflagen überprüfen muss.

Prinzipiell erstreckt sich die Kontrolle des Gerichts auf das Vorliegen der Voraussetzungen des Haftbefehls und darauf, ob ggf. weniger einschneidende Maßnahmen die Vollziehung ersetzen können.[561] Das Gericht hat hierbei auch innerhalb der zur Verfügung stehenden Auflagen den Grundsatz der Verhältnismäßigkeit zu wahren.[562]

Daraus könnte der Schluss gezogen werden, dass auf diese Weise, wenn auch nicht durch die direkte Anfechtung, dennoch eine Nachprüfung einzelner Auflagen erreicht werden kann.[563]

Dem widerspricht jedoch der *BGH*, der seine Überprüfung auf den Bestand bzw. Vollzug des Haftbefehls beschränkt und hierbei Umfang und Intensität der Auflagen ausblendet.[564] In der zitierten Entscheidung lehnt der *BGH* die Entscheidung über den erstrebten Wegfall der Auflagen als unzulässig ab und geht in der Begründetheit nur auf die gegen den Bestand des Haftbefehls gerichtete Beschwerde ein. Das Gericht zieht dabei § 304 Abs. 4 S. 2 Nr. 5 sowie § 305a StPO heran, um zu begründen, warum seiner Ansicht nach die gesonderte Anfechtung von Auflagen ausscheide.[565] Da § 304 Abs. 4 S. 2 Nr. 5 StPO lediglich den Widerruf der Strafaussetzung als Ganzes der Beschwerde zugänglich mache, nicht aber die mit der Bewährung verbundenen Auflagen, solle auch eine separate Anfechtung von Auflagen i. S. d. § 116 StPO ausscheiden. Zwar sieht § 305a StPO eine Anfechtung der mit der Bewährung verbundenen Auflagen vor, jedoch nur in den Grenzen des § 304 Abs. 4 S. 2 StPO.[566]

Aus der zitierten Entscheidung geht somit nur hervor, auf welche Gründe sich die grundsätzliche Beschränkung stützt, nicht jedoch explizit, warum eine inzidente Überprüfung ausscheidet.

Dessen ungeachtet sieht *Wendisch* in der Argumentation sogleich eine Begründung des *BGH* für die Begrenzung des Prüfungsumfanges bei Beschwerden,

561 Vgl. *Meyer-Goßner*, StPO, 54. Aufl., 2011, § 116 Rn. 1; *Paeffgen*, in: SK, StPO, 4. Aufl., 2010, § 116 Rn. 2.

562 *BVerfG*, NJW 1980, S. 1448, 1449.

563 So etwa *Renzikowski/Günther*, in: AK, StPO, 1996, § 310 Rn. 19, die das „Problem dadurch umgehen".

564 Siehe hierzu *BGH*, NJW 1973, S. 664, 664.

565 *BGH*, NJW 1973, S. 664, 665.

566 Siehe hierzu neben der zitierten BGH-Entscheidung auch *Engelhardt*, in: KK, StPO, 6. Aufl., 2008, § 305a Rn. 1.

die sich ausdrücklich nur gegen den Bestand und Vollzug des Haftbefehls richten.[567] Obwohl er als „beachtenswerten Gesichtspunkt“ darauf hinweist, dass im Rahmen der Verhältnismäßigkeit grundsätzlich bei Haftfragen auch über Art und Umfang etwaiger weniger einschneidender Maßnahmen zu befinden sei, schließt er aus der Möglichkeit der Trennung von Haftfrage und Auflagen sogleich auf ein limitiertes Prüfungsprogramm bei solcherlei Beschwerdeentscheidungen.

Diese Auffassung findet im Ergebnis Zustimmung, denn es wäre sinnwidrig im Hinblick auf die Motive der Ausnahmevorschriften, würde die Anfechtung als solche nicht als zulässig erachtet, um dann durch die „Hintertür“ dennoch einzelne Auflagen mit der Haftbeschwerde, über den Umweg der Anfechtung von Vollzug und Bestand des Haftbefehls, vom BGH überprüfen lassen zu können. Dadurch wäre eine Entlastung des Gerichts kaum zu erreichen. Der Differenzierung käme lediglich akademische Bedeutung zu. Daher beschränkt sich die Beschwerdeentscheidung auf diejenigen Gesichtspunkte, welche in unmittelbarem Zusammenhang mit der Inhaftierung stehen, also Bestand oder Vollzug des Haftbefehls berühren.

cc) Isolierte Anfechtung eines Haftgrunds

Anders zu bewerten ist die Anfechtung lediglich eines Haftgrunds, wenn daneben noch andere Haftgründe die Inhaftierung legitimieren. Der *BGH* selbst führt in seiner Begründung zur Ablehnung des Beschwerderechts an, dass durch das Hinzutreten eines weiteren Haftgrunds die „Aussichten auf Aufhebung oder Außervollzugsetzung“ des Haftbefehls tangiert sein können.[568]

Dem bereits in Haft befindlichen Beschuldigten, der aufgrund der Unschuldsvermutung als unschuldig zu gelten hat, wird daher die Möglichkeit, unter Auflagen die Freiheit zu erlangen, unter Umständen erschwert. Wegen der besonderen Tragweite des Rechtsgutes der Freiheit[569] handelt es sich daher um eine Entscheidung, welche „besonders nachhaltig in die Rechtssphäre der Betroffenen“ eingreift[570] und nicht aus Gründen der Entlastung der Justiz zurückgewiesen werden darf. Der Staat hat aufgrund des im Rechtsstaatsprinzip verankerten Justizgewährungsanspruchs Sorge dafür zu tragen, dass den mit den Ver-

567 *Wendisch*, in: FS Dünnebier, 1982, S. 239, 252 ff.

568 *BGH*, NJW 2003, S. 1132, 1132.

569 Siehe u.a. *BVerfG*, NJW 2004, S. 739, 741; *Wittreck*, in: HStR VII, 2009, § 151 Rn. 6 ff.

570 Um nochmals die Materialien zur Einfügung der Norm heranzuziehen. Siehe BT-Drs. 5/4086, S. 11.

fahren betrauten Gerichten ausreichende personelle und sachliche Mittel zur Verfügung stehen.[571]

Im Vergleich zur Anfechtung einzelner Auflagen besteht somit ein fundamentaler Unterschied, welcher eine differenzierte Vorgehensweise erfordert. Hierbei geht es nicht darum, Beschränkungen, welche von einem im Raume stehenden Haftbefehl in Form einzelner Auflagen ausgehen, zu vermindern, die Beschwerde zielt vielmehr auf die Außervollzugsetzung des Haftbefehls ab und steht somit in unmittelbarem Zusammenhang mit der Inhaftierung des Beschuldigten.

dd) Unterschiede in der Auslegung des Verhaftungsbegriffs bei § 305 S. 2 StPO

Dagegen ist die unterschiedliche Weite des Verhaftungsbegriffes des § 305 S. 2 StPO im Gegensatz zu § 304 Abs. 4 S. 2 Nr. 1, Abs. 5 StPO gesetzessystematisch zu begründen und kann daher nicht als Gegenargument herangezogen werden, mit der Folge, dass der Begriff einheitlich gedeutet werden müsse.[572]

Eine weite Auslegung ist möglich, da Satz 2 lediglich beispielhaft konkretisiert, was durch Satz 1 vorgegeben wird.[573] Daher ist der Verhaftungsbegriff in erster Linie an die Vorgaben des Satzes 1 gebunden, ein zwingender Bezug zur Verwendung des Begriffes innerhalb anderer Vorschriften besteht also nicht.

Bereits die Materialien zum Entwurf der RStPO bringen zum Ausdruck, dass es sich bei der hierin enthaltenen Beschränkung nicht um ein zeitliches Element handelt, sondern dass lediglich diejenigen Entscheidungen der Beschwerde entzogen werden sollen, welche „in irgendwelchem inneren Zusammenhang mit der nachfolgenden Urteilsfällung stehen und zur Vorbereitung der letzteren dienen".[574] Insoweit handelt es sich entgegen der das OLG und den BGH betreffenden Vorschriften bei § 305 S. 2 StPO um keine Ausnahmevorschrift, die zwingend eine enge Auslegung erfordert.

Ein weitergehender Verhaftungsbegriff, welcher sich auf alle in Haftsachen ergehende Entscheidungen erstreckt, steht auch nicht im Widerspruch zum

---

571 *BVerfG*, NJW 1974, S. 307, 309. Vgl. hierzu auch die Entscheidung des *EGMR*, NJW 1999, S. 3545, 3548.

572 Vgl. aber *Hilger*, Anm. z. Beschl. d. BGH v. 12.03.2002 – 3 BJs 16/00 – 1 StB 5/02, NStZ 2002, S. 444, 445, der auch darauf hinweist, dass die unterschiedliche Deutung des Begriffes in hintereinander folgenden Normen der StPO beim Beschuldigten mitunter Unverständnis hervorruft.

573 Siehe *BVerfG*, NJW 2005, S. 1855, 1857; *OLG Koblenz*, NStZ 1994, S. 355, 356; *OLG Bremen*, StV 2010, S. 122, 122; *Meyer-Goßner*, StPO, 54. Aufl., 2011, § 305 Rn. 6; *Rautenberg*, in: HK, StPO, 4. Aufl., 2009, § 305 Rn. 9.

574 *Hahn/Mugdan*, Die Gesamten Materialien zu den Reichs-Justizgesetzen, Band 3, Abteilung 1, 1885, S. 247.

Normzweck, da lediglich verhindert werden soll, dass vorläufige Entscheidungen mit der Beschwerde angefochten werden, welche dann letztlich im Rahmen der Urteilsfällung nochmals einer Überprüfung unterzogen werden müssten.[575] Diese Gefahr besteht bei Haftsachen jedoch generell nicht, wird hier doch über Beschränkungen entschieden, welche auch durch Urteilsfällung nicht mehr einer nachträglichen Korrektur zugeführt werden können.

c) Ergebnis

Sinn und Zweck sowie Gesetzessystematik der einzelnen Vorschriften erfordern es, jeweils unterschiedliche Maßstäbe an die Auslegung des „Verhaftungsbegriffs" anzulegen.

Hierbei besteht nur im Anwendungsbereich der §§ 304 Abs. 4 S. 2 Nr. 1, Abs. 5 StPO ein Bedürfnis zur einschränkenden Interpretation. Dies gebietet es, Beschwerden nur zuzulassen, sofern die Beschwerdeentscheidung in Zusammenhang zur Inhaftierung des Beschuldigten steht. Dabei besteht diese Verknüpfung auch bei einem außer Vollzug gesetzten Haftbefehl, begründet doch alleine der Bestand einen Eingriff in das Recht des Beschuldigten aus Art. 2 Abs. 2 S. 2 GG.

Einzelne Auflagen betreffen die Inhaftierung jedoch nur, sofern Wegfall oder Abänderung gleichfalls den Vollzug oder Nichtvollzug des Haftbefehls bewirkt.[576] Nur in dieser Hinsicht besteht daher ein Beschwerderecht. Richtet sich die Anfechtung gegen einen von mehreren Haftgründen, so zielt dies ebenso auf die Außervollzugsetzung ab, da sich die Möglichkeit hierzu je nach zugrundegelegtem Haftgrund verringert oder vergrößert. Dem Beschwerdeführer muss auch insoweit das Rechtsmittel zustehen.

5. Zusammenfassung der Ergebnisse

- Unter gewissen Voraussetzungen bietet das Rechtsmittel der Beschwerde auch gegen eine etwaige Untätigkeit des Gerichts Rechtsschutz. Ein Beschwerderecht besteht dann, wenn das Gericht eine gesetzliche Pflicht zum Handeln vorübergehend missachtet und sich alleine hierdurch eine Grundrechtsbeeinträchtigung begründet.

575 Siehe etwa *Matt*, in: L/R, StPO, 25. Aufl., 2005, § 305 Rn. 2 m. w. N. Zum weitergehenden Normzweck sei auf die Ausführungen in Kapitel 3, B. I Nr. 2 b) bb) verwiesen

576 Als Beispiel sei hier die auch vom *OLG Frankfurt* genannte Herabsenkung der Sicherheitsleistung gem. § 116 Abs. 1 S. 2 Nr. 4 StPO genannt. Sofern die Leistung zunächst aus Sicht des Beschuldigten zu hoch angesetzt war, könnte eine geringere Summe zur Haftentlassung führen. Siehe NJW 1973, S. 209, 210.

- Eine Entscheidung des Gerichts nach § 116b S. 2 Alt. 2 StPO, die entgegen der Regel des § 116b S. 2 Alt. 1 zum Inhalt hat, Untersuchungshaft vorrangig vor anderen freiheitsentziehenden Maßnahmen zu vollziehen, unterliegt der Nachprüfung mittels Beschwerde. Der Anwendungsbereich des § 119 Abs. 5 S. 1 StPO ist hingegen nicht eröffnet. Dies ergibt sich bereits aus der grundsätzlichen Subsidiarität des Rechtsbehelfs, vgl. § 119 Abs. 5 S. 1 a. E. StPO.

- § 304 Abs. 4 S. 2 Nr. 1, Abs. 5 StPO erfordert eine Auslegung, die in den Mittelpunkt der Betrachtung die Frage der Freiheit oder Unfreiheit des Beschuldigten, bei Erfolg oder Misserfolg der Anfechtung, stellt. Dabei besteht diese Verknüpfung auch bei einem außer Vollzug gesetzten Haftbefehl, begründet doch alleine der Bestand einen Eingriff in das Recht des Beschuldigten aus Art. 2 Abs. 2 S. 2 GG. Einzelne Auflagen tangieren diese Fragestellung nur, soweit hierdurch unmittelbar der Vollzug eines Haftbefehls betroffen ist. Haftgründe sind dagegen uneingeschränkt isoliert anfechtbar.

II. Ausgestaltung des Rechtsmittelverfahrens

1. Zuständigkeit

Die Zuständigkeit bestimmt sich nach den allgemeinen Vorschriften des GVG bzw. JGG, wobei in der Regel das Gericht der nächsthöheren Instanz als Beschwerdegericht fungiert.[577]

a) Wechsel der Zuständigkeit nach Beschwerdeeinlegung

Uneinigkeit herrscht über die Verfahrensweise im Falle des Zuständigkeitswechsels bei einer noch nicht erledigten Beschwerde. Nach wohl h. M. führt dies, beim Wechsel der Zuständigkeit aus Anlass der Erhebung der öffentlichen Klage, zur Umdeutung in einen Antrag auf Haftprüfung.[578] Jedoch komme eine

---

577 Genauer hierzu *Engelhardt*, in: KK, StPO, 6. Aufl., 2008, § 309 Rn. 1.

578 So etwa *OLG Karlsruhe*, NJW 1972, S. 1723, 1723; *OLG Hamm*, NJW 1974, S. 1574, 1575; *OLG Frankfurt*, NJW 1985, S. 1233, 1233; *OLG Naumburg*, NStZ-RR 1997, S. 307, 308; *KG Berlin*, NStZ 2000, S. 444, 444; *OLG Stuttgart*, Beschl. v. 16.10.2003 - 1 Ws 281/03, BeckRS 2003, 09687; *OLG Frankfurt*, Beschl. v. 05.10.2009 - 1 Ws 107/09, BeckRS 2010, 00265; *Meyer-Goßner*, StPO, 54. Aufl., 2011, § 117 Rn. 12; *Graf*, in: KK, StPO, 6. Aufl., 2008, § 117 Rn. 5; *Lemke*, in: HK, StPO, 4. Aufl., 2009, § 117 Rn. 14; *Münchhalffen/Gatzweiler*, Das Recht der Untersuchungshaft, 3. Aufl., 2009, Rn. 419.

Umdeutung dann nicht in Frage, wenn aus der Eingabe eindeutig hervorgeht, diese sei nicht als Haftprüfung zu verstehen.[579]

Befürworter dieser Ansicht argumentieren im Allgemeinen mit der ansonsten erstinstanzlichen Befassung der Sache durch zwei verschiedene Gerichte. Zum einen wäre das gem. § 126 Abs. 2 S. 1 StPO nach Anklageerhebung zuständige Gericht für Haftprüfungen zuständig, daneben hätte das den Haftbefehl erlassende, zuvor gem. § 126 Abs. 1 S. 1 StPO zuständige Gericht die Möglichkeit der Haftbeschwerde nach § 306 Abs. 2 Hs. 1 StPO abzuhelfen. Dies stünde im Widerspruch zum Regelungsgehalt des § 126 Abs. 2 StPO, welcher eine doppelte Zuständigkeit ausschließe.[580]

Teils wird die Problemstellung der doppelten Befassung zweier Gerichte durch eine Fiktion umgangen. Demnach soll, bevor das nun zuständige Gericht eine eigene Entscheidung i. S. d. § 207 Abs. 4 StPO getroffen hat, der Haftbefehl des erlassenden Gerichts als Haftbefehl des gem. § 126 Abs. 2 S. 1 StPO zuständig gewordenen gelten.[581]

Gegen diesen Lösungsversuch wenden Gegner ein, dass dem mit der Sache befassten Gericht damit jegliche Entscheidungskompetenz genommen werde. Dies widerspreche der Zuständigkeitsregelung des § 125 StPO, welche zum Ausdruck bringe, dass das mit der Sache befasste Gericht die „sachgerechteste Haftentscheidung" zu treffen vermag.[582]

Kritiker sehen in der Umdeutung des ursprünglichen Antrags auf Haftbeschwerde in einen Haftprüfungsantrag die „Rechtsbehelfsautonomie" aus den Angeln gehoben und verweisen auf die fehlende Stützung durch den Gesetzeswortlaut.[583] Gegenstimmen machen zudem auf die Verzögerung aufmerksam,

579 Siehe hierzu *OLG Stuttgart*, Beschl. v. 16.10.2003 - 1 Ws 281/03, BeckRS 2003, 09687.

580 So die Begründung des *OLG Stuttgart*, Beschl. v. 16.10.2003 - 1 Ws 281/03, BeckRS 2003, 09687; im Ergebnis auch *OLG Karlsruhe*, NJW 1972, S. 1723, 1723; die doppelte Zuständigkeit zieht auch das *OLG Frankfurt*, Beschl. v. 05.10.2009 - 1 Ws 107/09, BeckRS 2010, 00265 heran, ohne jedoch nachvollziehbare Ausführungen hierzu zu treffen.

581 In diesem Sinne noch das *OLG Karlsruhe*, NStZ 1984, S. 183, 184. Vgl. hierzu auch *Dünnebier*, Beschwerdeentscheidungen über Haftbefehle bezirksfremder Amtsrichter, MDR 1968, S. 185, 186.

582 So versucht das *OLG Stuttgart*, Beschl. v. 16.10.2003 - 1 Ws 281/03, BeckRS 2003, 09687 die Argumentation zu entkräften.

583 *Rostek*, Die aufgedrängte Haftprüfung, StV 2002, S. 225, 225; hierauf bezugnehmend *Herrmann*, Untersuchungshaft, 2008, Rn. 1101. Diese Argumentation basiert auf einer Entscheidung des *OLG Frankfurt* aus dem Jahre 1973, siehe NJW 1973, S. 478, 479, wobei der Senat mittlerweile wieder von dieser Meinung abgewichen ist, vgl. NJW 1985, S. 1233, 1233; NStZ-RR 1996, S. 302, 303; Beschl. v. 05.10.2009 - 1 Ws 107/09, BeckRS 2010, 00265. Siehe auch *Paeffgen*, in: SK, StPO, 4. Aufl., 2010, § 117 Rn. 7a

welche infolge der Haftprüfung auftrete und wodurch die erstrebte Entscheidung des Beschwerdegerichts hinausgeschoben werde.[584]

b) Stellungnahme

Rosteks[585] Szenario verdeutlicht die Misere, die durch die Anwendung der von der h. M. befürworteten Umdeutung ausgehen kann.

Der Beschuldigte stellt einen Antrag auf Haftbeschwerde, da seiner Ansicht nach eine Haftprüfung bei demselben Richter, der auch den Haftbefehl nach § 125 Abs. 1 StPO erlassen hat, keinen Erfolg verspricht. Nun erhebt die Staatsanwaltschaft Anklage zum AG, wodurch der h. M. folgend der Antrag auf Haftbeschwerde in einen Haftprüfungsantrag umzudeuten ist. Im Ergebnis entscheidet mitunter derselbe Richter über die Haftfrage, welcher auch den Haftbefehl erlassen hat.[586] Die aus der Gesetzessystematik hervorgehende Wahlmöglichkeit zwischen den beiden Rechtsbehelfen erfährt hierdurch eine Einschränkung.[587] Mit den Worten *Rosteks* wird dem Antragsteller eine Haftprüfung „aufgedrängt".[588]

Etwas abweichend stellt sich die Situation dar, würde die Anklage nicht zum AG, sondern zum LG erhoben. Dann nämlich wäre jedenfalls das LG gem. § 126 Abs. 2 S. 1 StPO auch mit der Frage der Haftprüfung befasst, so dass wenigstens die Befassung der Sache durch ein anderes Gericht erreicht wäre. Auch bei dieser Konstellation bedarf es jedoch einer Begründung, warum entgegen der auf die Haftbeschwerde gerichteten Antragstellung ein anderes Rechtsbehelfsverfahren zur Anwendung kommt.

Aus § 117 Abs. 2 S. 1 StPO sowie den Regelungen der §§ 304 ff. StPO geht hervor, dass grundsätzlich ein Wahlrecht zwischen der Haftbeschwerde und der Haftprüfung besteht.

Der Einwand hiergegen, das Wahlrecht führe zu einer doppelten erstinstanzlichen Zuständigkeit, gibt Anlass zu genauerer Betrachtung.[589]

Fn. 33, der hierin die „stillschweigende" Aufgabe der Rechtsprechung des OLG Frankfurt bedauert.

584 *Schlothauer/Weider*, Untersuchungshaft, 4. Aufl., 2010 Rn. 826.

585 Siehe hierzu *Rostek*, Die aufgedrängte Haftprüfung, StV 2002, S. 225, 225 ff.

586 *Rosteks* Szenario liegt die Annahme zu Grunde, dass der nun zuständige Strafrichter oder Vorsitzende des Schöffengerichts nach dem Geschäftsverteilungsplan zugleich als Haftrichter fungiert.

587 Zur grundsätzlichen Wahl zwischen den Rechtsbehelfen vgl. auch *Kirchner*, Anm. z. Beschl. d. OLG München v. 31.01.2006 – 3 Ws 61/06, StV 2006, S. 317, 318.

588 *Rostek*, Die aufgedrängte Haftprüfung, StV 2002, S. 225, 226.

589 Vgl. zu dieser Argumentation etwa die Begründung des *OLG Stuttgart*, Beschl. v. 16.10.2003 - 1 Ws 281/03, BeckRS 2003, 09687.

Tatsächlich wäre bei einer Anklageerhebung zum LG bei exakter Anwendung der Zuständigkeitsregelungen dieses gem. § 126 Abs. 2 S. 1 StPO nun erstinstanzlich zuständig, daneben hätte aber auch das AG gem. § 306 Abs. 2 Hs. 1 StPO noch die Möglichkeit zur Abhilfe, da es sich hierbei um dasjenige Gericht handelt, dessen Entscheidung angefochten wird. Somit könnte ein an sich nicht mehr zuständiges Gericht auf die Haftentscheidung einwirken und dem nun erstinstanzlich eingesetzten LG jegliche Entscheidungskompetenz nehmen.

Diese Problemstellung könnte sich freilich bei der von *Rostek* angesprochenen Konstellation nicht ergeben. Hier wäre das AG sowohl erstinstanzlich als auch für eine entsprechende Abhilfeentscheidung zuständig.

Nicht verständlich ist der oftmals zu der Argumentation flankierend hinzugezogene Hinweis auf § 117 Abs. 2 S. 1 StPO, wonach der Haftprüfung ohnehin der Vorrang vor der Haftbeschwerde einzuräumen sei.[590] Diese Aussage ist zwar grundsätzlich richtig,[591] jedoch stehen hier nicht zwei Rechtsbehelfe im Raume, sondern entweder der eine oder der andere, so dass sich die Frage einer möglichen Verdrängung der Haftbeschwerde gar nicht stellt.

Zustimmung findet hingegen das gegen die Umdeutung vorgebrachte Argument, die vorgeschobene Haftprüfung führe zu einer Verzögerung der Sache. Da die eigentlich erstrebte Entscheidung des Beschwerdegerichts zunächst den Erlass der Haftprüfungsentscheidung erfordert, kann erst über diesen Umweg erneut Beschwerde eingelegt werden.

Generalisierend, für alle hier dargestellten Sachlagen, lässt sich feststellen, dass sowohl ein Festhalten an der Beschwerde, als auch eine Umdeutung, nachteilige Auswirkungen für den Antragsteller mit sich ziehen.

Zu untersuchen bleibt noch eine soweit ersichtlich nicht mehr vertretene Ansicht, welche von *Dünnebier*[592] entwickelt worden war und in einer Entscheidung des *OLG Frankfurt*[593] seine Umsetzung fand.[594]

590 So das *OLG Hamm*, NJW 1974, S. 1574, 1575; *OLG Frankfurt*, NJW 1985, S. 1233, 1233; *Schultheis*, in: KK, StPO, 6. Aufl., 2008, § 126 Rn. 8.

591 Genaueres hierzu in Kapitel 4, D.

592 *Dünnebier*, Beschwerdeentscheidungen über Haftbefehle bezirksfremder Amtsrichter, MDR 1968, S. 185, 186.

593 *OLG Frankfurt*, NJW 1973, S. 478, 479.

594 Siehe hierzu auch *Paeffgen*, Rechtsprechungsübersicht in U-Haft-Sachen 1998, NStZ 1999, S. 71, 75, Fn. 9. Dieser spricht sich gegen eine Umdeutung aus, lässt aber offen, ob er einen Verbleib der Sache beim ursprünglichen Rechtsmittelgericht favorisiert oder den Übergang auf das dem Gesetzeswortlaut nach nun zuständige. *Ders.*, in: SK, StPO, 4. Aufl., 2010, § 117 Rn. 7a Fn. 33, jeweils mit Verweis auf *OLG Frankfurt*, NJW 1973, S. 478, 479 und *Dünnebier*, MDR 1968, S. 1968, S. 185, 186.

Diese Auffassung wendet sich gegen eine Umdeutung des eingelegten Rechtsbehelfs in einen Haftprüfungsantrag. Die Zuständigkeit des Beschwerdegerichts soll nach den allgemeinen Zuständigkeitsregeln, welche nach Erhebung der Anklage gelten, bestimmt werden. Die Besonderheit besteht darin, dass mit Anklageerhebung und bis zu dem Zeitpunkt, in dem das nun zuständige erstinstanzliche Gericht eine eigene Haftentscheidung getroffen hat, die Haftentscheidung des vormals zuständigen Gerichts als solche des nunmehr mit der Entscheidung befassten gelten soll. Dies hat den Vorteil, dass erstinstanzlich damit nur noch ein Gericht über die Sache befindet, da die gem. § 306 Abs. 2 Hs. 1 StPO zu erlassende Abhilfeentscheidung nun vom gleichen Gericht getroffen wird, wie auch die Haftfortdauerentscheidung i. S. d. § 207 Abs. 4 StPO. Das hiergegen vorgebrachte Argument, dem erstinstanzlich zuständigen Gericht sei durch eine solche Fiktion jegliche Entscheidungskompetenz genommen, kann leicht entkräftet werden.[595]

Wie bereits erörtert, kommt dem nun im ersten Rechtszug tätigen Gericht gem. § 306 Abs. 2 Hs. 1 StPO die Aufgabe zu, im Rahmen des Abhilfeverfahrens über den Antrag zu entscheiden. Schon hierdurch erhält das Gericht eine eigene Entscheidungskompetenz. Sofern vor Anklageerhebung bereits über die Nichtabhilfe entschieden wurde und der Zuständigkeitswechsel erst danach erfolgt, verbliebe dem Gericht, das nun mit der Durchführung der Hauptverhandlung betraut ist, immer noch die Möglichkeit im Rahmen des Eröffnungsbeschlusses gem. § 207 Abs. 4 StPO eine Haftentscheidung zu treffen. Eine bis dahin nicht erledigte Beschwerde wäre dann prozessual überholt.[596] Auch auf diesem Wege wird gewährleistet, dass das mit der Sache befasste Gericht als sachnächstes Gericht entscheidet.

c) Ergebnis

Angesichts der Tatsache, dass sich im Gesetz keine Anhaltspunkte für eine Umdeutung finden, jedoch übereinstimmend aus den §§ 125, 126 StPO der Sinn entnommen wird, doppelte Zuständigkeiten zu vermeiden sowie das sachnächste Gericht[597] mit Haftentscheidungen zu betrauen, sprechen die besseren Argumente für eine Beibehaltung des gestellten Haftbeschwerdeantrags in Kombination mit dem Konstrukt des „Übergangs" der anzufechtenden Haftentscheidung auf das nun gem. § 126 Abs. 2 StPO zuständige Gericht.

595 Siehe hierzu *OLG Stuttgart*, Beschl. v. 16.10.2003 - 1 Ws 281/03, BeckRS 2003, 09687.

596 Vgl. hierzu *HansOLG Hamburg*, StV 1994, S. 323, 324.

597 Siehe hierzu etwa *Katholnigg*, Anm. z. Beschl. d. BGH v. 30.04.1997 – StB 4/97, JR 1998, S. 33, 35.

2. Abhilfeverfahren

a) Sinn und Zweck

Die Einlegung der Beschwerde erfolgt gem. § 306 Abs. 1 StPO bei dem Gericht, welches die beanstandete Entscheidung erlassen hat. Sofern dieses die Beschwerde für begründet erachtet, hat es ihr gem. § 306 Abs. 2 Hs. 1 StPO abzuhelfen. Durch diese Modalität soll erreicht werden, dass das Gericht die Möglichkeit erhält, seine eigene Entscheidung gegebenenfalls zu berichtigen, wodurch auch das Beschwerdegericht entlastet wird.[598]

b) Nichtabhilfeentscheidung

Im Falle der Nichtabhilfe hat das Gericht die Beschwerde gem. § 306 Abs. 2 Hs. 2 StPO dem Beschwerdegericht vorzulegen. Eine solche Entscheidung entzieht sich grundsätzlich der Beschwerdemöglichkeit, da diese formlos[599] ergehen kann und dem Antragsteller auch nicht bekanntgegeben zu werden braucht.[600] Etwas anderes gilt dagegen, wenn der Nichtabhilfebeschluss dennoch begründet und zugestellt wurde. Dann ist dieser als Haftprüfungsentscheidung anfechtbar.[601] Eine Begründungspflicht besteht, sofern die angefochtene Entscheidung selbst keine Begründung enthält und das Beschwerdevorbringen neue, für die Entscheidung erhebliche Tatsachenbehauptungen beinhaltet.[602]

3. Vorlagefrist gem. § 306 Abs. 2 Hs. 2 StPO

a) Meinungsstand

Gem. § 306 Abs. 2 Hs. 2 StPO ist die Beschwerde spätestens vor Ablauf von drei Tagen dem Beschwerdegericht vorzulegen, sofern das mit der ursprünglichen Entscheidung befasste Gericht ihr nicht abhilft. Die Einhaltung dieser Frist erachten der *BGH*[603] und weite Teile der Literatur[604] als nicht zwingend.

598 Vgl. *BGH*, NJW 1992, S. 2169, 2169.

599 Grundsätzlich braucht die Entscheidung nicht begründet zu werden. Es reicht ein Aktenvermerk, der die Prüfungspunkte dokumentiert, siehe *OLG München*, NJW 1973, S. 1143, 1143.

600 Siehe *OLG Karlsruhe*, NJW 1972, S. 1723, 1723.

601 In diesem Sinne das *OLG Frankfurt*, NJW 1985, S. 1233, 1233.

602 *BGHSt* 34, 392, 393 = NJW 1988, S. 1224, 1225; *OLG München*, NJW 1973, S. 1143, 1143; *Engelhardt*, in: KK, StPO, 6. Aufl., 2008, § 306 Rn. 17.

603 *BGH*, NJW 2001, S. 3275, 3276

604 Siehe *Meyer-Goßner*, StPO, 54. Aufl., 2011, § 306 Rn. 11; *Engelhardt*, in: KK, StPO, 6.Aufl., 2008, § 306 Rn. 18; *Rotsch/Gasa*, in: AnwK, StPO, 2. Aufl., 2010, § 306 Rn. 6.

Herrmann wendet hiergegen ein, dass die Frist dadurch zur „bloßen Formalie mutiert" und diese Handhabe auch dem in Haftsachen besondere Bedeutung zukommenden Beschleunigungsgebot zuwiderlaufe.[605] Kritiker führen zudem den Wortlaut der Vorschrift an, welcher eine Behandlung als „Soll-Vorschrift" nicht zulasse.[606]

b) Stellungnahme

Die Behandlung der Fristsetzung des § 306 Abs. 2 Hs. 2 StPO weist Ähnlichkeiten mit der Handhabe des § 118 Abs. 5 Hs. 2 StPO auf. In beiden Fällen ist der Wortlaut zwingend, dennoch betrachten der überwiegende Teil in Literatur und Rechtsprechung diese als bloße „Soll-Vorschriften". Wegen der engeren Voraussetzungen hinsichtlich der Zulässigkeit der Haftprüfung gem. § 117 Abs. 1 StPO - eine Überschreitung ist hier bei begründetem Antrag immer gleichbedeutend mit der Verlängerung der Haftzeit, da dieser Rechtsbehelf zwingend die Inhaftierung des Antragstellers voraussetzt - sowie der weitaus kürzeren Frist innerhalb des § 306 Abs. 2 Hs. 2 StPO können die Grundsätze, die zu § 118 Abs. 5 Hs. 2 StPO ausgearbeitet wurden, jedoch nicht unterschiedslos herangezogen werden. [607] Eine Fristüberschreitung führt daher nicht zur Aufhebung des Haftbefehls.

Andererseits weist der *BGH* darauf hin, dass aufgrund des Beschleunigungsgebots in Haftsachen auch eine Bearbeitung innerhalb von weniger als drei Tagen geboten sein kann.[608] Hierauf deutet insbesondere der Wortlaut der Vorschrift hin, wonach die Beschwerde „sofort, spätestens vor Ablauf von drei Tagen" vorzulegen ist. Somit ist die Einhaltung zwingend und der genannte Zeitraum von drei Tagen als Höchstdauer zu verstehen.

Angesichts der dem Beschleunigungsgebot beigemessenen Bedeutung und der Indizwirkung,[609] die von einer Überschreitung der Frist in Bezug auf die Verletzung dieses Grundsatzes ausgeht, führt die Nichteinhaltung der Frist aufgrund der Verletzung der Verfahrensvorschrift zu einer Beschwer, welche zur Einlegung einer Untätigkeits- oder Dienstaufsichtsbeschwerde berechtigt.[610] Um eine erneute Verzögerung zu vermeiden, wäre es zweckmäßig, in diesen Fällen von der Pflicht zur erneuten Einreichung beim Abhilfegericht abzusehen und die Einlegung der Untätigkeitsbeschwerde ohne diesen Umweg direkt beim Be-

605 Siehe hierzu *Herrmann*, Untersuchungshaft, 2008, Rn. 1111 ff.
606 *Schlothauer/Weider*, Untersuchungshaft, 4. Aufl., 2010 Rn. 835.
607 Siehe zu § 118 Abs. 5 Hs. 2 StPO die Ausführungen in Kapitel 4, A. II Nr. 2 a).
608 *BGH*, NJW 2001, S. 3275, 3276 ff.
609 *BGH*, NJW 2001, S. 3275, 3276.
610 So auch *Herrmann*, Untersuchungshaft, 2008, Rn. 1115.

schwerdegericht zu ermöglichen, damit das Beschwerdegericht sogleich die Weiterleitung der Akten bewirkt.

4. Mündliche Verhandlung

Nach § 309 Abs. 1 StPO ergeht die Entscheidung über die Beschwerde ohne mündliche Verhandlung. Eine Ausnahme hierzu enthält § 118 Abs. 2 StPO. Danach kann auf Antrag des Beschuldigten oder von Amts wegen auch nach mündlicher Verhandlung entschieden werden, wenn Beschwerde gegen einen Haftbefehl eingelegt wird. Ob das Gericht dem Antrag des Beschuldigten[611] folgt, steht im Ermessen des Gerichts.[612]

5. Entscheidung des Beschwerdegerichts

a) Gehörsgewährung

Bevor eine Entscheidung zum Nachteil des Gegners des Beschwerdeführers ergeht, ist dieser nach § 308 Abs. 1 S. 1 StPO zu hören. Eine Ausnahme von der Gehörsgewährung besteht gem. § 308 Abs. 1 S. 2 StPO, sofern durch vorherige Anhörung die durch die Entscheidung zu veranlassende Maßnahme gefährdet werden würde.[613] Die Pflicht zur Anhörung entfällt auch dann, wenn dies aus tatsächlichen Gründen nicht möglich ist, bspw. wenn der Beschuldigte sich verborgen hält.[614] Die Entscheidung des Beschwerdegerichts ergeht durch Beschluss und bedarf gem. § 34 StPO einer Begründung.[615]

b) Verschlechterungsverbot

Nach allgemeiner Ansicht findet das Verbot der reformatio in peius im Beschwerdeverfahren grundsätzlich keine Anwendung.[616] Ausgenommen sind sol-

611 § 118b StPO weitet das Antragsrecht darüber hinaus auf den Verteidiger, den gesetzlichen Vertreter sowie den Erziehungsberechtigten aus, siehe hierzu *Meyer-Goßner*, StPO, 54. Aufl., 2011, § 118b Rn. 1.

612 *Meyer-Goßner*, StPO, 54. Aufl., 2011, § 118 Rn. 1; *Lemke*, in: HK, StPO, 4. Aufl., 2009, § 118 Rn. 4; *Graf*, in: KK, StPO, 6. Aufl., 2008, § 118 Rn. 2.

613 Insoweit verweist § 308 Abs. 1 S. 2 StPO auf § 33 Abs. 4 S. 1 StPO.

614 Siehe hierzu *Engelhardt*, in: KK, StPO, 6. Aufl., 2008, § 308 Rn. 14.

615 *Meyer-Goßner*, StPO, 54.Aufl., 2011, § 309 Rn. 1.

616 *Meyer-Goßner*, StPO, 54. Aufl., 2011, Vor § 304 Rn. 5; *Rautenberg*, in: HK, StPO, 4.Aufl, 2009, § 304 Rn. 4; *Rotsch/Gasa*, in: AnwK, StPO, 2. Aufl., 2010, Vor. §§ 304 ff. Rn. 8; *Plöd*, in: KMR, StPO, Stand: Januar 2010, Vor § 304 Rn. 5; *Frisch*, in: SK, StPO, Stand: Juni 2008, Vor § 304 Rn. 23 geht einen anderen Weg. Seiner Ansicht nach gilt das Verbot prinzipiell auch bei der Beschwerde, jedoch liegen die Anwendungsvoraussetzungen nur ausnahmsweise vor. Im Ergebnis ändert sich jedoch nichts.

che Beschlüsse, die die Art und Rechtsfolge der Tat betreffen und der materiellen Rechtskraft fähig sind.[617]

Hierin findet sich eine Parallele zu den Ausnahmevorschriften im Berufungs- bzw. Revisionsverfahren, wonach gem. § 331 Abs. 1 bzw. § 358 Abs. 2 StPO das Verbot der reformatio in peius nur in Bezug auf Art und Höhe der Rechtsfolgen der Tat eingreift, wenn ohne die Anfechtung Rechtskraft eingetreten wäre.[618]

Das Verschlechterungsverbot gilt auch dann, wenn die Beschwerde auf die Aufhebung eines außer Vollzug gesetzten Haftbefehls abzielt.[619] In diesem Fall ist das Beschwerdegericht daran gehindert, den Haftbefehl wieder in Vollzug zu setzen, wenn die Voraussetzungen des § 116 Abs. 4 StPO nicht vorliegen.[620]

c) Prüfungsbefugnis des Beschwerdegerichts

aa) Meinungsstand

Generell prüft das Beschwerdegericht die angefochtene Entscheidung vollumfänglich.[621] Dies schließt die Kontrolle etwaiger Ermessensentscheidungen ein. Nach vorherrschender Ansicht ist das Gericht dabei nicht auf die Feststellung von Ermessensfehlern beschränkt.[622] Im Zuge der Entscheidung des Beschwerdegerichts tritt die neu getroffene Ermessensentscheidung an die Stelle der vorherigen Beurteilung des Erstrichters.[623]

---

617 Siehe hierzu *Meyer-Goßner*, StPO, 54. Aufl., 2011, Vor § 304 Rn. 5 m. w. N.

618 Siehe hierzu *Frisch*, in: SK, StPO, Stand: Juni 2008, Vor § 304 Rn. 23. Dieser begründet damit seine Ansicht zur grundsätzlichen Geltung des Verschlechterungsverbotes auch im Beschwerdeverfahren. Auch in Berufungs- und Revisionssachen gilt das Verbot der reformatio in peius nur unter den engen Voraussetzungen der §§ 331 Abs. 1 bzw. 358 Abs. 2 StPO mit dem zusätzlichen ungeschriebenen Erfordernis des Eintritts der Rechtskraft im Falle der Nichtanfechtung. Da diese Voraussetzungen jedoch bei der Anfechtung von Beschlüssen im Beschwerdeverfahren nur ausnahmsweise vorliegen, findet sich in der StPO hierzu keine explizite Norm.

619 *Meyer-Goßner*, StPO, 54. Aufl., 2011, Vor § 304 Rn. 5; *Rautenberg*, in: HK, StPO, 4. Aufl., 2009, § 304 Rn. 4; *Plöd*, in: KMR, StPO, Stand: Januar 2010, Vor § 304 Rn. 5.

620 *BVerfG*, StV 2006, S. 26, 27; *OLG Düsseldorf*, StV 1993, S. 480, 480 ff.

621 Vgl. hierzu etwa *BVerfG*, NJW 2004, S. 3171, 3171; *BGH*, NJW 1964, S. 2119, 2119; *Welp*, in: FS Richter II, 2006, S. 573, 585.

622 Eine gegenteilige Ansicht vertreten in der „neueren" Literatur soweit ersichtlich nur *Ellersiek*, Die Beschwerde im Strafprozeß, 1981, S. 34 ff.; *Bloy*, Die Ausgestaltung der Rechtsmittel im deutschen Strafprozeßrecht, JuS 1986, S. 585, 588. Beide sehen den Prüfungsumfang auf Ermessensfehler begrenzt.

623 Siehe *BGH*, NJW 1964, S. 2119, 2119; *OLG Schleswig*, NJW 1976, S. 1467, 1468; *Meyer-Goßner*, StPO, 54. Aufl., 2011, § 309 Rn. 4; *Engelhardt*, in: KK, StPO, 6. Aufl., 2009, § 309 Rn. 6; *Matt*, in: L/R, StPO, 25. Aufl., 2003, § 309 Rn. 7; *Plöd*, in: KMR,

Besonderheiten ergeben sich hinsichtlich des Prüfungsumfangs bei Haftentscheidungen, die während laufender Hauptverhandlung getroffen werden. Wie bereits erörtert, hat das mit der Haftprüfung betraute Gericht sowohl den Akteninhalt als auch das Ergebnis der Beweisaufnahme bei der Entscheidung über die Haftfrage zu berücksichtigen.[624] Die aus dem Inbegriff der Hauptverhandlung gewonnenen Erkenntnisse sind nach beinahe einhelliger Ansicht der *Rechtsprechung* und *Literatur* nur in begrenztem Umfang einer Kontrolle zugänglich.[625] Eine Einschränkung sei notwendig, da nur das erkennende Gericht die Beweiswürdigung aufgrund eigenen Sinneseindrucks durchführt und unmittelbar aus dem Verfahren gewonnene Erkenntnisse aus diesem Grunde der Bewertung eines außerhalb der Hauptverhandlung stehenden entzogen seien.[626]

Dem Beschwerdegericht komme daher nur die Aufgabe zu, die angefochtene Entscheidung auf materielle und formellrechtliche Fehler zu überprüfen sowie danach, ob die festgestellten Tatsachen hinreichend gewürdigt und dabei die Grenze der Vertretbarkeit nicht überschritten wurde.[627] Insofern weise die Beschwerde in diesem Punkt revisionsähnliche Strukturen auf.[628]

StPO, Stand: Januar 2010, § 309 Rn. 6; *Rotsch/Gasa*, in: AnwK, StPO, 2.Aufl., 2010, § 309 Rn. 5.

624 Siehe hierzu Kapitel 4, A. II Nr. 1 b) bb) (ii).

625 So etwa *BGH*, StV 1991, S. 525, 525; Beschl. v. 15. 9. 1995 - StB 43/95; Beschl. v. 20.12.2001 – StB 21, 22, 26/01, NStZ-RR 2003, S. 1, 2, Entscheidung Nr. 4; NStZ-RR 2003, S. 368, 368; StV 2004, S. 143, 143; Beschl. v. 07.08.2007 – StB 17/07, Rn. 5 (juris); *KG Berlin*, StV 1993, S. 252, 252; StV 2001, S. 689, 689; *OLG Frankfurt*, StV 1995, S. 593, 594; *OLG Karlsruhe*, StV 2001, S. 118, 118; *OLG Rostock*, Beschl. v. 28.01.2004 - I Ws 20/04, BeckRS 2005, 09620; *OLG Thüringen*, StV 2005, S. 559, 560; *OLG Hamm*, StV 2006, S. 191, 192; Wistra 2006, S. 278, 280; *OLG Jena*, Beschl. v. 28.09.2009 – 1 Ws 373/09, BeckRS 2009, 86302; *Graf*, in: KK, StPO, 6. Aufl., 2008, § 112 Rn. 7; *Hilger*, in: L/R, StPO, 26. Aufl., 2007, § 112 Rn. 21; *Matt*, in: L/R, StPO, 25. Aufl., 2003, § 304 Rn. 33; *Schlothauer/Weider*, Untersuchungshaft, 4. Aufl., 2010, Rn. 836; *Münchhalffen/Gatzweiler*, Das Recht der Untersuchungshaft, 3. Aufl., 2009, Rn. 425 ff.

626 Siehe etwa *OLG Rostock*, Beschl. v. 28.01.2004 - I Ws 20/04, BeckRS 2005, 09620; *Welp*, in: FS Richter II, 2006, S. 573, 586. Siehe hierzu auch die Nachweise in der vorhergehenden Fn.

627 Vgl. *OLG Karlsruhe*, StV 2001, S. 118, 118; *OLG Rostock*, Beschl. v. 28.01.2004 - I Ws 20/04, BeckRS 2005, 09620, *OLG Thüringen*, StV 2005, S. 559, 560; *Weider*, Anm. z. Beschl. d. BGH v. 16.08.1991 – 1 StE 6/89, StV 1991, S. 525, 526; *Welp*, in: FS Richter II, 2006, S. 573, 586.

628 *Weider*, Anm. z. Beschl. d. BGH v. 16.08.1991 – 1 StE 6/89, StV 1991, S. 525, 526; *Welp*, in: FS Richter II, 2006, S. 573, 586.

Eine gegenteilige Ansicht vertritt soweit ersichtlich nur *Bornmann.*[629] Ihrer Ansicht nach ist die Überprüfungsmöglichkeit des Beschwerdegerichts bei laufender Hauptverhandlung grundsätzlich nicht beschränkt. Das Gericht sei durch Aktenstudium sowie eigene Beweiserhebung im Wege des Freibeweisverfahrens in der Lage, sich eine individuelle Entscheidungsgrundlage zu schaffen.[630] *Bornmann* zur Folge ist ein sachlicher Grund für die eingeschränkte Entscheidungskompetenz und damit eine Bindung an die aus dem Inbegriff der Hauptverhandlung getroffene Entscheidung nicht gegeben. Insbesondere sei das im Revisionsverfahren geltende „Verbot der Rekonstruktion der Hauptverhandlung" auf das Beschwerdeverfahren nicht übertragbar, da das Rechtsmittel nicht alleinig auf die Überprüfung einer Entscheidung abziele, sondern grundsätzlich Wiederholungscharakter aufweise.[631] Eine Einschränkung der eigenen Tatsachenermittlung komme nur dann in Betracht, wenn dies aus Gründen der Verfahrensbeschleunigung angezeigt ist.[632]

bb) Stellungnahme

Gemeinsamer Ausgangspunkt der Überlegung stellt die unterschiedliche Erkenntnisgrundlage von Tatgericht und Beschwerdegericht dar. Insoweit besteht Einigkeit, dass das Beschwerdegericht mangels Teilnahme an der Hauptverhandlung nicht unmittelbar an der Beweiserhebung beteiligt ist. Daher dürfte die Feststellung des *BGH*:

> „Welche Wertung der aus dem Inbegriff der mündlichen Hauptverhandlung gewonnenen Erkenntnisse rechtlich richtig ist, entzieht sich im übrigen der Entscheidung des Senats im Beschwerdeverfahren" [633]

allgemein auf Zustimmung stoßen. Stellt der *BGH* hierdurch doch nur klar, was ohnehin bereits aus tatsächlichen Gründen unmöglich ist, nämlich die Bewertung eines Vorgangs unter Berücksichtigung unmittelbar erlangter Erkenntnisse ohne daran beteiligt gewesen zu sein.

Warum soll es nun aber dem entscheidenden Gericht verwehrt bleiben, eine Sachentscheidung auf Grundlage der Akten oder eigener Ermittlungsmaßnahmen zu treffen? *Bornmann* weist zutreffend darauf hin, dass in Literatur und Rechtsprechung die Bindung des Beschwerdegerichts an die Wertungen des er-

629 *Bornmann*, Die Struktur der strafprozessualen Beschwerde, 2008, S. 196 ff.
630 *Bornmann*, Die Struktur der strafprozessualen Beschwerde, 2008, S. 212.
631 *Bornmann*, Die Struktur der strafprozessualen Beschwerde, 2008, S. 207 ff.
632 *Bornmann*, Die Struktur der strafprozessualen Beschwerde, 2008, S. 216.
633 *BGH*, StV 1991, S. 525, 525.

kennenden Gerichts, die auf dem Inbegriff der Hauptverhandlung beruhen, zumeist ohne weitergehende Begründung Eingang gefunden hat.[634]

Im Gegensatz zur Haftprüfung während laufender Hauptverhandlung, welche gem. § 126 Abs. 2 S. 1 StPO vor dem erkennenden Gericht stattfindet, woraus sich auch die Tatsache rechtfertigt, dass hierbei die Ergebnisse der Beweisaufnahme der Hauptverhandlung zu berücksichtigen sind, führt die Beschwerde zur Behandlung der Sache durch eine höhere Instanz. Eine Übertragung derselben Grundsätze, wie sie auch für die Haftprüfung gelten, bedarf daher einer nachdrücklichen Begründung.

Das Gesetz spricht zunächst in § 308 Abs. 2 StPO und § 309 Abs. 2 StPO eine klare Sprache. Hierin kommen die Kompetenz zu eigenen Ermittlungsmaßnahmen sowie die Ersetzung der beanstandeten Entscheidung durch die neu getroffene Entscheidung des Beschwerdegerichts zum Ausdruck.[635] Dem Grunde nach überprüft das Beschwerdegericht den Beschwerdegegenstand sowohl in rechtlicher als auch in tatsächlicher Hinsicht.[636]

Aufgrund dieser Parallelen wird die Beschwerde auch mit dem Rechtsmittel der Berufung verglichen.[637] Eine generelle Beschränkung der Prüfungskompetenz, wie etwa durch § 337 Abs. 1 StPO im Bereich der Revision, existiert im Beschwerderecht nicht.[638] Einzig die §§ 305a Abs. 1 S. 2, 453 Abs. 2 S. 1 StPO engen die Kompetenz des Beschwerdegerichts auf die Überprüfung der Gesetzeswidrigkeit in den dort genannten Fällen ein.[639]

Wenn nun eine Würdigung der aus dem Inbegriff der Hauptverhandlung getroffenen Feststellung tatsächlich nicht möglich ist, so stellt sich die Frage, aus welcher sachlichen Erwägung heraus, wenn schon nicht gestützt durch das Gesetz, diese Feststellungen des Tatgerichts für das Beschwerdegericht unantastbar

---

634 *Bornmann*, Die Struktur der strafprozessualen Beschwerde, 2008, S. 199.

635 Vgl. *Mohrbotter*, Grenzen der Bindung an aufhebende Entscheidungen, ZStW 84 (1972), S. 612, 623; *Ellersiek*, Die Beschwerde im Strafprozeß, 1981, S. 194.

636 *BVerfG*, NJW 2004, S. 3171, 3171; *BGH*, NJW 1964, S. 2119, 2119; *OLG Koblenz*, NStZ-RR 1997, S. 206, 207; *OLG Rostock*, NStZ-RR 2000, S. 14, 14; *OLG Düsseldorf*, NJW 2002, S. 2963, 2964; *Meyer-Goßner*, StPO, 54. Aufl., 2011, Vor § 304 Rn. 3.

637 So schon *Binding*, Grundriss des gemeinen deutschen Strafprocessrechts, 1881, S. 188. Siehe auch *Schwentker*, Der Ausschluß der Beschwerde nach § 305 StPO, 1990, S. 19; *Mohrbotter*, Grenzen der Bindung an aufhebende Entscheidungen, ZStW 84 (1972), S. 612, 623.

638 Hiernach beschränkt sich die Kontrolle des Revisionsgerichts grundsätzlich auf die Überprüfung der Gesetzmäßigkeit des Zustandekommens sowie der Rechtsfehlerfreiheit des Urteils. Siehe hierzu etwa *Kuckein*, in: KK, StPO, 6. Aufl., 2008, § 337 Rn. 3; *Meyer-Goßner*, StPO, 54. Aufl., 2011, § 337 Rn. 1.

639 Hierbei handelt es sich um Beschlüsse im Zusammenhang mit einem auf Bewährung lautenden Urteil oder einer Verwarnung mit Strafvorbehalt.

seien sollen. Gerade die Fehlbarkeit menschlichen Entscheidens führt zur Legitimation und zur Notwendigkeit der Überprüfbarkeit richterlicher Entscheidungen.[640] Dies erklärt, warum der Gesetzgeber mit den §§ 304, 310 StPO einen weitreichenden Instanzenzug, gerade bei grundrechtsintensiven Eingriffen im Zusammenhang mit der Verhaftung, geschaffen hat.

Anders als das Rechtsmittel der Revision dient die Beschwerde nicht der Herstellung der Rechtseinheit.[641] Zwar bestehen Parallelen, wenn auch das Rechtsmittel der Beschwerde, wie alle Rechtsmittel, der Einzelfallgerechtigkeit dient. Der beschränkte Prüfungsumfang innerhalb des Revisionsverfahrens erklärt sich jedoch daraus, dass bei einer unter Umständen Jahre später anberaumten Revisionsverhandlung möglicherweise aufgrund veränderter Erinnerung eine qualitativ schlechtere Entscheidung getroffen werden würde als in der beanstandeten Ausgangsentscheidung.[642] Die Revision soll daher einen „realistischen Rechtsschutz" gewährleisten, indem nur diejenigen Gesichtspunkte einer Kontrolle unterliegen, welche unabhängig von einer Wiederholung der Hauptverhandlung, anhand der Feststellungen des Tatrichters, rekonstruierbar sind.[643]

In einem gleichzeitig zur Hauptverhandlung laufenden Beschwerdeverfahren bestehen solcherlei mit dem Zeitlauf verbundenen „Qualitätsverluste" jedoch gerade nicht. Hier muss es dem Richter belassen sein, Zweifel an den Feststellungen des Tatrichters durch eigene Ermittlungsmaßnahmen oder eine anderweitige Auswertung des Aktenbestandes auszuräumen, oder aber auch aufgrund dieser Erkenntnisse eine gegenläufige Entscheidung zu treffen.

6. Zusammenfassung der Ergebnisse

- Die bisherige Übung der Gerichte, Haftbeschwerdeanträge nach Erhebung der Anklage in einen Haftprüfungsantrag umzudeuten, findet keine Zustimmung. Eine Beibehaltung des ursprünglichen Antrags macht es jedoch zur Vermeidung zweifacher erstinstanzlicher Gerichtsbefassung erforderlich, die anzufechtende Entscheidung als solche des nun erkennenden Gerichts zu betrachten.

- § 306 Abs. 2 Hs. 2 StPO bedarf zwingender Beachtung. Eine Überschreitung der Frist führt zwar nicht zur Aufhebung des Haftbefehls, berechtigt aber zur Untätigkeitsbeschwerde.

640 Vgl. hierzu Kapitel 4, B. I Nr. 2 b) bb).
641 Zum Zweck der Revision siehe *Temming*, in: HK, StPO, 4. Auf., 2009, Vor §§ 333 ff. Rn. 9.
642 Vgl. *Roxin/Schünemann*, Strafverfahrensrecht, 26. Aufl., 2009, § 55 Rn. 10.
643 Vgl. *Schünemann*, Revision im Strafprozeß, JA 1982, S. 71,73.

- Ein beschränkter Prüfungsumfang im Beschwerdeverfahren bei laufender Hauptverhandlung lässt sich sachlich, entgegen der hierzu überwiegend vertretenen Ansicht, nicht rechtfertigen. Dies geht aus dem Wesen der Beschwerde hervor, welche als Tatsacheninstanz die erneute Überprüfung der angefochtenen Entscheidung durch das Beschwerdegericht, als höherrangiges Gericht, gewährleistet.

C. Weitere Beschwerde gem. § 310 StPO

I. Zulässigkeit

§ 310 Abs. 1 Nr. 1–Nr. 3 StPO enthält Ausnahmen vom Grundsatz des Abs. 2, wonach eine weitere Anfechtung der Beschwerdeentscheidung i. S. d. § 309 StPO nicht stattfindet. Im Haftverfahren besteht gem. § 310 Abs. 1 Nr. 1 StPO die Möglichkeit der weiteren Beschwerde, sofern der anzufechtende Beschluss von einem Landgericht oder von dem nach § 120 Abs. 3 GVG zuständigen Oberlandesgerichts auf die Beschwerde hin erlassen wurde und dieser Beschluss die „Verhaftung" betrifft.

Häufig findet sich ein Verweis bezüglich der Zulässigkeitsvoraussetzungen des § 310 Abs. 1 Nr. 1 StPO und des dort normierten Verhaftungsbegriffs auf die §§ 304 Abs. 4 S. 2 Nr. 1, Abs. 5 StPO mit der Begründung, es handele sich hierbei um einen vergleichbaren Fall.[644] Diese Gleichstellung wird auch deutlich, wenn Gerichte in ihren Entscheidungsgründen Beschlüsse des *BGH* zur Auslegung des § 310 StPO hinzuziehen, welche § 304 StPO betreffen, ohne hierbei auf etwaige Unterschiede hinzuweisen.[645]

Der *BGH* selbst äußerte sich in einer Entscheidung bezüglich der Reichweite des Anwendungsbereichs der weiteren Beschwerde in einem obiter dictum zunächst lediglich dahingehend, dass seiner Ansicht nach

---

644 So etwa *KG Berlin*, NJW 1979, S. 2626, 2626; *OLG Zweibrücken*, MDR 1979, S. 695, 695; *OLG Celle*, StV 1983, S. 466, 466; *OLG Karlsruhe*, NStZ 1983, S. 41, 41; *OLG Koblenz*, NStZ 1990, S. 102, 102; *OLG Köln*, StV 1994, S. 321, 322; *OLG Hamburg*, StV 1994, S. 323, 324; *OLG Frankfurt*, NStZ-RR, 2000, S. 26, 27; *Altenhain/Günther*, in: AK, StPO, 1996, § 304 Rn. 31; *Meyer-Goßner*, StPO, 54. Aufl., 2011, § 304 Rn. 13; *Engelhardt*, in: KK, StPO, 6. Aufl., 2008, § 310 Rn. 10; *Rautenberg*, in: HK, StPO, 4. Aufl., 2009, § 310 Rn. 7; *Wendisch*, in: FS Dünnebier, 1982, S. 239, 252; *Matt*, Zur (weiteren) Beschwerde nach §§ 304, 310 StPO, NJW 1991, S. 1801, 1801.

645 Siehe etwa *OLG Nürnberg*, MDR 1978, S. 953, 953; MDR 1980, S. 75, 75; *OLG Düsseldorf*, NJW 1980, S. 2426, 2426; *OLG Celle*, NStZ-RR 2006, S. 222, 223.

„§ 310 StPO keine weitere Auslegung als § 304 Abs. 4 S. 2 Nr. 1 StPO finden sollte“.[646]

In einer späteren Entscheidung wendet der Senat dann einen für § 310 StPO geltenden Grundsatz auf § 304 Abs. 4 S. 2 Nr. 1 StPO an und begründet dies unter Heranziehung der Gesetzesmaterialien damit, beide Vorschriften seien aufeinander „abgestimmt“.[647]

Im Folgenden soll daher, gesondert von den Überlegungen zu §§ 304 Abs. 4 S. 2 Nr. 1, Abs. 5 StPO, zunächst der Meinungsstand bezüglich der Zulässigkeitsvoraussetzungen der weiteren Beschwerde dargelegt werden. In der anschließenden Stellungnahme gilt es dann zu erörtern, ob sich Abweichungen bei der Bestimmung des Anwendungsbereiches der weiteren Beschwerde aufgrund der Besonderheiten dieses Rechtsbehelfs ergeben.

1. Meinungsstand

In Rechtsprechung und Lehre war die Bestimmung der Zulässigkeitsvoraussetzungen der weiteren Beschwerde gem. § 310 StPO lange Zeit umstritten. Nach einer Ansicht sollte das Rechtsmittel nur statthaft sein, wenn die angestrebte Entscheidung auf den Verbleib des Beschuldigten in Untersuchungshaft oder in Freiheit abzielt.[648] In neuerer Zeit findet diese Auffassung seitens der großen Mehrheit keine Zustimmung mehr.[649] Nach nunmehr h. M. erstreckt sich die Möglichkeit der weiteren Beschwerde auf die Anfechtung des Bestandes des Haftbefehls, unabhängig davon, ob dieser vollzogen wird.[650]

646 *BGH*, NJW 1973, S. 664, 665.

647 *BGH*, NJW 1981, S. 1221, 1221.

648 Siehe hierzu *OLG Stuttgart*, MDR 1978, S. 953, 953; *OLG Hamburg*, JR 1978, S. 526, 526; *OLG Zweibrücken*, MDR 1979, S. 695,695; MDR 1990, S. 945, 945; *OLG München*, MDR 1980, S. 74, 75; *OLG Nürnberg*, MDR 1980, S. 75, 75; *OLG Karlsruhe*, NStZ 1983, S. 41, 41; *OLG Düsseldorf*, StV 1990, S. 309, 310; *OLG Koblenz*, NStZ 1988, S. 327, 328; *Gollwitzer*, Anm. z. Beschl. d. OLG Hamburg v. 15.12.1977 – 1 Ws 518, 519/77, JR 1978, S. 526, 527; *Ellersiek*, Die Beschwerde im Strafprozeß, 1981, S. 95; *Roxin*, Strafverfahrensrecht, 25. Aufl., 1998, § 54 Rn. 14.

649 Soweit ersichtlich sei hier einzig *Roxin*, Strafverfahrensrecht, 25. Aufl., 1998, § 54 Rn. 14 genannt, welcher nicht von dieser Ansicht abweicht. Auch in der 26., von Schünemann fortgeführten Auflage dieses Lehrbuchs wird diese Meinung vertreten, siehe *Roxin/Schünemann*, Strafverfahrensrecht, 2009, § 56 Rn. 13. Allerdings verweist der Autor in Fn. 4 diesmal darauf, dass es sich um eine Mindermeinung handelt.

650 So schon *KG Berlin*, NJW 1979, S. 2626, 2627; *OLG Düsseldorf*, NJW 1980, S. 2426, 2426; *OLG Hamm*, NJW 1981, S. 294, 294; *OLG Hamburg*, NJW 1981, S. 834, 834; StV 1994, S. 323, 323; *OLG Schleswig*, NJW 1981, S. 1523, 1523; *OLG Celle*, StV

2. Stellungnahme

Wie bereits zu § 304 Abs. 4 S. 2 Nr. 1, Abs. 5 StPO ausgeführt,[651] liefert der Wortlaut nur bedingten Aufschluss über die Reichweite der Vorschrift. Im Unterschied zu der vorgenannten Norm geht jedoch bereits aus der Vorschrift selbst der Ausnahmecharakter dieser Regelung eindeutig hervor, stellt Abs. 2 doch klar, dass grundsätzlich die weitere Anfechtung einer ergangenen Beschwerdeentscheidung ausscheidet, es sei denn, es handelt sich um einen der in § 310 Abs. 1 Nr. 1 – 3 StPO genannten Fälle. In diesem Punkt unterscheiden sich die Rechtsbehelfe also, da die weitere Beschwerde generell nur in Ausnahmefällen statthaft ist, wohingegen die Beschwerde nach § 304 Abs. 1 StPO grundsätzlich weit gefasst ist. Dies gilt jedoch nur in Bezug auf die Rechtsbehelfe als solche. Dessen ungeachtet handelt es sich bei den hier interessierenden §§ 304 Abs. 4 S. 2 Nr. 1, Abs. 5 StPO um Ausnahmen vom Grundsatz des Ausschlusses der Beschwerde bei Entscheidungen des OLG sowie des Ermittlungsrichters des OLG und des BGH und folglich um Ausnahmetatbestände.

Bestehen insoweit Parallelen, divergiert doch der Regelungsgehalt beider Vorschriften. In Abgrenzung zu § 304 StPO berechtigt die weitere Beschwerde zur nochmaligen Überprüfung einer Beschwerdeentscheidung und räumt dem Beschwerdesteller damit eine zusätzliche Instanz ein. Daher kann dem *BGH* zugestimmt werden, wenn dieser eine weitergehende Auslegung des Verhaftungsbegriffs in § 310 StPO ablehnt.[652]

1983, S. 466, 466; *OLG Karlsruhe*, StV 1994, S. 324, 324; *OLG Köln*, StV 1994, S. 321, 321; *Eb. Schmidt*, in: StPO, Teil II, 1957, § 116 Rn. 20; *Renzikowski/Günther*, in: AK, StPO, 1996, § 310 Rn. 17; *Giesler*, Der Ausschluß der Beschwerde gegen richterliche Entscheidungen im Strafverfahren, 1981, S. 138; *Wendisch*, in: FS Dünnebier, 1982, S. 239, 254; *Matt*, Zur (weiteren) Beschwerde nach §§ 304, 310 StPO, NJW 1991, S. 1801, 1803; Nachweise neuerer Zeit: *OLG Bremen*, StV 1997, S. 533, 533; StV 2001, S. 689, 689; *OLG Düsseldorf*, Beschl. v. 18.08.2003 - III-3 Ws 232/03, 3 Ws 232/03, BeckRS 2009, 22167; *OLG Hamm*, Wistra 2002, S. 238, 239; StV 2002, S. 315, 316; *OLG Celle*, NStZ-RR 2006, S. 222, 223; *Paeffgen*, in: SK, StPO, 4. Aufl., 2010, § 116 Rn. 24; *Meyer-Goßner*, StPO, 54. Aufl., 2011, § 310 Rn. 7; *Engelhardt*, in: KK, StPO, 6. Aufl., 2008, § 310 Rn. 10, § 304 Rn. 7; *Rotsch/Gasa*, in: AnwK, 2. Aufl., 2010, § 310 Rn. 8; *Wankel*, in: KMR, StPO, Stand: Januar 2010, § 116 Rn. 15; *Rautenberg*, in: HK, StPO, 4. Aufl., 2009, § 310 Rn. 7; *Hilger*, in: L/R, StPO, 26. Aufl., 2007, § 116 Rn. 42; *Matt*, in: L/R, StPO, 25. Aufl., 2003, § 310 Rn. 33; *Schlothauer/Weider*, Untersuchungshaft, 4. Aufl., 2010, Rn. 808; *Münchhalffen/Gatzweiler*, Das Recht der Untersuchungshaft, 3.Aufl., 2009, Rn. 411; *Neuhaus*, Haftverschonungsauflagen und ihre Kontrolle, StV 1999, S. 340, 342.

651 Siehe hierzu Kapitel 4, B. I Nr. 4.

652 Siehe *BGH*, NJW 1973, S. 664, 665.

Bleibt zu fragen, ob sachliche Gründe eine engere Auslegung des Begriffs rechtfertigen. Die Materialien zu den Motiven der StPO liefern keinen eindeutigen Aufschluss. Hiernach kommt lediglich der Ausnahmecharakter nochmalig zum Vorschein.[653] Ähnliches gilt für die Gesetzesbegründung zur Erweiterung des § 304 Abs. 4 StPO und Neufassung des § 310 StPO.[654] Der *BGH* entnimmt diesen Materialien den Willen des Gesetzgebers zur einheitlichen Handhabe beider Vorschriften.[655]

Tatsächlich bezweckte die Gesetzesänderung allerdings die „allgemeine Einführung eines zweiten Rechtszuges in Staatsschutzsachen" und nur in diesem Zusammenhang eine „weitere Anpassung".[656]

Allerdings lässt sich ein gewisser Gleichlauf dennoch aus den Materialien entnehmen, verweist doch die Begründung zur Erweiterung des § 310 StPO auf den Regelungsgehalt des § 304 StPO, in dem, „wie bereits erwähnt", die Einschränkung der Norm ihre Existenzberechtigung in der sonst ausufernden Belastung der Gerichte findet.[657]

Die Verwendung des identischen Begriffs in Kenntnis der Auslegungsschwierigkeiten und der vielfach hierzu ergangen divergierenden Judikatur ließe sich bei einem anderen Verständnis kaum erklären, müsste der Gesetzgeber doch dann im Rahmen der Neuordnung Klarheit schaffen.

Daher spricht das unveränderte Festhalten an dem Begriff „Verhaftung" sowohl in § 304 StPO, als auch in § 310 StPO für ein einheitliches Begriffsverständnis. Somit besteht das Beschwerderecht generell, unabhängig davon ob der Haftbefehl vollstreckt wird, sofern sich die angefochtene Beschwerdeentscheidung auf den Bestand des Haftbefehls bezog, zudem auch dann, wenn diese Entscheidung die Erweiterung des Haftbefehls durch einen weiteren Haftgrund zum Gegenstand hatte. Ebenso unterliegt auch die Entscheidung des Beschwerdegerichts über die Auferlegung von Maßnahmen nach § 116 StPO einer weiteren Überprüfungsmöglichkeit, sofern sich eine abweichende Beschwerdeentscheidung auf den Verbleib des Inhaftierten in der Untersuchungshaft auswirkt.[658]

653 *Hahn/Mugdan*, Die Gesamten Materialien zu den Reichs-Justizgesetzen, Band 3, Abteilung 1, 1885, S. 249.
654 BT-Drs. 5/4086, S. 11.
655 *BGH*, NJW 1981, S. 1221, 1221.
656 BT-Drs. 5/4086, S. 11.
657 BT-Drs. 5/4086, S. 11.
658 Siehe hierzu die Ausführungen zu Kapitel 3, B. I Nr. 4 b) aa).

3. Rechtsschutz gegen aufgehobenen Haftbefehl

a) Meinungsstand

Abschließend stellt sich noch die Frage, inwieweit eine Beschwerde oder weitere Beschwerde gem. den §§ 304 Abs. 4 S. 2 Nr. 1, Abs. 5, 310 StPO auch bezüglich der Feststellung der Rechtswidrigkeit bereits aufgehobener Haftbefehle statthaft ist.[659] Eine einheitliche Erörterung bietet sich nunmehr aufgrund des identischen Begriffsverständnisses an.

Jeweils unter Berücksichtigung und expliziter Erwähnung des Urteils des *BVerfG* aus dem Jahr 1997 zur Aufgabe der prozessualen Überholung vertraten die Gerichte bisher unterschiedliche Ansichten.[660] Dabei betrachteten innerhalb der fachgerichtlichen Rechtsprechung das *OLG Celle*[661] sowie das *OLG Düsseldorf*[662] das Rechtmittel für zulässig, wohingegen, ebenfalls vor dem Hintergrund der geänderten Auffassung des *BVerfG*, das *OLG Hamm*[663] und das *KG Berlin*[664] die gegenteilige Meinung vertraten. Auch das *OLG Zweibrücken*[665] lehnte die Statthaftigkeit der weiteren Beschwerde bei aufgehobenem Haftbefehl ab, das Rechtsmittel richtete sich allerdings nicht auf die Feststellung der Rechtwidrigkeit, sondern auf die fehlende Kostenentscheidung im Aufhebungsbeschluss, so dass sich eine Heranziehung dieses Beschlusses zur hier behandelten Frage nicht anbietet.[666]

Mittlerweile äußerte sich das *BVerfG* in einem weiteren Beschluss dahingehend, dass das Rechtsmittel der Beschwerde grundsätzlich auch gegen bereits erledigte Haftbefehle statthaft sei, wenn dadurch die Feststellung der Rechtswidrigkeit begehrt wird.[667] Eindeutig Stellung zur Zulässigkeit der weiteren Beschwerde nahm das *BVerfG* zwar zu dem hier behandelten Fall weiterhin nicht,

659 Zur Statthaftigkeit im Rahmen der Beschwerde gem. § 304 Abs. 1 StPO siehe die Ausführungen hierzu in Kapitel 4, B. I Nr. 1.

660 Gemeint ist hier jeweils *BVerfG*, NJW 1997, S. 2163, 2163 ff.

661 *OLG Celle*, NStZ-RR 2003, S. 177, 177. Die komplette Entscheidung des Beschl. v. 21.02.2003 - 2 Ws 39/03 findet sich unter BeckRS 2003, 30308247.

662 *OLG Düsseldorf*, NStZ-RR 2001, S. 382, 382.

663 *OLG Hamm*, NJW 1999, S. 229, 230.

664 *KG Berlin*, Beschl. v. 20.01.1999 – 1 AR 27/99 Rn. 3 (juris).

665 *OLG Zweibrücken*, Beschl. v. 27.12.2000 – 1 WS 644/00, JBlRP 2001/Nr.7, S. 195, 196.

666 Diese Differenzierung trifft *Meyer-Goßner*, StPO, 54. Aufl., 2011, § 310 Rn. 7 nicht, wenn er zur Begründung seiner Ansicht diese Entscheidung heranzieht, als gegenteilige Ansicht jedoch den auf die Zulässigkeit der nachträglichen Feststellung der Rechtswidrigkeit gerichteten Beschluss des *OLG Düsseldorf*, NStZ-RR 2001, S. 382, 382 = StV 2001, S. 332, 332.

667 *BVerfG*, StraFo 2006, S. 20, 20 ff.

sondern hielt die Statthaftigkeit angesichts der bisher vertretenen differenzierten Ansichten in Rechtsprechung und Literatur für „zweifelhaft".[668] Dennoch sind Teile der Literatur der Meinung, in Folge dieses Beschlusses sei eine Abkehr der Rechtsprechung von der ablehnenden Ansicht wahrscheinlich.[669]

Die Bezugnahme des *OLG München*[670] auf den erörterten Beschluss des *BVerfG* bestätigt diese Auffassung. Das *OLG* hielt hierin die weitere Beschwerde gegen eine Beschwerdeentscheidung trotz mittlerweile aufgehobenem Haftbefehl für statthaft. In der angegriffenen Ausgangsentscheidung hatte das *LG Augsburg*[671] eine Beschwerde mit dem Verweis auf die Erledigung der Haftsache als unzulässig verworfen.

Auch in der Literatur finden sich zunehmend Befürworter einer Ausweitung der Zulässigkeit der weiteren Beschwerde als Instrument zur Gewährung nachträglichen Rechtsschutzes.[672]

b) Stellungnahme

Nach ständiger Rechtsprechung des *BVerfG* gewährleistet Art. 19 Abs. 4 GG bei Einräumung eines weiteren Instanzenzuges auch in diesem Rahmen effektiven Rechtsschutz.[673] Dieser erstreckt sich dabei bei schwerwiegenden Grundrechtseingriffen, wie sie im Zusammenhang mit der Anordnung von Untersuchungshaft immer vorliegen, auch auf die nachträgliche Feststellung der Rechtswidrigkeit der Maßnahme.[674] Keine Rolle spielt dabei auch, ob der Beschwerdeführer „typischerweise" schon vor Beendigung der Maßnahme Rechtsschutz erlangen könnte und zu welchem Zeitpunkt die Erledigung eintrat.[675]

Die bisher von Seiten der Rechtsprechung zu behandelnden Fälle betrafen zum einen die weitere Beschwerde gegen eine Entscheidung des Beschwerdegerichts, welches die nachträgliche Feststellung der Rechtswidrigkeit eines Haftbe-

668 *BVerfG*, StraFo 2006, S. 20, 23.

669 So etwa *Park/Schlothauer*, in: FS Widmaier, 2008, S. 387, 395, Fn. 36.

670 *OLG München*, StV 2006, S. 317, 318.

671 *LG Augsburg*, Beschl. v. 12.12.2005 – Jug Ws 680/05.

672 Siehe etwa *Matt*, in: L/R, StPO, 25. Aufl., 2003, § 310 Rn. 33; *Schlothauer/Weider*, Untersuchungshaft, 4. Aufl., 2010, Rn. 855a; *Park/ Schlothauer*, in: FS Widmaier, 2008, S. 387, 396 ff.; *Herrmann*, Untersuchungshaft, 2008, Rn. 1129; *Kirchner*, Anm. z. Beschl. d. OLG München v. 31.01.2006 – 3 Ws 61/06, StV 2006, S. 317, 318; a. A. *Meyer-Goßner*, StPO, 54. Aufl., 2011, § 310 Rn. 7.

673 Siehe nur *BVerfG*, NJW 2010, S. 2864, 2864 m. w. N.

674 *BVerfG*, NJW 1999, S. 3773, 3773 ; NJW 2000, S. 1401, 1401; NJW 2002, S. 2456, 2456; StraFo 2006, S. 20, 21.

675 *BVerfG*, NJW 2002, S. 2700, 2701; NJW 2002, S. 2456, 2457; StraFo 2006, S. 20, 21.

fehls als unzulässig ansah,[676] zum anderen die Aufrechterhaltung der weiteren Beschwerde gegen eine negativ beschiedene Haftentscheidung trotz der mittlerweile erfolgten Aufhebung des angefochtenen Haftbefehls.[677]

Fraglich erscheint, warum es dem Beschwerdeführer zugemutet werden kann, nachträglichen Rechtsschutz erst über den Weg des Verfassungsrichters zu erlangen, wenn doch in der Strafprozessordnung grundsätzlich noch ein weiterer fachgerichtlicher Rechtsbehelfs zur Verfügung steht, zumal das *BVerfG* darauf hinweist, dass ein vorhandenes Rechtsmittel nicht durch überspitzte Anforderungen „leer laufen" darf.[678]

Dieses Bedürfnis nach gerichtlichem Rechtsschutz verstärkt sich, wenn wie im Falle des *LG Augsburg*[679] der nachträgliche Rechtsschutz auf dem (einfachen) Beschwerdeweg unzulässigerweise versagt wird.

Auch betrifft das Anliegen des Beschwerdeführers die „Verhaftung", wendet er sich doch gegen den Bestand des Haftbefehls in der Weise, dass er dessen Erlass als rechtswidrig beanstandet. Dass die Beschwerde nicht alleine durch Erledigung der Maßnahme nachträglich unzulässig wird, bedarf unter Verweis auf die Rechtsprechung zur Aufgabe der prozessualen Erledigung keiner weiteren Erörterung mehr.[680]

Im Hinblick auf das Gebot der Rechtswegerschöpfung in § 90 Abs. 2 S.1 BVerfGG erscheint die Zulässigkeit der weiteren Beschwerde ebenso geboten. Hiernach erfordert die Anrufung des höchsten Gerichts die Ausschöpfung des fachgerichtlichen Rechtswegs, worunter alle vom Gesetz zur Verfügung gestellten Rechtsmittel fallen, unabhängig davon, ob die Statthaftigkeit im Einzelnen umstritten ist.[681] Wenn das Gericht zu § 310 StPO jedoch bekundet, dass

> „der Rechtsschutz vor den Fachgerichten in tatsächlicher und rechtlicher Hinsicht geeignet ist, die unmittelbaren Normwirkungen einer gerichtlichen Prüfung zu unterziehen",

---

676 Dieser Sachverhalt lag der Entscheidung des *OLG München*, StV 2006, S. 317, 317 ff. zugrunde.

677 Auf diesem Sachverhalt basierend entschieden *OLG Düsseldorf*, NStZ-RR 2001, S. 382, 382; *OLG Celle*, NStZ-RR 2003, S. 177, 177 für die Zulässigkeit, *OLG Hamm*, NJW 1999, S. 229, 230 sowie das *KG Berlin*, Beschl. v. 20.01.1999 – 1 AR 27/99 Rn. 3 (juris) ablehnend.

678 *BVerfG*, NVwZ 1988, S. 718, 719; NJW 1997, S. 2163, 2164; NJW 2002, S. 2456, 2456; StrFo 2006, S. 20, 20.

679 *LG Augsburg*, Beschl. v. 12.12.2005 – Jug Ws 680/05. Dieser Entscheidung ging *OLG München*, StV 2006, S. 317, 317 ff. voraus.

680 Siehe hierzu Kapitel 1, C. II.

681 *BVerfG*, NJW 1994, S. 2817, 2817; StraFo 2006, S. 20, 23.

wäre es mit dem Gebot eines effektiven Rechtschutzes kaum zu vereinbaren, die Statthaftigkeit dennoch abzulehnen und den Antragsteller auf die Verfassungsbeschwerde zu verweisen.[682]

II.Zusammenfassung des Ergebnisses

- Die Zulässigkeitsvoraussetzungen des § 304 Abs. 4 S. 2 Nr. 1, Abs. 5 StPO und des § 310 StPO gleichen sich bezüglich der Anforderungen an den Verhaftungsbegriff. Dies gilt auch für die Gewährung nachträglichen Rechtsschutzes. Beide Rechtsmittel können daher auch auf die Feststellung der Rechtswidrigkeit eines bereits aufgehobenen Haftbefehls gerichtet sein.

D. Konkurrenzen

I. Meinungsstand

§ 117 Abs. 2 S. 1 StPO normiert die Vorrangstellung der Haftprüfung vor der Beschwerde. Letztere ist danach

> „neben dem Antrag auf Haftprüfung [...] unzulässig."

Die Regelung erstreckt sich sowohl auf die mündliche als auch auf die schriftliche Haftprüfung.[683] „Beschwerde" i. S. d. Vorschrift umfasst ebenso die weitere Beschwerde gem. § 310 StPO.[684] Ein Nebeneinander beider Rechtsbehelfe scheidet nur dann aus, sofern ein identisches Rechtsschutzziel verfolgt wird.[685] Der Ausschlusstatbestand setzt des Weiteren die Zulässigkeit des ge-

---

682 Vgl. *BVerfG*, StraFo 2006, S. 20, 23.

683 *Schlothauer/Weider*, Untersuchungshaft, 4. Aufl., 2010, Rn. 791.

684 *OLG Düsseldorf*, MDR 1969, 779; StV 1991, S. 526, 526; *OLG Hamburg* MDR 1984, 72; *Graf*, in: KK, StPO, 6. Aufl., 2008, § 117 Rn. 6; *Hilger*, in: L/R, StPO, 26. Aufl., 2007, § 117 Rn. 16; *Lemke*, in: HK, StPO, 4. Aufl., 2009, § 117 Rn. 15; *Herrmann*, Untersuchungshaft, 2008, Rn. 1132.

685 *OLG Karlsruhe*, StV 1994, S. 324, 324; *Hilger*, in: L/R, StPO, 26. Aufl., 2007, § 117 Rn. 16; *Graf*, in: KK, StPO, 6. Aufl., 2008, § 117 Rn. 6; *Meyer-Goßner*, StPO, 54. Aufl., 2011, § 117 Rn. 14; *Münchhalffen/Gatzweiler*, Das Recht der Untersuchungshaft, 3. Aufl., 2009, Rn. 409.

stellten Haftprüfungsantrags voraus.[686] § 117 Abs. 2 S. 1 StPO findet unabhängig davon Anwendung, zu welchem Zeitpunkt beide Rechtsbehelfe in Konkurrenz treten.[687] Die einmal herbeigeführte Unzulässigkeit soll nach überwiegender Sichtweise auch noch im Falle der Zurücknahme des Haftprüfungsantrages fortbestehen.[688] Eine Neueinlegung der Beschwerde sei dann aber zulässig.[689]

Differenzierter äußerten sich Rechtsprechung und Literatur zur Frage der Behandlung „vorsorglich" oder „hilfsweise" gestellter Haftprüfungsanträge neben der Beschwerde. Stimmen, welche solche Anträge für zulässig erachten, ohne dass dies zur Unzulässigkeit der Beschwerde führe, verweisen auf die Funktion des § 117 Abs. 2 StPO.[690] Danach soll eine gleichzeitige Befassung von zwei Instanzen, die möglicherweise zu unterschiedlichen Ergebnissen gelangen, verhindert werden. Eine solche Gefahr bestehe jedoch gerade nicht, wenn die Antragstellung vom Erfolg der Beschwerde abhängig gemacht werde.

---

686 *OLG Hamburg*, MDR 1974, S. 861, 861; *OLG Düsseldorf*, Beschl. v. 04.02.1999 - 1 Ws 72/99, 3 Js 326/98, S. 2 (unveröffentlicht); *Graf*, in: KK, StPO, 6. Aufl., 2008, § 117 Rn. 8; *Meyer-Goßner*, StPO, 54. Aufl., 2011, § 117 Rn. 14.

687 *Saarländisches OLG*, wistra 1996, S. 80, 80; *Graf*, in: KK, StPO, 6. Aufl., 2008, § 117 Rn. 8; *Hilger*, in: L/R, StPO, 26. Aufl., 2007, § 117 Rn. 18; *Schlothauer/Weider*, Untersuchungshaft, 4. Aufl., 2010, Rn. 792.

688 *OLG Hamm*, Beschl. v. 14.09.1979 – 6 Ws 173/79, Rn. 3 (juris); *OLG Düsseldorf*, StV 1991, S. 526, 526; *OLG Karlsruhe* StV 1994, S. 324, 324; *OLG Stuttgart*, NStZ 1994, S. 401, 401; Beschl. v. 23.02.2005 - 1 Ws 51/05, BeckRS 2005, 02682; *Meyer-Goßner*, StPO, 54. Aufl., 2011, § 117 Rn. 14; *Graf*, in: KK, StPO, 6. Aufl., 2008, § 117 Rn. 7; *Krauß*, in: BeckOK, StPO, Stand: 01.02.2012, § 117 Rn. 8; *Wankel*, in: KMR, StPO, Stand: Januar 2010, § 117 Rn. 17; *Lammer*, in: AnwK, StPO, 2. Aufl., 2010, § 117 Rn. 4: *Lemke*, in: HK, StPO, 4. Aufl., 2009, § 117 Rn. 17; *Hilger*, in: L/R, StPO, 26. Aufl., 2007, § 117 Rn. 20; a.A. *Matt*, Zu Problemen der Haftbeschwerde und des Haftprüfungsantrags, JA 1991, S. 85, 87; *Schlothauer/Weider*, Untersuchungshaft, 4. Aufl., 2010, Rn. 793; *Herrmann*, Untersuchungshaft, 2008, Rn. 1096; *Armatage*, in: Praxiswissen Strafverteidigung, 2009, Rn. 288, Fn. 431.

689 *Meyer-Goßner*, StPO, 54. Aufl., 2011, § 117 Rn. 14; *Graf*, in: KK, StPO, 6. Aufl., 2008, § 117 Rn. 7; *Lammer*, in: AnwK, StPO, 2. Aufl., 2010, § 117 Rn. 4; *Hilger*, in: L/R, StPO, 26. Aufl., 2007, § 117 Rn. 20.

690 *OLG Oldenburg*, MDR 1986, S. 163, 163; *Mertes*, Anm. z. Beschl. d. Saarländischen OLG v. 27.11.1995 – 1 Ws 162/95, wistra 1996, S. 80, 80; *Matt*, Zu Problemen der Haftbeschwerde und des Haftprüfungsantrags, JA 1991, S. 85, 86; *Lammer*, in: AnwK, StPO, 2. Aufl., 2010, § 117 Rn. 4. Ohne nähere Begründung: *OLG Düsseldorf*, Beschl. v. 04.02.1999 - 1 Ws 72/99, 3 Js 326/98, S. 2 (unveröffentlicht); *Meyer-Goßner*, StPO, 54. Aufl., 2011, § 117 Rn. 14; *Hilger*, in: L/R, StPO, 26. Aufl., 2007, § 117 Rn. 20; *Paeffgen*, in: SK, StPO, 4. Aufl., 2010, § 117 Rn. 7; *Schlothauer/Weider*, Untersuchungshaft, 4. Aufl., 2010, Rn. 791.

Die Gegenansicht legt ihre Gründe mit Ausnahme des *OLG Zweibrücken* nicht dar.[691] Nach Ansicht dieses Gerichts bestehe aufgrund des § 117 Abs. 2 StPO kein Spielraum des Antragstellers, über die Reihenfolge der Antragsbehandlung zu disponieren. Diese sei bereits durch das Gesetz vorgegeben. Der Haftprüfung komme der Vorrang zu.[692]

Bisherige Ausführungen zur Zulässigkeit von Hilfsanträgen bezogen sich jeweils auf die vorsorgliche Einlegung des Haftprüfungsantrages neben der Beschwerde. Das *OLG Düsseldorf* [693] hatte sich auch mit der entgegengesetzten Variante zu befassen, also der hilfsweisen, für den Fall der Erfolglosigkeit, gestellten Haftbeschwerde. Diese erachtete das *OLG*, auch wenn die Einlegung nur vorsorglich erfolgte, neben der Haftprüfung unter Hinweis auf § 117 Abs. 2 S. 1 StPO als unzulässig.

Streitpunkte bestehen auch bezüglich der Behandlung einer Beschwerdeentscheidung die vom Beschwerdegericht in Unkenntnis eines bereits anhängigen, die Vorrangregelung des § 117 Abs. 2 S. 1 StPO auslösenden Haftprüfungsantrages, erlassen wurde. Nach einer verbreiteten Ansicht führt diese Konstellation nicht zur Unwirksamkeit des Beschlusses. Die Aufhebung erfolgt erst auf Antragstellung mittels weiterer Beschwerde.[694] Bei bis dato divergierenden Entscheidungen des Beschwerdegerichts und des für die Haftprüfungsfrage zuständigen Gerichts soll nur die für den Beschuldigten günstigere Wirkung entfalten.[695]

Einen differenzierten Standpunkt vertreten soweit ersichtlich nur das *OLG Stuttgart* und das *OLG Düsseldorf.* Erstgenanntes Gericht hielt in einem Beschluss eine weitere Beschwerdemöglichkeit gegen eine, aufgrund der Regelung des § 117 Abs. 2 S. 1 StPO, unzulässig ergangene Beschwerdeentscheidung

---

691 *OLG Zweibrücken*, JurBüro 1982, S. 1857, 1858; *Graf*, in: KK, StPO, 6.Aufl., 2008, § 117 Rn. 8; *Lemke*, in: HK, StPO, 4. Aufl., 2009, § 117 Rn. 16; *Krause*, in: AK, StPO, 1992, § 117 Rn. 8. Nicht ganz überzeugt zeigt sich das *Saarländische OLG*, wistra 1996, S. 80, 80. Dieses „neigt" jedoch dazu, auch hilfweise eingelegten Haftprüfungsanträgen den Vorzug vor der Beschwerde zu geben, verbunden mit der Unzulässigkeit derselben.

692 *OLG Zweibrücken*, JurBüro 1982, S. 1857, 1858.

693 *OLG Düsseldorf*, Beschl. v. 04.02.1999 - 1 Ws 72/99, 3 Js 326/98, S. 3 (unveröffentlicht).

694 *Graf*, in: KK, StPO, 6. Aufl., 2008, § 117 Rn. 9; *Meyer-Goßner*, StPO, 54. Aufl., 2011, § 117 Rn. 14; *Lammer*, in: AnwK, StPO, 2. Aufl., 2010, § 117 Rn. 4; *Hilger*, in: L/R, StPO, 26. Aufl., 2007, § 117 Rn. 21; *Paeffgen*, in: SK, StPO, 4. Aufl., 2010, § 117 Rn. 8.

695 *Lammer*, in: HK, StPO, 4. Aufl., 2009, § 117 Rn. 4; *Graf*, in: KK, StPO, 6. Aufl., 2008, § 117 Rn. 9; *Hilger*, in: L/R, StPO, 26. Aufl., 2007, § 117 Rn. 21; *Paeffgen*, in: SK, StPO, 4. Aufl., 2010, § 117 Rn. 8.

mangels Rechtsschutzbedürfnises für nicht gegeben, da bereits der Entscheidung des Beschwerdegerichts „keine materielle Rechtswirkung“ zukomme.[696] Das *OLG Düsseldorf* teilte die Auffassung der Vorinstanz, welche die Bescheidung eines Haftprüfungsantrages unter Verweis auf dessen prozessuale Überholung ablehnte. Die prozessuale Überholung sei eingetreten, da das Beschwerdegericht entgegen der Vorrangregelung des § 117 Abs. 2 StPO eine Entscheidung über die im gleichen Zeitraum eingelegte Beschwerde getroffen habe.[697]

II. Stellungnahme

Die Darlegung der eigenen Sichtweise bezüglich der hier auftretenden Problemfelder erfordert zunächst eine Bestimmung von Sinn und Zweck (1.) der in § 117 Abs. 2 S. 1 StPO enthaltenen Regelung. Uneinigkeit besteht über die Wirkungsweise der Rücknahme (2.) des Haftprüfungsantrages im Hinblick auf die Zulässigkeit des Haftbeschwerdeantrages, die grundsätzliche Möglichkeit und Zulässigkeit hilfsweise gestellter Anträge (3.) und zuletzt über die Behandlung von Beschwerdeentscheidungen, welche unter Verkennung der Vorrangregelung in § 117 Abs. 2 S. 1 StPO getroffen wurden (4.).

1. Sinn und Zweck

Mehrere gleichermaßen zulässige, auf das identische Rechtsschutzziel gerichtete Rechtsbehelfe wären ihrer Funktion beraubt, wenn nach Entscheidungserlass die Gültigkeit des Richterspruchs durch eine widersprechende Entscheidung eines anderen Gerichts in unmittelbarer zeitlicher Nähe in Frage gestellt wäre. Daher bedarf es einer Regelung, welche die Rangfolge gleichzeitig gestellter Rechtsbehelfe festlegt. Hierbei begründet sich der Vorrang der Haftprüfung vor der Beschwerde mit der auch der Subsidiarität der Verfassungsbeschwerde immanenten Maxime, zunächst das sachnächste Gericht mit der Klärung zu befassen.[698]

Die Zielsetzung des § 117 Abs. 2 S. 1 StPO kann also folgendermaßen zusammengefasst werden: Die Norm soll ein „Nebeneinander“[699] von Haftprüfung und Beschwerde verhindern, um zu vermeiden, dass parallel mehrere Gerichte

696 *OLG Stuttgart*, NStZ 1994, S. 401, 401.

697 *OLG Düsseldorf*, MDR 1990, S. 75, 75 ff.

698 Siehe hierzu etwa *OLG Schleswig*, Beschl. v. 23.07.1987 – 1 Ws 436/87, Rn. 4 (juris); *Krause*, in: AK, StPO, 1992, § 117 Rn. 8. Zur Verfassungsbeschwerde: *BVerfG*, NJW 1982, S. 512, 512; Zuck, Das Recht der Verfassungsbeschwerde, 3. Aufl., 2006, Rn. 61.

699 So ausdrücklich in der Begründung zum Gesetzesentwurf, siehe BT-Drs. 4/178, S. 24.

über ein und dieselbe Frage entscheiden.[700] Insoweit gewährleistet dies auch die Legitimität der getroffenen Entscheidung.

2. Wirkungsweise der Rücknahme

Um die Wirkungsweise einer Rücknahme des Haftprüfungsantrages in Bezug auf die neben diesem Antrag gestellte Beschwerde näher zu bestimmen, muss vorab der maßgebliche Zeitpunkt des Vorliegens der Zulässigkeitsvoraussetzungen ermittelt werden. Nach der von der Mehrzahl vertretenen Auffassung bestimmt sich die Zulässigkeit danach, ob zu irgendeinem Zeitpunkt beide Rechtsbehelfe nebeneinander stehen.[701] Das *BVerwG* verweist jedoch darauf,

> „dass es nach allgemein anerkannten Regeln des Verfahrensrechts [genügt], dass die Prozeßvoraussetzungen im Zeitpunkt der Entscheidung gegeben sind.“[702]

Im Falle der Rücknahme bestehen demzufolge im Moment der Entscheidung über das Rechtsmittel durch das Beschwerdegericht[703] keine Verfahrenshindernisse.

Auch aus prozessökonomischen Gründen erscheint eine solche Vorgehensweise zweckmäßig, wäre doch nach allgemein vertretenem Standpunkt jederzeit die (nun) zulässige Beschwerde wieder einlegbar, so dass ohnehin entschieden werden müsste.

Wenn etwa *Hilger*[704] die erneute Einlegung nicht als „unbillig“ erachtet, da „mit wenigen Worten eine neue Beschwerde“ mit dem Rücknahmeantrag verbunden werden könne, ist dies unter Verweis auf das Beschleunigungsgebot abzulehnen. Diese Praktik hätte eine nicht unerhebliche Verzögerung zur Folge, da

---

700 Siehe etwa *Giesler*, Der Ausschluß der Beschwerde gegen richterliche Entscheidungen im Strafverfahren, 1981, S. 188 ff.; *Krause*, in: AK, StPO, 1992, § 117 Rn. 8.

701 Vielfach wird auf die „einmal bewirkte Unzulässigkeit“ durch Stellung des Antrages abgestellt, so etwa *OLG Karlsruhe*, StV 1994, S. 324, 324. Vgl. auch *Hilger*, in: L/R, StPO, 26. Aufl., 2007, § 117 Rn. 20 und die Nachweise in der obigen Fn.

702 So das *BVerwG*, NJW 1957, S. 923, 923. Hierauf Bezug nehmend das *OLG Hamm*, NStZ 1982, S. 134, 135. Das Gericht hatte über die Zulässigkeit eines Rechtsbehelfs nach § 23 EGGVG gegen die Beschränkung des Paketempfangs in der JVA zu entscheiden.

703 Ohnehin besteht die Möglichkeit der Abweisung wegen Unzulässigkeit der Beschwerde nur beim iudex ad quem, nicht schon bei dem mit der Abhilfe befassten Gericht nach § 306 Abs. 2 StPO, siehe etwa *Matt*, in: L/R, StPO, 25. Aufl., 2003, § 306 Rn. 22 bzw. schon *RGSt* 43, 179, 180.

704 *Hilger*, in: L/R, StPO, 26. Aufl., 2007, § 117 Rn. 20.

zunächst die Beschwerde als unzulässig verworfen werden müsste und bei erneuter Einlegung die Akten dem mit der Sache befassten Gericht zurückzusenden wären. Letzten Endes wären dann nach neuerlicher Nichtabhilfe die Akten wieder dem Beschwerdegericht vorzulegen.[705]

Der Sinn und Zweck des § 117 Abs. 2 S. 1 StPO steht zur hier vertretenen Ansicht ebenfalls nicht in Widerspruch. Durch die Rücknahme des Haftprüfungsantrages besteht die Gefahr gegenläufiger Entscheidungen nicht mehr.

3. Hilfsweise gestellte Anträge

a) Bedingungsfeindlichkeit von Rechtsmitteln / Rechtsbehelfen

Nach allgemeiner Ansicht darf die Erklärung über die Einlegung eines Rechtsmittels grundsätzlich nicht an eine Bedingung geknüpft sein.[706] Das *Reichsgericht*, diesem folgte in einer späteren Entscheidung der *BGH*, verwies hierzu auf die

> „öffentlich-rechtliche Natur des Prozesses und die im öffentlichen Interesse zu fordernde Sicherstellung des Verfahrens [welches] zweifelsfreien Bestand und unbedingte Rechtswirksamkeit der auf Einlegung, Verzicht oder Zurücknahme von Rechtsmitteln gerichteten Willenserklärung [erfordere].“[707]

Etwas anderes solle nur dann gelten, wenn es sich hierbei um eine Rechtsbedingung handelt.[708] Hierunter sind Umstände zu verstehen, welche sich aus der Rechtslage selbst ergeben und von deren Existenz die Wirksamkeit oder Zulässigkeit des Rechtsbehelfs abhängen.[709] Auch schränkte der *BGH* die Absolutheit seiner früheren Aussagen weiter ein, indem er ausführte:

705 Hierauf weisen auch *Schlothauer/Weider*, Untersuchungshaft, 4. Aufl., 2010, Rn. 793 hin.

706 Siehe etwa *BVerfG*, NJW 1976, S. 141, 141; *BGH*, NJW 1954, S. 243, 243. Umfangreiche weitere Nachweise finden sich bei *Schmid*, Bedingte Prozeßhandlungen im Strafprozeß?, GA 1982, S. 95, 95 Fn. 1.

707 *RGSt* 60, 355, 356; *BGH*, NJW 1954, S. 254, 254.

708 *BGH*, NStZ-RR 2002, S. 97, 101 Entscheidung Nr. 43; *OLG Köln*, NJW 1963, S. 1073, 1074; *OLG Zweibrücken*, NStZ-RR 2000, S. 350, 350; *Meyer-Goßner*, StPO, 54. Aufl., 2011, Vor § 296 Rn. 5; *Hanack*, in: L/R, StPO, 25. Aufl., 2003, Vor § 296 Rn. 23.

709 Siehe hierzu *Schmid*, Bedingte Prozeßhandlungen im Strafprozeß?, GA 1982, S. 95, 100 ff.

„Der Grundsatz, daß Prozeßhandlungen[710] bedingungsfeindlich sind, gilt nicht uneingeschränkt. Prozeßhandlungen können mit einer Bedingung verbunden werden, soweit dies mit ihrer besonderen Zweckbestimmung vereinbar ist und das mit der Sache befaßte Gericht die durch die Bedingung hervorgerufene Ungewißheit selbst beseitigen kann.“[711]

b) Zwischenergebnis

Nach den bisherigen Ausführungen wäre also zumindest die Einlegung der Beschwerde unter der Bedingung der Erfolglosigkeit eines eingelegten Haftprüfungsantrages unzulässig, da es sich um ein Rechtsmittel handelt, die Antragstellung nicht nur unter einer Rechtsbedingung steht und jedenfalls das Beschwerdegericht die „hervorgerufene Ungewissheit“, mangels Entscheidungsbefugnis über den Haftprüfungsantrag, nicht selbst beseitigen kann. Etwas anderes könnte nur gelten, wenn auf das zunächst mit der Abhilfe befasste Gericht abgestellt werden würde, da dieses über den Erfolg oder Nichterfolg des Haftprüfungsantrages selbst bescheidet. Allerdings bleibt die Beurteilung der Zulässigkeit der Beschwerde dem Beschwerdegericht vorbehalten, so dass diese Überlegung nicht weiterführt. Zum umgekehrten Falle, des bedingten Haftprüfungsantrages verbietet sich eine unreflektierte Übertragung der Grundsätze der Bedingungsfeindlichkeit von Rechtsmitteln, da es sich hierbei um einen Rechtsbehelf handelt und möglicherweise andere Voraussetzungen gelten.

c) Anwendbarkeit des § 117 Abs. 2 StPO

Sowohl zustimmende als auch verneinende Ansichten beziehen sich in ihren Ausführungen zur Zulässigkeit des hier dargestellten Problemkreises ausnahmslos auf § 117 Abs. 2 S. 1 StPO, ohne überhaupt auf das Problem der möglichen Bedingungsfeindlichkeit einzugehen.[712]

In Rechtsprechung und Literatur findet dieses Problem dagegen Erwähnung, wenn es um den Fall der Einlegung einer Revision unter der Bedingung der Erfolglosigkeit der Haftbeschwerde geht[713] sowie der Behandlung eines Antrages

710 Nach der h. M. fallen hierunter alle Handlungen, die „nach Voraussetzungen und Wirkungen vom Prozeßrecht geregelt sind“, siehe hierzu *Grunst*, Prozeßhandlungen im Strafprozeß, 2002, S. 119.

711 *BGH*, NJW 1981, S. 354, 354.

712 Siehe hierzu die Nachweise unter Kapitel 4, D. I.

713 *BGH*, NStZ-RR 2009, S. 317, 317.

auf weitere Beschwerde, unter Voraussetzung der Ablehnung einer Haftbeschwerde.[714]

Wie die überwiegende Ansicht richtigerweise darlegt, handelt es sich bei der bedingten Antragstellung jedoch nicht um ein Problem des § 117 Abs. 2 S. 1 StPO. Ein Nebeneinander besteht bei der ausdrücklichen Formulierung, man wolle die Antragstellung auf den Fall der Erfolglosigkeit bedingen, gerade nicht. Die weitere Bescheidung setzt den Abschluss des ersten Verfahrens voraus. Welchen Rechtsbehelf der Antragsteller zuerst einlegt, gibt das Gesetz nicht vor und bleibt diesem daher vorbehalten.

d) Übertragbarkeit des Grundsatzes der Bedingungsfeindlichkeit von Rechtsmitteln auf vorsorglich gestellte Haftprüfungs- bzw. Beschwerdeanträge

Um die in der Überschrift aufgeworfene Frage zu beantworten, bedarf es eines Rückgriffs auf den Sinn und Zweck der grundsätzlichen Bedingungsfeindlichkeit der Rechtsmitteleinlegung.

Die eingangs bereits dargelegte, ursprünglich vom Reichsgericht formulierte Anknüpfung an die „öffentlich-rechtliche Natur des Prozesses" sowie die „Sicherstellung des Verfahrens" verlangt es, den Zeitpunkt des Eintritts der Rechtskraft eines Urteils unabhängig von dem ungewissen Eintritt oder Nichteintritt eines künftigen Ereignisses zu bestimmen.[715] Daher beschied der *BGH*[716] einen Revisionsantrag, der unter der Bedingung der Erfolglosigkeit einer Haftbeschwerde eingelegt wurde, zu Recht als unzulässig, da dadurch die Rechtskraft des Urteils im Ungewissen bliebe. Gleiches gilt auch für die bedingte Einlegung der Berufung.

Im Falle der Haftbeschwerde oder Haftprüfung verbietet sich jedoch diese Bezugnahme, geht es hier doch jeweils um den Bestand oder Vollzug des Haftbefehls, nicht aber um das der Rechtskraft fähige Urteil, in dessen Rahmen die Schuld oder Unschuld des Beschuldigten festgestellt wird. Wegen der jederzeitigen Abänderbarkeit der Entscheidungen durch die erlassenden Gerichte und der Fristungebundenheit der gegen diese Beschlüsse gerichteten Rechtsbehelfe sind solcherlei Entscheidungen nicht der Rechtskraft fähig.[717] Aufgrund dieses

714 *OLG Bremen*, Rpfleger 1962, S. 387, 387; *Hanack*, in: L/R, StPO, 25. Aufl., 2003, Vor § 296 Rn. 23.

715 So ausdrücklich *OLG Hamm*, NJW 1973, S. 257, 257.

716 *BGH*, NStZ-RR 2009, S. 317, 317.

717 *Matt*, Die Gegenvorstellung im Strafverfahren, MDR 1992, S. 820, 823. Vgl. hierzu auch *Trepper*, Zur Rechtskraft strafprozessualer Beschlüsse, 1996, S. 74 ff.; *Ellersiek*, Die Beschwerde im Strafprozeß, 1981, S. 77 ff. Die Abänderbarkeit von Haftentscheidungen ergibt sich auch nicht zuletzt aus § 120 Abs. 1 S. 1 StPO. Hiernach ist der Haft-

grundsätzlichen Unterschieds und der Tatsache, dass die gegen den Haftbefehl gerichteten Rechtsbehelfe keine unmittelbare Wirkung auf das die Schuld feststellende Verfahren entfalten, dieses also durch eine bedingte Rechtsbehelfseinlegung nicht „selbst in der Schwebe“ bleibt,[718] die Untersuchungshaft mit Rechtskraft des Urteils unabhängig von noch laufenden Beschwerden oder Haftprüfungsanträgen endet,[719] lässt sich der Grundsatz der Bedingungsfeindlichkeit von Rechtsmitteln auf den hier dargestellten Bereich nicht übertragen. Eine hilfsweise oder vorsorgliche Einlegung ist daher zulässig.

4. Erlass einer Beschwerdeentscheidung entgegen der Vorrangregelung des § 117 Abs. 2 StPO

Abschließend gilt es noch zu untersuchen, welche Wirkung der Erlass einer Entscheidung des Beschwerdegerichts in Unkenntnis oder unter Missachtung eines anhängigen, grundsätzlich die Beschwerde nach § 117 Abs. 2 S. 1 StPO ausschließenden Haftprüfungsantrags entfaltet. Ausgangspunkt der Überlegung bildet auch bei dieser Problemstellung zunächst der Sinn und Zweck der Vorschrift.

Die Hauptfunktion des § 117 Abs. 2 S. 1 StPO liegt in der Verhinderung der gleichzeitigen Befassung zweier Instanzen mit derselben Frage.[720] Sofern die Befassung bereits erfolgte und eine Entscheidung des Beschwerdegerichts vorliegt, kann dieses Ziel nicht mehr erreicht werden.

Die Regelung bezweckt darüber hinaus aber auch die Legitimität der getroffenen Haftentscheidung. Stehen zwei innerhalb kurzer Zeit getroffene, widersprüchliche Entscheidungen im Raume, entkräftet dies die Wirkung des Richterspruchs, wenn die Tragweite der einzelnen Beschlüsse zunächst im Unklaren bliebe. Nach diesem Verständnis des Regelungsgehalts, verbunden mit der ebenfalls aus dieser Vorschrift hervorgehenden Bevorzugung des sachnäheren Richters, müsste der auf Veranlassung des Haftprüfungsantrags ergangenen Entscheidung der Vorrang gegenüber der Beschwerdeentscheidung zukommen.

---

befehl jederzeit von Amts wegen aufzuheben, wenn seine Voraussetzungen nicht mehr vorliegen.

718 Diese Unterscheidung trifft der *BGH*, NJW 1984, S. 1240, 1241, allerdings zu einer zivilrechtlichen Streitigkeit.

719 Siehe etwa *OLG Köln*, NJW 1966, S. 1829, 1829; *OLG Stuttgart*, NJW 1979, S. 884, 884; *OLG Hamm*, NStZ 2008, S. 582, 583; NStZ 2010, S. 295, 296; *Schultheis*, in: KK, StPO, 6. Aufl., 2008, § 120 Rn. 22; *Meyer-Goßner*, StPO, 54. Aufl., 2011, § 120 Rn. 16. Vgl. auch *BVerfG*, NJW 2005, S. 3131, 3131.

720 Giesler, Der Ausschluß der Beschwerde gegen richterliche Entscheidungen im Strafverfahren, 1981, S. 188 ff.; Krause, in: AK, StPO, 1992, § 117 Rn. 8.

Konsequenterweise hätte dies also die Unwirksamkeit der Beschwerdeentscheidung zur Folge.

Gleichwohl bestehen bei dieser Lösung Bedenken, würde dies doch bedeuten, dass eine unter Verkennung der Zulässigkeitsvoraussetzungen dennoch erlassene Entscheidung kraft Gesetzes keine Wirkung entfaltet. Dies wäre aus Gründen der Rechtssicherheit kaum erstrebenswert und auch mit der § 117 Abs. 2 S. 1 StPO gleichfalls beigemessenen Legitimationswirkung nicht in Einklang zu bringen, bestünde dann bei jeder Entscheidung zunächst Unklarheit, ob diese nicht aus Gründen der Unzulässigkeit gar nicht hätte erlassen werden dürfen und somit möglicherweise keine Wirkung entfaltet. Deshalb ist es unserem Rechtssystem immanent, solcherlei Fragen durch den Rechtsweg klären zu lassen.

Der h. M. ist daher zuzustimmen, wenn diese zunächst die Wirksamkeit der Entscheidung proklamiert und die Frage der Wirksamkeit einer unter Verkennung des § 117 Abs. 2 S. 1 StPO erlassenen Entscheidung dem Beschwerdeweg in Gestalt des Rechtsmittels der weiteren Beschwerde überlässt. In sinnvoller Weiterführung des Legitimationszwecks und der Tatsache, dass die Überprüfung der Zulässigkeitsvoraussetzungen ureigenste Aufgabe des Rechtsmittelgerichts ist, Fehler bei der Bestimmung dieser Voraussetzungen also nicht der Sphäre des Antragstellers entstammen, verdient die Auffassung, der für den Beschuldigten günstigeren Entscheidung bei widersprechenden Beschlüssen zunächst den Vorrang zukommen zu lassen, ebenfalls Zustimmung.

III. Zusammenfassung der Ergebnisse

- Die Rücknahme des Haftprüfungsantrages führt zur Zulässigkeit einer zu diesem Zeitpunkt anhängigen Haftbeschwerde.

- Hilfsweise bzw. vorsorglich gestellte Haftprüfungsanträge und Haftbeschwerdeanträge sind zulässig. Die Grundsätze der Bedingungsfeindlichkeit von Rechtsmitteln lassen sich nicht übertragen.

- § 117 Abs. 2 S. 1 StPO führt nicht zur Unwirksamkeit einer in Verkennung oder Unkenntnis dieser Vorrangregelung getroffenen Entscheidung des Beschwerdegerichts. Aus Gründen der Rechtssicherheit muss auch eine unter Verkennung der Zulässigkeitsvoraussetzung ergangene Entscheidung zunächst Wirksamkeit entfalten.

E. Gegenvorstellung

I. Grundsätzliches

Nach einhelliger Meinung erschöpft sich die Möglichkeit, eine Abänderung richterlicher Entscheidungen zu bewirken, nicht auf die geschriebenen Rechtsbehelfe der StPO. Als außerordentlicher Rechtsbehelf anerkannt, bietet der als Gegenvorstellung bezeichnete Antrag zusätzlichen Rechtsschutz.[721] Speziell gegen den Bestand oder Vollzug des Haftbefehl gerichtet, wird der Rechtsbehelf zumeist als „Haftaufhebungsantrag“[722] oder „Antrag auf Aufhebung oder Außervollzugsetzung des Haftbefehls“[723] benannt, ohne jedoch andere Eigenschaften aufzuweisen.

Bei der Gegenvorstellung soll es sich um eine Erscheinungsform des Petitionsrechts handeln.[724] Das *BVerfG* erachtet diesen Rechtsbehelf als notwendig, um dem Verfassungsprinzip des rechtlichen Gehörs Geltung zu verschaffen.[725] Der nach h. M. formlose[726] Antrag richtet sich, in Anlehnung an das Petitions-

721 Erwähnung und Anerkennung findet die Gegenvorstellung in der Rspr. des *BVerfG* zu strafrechtlichen Fragestellungen, ausgehend von NJW 1959, S. 427, 430, etwa in NJW 1980, 2698, 2698; NJW 1983, S. 1900, 1900; NJW 1995, S. 3248, 3248; NStZ-RR 2002, S. 109, 109; NJW 2003, S. 575, 575. Siehe auch die Rspr. des *BGH*, etwa NJW 1957, S. 997, 997; NStZ 1993, S. 600, 600; NStZ-RR 1998, S. 51, 51; NStZ 2008, S. 351, 351. Exemplarisch für die gesamte Kommentarliteratur: *Meyer-Goßner*, StPO, 54. Aufl., 2011, Vor § 296 Rn. 23; *Rautenberg*, in: HK, StPO, 4. Aufl., 2009, § 296 Rn. 5; *Paul*, in: KK, StPO, 6. Aufl., 2008, Vor § 296 Rn. 4.

722 So etwa durch *Wiesneth*, Die Untersuchungshaft, 2010, Rn. 130, der den Antrag daneben explizit auch als Gegenvorstellung bezeichnet.

723 *Schlothauer/Weider*, Untersuchungshaft, 4. Aufl., 2010, Rn. 787. Die Autoren stellen in Fn. 120 klar, dass es sich hierbei um einen im Vergleich zur Gegenvorstellung identischen Rechtsbehelf handelt. Siehe auch *Armatage*, in: Praxiswissen Strafverteidigung, 2009, Rn. 275; *Herrmann*, Untersuchungshaft, 2008, Rn. 1024.

724 *OLG Düsseldorf*, NStZ 1989, S. 86, 86; *OLG Stuttgart*, Beschl. v. 06.12.1995 – 1 Ws 199/95, Rn. 3 (juris); *OLG Karslruhe*, NStZ-RR 2002, S. 45, 45; *Meyer*, in: FS Kleinknecht, 1985, S. 267, 285; *Meyer-Goßner*, StPO, 54. Aufl., 2011, Vor § 296 Rn. 23; *Burhoff*, EV, 5. Aufl., 2010, Rn. 874; *Holzinger*, Die Gegenvorstellung im Strafverfahren, ein verkannter Rechtsbehelf?, StRR 2008, S. 208, 208.

725 *BVerfG*, NJW 1959, S. 427, 430. Siehe auch *Dahs*, Handbuch des Strafverteidigers, 7. Aufl., 2005, Rn. 1094; *Matt*, Die Gegenvorstellung im Strafverfahren, MDR 1992, S. 820, 824; *Hohmann*, Die Gegenvorstellung, JR 1991, S. 10, 11, die auf das Verfassungsprinzip ausdrücklich Bezug nehmen.

726 Einzig *Wölf*, Die Gegenvorstellung im Strafprozess, StraFo 2003, S. 222, 225 betrachtet, unter Verweis auf Art. 17 GG, eine schriftliche Antragstellung als Zulässigkeitsvoraussetzung.

recht aus Art. 17 GG, an diejenige Stelle, die auch die beanstandete Entscheidung erlassen hat.[727] Maßgeblich für die Statthaftigkeit der Gegenvorstellung ist nach allen Ansichten die Abänderbarkeit der getroffenen Entscheidung. So kann grundsätzlich nur diejenige Entscheidung revidiert werden, welche das angerufene Gericht beseitigen oder abändern kann.[728] Dieser Grundsatz findet jedoch in einigen Ausnahmefällen Durchbrechung. Zu nennen sind hier etwa rechtskräftige Beschlüsse, die auf fehlerhafter Tatsachenbasis beruhen und die Verwerfung von Rechtsmitteln zum Gegenstand haben.[729] Ebenso lässt die Rechtsprechung Ausnahmen zu, wenn eine Beharrung auf dem Grundsatz „zu einem anders nicht zu beseitigenden groben prozessualen Unrecht führen würde."[730]

II. Übertragung der allgemeinen Kriterien auf das Haftrecht

Nach alledem kann festgehalten werden, dass im hier behandelten Teilbereich des Strafprozessrechts die Gegenvorstellung prinzipiell unbeschränkte Anwendung finden kann. Dies resultiert aus dem Grundsatz der Abänderbarkeit aller in Haftsachen getroffenen Entscheidungen.[731] Der zunächst als „Stiefkind der Rechtsbehelfe"[732] bezeichnete Antrag wird in zunehmendem Maße von der Literatur in Untersuchungshaftsachen als weitere Möglichkeit der Verfahrensgestaltung positiv hervorgehoben[733] und findet auch in der Praxis häufige Anwendung.[734]

---

727 Stellvertretend für alle *Woesner*, Die Gegenvorstellung im Strafverfahren, NJW 1960, S. 2129, 2130, jedoch ohne ausdrücklichen Verweis auf Art. 17 GG.

728 *Werner*, Strafprozessuale Gegenvorstellung und Rechtsmittelsystem, NJW 1992, S. 19, 21; *Hohmann*, Die Gegenvorstellung, JR 1991, S. 10, 12.

729 *Woesner*, Die Gegenvorstellung im Strafverfahren, NJW 1960, S. 2129, 2131; *Hohmann*, Die Gegenvorstellung, JR 1991, S. 10, 12.

730 *OLG Düsseldorf*, NStZ 1982, S. 395, 395.

731 *Matt*, Die Gegenvorstellung im Strafverfahren, MDR 1992, S. 820, 823. Vgl. auch die Ausführungen zu Kapitel 4, D. II 3. d).

732 So zunächst durch *Woesner*, Die Gegenvorstellung im Strafverfahren, NJW 1960, S. 2129, 2129. *Hohmann*, Die Gegenvorstellung – „Stiefkind" des Strafverfahrens? JR 1991, S. 10 ff. versieht in seiner Überschrift diese Bezeichnung bereits mit einem Fragezeichen. Indem er abschließend auf den „angestammten Anwendungsbereich" der Gegenvorstellung verweist, bescheidet er die Ausgangsfrage wohl negativ.

733 *Schlothauer/Weider*, Untersuchungshaft, 4. Aufl., 2010, Rn. 788 weisen auf die Vorzüge hin und nennen hierbei etwa die Umgehung möglicher negativer Wirkungen der Beschwerde, wie etwa die „präjudizierende Wirkung" dieses Rechtsmittels. So auch *Burhoff*, EV, 5. Aufl., 2010, Rn. 881 sowie *Herrmann*, Untersuchungshaft, 2008, Rn. 1026. Auf diese Tatsache weist auch *Holzinger*, Die Gegenvorstellung im Strafverfahren, ein

III. Abgrenzung zum Haftprüfungsantrag und zur Haftbeschwerde

Gemeinsamkeiten weist die Gegenvorstellung, unter Zugrundelegung der hierzu allgemein vertretenen Ansichten, mit dem Haftprüfungsantrag auf, weil auch dieser nicht zur Befassung einer höheren Instanz führt und keinen bestimmten Formerfordernissen unterliegt. Mit diesen Feststellungen gleichermaßen verbunden ist eine erste Abgrenzung zur Haftbeschwerde, da für deren Einlegung Formvorschriften existieren (§ 306 Abs. 1 StPO) und die Erhebung des Rechtsmittels einen Devolutiveffekt bewirkt. Jedoch lassen auch Gegenvorstellung und Haftbeschwerde Berührungspunkte erkennen. Diese liegen in der Zulässigkeit der Rechtsbehelfe. Soweit die besonderen Regelungen in § 304 Abs. 4, Abs. 5 StPO unberücksichtigt bleiben, bieten beide Anträge ein weitestmögliches Spektrum an Überprüfungsmöglichkeiten. So beschränkt sich die Zulässigkeit nicht wie beim Haftprüfungsantrag gem. § 117 Abs. 1 StPO auf die Dauer der Inhaftierung aufgrund des beanstandeten Haftbefehls, sondern kann sowohl den Haftbefehl bei Außervollzugsetzung zum Gegenstand haben als auch bei Inhaftierung in einer anderen Sache („Überhaft").[735]

IV. Streitpunkte

Findet die grundsätzliche Anwendbarkeit uneingeschränkte Zustimmung, so herrscht doch in einigen Punkten Streit. Zu erörtern gilt es, in welchem Umfang die Einbringung des Rechtsbehelfs das angerufene Gericht zu einer Entscheidung verpflichtet (1.) und welche Anforderungen an den Inhalt (2.) einer solchen Entscheidung zu stellen sind. Fraglich ist ebenfalls, ob die Gegenvorstellung auf neue Tatsachen gestützt werden kann, oder ob sich der Prüfungsumfang (3.) auf diejenigen Tatsachen beschränkt, die zum Zeitpunkt der erstmaligen Bescheidung bereits vorgebracht wurden. In der Auseinandersetzung mit der Frage, ob und ggf. unter welchen Umständen auch das Beschwerdegericht Adressat (4.)

verkannter Rechtsbehelf!, StRR 2008, S. 208, 211 hin und fügt das Verbot der reformatio in peius sowie den weiteren Verbleib des Instanzenzugs als positive Aspekte hinzu.

734 Siehe etwa *BGH*, Beschl. v. 11.05.2005 - StB 2/05, BeckRS 2005, 13732; *OLG Stuttgart*, Beschl. v. 06.12.1995 – 1 Ws 199/95, *OLG Frankfurt*, NStZ-RR 1996, S. 302 ff.; *OLG Düsseldorf*, Beschl. v. 27.09.2000 - 2 Ws 268/00, BeckRS 2000, 30133765; *OLG Karlsruhe*, NStZ-RR 2002, S. 45 ff. Auf die große praktische Relevanz weist schon *Woesner*, Die Gegenvorstellung im Strafverfahren, NJW 1960, S. 2129, 2130 hin.

735 Siehe hierzu etwa *Herrmann*, Untersuchungshaft, 2008, Rn. 1025.

des außerordentlichen Rechtbehelfs sein kann, findet die Untersuchung ihren Abschluss.

1. Prüfungs- und Bescheidungspflicht

Paul erachtet eine Pflicht zur Sachentscheidung nur dann als gegeben, wenn mit der Gegenvorstellung die Verletzung eines Verfahrensgrundrechts beanstandet wird.[736] Dem steht die überwiegende Ansicht in der Literatur entgegen, die unter Hinweis auf den petitionsrechtlichen Charakter des Rechtsbehelfs von einer Prüfungspflicht ausgeht.[737] Letzterer Ansicht wäre uneingeschränkt zuzustimmen, wenn es sich bei der Gegenvorstellung tatsächlich um ein aus dem Petitionsrecht gem. Art. 17 GG entstammendes Konstrukt handeln würde, da hieraus ein Anspruch auf inhaltliche Verbescheidung erwächst. So heißt es in den Leitsätzen einer Entscheidung des *BVerfG*:

> „Das Grundrecht des Art. 17 GG verleiht demjenigen, der eine zulässige Petition einreicht, ein Recht darauf, daß die angegangene Stelle die Eingabe nicht nur entgegennimmt, sondern auch sachlich prüft und dem Petenten zum mindesten die Art der Erledigung schriftlich mitteilt."[738]

Die Gegenvorstellung müsste daher unter den Schutzbereich des Art. 17 GG fallen, um eine sachliche Befassungs- und Prüfungspflicht auszulösen. Nach dem Wortlaut der Grundrechtsnorm hat „Jedermann" das Recht, sich mit „Bitten oder Beschwerden an die zuständigen Stellen zu richten". Adressat der Eingabe kann jeder Träger öffentlicher Gewalt i. S. v. Art. 1 Abs. 3 GG sein.[739] Daher besteht generell auch ein Petitionsrecht gegen Akte richterlicher Gewalt.

---

736 *Paul*, in: KK, StPO, 6. Aufl., 2008, Vor § 296 Rn. 4.

737 So bereits *Woesner*, Die Gegenvorstellung im Strafverfahren, NJW 1960, S. 2129, 2132. Siehe auch *Matt*, Die Gegenvorstellung im Strafverfahren, MDR 1992, S. 820, 824; *Hanack*, in: L/R, StPO, 25. Aufl., 1998, Vor § 296 Rn. 85; *Rautenberg*, in: HK, StPO, 4. Aufl., 2009, § 296 Rn. 3; *Meyer-Goßner*, StPO, 54. Aufl., 2011, Vor § 296 Rn. 26; *Holzinger*, Die Gegenvorstellung im Strafverfahren, ein verkannter Rechtsbehelf!, StRR 2008, S. 208, 212; *Burhoff*, EV, 5. Aufl., 2010, Rn. 878 mit Verweis auf *BVerwG*, NJW 1976, S. 637, 638.

738 *BVerfG*, NJW 1953, S. 817, 817. Siehe auch *BVerfG*, NJW 1991, S. 936, 937; NJW 1992, S. 3033, 3033; *BVerwG*, NJW 1976, S. 637, 638; *BayVerfGH*, NVwZ 2000, S. 548, 548; *OLG Düsseldorf*, NStZ-RR 2007, S. 211, 211.

739 Siehe etwa *BVerfG*, NJW 1953, S. 817, 817. Hieraus geht ein weites Begriffsverständnis hervor. Die zuständige Stelle wurde danach bestimmt, ob sie an „Verfassung und Gesetz" gebunden ist. Vgl. auch *Klein*, in: Maunz/Dürig, GG, Stand: 61. EL, Art. 17 Rn. 98.

Ordentliche Rechtsbehelfe fallen allerdings nicht unter den Begriff der Petition, so dass eine Berufung auf Art. 17 GG insoweit versagt bleibt und alleinig das entsprechende Prozessrecht nach Maßgabe des Art. 19 Abs. 4 GG Anwendung findet.[740] Da die Gegenvorstellung ersichtlich nicht dem Gefüge der StPO entstammt, hierfür keine spezielleren Vorschriften und Verfassungsnormen existieren, ist der Schutzbereich des Art. 17 GG eröffnet. Somit besteht auch eine Pflicht des Gerichts zur schriftlichen Bescheidung der Eingabe, ungeachtet des Erfolgs des Gesuchs. Eine enge Orientierung an der Grundrechtsnorm verpflichtet jedoch auch zur Einhaltung der darin geforderten Formvorschriften. Die Eingabe bedarf daher der Schriftform.

Dies lässt sich mit dem Sinn und Zweck der Schriftform begründen. Die Schriftform soll zum einen dazu dienen, den Petent dazu zu bewegen, wohlüberlegt über die Einlegung dieses Rechtsbehelfs zu entscheiden, zum anderen kann nur eine genaue, in Schriftform gegossene Formulierung den Empfänger in die Lage versetzen, seine getroffene Entscheidung auf Grundlage der vorgebrachten Gegenargumente zu überdenken. [741] Da mit der Einreichung der Gegenvorstellung eine Prüfungspflicht einhergeht, erscheint deshalb eine zwingende Schriftform zweckmäßig.

2. Inhalt der Entscheidung

Eine reformatio in peius scheidet aufgrund des Charakters der Gegenvorstellung als Ausfluss des in Art. 17 enthaltenen Grundrechts aus, da diese auf Abhilfe gerichtet ist und nicht wie etwa die Beschwerde als Tatsacheninstanz die neuerliche Prüfung der Rechtslage zum Gegenstand hat.[742] Der Bescheid beinhaltet damit die im Antrag geforderte Änderung bzw. Beseitigung einer Entscheidung, oder aber die Ablehnung dieses Antrages. Dabei hat der Bescheid nur dann als anfechtbarer Gerichtsbeschluss zu ergehen, wenn dem Antrag des Petenten entsprochen wird.[743] In diesem Fall bedarf der Beschluss gem. § 34 StPO einer Begründung.

740 *Klein*, in: Maunz/Dürig, GG, Stand: Mai 2010, Art. 17 Rn. 48; *Krings*, Die Petitionsfreiheit nach Art. 17 GG, JuS 2004, S. 474, 476.

741 Vgl. zum Sinn und Zweck der Schriftform auch *Klein*, in: Maunz/Dürig, GG, Stand: Mai 2010, Art. 17 Rn. 61.

742 Die Eingabe hat ein sog. Petitum zum Gegenstand, also ein „Verlangen, eine Forderung, einen konkreten Antrag", siehe *Klein*, in: Maunz/Dürig, GG, Stand: 61. EL, Art. 17 Rn. 43 m. w. N. Vgl. auch *Meyer-Goßner*, StPO, 54. Aufl., 2011, Vor § 296 Rn. 26. Eine gegenteilige Ansicht vertritt allerdings *Woesner*, Die Gegenvorstellung im Strafverfahren, NJW 1960, S. 2129, 2132.

743 So auch *Meyer-Goßner*, StPO, 54. Aufl., 2011, Vor § 296 Rn. 26; *Rautenberg*, in: HK, StPO, 4. Aufl., 2009, § 296 Rn. 5; *Burhoff*, EV, 5. Aufl., 2010, Rn. 878; *Hohmann*, Die

Eine Pflicht zur Bescheidung in (anfechtbarer) Beschlussform auch bei Ablehnung des Antrages wäre dagegen sinnwidrig, soll die Petition doch dazu dienen, dass die entscheidenden Stelle ihre bereits getroffene Entscheidung neu überdenkt. Somit bleibt die beanstandete Entscheidung bei Nichtabhilfe inhaltlich fortbestehen und kann ggf. mit den Rechtsmitteln der StPO neuerdings einer Überprüfung unterzogen werden. Zwar statuiert § 34 StPO auch für „Entscheidungen […] durch welche ein Antrag abgelehnt wird" einen Begründungszwang da nach Auffassung der zuständigen Stelle aber die zuvor getroffene Entscheidung Bestand hat, trifft dies auch für die hierin enthaltene Begründung zu.[744] Dieses Ergebnis steht auch im Einklang mit der vom *BVerfG* vertretenen, allerdings umstrittenen,[745] Sichtweise in Bezug auf Art. 17 GG.[746] Das Gericht vertritt die Ansicht, eine besondere Begründung sei bei Petitionsbescheiden nicht erforderlich.

3. Prüfungsumfang

Wie bereits dargelegt, hat die Gegenvorstellung zum Ziel, ein Gericht neuerlich zur Befassung mit seiner bereits getroffenen Entscheidung zu veranlassen. Nach Auffassung des *BGH* und Teilen des Schrifttums soll die Überprüfung nur zum Gegenstand haben, ob der zum Zeitpunkt der erstmaligen Entscheidung „wesentliche Sachvortrag des Beschuldigten bei der Beschwerdeentscheidung Berücksichtigung gefunden hat".[747] Nach anderer Ansicht können auch solche Gesichtspunkte vorgetragen werden, welche bislang dem Gericht noch nicht vorla-

Gegenvorstellung – „Stiefkind" des Strafverfahrens? JR 1991, S. 10, 13; *Holzinger*, Die Gegenvorstellung im Strafverfahren, ein verkannter Rechtsbehelf!, StRR 2008, S. 208, 212; a. A. *Matt*, Die Gegenvorstellung im Strafverfahren, MDR 1992, S. 820, 825, der die Form der Entscheidung davon abhängig machen will, ob „neue Tatsachen oder Beweise vorgebracht werden", so dass auch ablehnende Entscheidungen u. U. einer Begründungspflicht unterliegen.

744 Vgl. hierzu etwa *BGH*, Beschl. v. 23.03.2001 – 3 StR 389/00, Rn. 2 (juris). Hierin verweist der Senat in seiner den Rechtsbehelf verwerfenden bzw. zurückweisenden Entscheidung „zur Vermeidung von Wiederholungen" ausdrücklich auf die mit der Gegenvorstellung angegriffene Ausgangsentscheidung.

745 Siehe etwa *OVG Bremen*, Urt. v. 13.02.1990 – 1 BA 48/89, Rn. 38 ff. (juris) m. w. N.; *Klein*, in: Maunz/Dürig, GG, Stand: 61. EL, Art. 17 Rn. 90 m. w. N.; *Krings*, Die Petitionsfreiheit nach Art. 17 GG, JuS 2004, S. 474, 476, die jeweils von einem Begründungserfordernis ausgehen.

746 Siehe hierzu *BVerfG*, NJW 1953, S. 817, 817; NJW 1992, S. 3033, 3033; *BVerwG*, NJW 1991, S. 936, 938.

747 So der *BGH*, Beschl. v. 11.05.2005 - StB 2/05, BeckRs 2005, 13732 bezüglich einer Gegenvorstellung gegen eine Haftbeschwerdeentscheidung. Siehe auch *Burhoff*, EV, 5. Aufl., 2010, Rn. 874.

gen und aus diesem Grunde im Entscheidungsfindungsprozess des Gerichts unbeachtet blieben.[748]

Letztere Sichtweise ist im Interesse der materiellen Gerechtigkeit zu befürworten und trägt zudem den Besonderheiten des Haftrechts Rechnung. Zwar dient der außerordentliche Rechtsbehelf in erster Linie dazu, dem Betroffenen eine Gehörsmöglichkeit gegenüber der entscheidenden Instanz einzuräumen, um auf diesem Wege eine differenzierte Würdigung der zum Zeitpunkt der Entscheidung vorliegenden Tatsachen zu erreichen, aus seiner grundrechtlichen Herkunft geht jedoch nicht hervor, dass sich der Prüfungsumfang hierauf beschränkt.[749] Da mit der Eingabe eine Prüfungspflicht einhergeht, etwaige in die Hauptverhandlung eingeführte Beweismittel oder neuerliche Ermittlungsergebnisse die getroffene Entscheidung in ein anderes Licht rücken können, wäre es mit dem Beschleunigungsgebot in Haftsachen nicht zu vereinbaren, diese neuen Tatsachen außer Acht zu lassen und den Beschwerdeführer auf das förmliche Haftprüfungs- bzw. Beschwerdeverfahren zu verweisen.

4. Beschwerdegericht als Adressat der Gegenvorstellung

a) Meinungsstand

Auch in Bezug auf die Zulässigkeit der Gegenvorstellung gegen Entscheidungen des Rechtsmittelgerichts stehen sich unterschiedliche Standpunkte gegenüber.

Einigkeit herrscht jedenfalls insoweit, dass die Anrufung des Rechtsmittelgerichts durch den außerordentlichen Rechtsbehelf nicht statthaft ist, um Entscheidungen des iudex a quo durch eine höhere Instanz überprüfen zu lassen.[750] Dies würde dem Grundgedanke des Instituts widersprechen, soll doch die eigene Entscheidung die Grundlage der Reflexion darstellen.[751] Kein Konsens besteht

---

748 *Woesner*, Die Gegenvorstellung im Strafverfahren, NJW 1960, S. 2129, 2130; *Hohmann*, Die Gegenvorstellung – „Stiefkind" des Strafverfahrens? JR 1991, S. 10, 11; *Matt*, Die Gegenvorstellung im Strafverfahren, MDR 1992, S. 820, 824; *Hanack*, in: L/R, StPO, 25. Aufl., 1998, Vor § 296 Rn. 79; *Holzinger*, Die Gegenvorstellung im Strafverfahren, ein verkannter Rechtsbehelf!, StRR 2008, S. 208, 212. *Rautenberg*, in: HK, StPO. 4. Aufl., 2009, § 296 Rn. 5 und *Meyer-Goßner*, StPO, 54. Aufl., 2011, Vor § 296 Rn. 23 sprechen von „nachträglicher besserer Einsicht", beziehen sich dabei wohl beide auf Woesner (a. a. O.) und teilen damit soweit ersichtlich seine Ansicht.

749 Art. 17 GG enthält keine Vorgaben oder Beschränkungen bezüglich des Prüfungsumfanges. „Kerngehalt" der Grundrechtsnorm ist die inhaltliche Auseinandersetzung mit der Petitionsschrift, siehe *Klein*, in: Maunz/Dürig, GG, Stand: 61. EL, Art. 17 Rn. 88 m. w. N.

750 Ausdrücklich klargestellt von *Matt*, Die Gegenvorstellung im Strafverfahren, MDR 1992, S. 820, 826.

751 Daher bedarf es auch keines gesonderten Eingehens von Seiten der Literatur .

allerdings hinsichtlich der Frage, inwieweit eine Gegenvorstellung statthaft sein kann, die sich an das Rechtsmittelgericht als iudex a quo richtet, wenn also der Richterspruch des höheren Gerichts durch dieselbe Instanz einer neuerlichen Überprüfung unterzogen werden soll.

Peters und *Matt* erachten die erneute Anrufung ohne Beschränkungen für möglich. *Peters* kommt zu diesem Ergebnis, indem er auf den „vorbereitenden und vorläufigen" Charakter der Entscheidungen abstellt, woraus auch die Änderungsbefugnis des Beschwerdegerichts hervorgehe.[752] Ähnlich äußert sich *Matt*, wenn er gleichsam die Änderungsmöglichkeit des Rechtsmittelgerichts in den Vordergrund stellt.[753]Auch aus Beschlüssen des *BVerfG*[754] und des *BGH*[755] geht eine zustimmende Haltung hervor, doch äußern sich die Gerichte hierin nicht zu Einzelheiten.

Woesner vertritt eine differenziertere Ansicht. Seiner Meinung nach ist die Statthaftigkeit der Gegenvorstellung nur in solchen Fällen gegeben, in denen das Gericht „nachträglich zu der Erkenntnis gelangt, dass die Beschwerdeentscheidung abänderungsbedürftig ist und dass erhebliche vermeidbare Nachteile entstehen können, falls der Betroffene auf den zeitraubenden Weg einer neuen Beschwerde verwiesen wird."[756]

Nach anderer Auffassung soll die erneute Befassung, jedenfalls des letztinstanzlichen Rechtsmittelgerichts, nur dann statthaft sein, wenn dem Gericht bei der Entscheidungsfindung „schwerwiegende Verfahrensfehler" unterlaufen sind.[757] Die Begründungen hierzu verweisen jeweils darauf, dass nach dem Entscheidungserlass des letztinstanzlichen Gerichts die Zuständigkeit wieder auf das Ausgangsgericht zurückfällt, insoweit also grundsätzlich kein Raum mehr für eine Änderungskompetenz des Beschwerdegerichts verbleibt.

b) Stellungnahme

aa) Grundsatz

Letzten Endes steht und fällt die Zulässigkeit der Gegenvorstellung gegenüber Beschwerdegerichten mit der Befugnis zur Abänderung eigener Beschlüsse nach

752 *Peters*, Anm. z. Beschl. d. OLG Braunschweig v. 15.12.1952 – Ws 192/52, JZ 1953, S. 640, 641.

753 *Matt*, Die Gegenvorstellung im Strafverfahren, MDR 1992, S. 820, 826.

754 So etwa *BVerfG*, NJW 1959, S. 427, 430.

755 *BGH*, Beschl. v. 11.05.2005 - StB 2/05, BeckRS 2005, 13732.

756 *Woesner*, Die Gegenvorstellung im Strafverfahren, NJW 1960, S. 2129, 2132.

757 So etwa *OLG Stuttgart*, Beschl. v. 06.12.1995 – 1 Ws 199/95, Rn. 3 (juris); *OLG Karlsruhe*, NStZ-RR 2002, S. 45, 45; *Meyer-Goßner*, StPO, 54. Aufl., 2011, Vor § 296 Rn. 24.

deren Erlass. Da die generelle Abänderbarkeit solcher Beschlüsse, sei es durch den weiteren Beschwerdeweg oder im Rahmen der Kompetenzen des erkennenden Gerichts bzw. der nach § 126 Abs. 1 StPO zuständigen Stelle, außer Frage steht, verbleibt die Problemstellung, ob es sich bei einer an das Rechtsmittelgericht gerichteten Petition um eine Beschwerde „an die zuständige Stelle" i. S. d. Art. 17 GG handelt.

Der Gesetzgeber hat in Untersuchungshaftsachen, aufgrund des tiefgreifenden Grundrechtseingriffs, neben der einfachen Beschwerde eine weitere Instanz eingerichtet. Nach Ausschöpfung dieses Instanzenzuges und für sonstige, außerhalb des Beschwerdeverfahrens zu treffende Haftentscheidungen verbleibt die Zuständigkeit gem. § 126 StPO beim sachnächsten Richter. Somit endet die Zuständigkeit des Beschwerdegerichts, sobald dieses mittels Beschluss seine Rechtsansicht darlegt. Die undifferenzierte Zulassung des außerordentlichen Rechtsbehelfs würde auch der in § 117 Abs. 2 S. 1 StPO zum Ausdruck kommenden Privilegierung des sachnächsten Richters widersprechen, welche darauf abzielt, die Befassung zweier Instanzen mit derselben Frage zu verhindern.[758] Daher ist der Ansicht zuzustimmen, die mangels Zuständigkeit von der Unzulässigkeit der Gegenvorstellung gegenüber Entscheidungen des Rechtsmittelgerichts ausgeht.

bb) Ausnahme

Hinsichtlich der ausnahmsweisen Zulassung bei schwerwiegenden Verfahrensfehlern muss allerdings weiterhin Raum für den Rechtsbehelf verbleiben. Dies gilt jedenfalls dann, wenn die beanstandete Entscheidung nicht mehr mit der weiteren Beschwerde gem. § 310 StPO anfechtbar ist und folglich kein ordentlicher Rechtszug mehr zur Verfügung steht.

Die jederzeitige Möglichkeit des Rechtsschutzsuchenden, sich mit seinen weiteren Anliegen an das gem. § 126 StPO zuständige Gericht zu wenden, steht dieser Ansicht nicht entgegen. Wenn nämlich die Rechtsansicht dieses Gerichts den Ersuchenden zur Anrufung einer höheren Instanz zwingt, so muss gewährleistet sein, dass diese Entscheidung nicht an schwerwiegenden Verfahrensfehlern leidet. Dies lässt sich schon mit der Bindung des Gerichts an Art. 20 Abs. 3 GG begründen.

Zwar stünde dem Adressaten der fehlerhaften Entscheidung grundsätzlich der außerordentliche Rechtsbehelf der Verfassungsbeschwerde zur Durchsetzung seines Rechts zur Verfügung. Ein Verstoß gegen Art. 20 Abs. 3 GG alleine begründet zwar insoweit noch kein Recht zur Anrufung des Verfassungsgerichts. Hinzukommen muss vielmehr die Verletzung eines Grundrechts bzw.

758 Siehe hierzu Kapitel 4, D. II Nr. 1.

grundrechtsgleichen Rechts.[759] Die fehlerhafte Anwendung strafprozessualer Normen führt jedoch dann zur Zulässigkeit der Verfassungsbeschwerde, wenn

> „die fehlerhafte Rechtsanwendung unter Berücksichtigung der das Grundgesetz beherrschenden Gedanken nicht mehr verständlich ist und sich daher der Schluß aufdrängt, daß sie auf sachfremden oder offensichtlich unhaltbaren Erwägungen beruht.“[760]

In solchen Fällen groben prozessualen Unrechts muss es dem Fachgericht aber nach Ansicht des *BVerfG* belassen bleiben, selbst Abhilfe zu schaffen.[761] Insoweit besteht folglich auch eine Zuständigkeit i. S. d. Art. 17 GG der Beschwerdegerichte zur Abänderung eigener Beschlüsse, die auf schwerwiegenden Verfahrensfehlern beruhen.

Das generelle Eingeständnis, eine solche „Selbstkontrolle der Fachgerichtsbarkeit“[762] mittels Gegenvorstellung zuzulassen, bietet dem Gericht die Möglichkeit, nicht aber den Zwang, die getroffene Entscheidung zu revidieren.[763] Auf diesem Wege kann eine weitere Verzögerung verhindert werden und das Gericht erhält die Gelegenheit, offensichtliche Verfahrensfehler selbst zu bereinigen.

Auch mit dem Ausnahmecharakter des Rechtsbehelfs der Verfassungsbeschwerde lässt sich die Zulässigkeit der Gegenvorstellung bei schwerwiegenden strafprozessualen Mängeln begründen. Zwar ist das *BVerfG* von seiner vormaligen Position abgerückt, wonach vor Beschreitung des Verfassungsrechtswegs aus Gründen der Subsidiarität der Verfassungsbeschwerde der außerordentliche Rechtsbehelf zwingend zu erheben war.[764] Dennoch erlangt dieses aus Art. 94

759 Siehe hierzu Art. 93 Abs. 1 Nr. 4 a GG, § 90 Abs. 1 BVerfGG. Eine direkte Berufung auf Art. 20 Abs. 3 GG ist daher ausgeschlossen, siehe Zuck, Das Recht der Verfassungsbeschwerde, 3. Aufl., 2006, Rn. 387.

760 *BVerfG*, NJW 1997, S. 46, 46. Vgl. auch BVerfG, NJW 1988, S. 45, 48.

761 *BVerfG*, NJW 1997, S. 46, 47.

762 *BVerfG*, NJW 2003, S. 1924, 1927.

763 Insoweit gewährleistet Art. 17 GG, wie Art. 19 Abs. 4 GG, einen Anspruch auf Prüfung, nicht aber auf die Richtigkeit der Entscheidung. Siehe hierzu *Graf Vitzthum/März*, Das Grundrecht der Petitionsfreiheit, JZ 1985, S. 809, 810.

764 Seit *BVerfG*, NJW 2003, S. 1924, 1927. Siehe auch *BVerfG* NJW 2009, S. 829, 830. Zur vorherigen Sichtweise siehe etwa *BVerfG*, NJW 1983, S. 1900, 1900; NJW 2002, S. 3387, 3387. Die Entscheidungen bilden jeweils den Anfangs- und Endpunkt der nun nicht mehr vertretenen Ansicht. Siehe hierzu auch *Buchheister*, Verfassungsbeschwerde und Gegenvorstellung, NVwZ 2000, S. 1356 ff., der die Rechtslage vor Änderung der Ansicht des BVerfG darstellt und hierzu auch die Verfassungsgerichte der Länder einbezieht.

Abs. 2 S. 2 GG, § 90 Abs. 2 BVerfGG[765] hervorgehende Zulässigkeitserfordernis weiterhin Geltung. Die Anrufung des *BVerfG* soll „ein allerletzter und allein auf den Schutz der Grundrechte beschränkter Rechtsbehelf sein."[766]

Somit hat das Gericht, bei einer ansonsten offensichtlich statthaften Verfassungsbeschwerde, eine inhaltliche Prüfung der Petition durchzuführen. Das Rechtsmittelgericht könnte im Erfolgsfall einen erneuten, prozessual ordnungsgemäß ergangenen Beschluss, erlassen. Dadurch lässt sich eine unnötige Befassung des Verfassungsgericht vermeiden.

V. Zusammenfassung der Ergebnisse

- Die Gegenvorstellung unterliegt dem Formzwang des Art. 17 GG und ist daher schriftlich einzureichen.

- Der Petent hat einen Anspruch auf Prüfung und Bescheidung. Lediglich stattgebende Entscheidungen bedürfen der Begründung und sind insoweit mit Rechtsmitteln und Rechtsbehelfen anfechtbar. Soweit die Gegenvorstellung ihren Adressaten nicht zur Änderung der getroffenen Entscheidung veranlasst, verbleibt die bereits ergangene Entscheidung und somit auch deren Begründung.

- Die zuständige Stelle hat sich mit den vorgebrachten Argumenten inhaltlich uneingeschränkt zu befassen. Dies gilt auch für Tatsachen, die zum Zeitpunkt des Entscheidungserlasses noch nicht vorlagen.

- Der außerordentliche Rechtsbehelfs kann grundsätzlich nicht an das Rechtsmittelgericht gerichtet werden, da die Zuständigkeit mit Erlass des Beschlusses endet. Ausnahmen gelten nur bei schwerwiegenden Verfahrensfehlern und nur dann, wenn eine weitere Beschwerdemöglichkeit nicht mehr besteht. Da insoweit grundsätzlich auch die Verfassungsbeschwerde statthaft wäre, muss es dem Fachgericht möglich sein, im Wege der Gegenvorstellung selbst Abhilfe zu schaffen. Ansonsten müsste dem Rechtsschutzsuchenden zugemutet werden, den Verfassungsrechtsweg zu beschreiten, obwohl das Rechtsmittelgericht möglicherweise gewillt wäre, nach Hinweis auf die Verfahrensfehler einen neuerlichen Beschluss zu erlassen.

765 Zur Ableitung aus den genannten Normen vgl. etwa *BVerfG*, NJW 2003, S. 1924, 1928.
766 So etwa *Schlaich/Korioth*, Das Bundesverfassungsgericht, 8. Aufl., 2010, Rn. 244.

Kapitel 5 Rechtsbehelfe gegen vollzugliche Beschränkungen zur Sicherung des Haftzwecks

A. Beschwerde gem. §§ 304 ff. StPO

I. Zulässigkeit

1. Grundsätzliches

Sofern dem Beschuldigten im Vollzug der Untersuchungshaft gem. § 119 Abs. 1 S. 1 StPO n. F. Beschränkungen auferlegt werden, kann er sich hiergegen grundsätzlich mit dem Rechtsbehelf der Beschwerde zur Wehr setzen.[767] Seit der Neufassung der §§ 112 ff. StPO[768] geht dies unmittelbar aus § 119 Abs. 5 S. 1 Hs. 2 StPO n. F. hervor.[769] Nach absolut vorherrschender Ansicht steht das Beschwerderecht auch demjenigen zu, der aufgrund der Maßnahme, neben dem Beschuldigten, ebenfalls beschwert ist.[770] Die entgegengesetzte Meinung ist unter Heranziehung des Wortlautes des § 304 Abs. 2 StPO („andere Personen"), sowie der Vorgabe des *BVerfG*,[771] die Einhaltung der Grundrechte in allererster Linie den Fachgerichten zu überlassen, nicht haltbar, da dieser Personenkreis ansonsten gezwungen wäre, Verfassungsbeschwerde zu erheben. Neben der gerichtlichen Anordnung einer Beschränkungsmaßnahme kann die Beschwerde auch die Überprüfung einer Entscheidung des Gerichts, welche auf Grundlage eines Antrags nach § 119 Abs. 5 S. 1 Hs. 1 StPO n. F. erlassen wurde, zum Gegenstand haben.[772]

---

767 Allgemeine Ansicht, siehe etwa *Meyer-Goßner*, StPO, 54. Aufl., 2011, § 305 Rn. 7; *Engelhardt*, in: KK, StPO, 6. Aufl., 2008, § 305 Rn. 10; *Cirener*, in: BeckOK, StPO, Stand: 01.02.2012, § 305 Rn. 7.

768 M. W. v. 01.01. 2010 durch G v. 29.07. 2009 (BGBl. I S. 2274).

769 Siehe hierzu auch die Begründung des Bundesregierung, BT-Drs. 16/11644, S. 30.

770 *BGH*, NJW 1977, 1405; Beschl. v. 03.11.1999 – StB 14/99, Rn. 3 (juris); *OLG Hamm*, MDR 1969, S. 161, 161; *Paeffgen*, in: SK, StPO, 4. Aufl., 2010, § 119 Rn. 71; *Meyer-Goßner*, StPO, 54. Aufl., 2011, § 119 Rn. 36; *Lemke*, in: HK, StPO, 4. Aufl., 2009, § 119 Rn. 53; *Wankel*, in: KMR, StPO, Stand: Januar 2010, § 119 Rn. 53. A. A. *OLG Bremen*, MDR 1976, S. 686, 686; *Peters*, Anm. z. Beschl. d. BGH v. 06.04.1977 – 1 BJs 123/76 StB 76/77 (NJW 1977, S. 1405), JR 1978, S. 83, 84.

771 Siehe etwa *BVerfG*, NJW 1979, 538, 539, NJW 1997, S. 2163, 2164.

772 *Wankel*, in: KMR, StPO, Stand: Januar 2010, § 119 Rn. 50.

2. Nachträgliche Feststellung der Rechtswidrigkeit

a) Feststellungsinteresse

Die Zulässigkeit der Beschwerde setzt grundsätzlich eine Beschwer des Rechtsschutzsuchenden voraus, also die unmittelbare Beeinträchtigung der Rechte oder schutzwürdigen Interessen der Beteiligten.[773] Das Erfordernis einer Beschwer lässt sich unter den Oberbegriff des Rechtschutzbedürfnisses fassen.[774] Sofern es sich bei dem Beschwerdegegenstand um eine Maßnahme handelt, welche bereits erledigt ist, so kann das Rechtsmittelgericht aus tatsächlichen Gründen keine Veränderung der Lage für den Betroffenen mehr erzielen. Dies führt also nach obiger Definition grundsätzlich zum Wegfall der Beschwer. Die Erledigung einer Maßnahme bedeutet jedoch nicht gleichzeitig die Unzulässigkeit der Beschwerde.[775] In einem solchen Fall kann das Rechtschutzbedürfnis dennoch fortbestehen, sofern, als Unterbegriff des Rechtsschutzbedürfnisses,[776] ein Feststellungsinteresse vorliegt. Anerkannt war zunächst, dass ein Interesse an der nachträglichen Feststellung der Rechtswidrigkeit mittels strafprozessualer Beschwerde nur in sehr engen Grenzen besteht. Begründet wurde dies mit der Funktion des Rechtsmittels. Die gerichtliche Befassung sei in allererster Linie darauf gerichtet, über die Aufhebung einer bestimmten Maßnahme zu befinden.[777] Die „Gefahr der Wiederholung" sollte ausnahmsweise zum Fortbestehen der Zulässigkeit des Rechtsmittels führen, ein Gleiches galt, wenn der Eingriff mit „erheblichen Folgen" verbunden war oder die aufgehobene Maßnahme weiterhin Wirkung entfaltet.[778]

Nach dem Grundsatzurteil des *BVerfG* kommt eine nachträgliche Feststellung der Rechtswidrigkeit einer erledigten Maßnahme mittels Beschwerde nun generell in Betracht, wenn mit ihr ein tiefgreifender Grundrechtseingriff verbunden war und gerichtlicher Rechtsschutz typischerweise nicht rechtzeitig möglich

---

773 Siehe hierzu Kapitel 4, B. I Nr. 1.

774 Siehe etwa *Ellersiek*, Die Beschwerde im Strafprozeß, 1981, S. 61. *Meyer-Goßner*, StPO, 54. Aufl., 2011, Vor § 296 Rn. 8 spricht davon, dass „ein besonderes Rechtschutzbedürfnis" *neben* der Beschwer nicht erforderlich ist.

775 Siehe hierzu Kapitel 1, C. II; Kapitel 4, B. I Nr. 1; Kapitel 4, C. I Nr. 3.

776 *Wolff*, in: VwGO, 3., Aufl., 2010, § 113 Rn. 297 bezeichnet das Feststellunginteresse als „spezialisierte Form des Rechtschutzbedürfnisses". Siehe auch *Terhechte*, in: Hk-VerwR, 2. Aufl., 2010, § 43 VwGO Rn. 56 m. w. N.

777 *BVerfG*, NJW 1979, S. 154, 154.

778 Siehe etwa *BVerfG*, NJW 1972, S. 1747, 1748; *BVerfG*, NJW 1979, S. 154, 154; NJW 1985, S. 2019, 2019; NJW 1990, S. 1033, 1034. In neuerer Zeit bestätigt, etwa durch *BVerfG*, NJW 2006, S. 2093, 2093.

war.[779] Wegen der „typischerweise kurzen Dauer der Untersuchungshaft“ mit der Folge, dass die Gerichte üblicherweise eine Entscheidung nicht rechtzeitig erlassen können, kommt nur der Frage Bedeutung zu, ob es sich um einen tiefgreifenden Grundrechtseingriff handelt.[780]

In Anbetracht der geänderten Rechtsprechung des *BVerfG* stellt sich nun die Frage, welche Auswirkungen dies auf die Zulässigkeit der Beschwerde gegen zwischenzeitlich erledigte Maßnahmen i. S. d. § 119 Abs. 1 S. 1 StPO n. F. hat. Die Zulässigkeit des Rechtsmittels bestimmt sich danach, ob eine der eben genannten Voraussetzungen erfüllt ist, und kann nicht allgemein beantwortet werden, sondern bedarf grundsätzlich einer Betrachtung des Einzelfalles.[781] Um dennoch allgemeinverbindliche Aussagen treffen zu können lässt sich der Anwendungsbereich danach unterteilen, ob sich die Beschwerde gegen einen bestehenden oder aufgehobenen Haftbefehl richtet.

b) Eingrenzung des Anwendungsbereichs

aa) Bestehender Haftbefehl

Die Zulässigkeit der Feststellung der Rechtswidrigkeit einer Maßnahme mittels Beschwerde lässt sich zunächst danach bestimmen, ob der Beschuldigte zum Zeitpunkt der begehrten Feststellung noch in Haft verweilt bzw. danach, ob der Haftbefehl weiterhin besteht. In diesen Fällen existiert die potentielle Gefahr einer Wiederholung, so dass unabhängig von der beanstandeten Maßnahmenintensität ein Feststellungsinteresse zugebilligt werden kann.[782]

bb) Aufgehobener Haftbefehl

Sofern der Haftbefehl aufgehoben ist, bedarf es einer weitergehenden Fragestellung. Schwierigkeiten bereitet die Bestimmung, ab wann von einem „tiefgreifenden Grundrechtseingriff“, den das *BVerfG* als Zulässigkeitskriterium nennt, ausgegangen werden kann.[783] Als Bezugspunkt könnte das vom Gericht genannte Indiz des Richtervorbehalts dienen. Zwar handelt es sich bei den mit den Maßnahmen des § 119 Abs. 1 S. 1 StPO n. F. verbundenen Grundrechtseingriffen nicht um solche, die vom Grundgesetz unter einen Richtervorbehalt gestellt

779 *BVerfG*, NJW 1997, S. 2163, 2163 ff.

780 *BVerfG*, Beschl. v. 07.03.2012 – 2 BvR 988/10, Rn. 27 (juris); Beschl. v. 15.11.2010 – 2 BvR 1183/09, BeckRS 2010, 56335.

781 Vgl. hierzu *OLG Hamm*, Beschl. v. 13.01.2009 – 2 Ws 388/08, BeckRS 2009, 06220; *Krauß*, in: BeckOK, StPO, Stand: 01.02.2012, § 119 Rn. 45; *Paeffgen*, in: SK, StPO, 4. Aufl., 2010, § 119 Rn. 72.

782 Siehe etwa *BVerfG*, NJW 1997, S. 185, 185; *OLG Hamm*, NStZ-RR 2010, S. 292, 292.

783 Siehe hierzu schon Kapitel 1, C. II.

wurden, jedoch geht die Anordnung der Untersuchungshaft, und der damit verbundene Vollzug, auf einen solchen zurück. Zudem sind, jedenfalls dem Grundsatz des § 119 Abs. 1 S. 3 StPO n. F. nach, Anordnung und Ausführung der Maßnahme dem Richter vorbehalten. Dies muss bei der Bewertung der Eingriffsintensität eines Grundrechtseingriffs Berücksichtigung finden.

Weiteres Gewicht kommt diesen Eingriffen unter dem Aspekt der Unschuldsvermutung zu. Das *BVerfG* weist darauf hin, dass aufgrund des Fehlens einer rechtskräftigen Verurteilung das Grundrecht der allgemeinen Handlungsfreiheit und die Verhältnismäßigkeit in besonderem Maße zu beachten sind.[784]

Nur durch Einräumung auch nachträglichen Rechtsschutzes kann sichergestellt werden, dass die hohen Anforderungen, die an einen rechtmäßigen Eingriff gestellt werden, in jedem Einzelfall Beachtung finden. Die Statthaftigkeit einer solchen Klage entfaltet in mehrerlei Hinsicht Wirkung.

Zum einen bestärkt sie das Vertrauen des Betroffenen in die Rechtmäßigkeit des gegen ihn gerichteten Eingriffs, da eine gerichtliche Nachprüfung in jedem Fall erfolgen kann und auf diesem Wege mögliche Fehler in der Rechtsanwendung zu Tage treten.

Zum anderen verbessert die generelle Existenz eines auf die nachträgliche Feststellung der Rechtswidrigkeit gerichteten Rechtsbehelfs die Qualität nachfolgender Entscheidungen, weil mit jedem Richterspruch die Voraussetzungen, die an einen rechtmäßigen Eingriff zu stellen sind, kontinuierlich präzisiert werden.

Ferner bekräftigt eine richterliche Befassung auch das Vertrauen des Inhaftierten in einen funktionierenden Rechtsstaat. Wenn auch nicht mehr rückwirkend beseitigbar, so erfolgt wenigstens eine Feststellung der Rechtswidrigkeit (oder aber auch der Rechtmäßigkeit) der Beschränkung.

Zudem wirkt die Anwendung der Normen im gerichtlichen Verfahren auch normstabilisierend. In Anlehnung an das zur positiven Generalprävention entwickelte Begriffsverständnis führt die Überprüfbarkeit zu einer engeren Bindung des Rechtsanwenders an den Norminhalt und bewirkt gleichzeitig eine Erhaltung der Normanerkennung, da eine fehlerhafte Anwendung der Vorschrift mitunter die (höherinstanzliche) richterliche Befassung zur Konsequenz hat, welche die Feststellung der Rechtswidrigkeit der Entscheidung nach sich zieht.[785]

---

784 *BVerfG*, NJW 1966, S. 243, 244; NJW 1973, S. 1363, 1363; Beschl. v. 04.02.2009 – 2 BvR 455/08, Rn. 26 ff. (juris).

785 Anlehnend an den Begriff der Normstabilisierung, wie er zur Begründung des Zweckes der Strafe i. S. einer positiven Generalprävention verstanden wird. Hiernach soll die Verhängung von Strafe u. a. das Vertrauen der Bevölkerung in den Rechtsstaat und die Geltung der Normen stärken und diese gleichzeitig von der Rechtstreue überzeugen.

Daher bedarf es zur Ermittlung eines Feststellungsinteresses nicht zwingend der Kriterien der Wiederholungsgefahr bzw. des Fortwirkens der beendeten Maßnahme. Beschränkungen auf der Grundlage des § 119 Abs. 1 S. 1 StPO n. F. führen in jedem Falle zu einem „tiefgreifenden Grundrechtseingriff" und sind daher ausnahmslos einer nachträglichen gerichtlichen Untersuchung zugänglich.[786]

3. Besonderheiten bei Beschwerden gegen Beschlüsse und Verfügungen des OLG bzw. des Ermittlungsrichters des OLG und des BGH

Der Verhaftungsbegriff, wie er in § 305 S. 2 StPO Verwendung findet, stimmt inhaltlich nicht mit dem Begriff des § 304 Abs. 4 S. 2 Nr. 1, Abs. 5, 310 Abs. 1 Nr. 1 StPO überein.[787] Da insoweit nur Maßnahmen einer gerichtlichen Kontrolle zugänglich sind, die mit dem Aufenthalt des Inhaftierten in Freiheit oder Unfreiheit zusammenhängen, ist die Überprüfung einer Beschränkung nach § 119 Abs. 1 S. 1 StPO n. F. in diesen Fällen nicht statthaft. Aus den gleichen Gründen scheidet auch die Überprüfung einer gerichtlichen Entscheidung i. S. d. § 119 Abs. 5 S. 1 Hs. 1 StPO n. F. der genannten Gerichte mittels Beschwerde aus.

II. Ausgestaltung des Rechtsbehelfsverfahrens

Bezüglich der Ausgestaltung des Rechtsbehelfsverfahrens ergeben sich keine Besonderheiten gegenüber dem Verfahren, das die Anfechtung von Bestand und Vollzug des Haftbefehls zum Gegenstand hat.[788]

III. Zusammenfassung der Ergebnisse

- Die nachträgliche Feststellung der Rechtswidrigkeit einer bereits erledigten Maßnahme erfordert ein besonderes Feststellungsinteresse. Sofern nicht bereits aufgrund des Bestandes eines Haftbefehls Wiederholungsgefahr besteht, so handelt es sich in allen Fällen jedenfalls um einen „tiefgreifenden" Grundrechtseingriff, so dass jegliche Beschränkung auf

---

Vgl. etwa *Jakobs*, Schuld und Prävention, 1976, S. 31 ff.; *Schmidhäuser*, Strafrecht AT, 1982, 2. Kapitel Rn. 16.

786 Im Ergebnis ähnlich auch *Lammer*, in: AnwK, StPO, 2.Aufl., 2010, § 119a Rn. 2, der jedenfalls davon ausgeht, dass „es sich bei Eingriffen während des Untersuchungshaftvollzuges regelmäßig um erhebliche Grundrechtseinschränkungen handeln wird."

787 Siehe Kapitel 4, B. I Nr. 4 b) aa) ff.; Kapitel 4, C. I Nr. 2.

788 Siehe hierzu Kapitel 4, II. Im Folgenden wird auf die Darstellung des Verfahrens verzichtet, sofern sich keine Besonderheiten ergeben.

Grundlage des § 119 Abs. 1 S. 1 StPO n. F. der nachträglichen Kontrolle zugänglich ist.

- Trifft die Entscheidung nach § 119 Abs. 1 S. 1 StPO n. F. das Oberlandesgericht bzw. der Ermittlungsrichter des OLG oder BGH, so scheidet eine Beschwerde hiergegen aus, da es sich insoweit nicht um Maßnahmen handelt, die auf den Aufenthalt des Inhaftierten in Freiheit oder Unfreiheit Wirkung entfalten. Aus den gleichen Gründen scheidet auch die weitere Beschwerde gem. § 310 StPO als Rechtsbehelf aus, bzw. die Überprüfung einer gerichtlichen Entscheidung nach § 119 Abs. 5 StPO n. F.

B. Gerichtliche Entscheidung nach § 119 Abs. 5 S. 1 Alt. 1 StPO

I. Zulässigkeit

Zur Verbesserung des Rechtsschutzes wurde in § 119 Abs. 5 S. 1 Alt. 1 StPO n. F. die Möglichkeit geschaffen, gerichtlichen Rechtsschutz auch in denjenigen Fällen zu erlangen, die vormals von keinem Rechtsbehelf umfasst waren.[789] Somit steht nunmehr auch gegen Anordnungen des Oberlandesgerichts und des Ermittlungsrichters des OLG oder BGH der Rechtsweg offen.[790] § 119 Abs. 5 S. 1 Alt. 2 StPO n. F. stellt klar, dass die Beantragung einer gerichtlichen Entscheidung gegenüber der Beschwerdemöglichkeit subsidiär ist.[791] Daher erstreckt sich die Zulässigkeit des in § 119 Abs. 5 StPO normierten Rechtsbehelfs nicht auf Entscheidungen, die vom AG oder vom LG getroffen werden. Insoweit steht einzig die Beschwerde gem. § 304 ff. StPO zur Disposition.

Neben den von § 304 ff. StPO aufgrund des enger gefassten Verhaftungsbegriffs nicht umfassten Entscheidungen kommen diejenigen Entscheidungen oder Maßnahmen als Gegenstand gerichtlicher Überprüfung in Betracht, die in Abweichung von § 119 Abs. 1 S. 3, Abs. 2 S. 1 StPO n. F. nicht durch das Gericht getroffen werden. Hierbei handelt es sich zum einen um diejenigen Fälle, bei denen das Gericht gem. § 119 Abs. 2 S. 2 StPO n. F. von seiner Delegationskompetenz Gebrauch macht und die Ausführung der Anordnungen auf die Staatsanwaltschaft[792] überträgt.[793] Zum anderen kann die Veranlassung zu ge-

789 So die Intention des Gesetzgebers, BT-Drs. 16/11644, S. 30.

790 *Meyer-Goßner*, StPO, 54. Aufl., 2011, § 119 Rn. 37.

791 *Wankel*, in: KMR, StPO, Stand: Januar 2010, § 119 Rn. 48.

792 Diese kann wiederum die Ausführung an ihre Ermittlungspersonen sowie an die Vollzugsanstalt weiterdelegieren, so dass sich der Rechtsbehelf auch gegen die Ausübung der Maßnahmen dieser Stellen richten kann. *Paeffgen*, in: SK, StPO, 4. Aufl., 2010,

richtlicher Kontrolle auch dann bestehen, wenn die Staatsanwaltschaft oder die Vollzugsanstalt von ihrer Eilkompetenz gem. § 119 Abs. 1 S. 4 StPO n. F. Gebrauch macht.[794] Im Falle der vorherigen Erledigung der Maßnahme besteht im gleichen Umfang wie bei der Beschwerde nachträglicher Rechtsschutz.[795]

II. Ausgestaltung des Rechtsbehelfsverfahrens

1. Zuständigkeit

a) Problemaufriss

Grundsätzlich ergibt sich die Zuständigkeit aus § 126 StPO. Bedenken bestehen, wenn sich der Antrag auf gerichtliche Entscheidung gegen eine vom OLG bzw. Ermittlungsrichter des OLG und BGH auferlegte Beschränkung richtet. Da § 126 StPO sowohl bei der Bestimmung der Zuständigkeit zur Anordnung bzw. Ausführung der Beschränkung Geltung beansprucht als auch bei der Frage der Ermittlung des mit der Überprüfung zu befassenden Gerichts, wäre eine wirksame Kontrolle möglicherweise dann nicht zu erreichen, wenn der Erlass und die Überprüfung der Entscheidung durch den identischen Spruchkörper erfolgten.

b) Stellungnahme

Ein solcher Konflikt tritt dann nicht auf, wenn nach einer Ansicht der BGH in den letztgenannten Fällen über die Sache zu entscheiden hat.[796] Faktisch bedeutet dies eine Gleichbehandlung von Beschwerde und Antrag auf gerichtliche Entscheidung, da die Zuständigkeit des BGH dann wie bei der Beschwerde aus § 135 Abs. 2 GVG hervorgehen würde. Eine derartige Sichtweise lässt sich jedoch nicht auf eine Gesetzesstelle stützen. Allenfalls unter Heranziehung der Motive[797] des Gesetzgebers könnte ein solcher Schluss gezogen werden. Hierin kommt zum Ausdruck, dass § 119 Abs. 5 StPO n. F. die Lücken schließen soll, die aufgrund der fehlenden Beschwerdemöglichkeit bestanden. Weiter heißt es:

§ 119 Rn. 61 nennt die vom Gesetz geschaffene Möglichkeit der Weiterübertragung „eine (halb) verdeckte Subdelegation".

793 *Paeffgen*, in: SK, StPO, 4. Aufl., 2010, § 119 Rn. 66.

794 *Meyer-Goßner*, StPO, 54. Aufl., 2011, § 119 Rn. 26; *Paeffgen*, in: SK, StPO, 4. Aufl., 2010, § 119 Rn. 69.

795 *Meyer-Goßner*, StPO, 54. Aufl., 2011, § 119 Rn. 26. Siehe zum nachträglichen Rechtsschutz Kapitel 1, C. II; Kapitel 4, B. I Nr. 1; Kapitel 4, C. I Nr. 3; Kapitel 5, A. I Nr. 2.

796 So *Krauß*, in: BeckOK, StPO, Stand: 01.02.2012, § 119 Rn. 43.

797 Jeweils BT-Drs. 16/11644, S. 30 zu entnehmen.

> „Der Inhalt der Prüfung des Antrages auf gerichtliche Entscheidung nach § 119 Abs. 5 StPO-E einerseits und der Beschwerde nach §§ 304 ff. StPO andererseits unterscheidet sich nicht voneinander."

Auf der anderen Seite weist die Entwurfsbegründung selbst darauf hin, dass sich die Zuständigkeit aus § 126 StPO ergibt, ohne hierbei zu differenzieren. Ein Beweggrund zur Einfügung des Rechtsbehelfs war dann auch, dem Beschuldigten ein Instrument in die Hand zu geben, um die Aufhebung einer Beschränkung „selbst initiieren" zu können.

Wenn also der Betroffene nicht mehr „auf eine von Amts wegen erfolgende Aufhebung einer Beschränkung angewiesen" sein soll, so spricht vieles dafür, das ursprünglich für die Anordnung der Maßnahme zuständige Gericht auch mit der späteren Kontrolle dieser Maßnahme zu befassen. Im Vordergrund steht dann weniger die höherinstanzliche Überprüfung einer Sache, vielmehr soll durch die Antragstellung ein Mittel zur Hand gegeben werden, um auf geänderte Begebenheiten, etwa den Wegfall einer Voraussetzung zur Auferlegung einer Beschränkung, aufmerksam machen zu können, so dass eine (nun nicht mehr notwendige) Beschränkung zeitnah aufgehoben wird. Zudem erhält das Gericht aber auch die Möglichkeit, eine eigene Entscheidung unter Heranziehung der vorgebrachten Argumente nochmals zu überdenken.

Wankel ist daher zuzustimmen, wenn er den Rechtbehelf in Bezug auf die hier thematisierten Entscheidungen als „eine Entscheidungsüberprüfung eigener Art, ähnlich einer Gegenvorstellungsentscheidung" bezeichnet.[798]

2. Prüfungsumfang

Nach der Intention des Gesetzgebers soll sich der Prüfungsumfang an demjenigen der Beschwerde orientieren.[799] Somit prüft das Gericht zum einen, ob die Maßnahme auf Grundlage des Gesetzes überhaupt hätte ergehen dürfen, zum anderen, ob das Erfordernis der Beschränkung weiterhin Bestand hat.[800]

III. Zusammenfassung des Ergebnisses

- Zum Teil trägt der Rechtsbehelf i. S. d. § 119 Abs. 5 S. 1 Hs. 1 StPO n. F. die Charakterzüge einer Gegenvorstellung. Dies gilt dann, wenn die gerichtliche Überprüfung von Entscheidungen des OLG bzw. des Ermittlungsrichters des OLG und BGH veranlasst wird. Hierbei tritt das Gericht

798 *Wankel*, in: KMR, StPO, Stand: Januar 2010, § 119 Rn. 48. Siehe zur Gegenvorstellung ausführlich Kapitel 4, E.

799 BT-Drs. 16/11644, S. 30.

800 *Paeffgen*, in: SK, StPO, 4. Aufl., 2010, § 119 Rn. 66.

durch die Antragstellung des Beschuldigten in die erneute Prüfung seiner bereits erlassenen Entscheidung ein.

C. Ansatzpunkte der Rechtsbehelfe

I. Regelungsgehalt des § 119 StPO n. F.

1. Zweck der Beschränkungen

a) Koppelung an den Haftbefehl?

§ 119 Abs. 1 S. 1 StPO n. F. benennt als möglichen Anlass einer Beschränkung die Abwehr einer Flucht-, Verdunklungs- oder Wiederholungsgefahr. Somit nimmt die Vorschrift Bezug auf die in den §§ 112, 112a StPO normierten Haftgründe. Einzig der Haftgrund der Schwere der Tat gem. § 112 Abs. 3 StPO kann nicht zur Begründung einer Beschränkung herangezogen werden. Dies erklärt sich schon daraus, dass das *BVerfG* den Haftgrund als solchen nicht mit der Verfassung vereinbar sieht und demzufolge nur unter erweiterten Vorgaben für anwendbar erachtet, insbesondere den Haftgrund an die Voraussetzungen der übrigen Haftgründe anbindet.[801]

Uneinigkeit herrschte schon nach alter Gesetzeslage darüber, ob der im Haftbefehl angegebene Haftgrund mit demjenigen übereinstimmen muss, auf den sich die Begründung einer Beschränkung i. S. d. § 119 Abs. 3 Alt. 1 StPO a. F. stützt. Nach überwiegender Ansicht, jedenfalls in der Rechtsprechung, sollte eine Beschränkung auch dann möglich sein, wenn sie auf einem Zweck basiert, der nicht zugleich die Haft als solche begründet und im Haftbefehl genannt wird.[802]

---

801 Siehe Kapitel 1, A. III Nr. 2 c) bb) (i).

802 Siehe *BVerfG*, Beschl. v. 29.10.1973 – 2 BvR 485/73, S. 2 (Abzug des unveröffentlichten Beschl.) „verfassungsrechtlich nicht zu beanstanden". Allerdings lässt das Gericht offen, „ob nach einfachem Recht eine andere Auslegung möglich wäre"; *BGH*, Beschl. v. 03.09.1975 – 1 BJs 50/75, StB 41-49/75, S. 3 (Abzug des unveröffentlichten Beschl.); Beschl. v. 14.10.1992 – 3 BGs 389/92, Rn. 3 (juris); *OLG Düsseldorf*, NStZ 1989, S. 549, 550; *OLG Hamm*, StV 1998, S. 35, 36; *OLG Bremen*, StV 1998, S. 33, 33; *OLG Hamburg*, StV 1998, S. 34, 34; NStZ 2005, S. 292, 293; *Krohn*, Die Regelungen des Briefverkehrs in der Untersuchungshaft, 1971, S. 72 ff.; *Kleinknecht/Janischowsky*, Das Recht der Untersuchungshaft, 1977, Rn. 354; *Krause*, in: AK, StPO, 1992, § 119 Rn. 12; *Schultheis*, in: KK, StPO, 6. Aufl., 2008, § 119 Rn. 12; *Pfeiffer*, StPO, 5. Aufl., 2005, § 119 Rn. 5; *Lemke*, in: HK, StPO, 4. Aufl., 2009, § 119 Rn. 13; *Meyer-Goßner*, StPO, 52. Aufl., 2009, § 119 Rn. 12; *Münchhalffen/Gatzweiler*, Das Recht der Untersuchungshaft, 3. Aufl., 2009, Rn. 552; *Nehm*, Der Untersuchungshäftling als Interviewpartner, NStZ 1997, S. 305, 307. A. A. *Dünnebier*, Das neue Recht der Untersuchungs-

Auch nach der Neufassung des § 119 StPO herrscht kein einheitliches Meinungsbild. Zwar geht aus der Begründung zum Gesetzesentwurf der Bundesregierung hervor, dass nunmehr durch die gewählte Formulierung Klarheit dahingehend geschaffen sei und Beschränkungen jenseits der im Haftbefehl genannten Gründe auch unter Berufung auf die übrigen in § 119 Abs. 1 S. 1 StPO n. F. genannten Zwecke der Haft möglich seien.[803] Dennoch bestehen weiterhin unterschiedliche Ansichten.[804]

b) Stellungnahme

aa) Gesetzesänderung als Anlass neuerlicher Auseinandersetzung

Wenn mit der Neufassung des § 119 StPO der Versuch unternommen wurde, Klarheit zu schaffen, dann ändert dies freilich nichts an der grundlegenden Frage, ob die von der Bundesregierung intendierte Möglichkeit, Beschränkungen auch auf andere als die im Haftbefehl genannten Zwecke zu stützen, verfassungsrechtlich zulässig ist. Insofern kommt der Gesetzesänderung keine konsti-

---

haft, 1966, S. 203; *Veit*, Die Rechtsstellung des Untersuchungsgefangenen, 1971, S. 46 ff.; *Klein*, Rechtsgrundlagen für Grundrechtseinschränkungen im Untersuchungshaftvollzug, 1973, S. 10 ff.; *Seebode*, Der Vollzug der Untersuchungshaft, 1985, S. 129 (umfassende Auseinandersetzung ab S. 111); *Baumann*, Gesetzliche Regelung des Vollzugs der Untersuchungshaft, JZ 1990, S. 107, 111; *Paeffgen*, Obergerichtliche Rechtsprechung in Haftsachen - 1. Teil, NStZ 1993, S. 530, 534; ders., Anm. z. Beschl. d. OLG Hamm v. 05.11.1996 – 3 Ws 514/96, StV 1998, S. 35, 39; *Berndt*, Eingriffe in den Briefverkehr von Untersuchungsgefangenen - 1. Teil, NStZ 1996, S. 115, 118; *Schlothauer/Weider*, Untersuchungshaft, 3. Aufl., 2001,Rn. 964; *Hilger*, in: L/R, StPO, 26. Aufl., 2007, § 119 Rn. 29; *Kubach*, Die völkerrechtlichen und verfassungsrechtlichen Vorgaben für ein Gesetz zum Vollzug der Untersuchungshaft und deren praktische Umsetzung, 2004, S. 90.

803 BT-Drs. 16/11644, S. 30.

804 Nach neuer Gesetzeslage zustimmend: *OLG Karlsruhe*, Beschl. v. 03.02.2010 – 3 Ws 29/10, Rn. 11 (juris); *OLG Hamm*, NStZ-RR 2010, S. 292, 293; *KG Berlin*, StV 2010, S. 370, 371; *OLG Köln*, NStZ 2011, S. 55,55; *Meyer-Goßner*, StPO, 54. Aufl., 2011, § 119 Rn. 5; *Krauß*, in: BeckOK, StPO, Stand: 01.02.2012, § 119 Rn. 7; *Wankel*, in: KMR, StPO, Stand: Januar 2010, § 119 Rn. 7; *Lammer*, in: AnwK, StPO. 2. Aufl., 2010, § 119 Rn. 4, sich allerdings lediglich auf die Begründung der Bundesregierung berufend. A. A. *OLG Rostock*, NStZ 2010, S. 350, 351. Hierin lehnt das Gericht die Auferlegung einer Beschränkung gegen den Beschuldigten aus Gründen der Verdunklungsgefahr „auch deshalb [ab] , weil seine Inhaftierung nicht mit diesem Haftgrund gerechtfertigt worden ist."; *Schlothauer/Weider*, Untersuchungshaft, 4. Aufl., 2010, Rn. 1028; *König*, Zur Neuregelung der haftrichterlichen Zuständigkeiten in § 119 StPO, NStZ 2010, S. 185, 187; *Paeffgen*, in: SK, StPO, 4. Aufl., 2010, § 119 Rn. 10; *Tsambikakis*, in: Radtke/Hohmann, StPO, 2011, § 119 Rn. 7.

tutive, sondern lediglich deklaratorische Bedeutung zu. Da die Gesetzesbegründung jedoch nach ihrer Form[805] den Schluss nahe legt, es handele sich hierbei um eine nahezu apodiktische Feststellung, bedarf es eines Eingehens auf diese seit Anbeginn[806] der Geltung der StPO bestehende Problemstellung, zumal sich durch die Neuformulierung der Vorschrift auch die Rahmenbedingungen ihrer Anwendbarkeit geändert haben.[807]

bb) Verfassungsrechtliche Anforderungen

Wie das *BVerfG* wiederholt zum Ausdruck brachte, kommt dem Grundsatz der Verhältnismäßigkeit in der Ausgestaltung des Vollzugs der Untersuchungshaft ein besonders hoher Stellenwert zu.[808] Dies begründet sich aus der Tatsache heraus, dass der Beschuldigte bis zur rechtkräftigen Verurteilung als unschuldig zu gelten hat.[809] Das Erfordernis, die Einschränkung von Grundrechten des Inhaftierten gesetzlich zu regeln, bedarf seit der Abkehr der Rechtsprechung vom „besonderen Gewaltverhältnis“[810] keiner besonderen Erläuterung, da dieses Prinzip, unabhängig von der konkreten Situation des Betroffenen, nunmehr universelle Geltung beansprucht.

Somit genügt ein Eingriff infolge der Auferlegung einer Beschränkung i. S. d. § 119 Abs. 1 S. 1 StPO n. F., der als kleinster gemeinsamer Nenner zumindest am Grundrecht der allgemeinen Handlungsfreiheit aus Art. 2 Abs. 1 GG[811] zu messen ist, verfassungsrechtlichen Anforderungen, wenn er auf einer

805 So heißt es auf S. 24 der Begründung (BT-Drs. 16/11644) „Durch die gewählte Formulierung stellt § 119 StPO-E deutlicher als bisher heraus, dass – entsprechend der derzeit schon geübten und vom Bundesverfassungsgericht für zulässig erachteten Praxis – die Anordnung von Beschränkungen nicht nur auf den oder die im Haftbefehl ausdrücklich genannten Haftgründe gestützt werden kann, sondern auch zur Abwehr aller anderen Gefahren in Betracht kommt, denen durch die Anordnung der Untersuchungshaft begegnet werden soll.“

806 *Berndt*, Eingriffe in den Briefverkehr von Untersuchungsgefangenen - 1. Teil, NStZ 1996, S. 115, 117 verweist auf die „bald jahrhundertelange Diskussion“. Siehe auch *Kubach*, Die völkerrechtlichen und verfassungsrechtlichen Vorgaben für ein Gesetz zum Vollzug der Untersuchungshaft und deren praktische Umsetzung, 2004, S. 87.

807 Zur Kompetenzaufspaltung zwischen Bund und Länder siehe ausführlich Kapitel 2.

808 Siehe etwa *BVerfG*, NJW 1966, S. 243, 244; NStZ 2008, S. 292, 293; NStZ 2008, S. 521, 522; Beschl. v. 04.02.2009 - 2 BvR 455/08, BeckRS 2009, 31732.

809 *BVerfG*, NJW 1966, S. 243, 244; NJW 1976, S. 1311, 1311; NJW 1993, S. 3059, 3059; NStZ 1994, S. 52, 52; NStZ 2008, S. 521, 522.

810 *BVerfG*, NJW 1972, S. 811, 812.

811 Daneben erlangen die Grundrechte aus Art. 5 GG, Art. 6 GG, Art. 12 GG, die aufgrund ihrer engeren Voraussetzungen einen weitaus höheren Schutz bieten, besondere Bedeutung im Vollzug der Untersuchungshaft. Vgl. hierzu etwa *Winkelmann/Engsterhold*,

gesetzlichen Regelung basiert und in der konkreten Anwendung geeignet, erforderlich sowie angemessen ist, eine „reale Gefährdung" des Zweckes der Untersuchungshaft zu konterkarieren.[812] Ebensolche Anforderungen sind auch an die Anordnung der Untersuchungshaft als solche zu stellen.[813] Somit kann sich der Grund, auf den die Verhängung der Untersuchungshaft zurückgeht, nicht von demjenigen unterscheiden, mit dem eine Beschränkung i. S. d. § 119 Abs. 1 S. 1 StPO n. F. gerechtfertigt wird.[814] Ansonsten wäre die Maßnahme bereits nicht geeignet, den Zweck der Untersuchungshaft zu erfüllen.[815]

Nicht ersichtlich ist zudem, warum an die Begründung des Freiheitsentzuges hohe Maßstäbe anzulegen sind, u. a. in formaler Hinsicht ein Haftbefehl den Anforderungen des § 114 StPO genügen muss, der Vollzug dieser Anordnung dann jedoch ohne Bindung hieran erfolgen kann.[816]

Eine klare Bindung an die im Haftbefehl genannten Haftgründe gebietet, worauf *König* zutreffend hinweist, die Möglichkeit des Gerichts, Ausführungen der Anordnungen gem. § 119 Abs. 2 S. 2 StPO n. F. an die Staatsanwaltschaft weiter zu delegieren.[817] Würde § 119 Abs. 1 S. 1 StPO n. F. nicht auf den Haft-

---

Einbringung technischer Geräte in die Untersuchungshaft, NStZ 1993, S. 112, 114; *Kruis/Cassardt*, Verfassungsrechtliche Leitsätze zum Vollzug von Straf- und Untersuchungshaft, NStZ 1995, S. 521, 522 ff. *Friedrich*, Die Normierung des Untersuchungshaftvollzuges, 2004, S. 25 spricht von „einem Eingriff in nahezu alle Grundrechte des Untersuchungsgefangenen".

812 Vgl. etwa *BVerfG*, NJW 1995, S. 1478, 1479; NJW 1996, S. 983, 983; NStZ 2008, S. 521, 522. Vgl. auch *Seebode*, Der Vollzug der Untersuchungshaft, 1985, S. 112 ff. der zusätzlich noch auf den Gleichheitssatz, der bei einer willkürlichen Ungleichbehandlung zwischen verhaftetem und auf freiem Fuße befindlichen Beschuldigten verletzt sei, verweist. Da bei einer sachlich nicht gerechtfertigten Schlechterstellung, insbesondere einer nicht auf die Erreichung des Zweckes der Untersuchungshaft zurückgehenden Ungleichbehandlung, zugleich der Grundsatz der Verhältnismäßigkeit verletzt wäre, braucht hierauf nicht gesondert eingegangen zu werden.

813 Vgl. nur *BVerfG*, NJW 1966, S. 243, 244.

814 Vgl. *Paeffgen*, Anm. z. Beschl. d. OLG Hamm v. 05.11.1996 – 3 Ws 514/96, StV 1998, S. 35, 39.

815 Vgl. *Seebode*, Recht und Wirklichkeit der Untersuchungshaft, ZfStrVo 1988, S. 268, 274 „Ausdruck des Verhältnismäßigkeitsgrundsatzes".

816 *Veit*, Die Rechtsstellung des Untersuchungsgefangenen, 1971, S. 48 verweist in diesem Zusammenhang auf die Vertrauens- und Kontrollfunktion des Haftbefehls. Durch die „Offenlegung staatlichen Handelns" soll das Vertrauen des Inhaftierten geschützt werden, da er hierdurch erfährt, auf welchen Grund sich Eingriffe stützen. Zugleich ermögliche die konkrete Benennung des Haftgrundes eine Selbstkontrolle des Richters sowie eine spätere Überprüfbarkeit.

817 *König*, Zur Neuregelung der haftrichterlichen Zuständigkeiten in § 119 StPO, NStZ 2010, S. 185, 187.

befehl verweisen, bliebe es der Staatsanwaltschaft, und sofern diese von ihrem Recht zur „Subdelegation“ Gebrauch macht, auch der Polizei und der Vollzugsanstalt belassen, Beschränkungen über das vom Richter mit der Haft bezweckte Maß zu veranlassen. Gleiches gilt für die Inanspruchnahme der Eilkompetenz des § 119 Abs. 1 S. 4 StPO n. F. Auch hier könnte eine Beschränkung auf einen vom Richter überhaupt nicht vorgesehenen Haftgrund gestützt werden.[818]

cc) Einwand des § 112a Abs. 2 StPO

Selbst Befürworter einer streng am Haftbefehl orientierten Auslegung des § 119 StPO kommen nicht umhin, in der Regelung des § 112a Abs. 2 StPO „eine gewisse Erklärung“ für die Position der Gegenseite zu erblicken.[819]

Problematisch ist die Vorschrift bei der strikten Bezugnahme auf den Haftbefehl deshalb, weil hierdurch ausgeschlossen wäre, eine Beschränkung mit der Abwehr einer Wiederholungsgefahr zu begründen, wenn dieser Grund zwar tatsächlich bei der Ausarbeitung des Haftbefehls vorlag, daneben jedoch Flucht- oder Verdunklungsgefahr bestand und auch die Voraussetzungen für die Aussetzung des Vollzugs nach § 116 Abs. 1, 2 StPO nicht gegeben waren. Dann verbietet es § 112a Abs. 2 StPO einen Haftbefehl auf Wiederholungsgefahr zu stützen. Dieser Haftgrund ist insoweit subsidiär.[820] Da eine Abänderung des Haftbefehls in diesem Fall wegen der entgegenstehenden gesetzlichen Regelung nicht in Betracht kommt, bedarf es der Suche nach gangbaren Alternativen.

Neben der radikalen Lösung, den Zweck der Anordnung der Untersuchungshaft von dem Zweck des Vollzugs abzukoppeln, bliebe als weitere Möglichkeit, Beschränkungen, die auf Wiederholungsgefahr gestützt werden sollen, von der strengen Bezugnahme auf den im Haftbefehl genannten Haftgrund zu befreien.

Begründen ließe sich diese Ausnahme mit der Sonderstellung, die der Haftgrund im Gefüge der Untersuchungshaft einnimmt. Der spezialpräventive Charakter des Anordnungsgrundes unterscheidet sich maßgeblich von den übrigen Haftgründen, da hierbei Gesichtspunkte der Gefahrenabwehr und nicht der Verfahrenssicherung eine Inhaftierung rechtfertigen.[821]

---

818 Gleiches galt nach alter Gesetzeslage für die Eilkompetenz gem. § 119 Abs. 6 S. 2 StPO. Vgl. *Seebode*, Der Vollzug der Untersuchungshaft, 1985, S. 129; *Paeffgen*, Anm. z. Beschl. d. OLG Hamm v. 05.11.1996 – 3 Ws 514/96, StV 1998, S. 35, 39.

819 So *Paeffgen*, in: SK, StPO, 4. Aufl., 2010, § 119 Rn. 10. Auch *Seebode*, Der Vollzug der Untersuchungshaft, 1985, S. 131 ff. beschäftigt sich mit dieser Problematik und bezeichnet die Konsequenz als „nicht ganz unbedenklich“.

820 *Graf*, in: KK, StPO, 6. Aufl., 2008, § 112a Rn. 25.

821 Siehe hierzu Kapitel 1, A. III Nr. 2 c) aa).

Sofern der Haftgrund bereits bei der Anordnung der Untersuchungshaft vorlag, ließe sich dies aus den Akten ersehen. Nach h. M. wird es nicht als unzulässig angesehen, im Rahmen eines Aktenvermerks darauf aufmerksam zu machen, dass neben dem im Haftbefehl aufgeführten Zweck der Haft auch der subsidiäre § 112a StPO die Untersuchungshaft begründen könnte.[822] Falls nicht bereits aus den Akten eine Wiederholungsgefahr hervorgeht, die zum Zeitpunkt der Beschränkung fortbesteht, müssen jedenfalls im Einzelfall, zum Zeitpunkt der Beschränkung, die Voraussetzungen des § 112a StPO (unter Außerachtlassung der Subsidiaritätsklausel) vorliegen. In diesem Punkt kann also auf die allgemeinen Vorgaben der Rechtsprechung für die Auferlegung von Beschränkungen nach § 119 Abs. 1 S. 1 n. F. bzw. § 119 Abs. 3 Alt. 1 StPO a. F. zurückgegriffen werden.[823]

dd) Ergebnis

Grundsätzlich kommt die Anordnung einer Beschränkung i. S. d. § 119 Abs. 1 S. 1 StPO n. F. nur dann in Betracht, wenn dies der im Haftbefehl konkret genannte Zweck erfordert. Diese restriktive Handhabe kann nur dann Ausnahmen erfahren, wenn der Haftgrund der Wiederholungsgefahr tatsächlich vorliegt, aber eine Aufnahme im Haftbefehl wegen der Subsidiaritätsklausel des § 112a Abs. 2 StPO ausscheidet. In diesem Fall reicht es aus, wenn zum Zeitpunkt der Auferlegung einer Beschränkung die Voraussetzungen des Haftgrundes vorliegen und eine Ergänzung des Haftbefehls lediglich an der Subsidiaritätsklausel scheitern würde.

2. Anordnung und Ausführung

a) Zuständigkeit

aa) Anordnung

Für die Auferlegung von Beschränkungen gilt der Grundsatz des Richtervorbehalts. Demnach trifft das gem. § 126 StPO zuständige Gericht die Anordnungen, vgl. § 119 Abs. 1 S. 3 StPO n. F. In Ausnahmefällen kann eine Anordnung durch die Staatsanwaltschaft oder die Vollzugsanstalt erfolgen. Eine solche Eilkompetenz besteht nach § 119 Abs. 1 S. 4 StPO n. F., sofern eine vorherige gerichtliche Entscheidung nicht herbeigeführt werden kann.

---

822 *Meyer-Goßner*, StPO, 54. Aufl., 2011, § 112a Rn. 17; *Hilger*, in: L/R, StPO, 26. Aufl., 2007, § 112a Rn. 52; *Graf*, in: KK, StPO, 6. Aufl., 2008, § 112a Rn. 25; *Lemke*, in: HK, StPO, 4. Aufl., 2009, § 112a Rn. 16.

823 Siehe exemplarisch *OLG Bremen*, NJW 1962, S. 649; 649; *OLG Hamm*, StV 1998, S. 35, 36; NStZ-RR 2010, S. 292, 293, *OLG Köln*, NStZ 2011, S. 55, 55.

Ausnahmen vom Grundsatz des Richtervorbehalts sind eng zu begrenzen und nur dann zulässig, wenn die Nichtanordnung der Beschränkung in der Zeit, in der keine gerichtliche Entscheidung erreichbar ist, zu einer Gefährdung des Zweckes der Untersuchungshaft führt.[824] Die Möglichkeit der telefonischen Kontaktierung des Richters bedarf daher einer vorherigen Prüfung.[825] Falls eine richterliche Entscheidung aufgrund der Eilbedürftigkeit nicht erfolgen kann, ist die Anordnung nachträglich dem Gericht zur Genehmigung vorzulegen, § 119 Abs. 1 S. 5 StPO n. F. Hierzu bestimmt das Gesetz eine Frist von drei Werktagen, wobei das Gesetz ausdrücklich nur die Vorlage, nicht auch die Verbescheidung als Bezugspunkt der Frist nennt.[826] Einer Genehmigung bedarf es nur im Falle der zwischenzeitlichen Erledigung der Maßnahme nicht, § 119 Abs. 1 S. 5 Hs. 2 StPO n. F.

Nicht ausdrücklich geregelt ist die Vorgehensweise bei einer Erledigung der Anordnung erst nach der Vorlage beim Gericht. Auch bei dieser Konstellation besteht grundsätzlich kein Bedürfnis nach richterlicher Befassung, da die Maßnahme, ebenso wie im gesetzlich geregelten Falle des § 119 Abs. 1 S. 5 Hs. 2 StPO n. F., nicht mehr andauert.[827] Unberührt bleibt die Erlangung nachträglichen Rechtsschutzes zur Feststellung der Rechtswidrigkeit der erledigten Maßnahme.[828]

bb) Ausführung

Anordnende und ausführende Stelle gleichen sich grundsätzlich, § 119 Abs. 2 S. 1 StPO n. F. Abweichungen hiervon ergeben sich, wenn das Gericht von seinem Kompetenzübertragungsrecht nach § 119 Abs. 2 S. 2 Hs. 1 StPO n. F. Gebrauch macht. Hiernach kann die Ausführung einer Anordnung widerruflich auf die Staatsanwaltschaft übertragen werden. Dieser steht wiederum die Möglichkeit offen, sich der Hilfe ihrer Ermittlungspersonen und der Vollzugsanstalt zu bedienen, § 119 Abs. 2 S. 2 Hs. 2 StPO n. F.

Auch das alte Recht begründete keine universelle Zuständigkeit des Richters für die Durchführung der in Betracht kommenden Grundrechtseingriffe. Allerdings differenzierte die vorher Gültigkeit beanspruchende, für den Richter nicht

824 *Schultheis*, in: KK, StPO, 6. Aufl., 2008, § 119 Rn. 94 zur alten Gesetzeslage, die eine Eilkompetenz im gleichen Umfang vorsah. Siehe hierzu auch BT-Drs. 16/11644, S. 26.

825 *Paeffgen*, in: SK, StPO, 4. Aufl., 2010, § 119 Rn. 59a.

826 *Paeffgen*, in: SK, StPO, 4. Auf., 2010, § 119 Rn. 59b spricht bei dieser Einschränkung von einem „Opfer auf dem Altar der Realitäten".

827 *Wiesneth*, Die Untersuchungshaft, 2010, Rn. 212.

828 Siehe etwa *Meyer-Goßner*, StPO, 54. Aufl., 2011, § 119 Rn. 26. Siehe zum nachträglichen Rechtsschutz Kapitel 1, C. II; Kapitel 4, B. I Nr. 1; Kapitel 4, C. I Nr. 3; Kapitel 5, A. I Nr. 2; Kapitel 5, B. II Nr. 2.

bindende, UVollzO[829] nach der jeweiligen Art des Eingriffs. So war die Briefüberwachung nach Nr. 30 Abs. 1 UVollzO grundsätzlich dem Richter vorbehalten. Auf Antragstellung des Beschuldigten konnte der Richter die Überwachung im Ermittlungsverfahren an die Staatsanwaltschaft weiterdelegieren, wenn dies der Verfahrensbeschleunigung dienlich war, Nr. 3 Abs. 1 UVollzO. Demgegenüber sah die Verwaltungsvorschrift gem. Nr. 27 Abs. 1 S. 1 bei der Besuchsüberwachung eine Zuständigkeit des Richters, Staatsanwalts oder Ermittlungsbeamten vor. S. 2 erlaubte auch eine Übertragung auf die Vollzugsanstalt. Die Überwachung der Telekommunikation oblag nach Nr. 38 S. 3 UVollzO der Anstalt.

Zustimmung verdient die Gleichstellung aller Kommunikationsmittel, worauf auch die Gesetzesbegründung verweist, da nicht ersichtlich ist, warum die Besuchsüberwachung geringeren Anforderungen als die Überwachung des Schriftwechsels unterliegen soll, lässt doch die Überwachung des Besuchs über den Inhalt des Gedankenaustauschs hinaus auch sichtbare Gefühlsregungen erkennen.[830]

Allerdings ist kritisch hinzuzufügen, dass zwar eine Gleichbehandlung der einzelnen Kommunikationsmittel grundsätzlich angezeigt ist, durch die Neuregelung jedoch insgesamt eine Verlagerung dieser grundrechtsintensiven Maßnahmen vom Richter auf die Staatsanwaltschaft sowie ihre Ermittlungspersonen und letztlich auf die Anstalt zu befürchten ist.[831]

Weider[832] weist in diesem Punkt darauf hin, dass erst durch die Ausführung der dem Richter vorbehaltenen Anordnung eine Konkretisierung des Grundrechtseingriffs eintrete. Durch die Übertragung der Ausführung an die Staatsanwaltschaft bestimme diese letztlich das Maß des Eingriffs, wodurch die Gefahr einer restriktiveren als vom Gericht eigentlich vorgesehenen Handhabe bestehe. *Paeffgen*[833] unterstellt dem Gesetzgeber, die Regelung gehe auf rein monetäre Beweggründe zurück.

cc) Zusammenfassende Bewertung

Trotz alledem lässt die Neuregelung jedoch keine Schwächung der Rechte des Inhaftierten erkennen. Die Ausdehnung der Möglichkeit der Kompetenzübertra-

829 *BVerfG*, NJW 1963, S. 755, 756; NJW 1973, S. 1451, 1452; NStZ 2008, S. 521, 523.
830 BT-Drs. 16/11644, S. 27.
831 So lässt die Begründung zum Entwurf schon in einigen Punkten eine Tendenz dahingehend erkennen, siehe BT-Drs. 16/11644, S. 27.
832 *Weider*, Änderung des Untersuchungshaftrechts, StV 2010, S. 102, 107.
833 So *Paeffgen*, SK, StPO, 4. Aufl., 2010, § 119 Rn. 62, der die Begründung gar „ekelerregend heuchlerisch“ nennt.

gung bezüglich der Ausführung einer Maßnahme ist somit nicht gleichbedeutend mit einer Einbuße an Rechten des Untersuchungshäftlings.

Sowohl die Anordnung als auch die konkrete Ausführung einer Beschränkung unterliegt den strengen Vorgaben des *BVerfG* hinsichtlich der Verhältnismäßigkeit der Maßnahme.[834] Deren Einhaltung kann gleichermaßen, durch den Antrag auf gerichtliche Entscheidung gem. § 119 Abs. 5 Hs. 1 StPO n. F., einer richterlichen Nachprüfung unterzogen werden.[835]

Nunmehr bestimmt, im Gegensatz zur alten Regelung,[836] ein Gesetz und nicht mehr eine bloße Verwaltungsvorschrift (UVollzO) die Einzelheiten bezüglich der Kompetenzverteilung zur Anordnung und Ausführung der grundrechtsbeeinträchtigenden Maßnahmen innerhalb des Vollzugs.[837]

Insoweit dürfte durch die Neuregelung dem Erfordernis des Vorbehalts des Gesetzes bei solcherlei Eingriffen Genüge getan sein, was faktisch eine Stärkung der Rechte der Untersuchungsgefangenen bedeutet, da hierdurch das Rechtsstaatsgebot in diesem sensiblen Bereich durch die parlamentsgesetzliche Regelung sowohl der Anordnungskompetenz als auch der Ausführungskompetenz vollumfänglich Beachtung findet.[838]

b) Erforderlichkeit

Nach der Neufassung des § 119 StPO tritt deutlicher als dies zuvor der Fall war zutage, dass Untersuchungsgefangene „allein den unvermeidlichen Beschränkungen unterworfen" werden dürfen.[839] Dieser bisher schon in der Rechtsprechung des *BVerfG* zum Tragen kommende, aus der Unschuldsvermutung

834 Siehe hierzu die Ausführungen und Nachweise in Kapitel 5, C. I Nr. 1 b) bb).

835 Vgl. *Weider*, Änderung des Untersuchungshaftrechts, StV 2010, S. 102, 107.

836 Dies gilt uneingeschränkt für die Maßnahmen, die zur Erreichung des Zweckes der U-Haft erforderlich sind, ansonsten gelten § 119 StPO a. F. sowie die UVollzO teilweise fort, sofern noch keine landesgesetzliche Regelung existiert. Siehe hierzu ausführlich Kapitel 2.

837 Die Notwendigkeit zur umfassenden gesetzlichen Regelung des Untersuchungshaftvollzugs bestand nach einhelliger Ansicht. Die Forderungen hierzu gehen weit zurück, siehe hierzu statt vieler *Hilger*, L/R, StPO, 26. Aufl., 2007, § 119 Rn. 9 m. w. N. Zusätzlich sei auf die Nachweise in Kapitel 2, A. I verwiesen.

838 Vgl. hierzu etwa *BVerfG*, NJW 1972, S. 1504, 1506; NJW 1972, S. 1561, 1568; NJW 1979, S. 359, 360; NJW 1998, S. 2515, 2520, wonach aus dem Vorbehalt des Gesetzes folgt, dass der parlamentarische „Gesetzgeber die grundlegenden Entscheidungen selbst verantworten soll." Als „grundlegend" wegen der mit dem Eingriff verbundenen Konkretisierung der Anordnung ist auch (vor allem) die Ausführung der Maßnahme zu bezeichnen.

839 St. Rspr. siehe etwa *BVerfG*, NJW 1976, S. 1311, 1311; Beschl. v. 23.10.2006 – 2 BvR 1797/06, Rn. 6 (juris); Beschl. v. 04.02.2009 – 2 BvR 455/08, BeckRS 2009, 31732.

sowie dem Verhältnismäßigkeitsprinzip hervorgehende Grundsatz[840] findet seinen Niederschlag in einer Regelungstechnik, welche nunmehr die Auferlegung von Beschränkungen für den jeweiligen Einzelfall vorsieht.[841]

Der Wortlaut der vorherigen Fassung, in Gestalt der Generalklausel des § 119 Abs. 3 StPO a. F. i. V. m. der Konkretisierung innerhalb der UVollzO, sah noch eine standardmäßige Beschränkung vor.[842]

„Erforderlich" i. S. d. § 119 Abs. 1 S. 1 StPO n. F. ist eine Beschränkung, wenn eine „reale Gefahr" besteht, es also „konkrete Anhaltspunkte" gibt, dass die mit der Haft angestrebten Zwecke ohne die Auferlegung der Beschränkungen konterkariert werden und dieses Ziel nicht „mit weniger eingreifenden" Mitteln erreichbar ist.[843]

c) Begründungserfordernis

Die Anordnung einer Beschränkung unterliegt dem allgemeinen Begründungserfordernis des § 34 StPO. Das bedeutet, die anordnende Stelle hat im Einzelfall darzulegen, warum sie eine Maßnahme für erforderlich hält und in welchem

840 Siehe die Nachweise in Kapitel 5, C. I b) bb).

841 Vgl. *König*, Zur Neuregelung der haftrichterlichen Zuständigkeiten in § 119 StPO, NStZ 2010, S. 185, 187. Nicht verständlich ist dagegen die Kritik *Weiders*, Änderung des Untersuchungshaftrechts, StV 2010, S. 102, 106, der die Abkehr des Gesetzgebers vom Wortlaut der Generalklausel des § 119 Abs. 3 StPO a. F. bedauert und in der neuen Fassung den Verhältnismäßigkeitsgrundsatz sowie die Unschuldsvermutung nicht im gleichen Maße berücksichtigt findet. Eine Gegenüberstellung der Vorschriften kann diese Aussage jedoch nicht bestätigen. Ist die Beschränkung zur Sicherung des Haftzwecks nicht erforderlich, so darf diese nicht angeordnet werden. Dies geht sowohl aus dem Vorgängerwortlaut („dürfen nur solche Beschränkungen auferlegt werden, die der Zweck der Untersuchungshaft […] erfordert") als auch aus der Neufassung hervor („Soweit dies zur Abwehr […] erforderlich ist, können […] Beschränkungen auferlegt werden"). Beide Varianten stellen damit klar, dass eine Beschränkung am Maßstab der Verhältnismäßigkeit zu messen ist.

842 Zwar lässt § 119 Abs. 3 StPO a. F. seinem Wortlaut nach darauf schließen, dass jeder Eingriff in die Rechte des Inhaftierten einer gesonderten Anordnung bedarf, die Bestimmungen der UVollzO kehren diesen Grundsatz jedoch in sein Gegenteil, indem vielfach Verbote existieren und diese unter Erlaubnisvorbehalt stehen bzw. generell die Durchführung einzelner Maßnahmen angeordnet wird. Beispielhaft seien hier die Besuchserlaubnis, die Besuchsüberwachung sowie die Überwachung des Schriftverkehrs in Nr. 24 Abs. 1 S. 1 („mit Zustimmung"), Nr. 27 Abs. 1 S. 1 („wird [...] überwacht"), Nr. 30 Abs. 1 S. 1 („wird […] überwacht") genannt. Siehe hierzu auch *Seebode*, Recht und Wirklichkeit der Untersuchungshaft, ZfStrVo 1988, S. 268, 272; *Hilger*, in: L/R, StPO, 26. Aufl., 2007, § 119 Rn. 5.

843 St. Rspr. siehe etwa *BVerfG*, NJW 1973, S. 1363, 1363; NStZ 1994, S. 604, 604; NStZ 2008, S. 292, 293; Beschl. v. 04.02.2009 – 2 BvR 455/08, BeckRS 2009, 31732.

Umfang die Beschränkung gilt.[844] Sofern das Gericht bei seiner Entscheidung einen Tatsachenvortrag der Staatsanwaltschaft oder der Vollzugsanstalt berücksichtigt, müssen diese Schriftsätze dem von der nachteiligen Entscheidung Betroffenen ebenfalls zur Kenntnis gebracht werden. Dies folgt aus dem Anspruch auf rechtliches Gehör gem. Art. 103 Abs. 1 GG.[845]

Wankel geht von einem differenzierten Anforderungsprofil der Begründung aus, je nachdem, ob es sich um einen „typisierten" Fall des § 119 Abs. 1 S. 2 Nr. 1–5 StPO n. F. handelt, dann könne diese nach seiner Ansicht „knapp gehalten" werden, oder um eine sonstige Beschränkung.[846] Diese Vorgehensweise impliziert, dass einige Maßnahmen in jedem Falle unerlässlich sind, um den Zweck der Untersuchungshaft nicht zu gefährden.[847]

Ein solcher Standpunkt stößt in der vollzuglichen Praxis auf Ablehnung. So weist die Gesetzesbegründung auf die Ergebnisse der Praxisbeteiligung im Gesetzgebungsverfahren hin. Nach den Erkenntnissen der Vollzugspraxis sei jedenfalls der Flucht- und Wiederholungsgefahr wirksam begegnet, ohne hierzu eine Besuchs- oder Telefonüberwachung durchzuführen.[848] Wer die Vorgaben des *BVerfG* ernst nimmt, muss in jedem Einzelfall darlegen, warum gerade für diesen Untersuchungshäftling eine bestimmte Beschränkung zur Sicherung des mit der Haft verfolgten Zwecks erforderlich ist. Ob es sich dabei um eine häufig auferlegte Maßnahme handelt, darf bei der Beantwortung der Frage der Begründungsintensität keine Rolle spielen. Daher kann der Ansicht *Wankels* in diesem Punkt nicht beigetreten werden.

Wenn *Bittmann*[849] darauf hinweist, die nun im Gesetz verankerte Einzelfallprüfung und damit verbundene Begründungspflicht „fördert die Effizienz der Justiz mitnichten!", dann findet dieser Ausspruch Zustimmung.

Sinn und Zweck der Regelung ist jedoch nicht die Effizienzsteigerung des Justizapparats, sondern der Schutz der Grundrechte des Untersuchungsgefangenen durch die bisher schon in der Rechtsprechung des *BVerfG* zum Ausdruck gekommene und sich nun in der Gesetzessprache widerspiegelnde besondere

844 BT-Drs. 16/11644, S. 24; *Bittmann*, Gesetz zur Änderung des Untersuchungshaftrechts, NStZ 2010, S. 13, 16.

845 So das *BVerfG*, Beschl. v. 15.11.2010 - 2 BvR 1183/09, BeckRS 2010, 56335.

846 *Wankel*, in: KMR, StPO, Stand: Januar 2010, § 119 Rn. 4.

847 *Wankel*, in: KMR, StPO, Stand: Januar 2010, § 119 Rn. 4 führt etwa die Briefkontrolle als unentbehrliche Maßnahme an. *Bittmann*, Gesetz zur Änderung des Untersuchungshaftrechts, NStZ 2010, S. 13, 16 nennt gar Beschränkungen des Besuchsverkehrs, der Kommunikation im Ganzen sowie des Empfangs von Gegenständen als „unumgänglich".

848 BT-Drs. 16/11644, S. 24 ff.

849 *Bittmann*, Gesetz zur Änderung des Untersuchungshaftrechts, NStZ 2010, S. 13, 16.

Bedeutung des Verhältnismäßigkeitsgrundsatzes bei der Auferlegung von Beschränkungen. Dem Staat obliegt die Pflicht, „die dafür erforderlichen – personellen wie sächlichen – Mittel aufzubringen, bereitzustellen und einzusetzen."[850]

d) Formvorgaben

Das Gesetz selbst schreibt keine besondere Form für die Anordnung einer Maßnahme oder die Delegierung der Ausführung einer solchen vor. Da letzteres nicht mit einem Rechtsbehelf anfechtbar ist, § 119 Abs. 2 S. 3 StPO, somit kein Begründungszwang nach § 34 StPO besteht, kann eine mündliche Übertragung der Ausführungskompetenz erfolgen.[851]

Fraglich ist dagegen, ob eine mündliche Anordnung i. S. d. § 119 Abs. 1 S. 1 StPO n. F., unter Einhaltung der inhaltlichen Vorgaben des § 34 StPO, den besonderen Begründungsanforderungen hieran genügen kann.[852] Wenn jedoch für § 34 StPO im Allgemeinen von einer schriftlichen Begründung als Standard ausgegangen wird,[853] so muss dies erst recht für die Anordnung einer Beschränkung nach § 119 Abs. 1 S. 1 StPO n. F. gelten.[854] Die Anforderungen an eine Begründung steigen nämlich, je gewichtiger sich der Eingriff für den Adressaten darstellt.[855]

Eine nur mündliche Begründung, selbst bei Grundrechtseingriffen, begegnet zwar nach Ansicht des *BVerfG* auch dann keinen verfassungsrechtlichen Bedenken, wenn eine schriftliche Begründung sinnvoll wäre, dies gilt jedoch nur für „inhaltlich nicht umfangreiche Begründungen."[856] Da die Begründung die Besonderheiten des Einzelfalles, insbesondere die Darlegung der Verhältnismäßig-

850 *BVerfG*, NJW 1974, S. 307, 309. Vgl. auch *BVerfG*, NJW 1976, S. 1311, 1312.

851 Siehe hierzu *Paeffgen*, in: SK, StPO, 4. Aufl., 2010, § 119 Rn. 63, der in seiner Stellungnahme zum Gesetzentwurf noch für die Aufnahme des Schriftformerfordernisses plädierte. (Leider führt der in der Fn. 332 a. a. O. angegebene Link nicht zu diesem Dokument.)

852 Zweifelnd, aber nicht vollständig ablehnend, *Meyer-Goßner*, StPO., 54. Aufl., 2011, § 119 Rn. 25. Ebenso *Lemke*, in: HK, StPO, 4. Aufl., 2009, § 119 Rn. 50, allerdings zur alten Rechtslage.

853 Siehe etwa *Maul*, in: KK, StPO, 6. Aufl., 2008, § 34 Rn. 2: „mündliche Begründung genügt in der Regel nicht".

854 Auf das Schriftformerfordernis verweisen *Bittmann*, Gesetz zur Änderung des Untersuchungshaftrechts, NStZ 2010, S. 13, 16; *Weider*, Das Gesetz zur Änderung des Untersuchungshaftrechts, StV 2010, S. 102, 108 (konkludent, indem er das Fehlen des Schriftformerfordernisses in den Landesgesetzen, im Gegensatz zur Regelung in der StPO, bemängelt.)

855 *BVerfG*, NJW 2004, S. 1519, 1519; *Gercke*, in: HK, StPO, 4. Aufl., 2009, § 34 Rn. 8; *Graalmann-Scheerer*, in: L/R, StPO, 26. Aufl., 2006, § 34 Rn. 10.

856 *BVerfG*, NJW 1976, S. 37, 38.

keit der Maßnahme enthalten muss, ist die Schwelle, ab der eine schriftliche Begründung notwendig ist, überschritten.[857]

II. Zusammenfassung der Ergebnisse

- Die Anordnung der Untersuchungshaft und der Vollzug derselben müssen in der Verfolgung des Zweckes inhaltlich übereinstimmen. Maßnahmen auf Grundlage des § 119 Abs. 1 StPO dürfen daher nur mit Haftzwecken begründet werden, die dem konkreten Vollzug zugrundeliegen, also im Haftbefehl enthalten sind. Hiervon erfahren einzig Anordnungen auf Grundlage des § 112a StPO eine Ausnahme, weil der Weg über die Änderung bzw. Ergänzung des Haftbefehls hier wegen § 112a Abs. 2 StPO nicht gangbar ist.

- Jede Anordnung, unabhängig davon in welcher Regelmäßigkeit eine solche getroffen wird, bedarf einer einzelfallbezogenen, schriftlichen Begründung.

857 Zum Umfang der Begründung siehe die vorherigen Ausführungen in Kapitel 5, C. I Nr. 2 c).

Kapitel 6 Rechtsbehelfe gegen sonstige Entscheidungen und Maßnahmen im Vollzug

A. Gerichtliche Entscheidung nach § 119a Abs. 1 S. 1 StPO

I. Zulässigkeit

1. Allgemeines

Der Antrag auf gerichtliche Entscheidung nach § 119a Abs. 1 S. 1 StPO bewirkt die Überprüfung behördlicher Entscheidungen oder Maßnahmen, die innerhalb des Vollzugs der Untersuchungshaft erlassen und durchgeführt werden. Damit erfüllt der neueingefügte Rechtsbehelf die Funktion, die vorher die §§ 23 ff. EGGVG i. V. m. Nr. 75 Abs. 3 UVollzO erfüllten. Wegen der Subsidiaritätsklausel des § 23 Abs. 3 EGGVG treten die hierin geregelten Rechtsbehelfe hinter § 119a StPO zurück, sofern der Anwendungsbereich der §§ 23 ff. EGGVG nicht über den der neuen Norm hinausgeht.[858]

Die Begründung zum Gesetzesentwurf[859] verweist darauf, dass durch die Einfügung des § 119a StPO eine „praxisgerechtere Norm" geschaffen sei, weil eine Befassung des OLG, dessen Zuständigkeit sich vorher aus § 25 EGGVG zwingend ergab, „aufwändig sei und die Zuständigkeit des Oberlandesgerichts in keinem Verhältnis zu der Bedeutung der Sache stehe." Zudem sei zu erwarten, dass durch die neue Landesgesetzgebungskompetenz Zuständigkeiten bei den Vollzugsbehörden entstehen, die nach alter Gesetzeslage beim Richter lagen. Dies führe zu einer verstärkten Inanspruchnahme des Rechtswegs. Auch aus diesem Grunde sei daher eine Neukonzeption erforderlich gewesen.

2. Voraussetzungen

Ob der Rechtsweg eröffnet ist, richtet sich, neben dem allgemeinen Erfordernis einer Beschwer,[860] nach der Zweckrichtung des Eingriffs. In Ansehung der Kompetenzneuordnung auf dem Gebiet des Untersuchungshaftrechts lässt sich die Eingriffszwecksetzung zunächst negativ abgrenzen. Nach der hier vertretenen Auffassung, welche derjenigen der Bundesregierung entspricht, verbleibt

858 Inwieweit ein Anwendungsbereich der §§ 23 ff. EGGVG verbleibt, gilt es im Rahmen des Kapitels 6, E. zu untersuchen.

859 Jeweils BT-Drs. 16/11644, S. 31 zu entnehmen.

860 Siehe zu den Voraussetzungen Kapitel 4, B. I Nr. 1.

den Ländern die Gesetzgebungszuständigkeit für diejenigen Eingriffe im Vollzug, die nicht auf den Zweck der Untersuchungshaft abstellen.[861]

In Abgrenzung zu § 119 Abs. 5 S. 1 StPO n. F. findet die Norm daher Anwendung, wenn eine nichtrichterliche Entscheidung oder Maßnahme auf dem Gebiet des Untersuchungshaftvollzugs beanstandet wird, die aus Gründen der Sicherheit oder Ordnung der Anstalt erlassen wurde.[862]

Die unbestimmten Rechtsbegriffe der „Sicherheit" und „Ordnung" leiten sich zum Teil aus dem Gesetzeswortlaut des § 119 Abs. 3 Alt. 2 StPO a. F. ab. Hiernach konnten dem Beschuldigten Beschränkungen auferlegt werden, sofern dies „die Ordnung in der Vollzugsanstalt erfordert."

Nach einhelliger Auffassung konnte eine solche Beschränkung aber auch aus Gründen der „Sicherheit" der Anstalt erfolgen.[863] Den Landesgesetzgebern bleibt es überlassen, die Begriffe in ihrer jeweiligen Kodifikation des Untersuchungshaftvollzugs näher zu konkretisieren und eigene Eingriffsvoraussetzungen zu bestimmen, soweit dies verfassungsrechtlich zulässig ist.[864]

Sofern durch die behördliche Entscheidung oder Maßnahme auch andere Personen als der Untersuchungshäftling beschwert sind, so steht diesen gleichermaßen das Antragsrecht zu.[865]

3. Nachträgliche Feststellung der Rechtswidrigkeit

a) Übertragbarkeit der zu § 119 Abs. 1 S. 1 StPO n. F. entwickelten Kriterien

Wie bei sämtlichen bisher behandelten Rechtsbehelfen schweigt die StPO auch bei § 119a StPO über die Behandlung von Anträgen, die auf die Feststellung der Rechtswidrigkeit bereits erledigter Maßnahmen gerichtet sind. Zur Bestimmung der Zulässigkeit bedarf es daher abermals eines Rückgriffes auf die vom *BVerfG* entwickelten Kriterien zur Bestimmung eines Feststellunginteresses.[866]

Neben den Kategorien der Wiederholungsgefahr und der Fortwirkung des Grundrechtseingriffs, welche sich anhand von objektiven Merkmalen bestimmen lassen, kommt auch hier der Frage maßgebliche Bedeutung zu, wie der wenig aussagekräftige Begriff des „tiefgreifenden Grundrechtseingriffs" Konturen er-

861 Siehe hierzu Kapitel 2, A. II.

862 *Paeffgen*, in: SK, StPO, 4. Aufl., 2010, § 119a Rn. 4.

863 Hiervon geht die Gesetzesbegründung als selbstverständlich aus, BT-Drs. 16/11644, S. 31. Siehe auch *BVerfG*, NJW 1996, S. 983, 983; NStZ 2008, S. 292, 293; *Paeffgen*, StPO, 4. Auf., 2010, § 119a Rn. 4 m. w. N. Näheres zum Begriff der „Ordnung in der Vollzugsanstalt" unter Kapitel 6, F. I Nr. 1.

864 Dazu näheres in Kapitel 6, H.

865 *Paeffgen*, in: SK, StPO, 4. Aufl., 2010, § 119a Rn. 8, 9.

866 BT-Drs. 16/116440, S. 32; *Paeffgen*, in: SK, StPO, 4. Aufl., 2010, § 119a Rn. 10.

hält, die losgelöst vom Einzelfall eine Bestimmung der Zulässigkeitsvoraussetzungen bezüglich der Feststellung der Rechtwidrigkeit bereits erledigter Eingriffe ermöglichen.[867]

Befindet sich der Inhaftierte weiterhin in Haft oder liegen die Voraussetzungen einer Außervollzugsetzung nach § 116 StPO vor, so besteht die potentielle Gefahr einer Wiederholung. Insoweit bestehen Parallelen zum Feststellungsinteresse in einem Verfahren, welches auf die nachträgliche Feststellung der Rechtwidrigkeit von Maßnahmen i. S. d. § 119 Abs. 1 S. 1 StPO n. F. gerichtet ist, da dem Beschuldigten jeweils Rechtsschutz zugestanden wird.[868]

Auch Maßnahmen, die in den Regelungswerken der Länder weiterhin dem Richter vorbehalten sind, bedürfen keiner Ungleichbehandlung, spricht die Bemühung des unabhängigen Richters doch für die Annahme eines mit der Maßnahme verbundenen „tiefgreifenden Grundrechtseingriffs", der ein Feststellungsinteresse begründet.[869]

Fraglich ist allerdings, ob dies in gleicher Absolutheit gelten kann, wenn es sich um Maßnahmen handelt, die das Gesetz in Anordnung und Ausführung dem Vollzugspersonal bzw. der Anstaltsleitung überträgt. Im Kern geht es dabei um solche Entscheidungen, die aufgrund der „Sicherheit" oder „Ordnung" der Anstalt getroffen werden.

b) „Tiefgreifender Grundrechtseingriff"

aa) Grundrechtskategorisierung als Differenzierungsmaßstab

Keiner näheren Erläuterung, aufgrund der Bedeutung des schrankenlosen und auch durch andere Verfassungsgüter nicht einschränkbaren[870] Grundrechts, bedarf die Anerkennung eines Feststellungsinteresses, wenn der Beschwerdeführer die Verletzung seiner Menschenwürde geltend macht.[871] Das *BVerfG* und die ordentlichen Gerichte hatten sich in diesem Zusammenhang vermehrt mit der Unterbringung des Inhaftierten auseinanderzusetzen. Insbesondere die Mehrfachbelegung der Zelle oder die unzureichende Ausstattung bzw. das zu geringe

867 Siehe Kapitel 1, C. II; Kapitel 4, B. I Nr. 1; Kapitel 4, C. I Nr. 3, Kapitel 5, A. I Nr. 2.

868 Siehe Kapitel 5, A. I Nr. 2 b) aa).

869 Siehe Kapitel 5, A. I Nr. 2 b) bb).

870 Siehe hierzu etwa *Hufen*, Die Menschenwürde, Art. 1 I GG, JuS 2010, S. 1, 9, der u. a. auf den Wortlaut verweist („unantastbar").

871 Nochmals ausdrücklich klarstellend *BVerfG*, NJW 2002, S. 2699,2700; *OLG Frankfurt*, NJW 2003, S. 2843, 2845; NStZ-RR 2004, S. 184, 185; NStZ-RR 2005, S. 155, 156; *OLG Karlsruhe*, NStZ-RR 2005, S. 191, 192.

Ausmaß des Haftraumes begründeten ein auf die Verletzung[872] des Art. 1 Abs. 1 GG gestütztes Feststellungsinteresse.[873]

Soweit aufgrund einer vollzuglichen Maßnahme andere Grundrechte als die Menschenwürde betroffen sind und das Gesetz keinen Richtervorbehalt für diese Eingriffe vorsieht, bereitet die Bestimmung einer Eingriffsschwelle erhebliche Schwierigkeiten.

Das Grundgesetz kennt keine Normenhierarchie, die eine Einteilung der Grundrechte in Kategorien wie „wichtig" oder „weniger wichtig" erlaubt.[874] Eine generelle Aussage dahingehend, der Eingriff in bestimmte Grundrechte indiziere regelmäßig einen „tiefgreifenden Grundrechtseingriff", kann daher, mit Ausnahme einer Verletzung des Art. 1 Abs. 1 GG, nicht getroffen werden.

bb) Verhältnismäßigkeit als Prüfungsmaßstab

Die Schwere eines Eingriffs lässt sich also grundsätzlich nicht am in Rede stehenden Grundrecht bestimmen. Die Eingrenzung der Zulässigkeit nachträglichen Rechtsschutzes muss daher auf anderem Wege erfolgen. Bei der Beurteilung, ob eine Beschränkung der Freiheitsrechte des Beschuldigten erforderlich ist, streitet die Unschuldsvermutung für den Beschuldigten. Aus diesem Grunde betont das *BVerfG*, dass Einschränkungen so gering wie möglich zu halten sind, wodurch die besondere Bedeutung des Verhältnismäßigkeitsgrundsatzes zum Ausdruck kommt.[875]

Der Verhältnismäßigkeitsprüfung kommt die Aufgabe zu, die Interessen des Beschuldigten und die zum Eingriff Anlass gebenden Zwecke in einen gerechten

872 Sofern ein Eingriff festgestellt wird, handelt es sich aufgrund der uneingeschränkten Gewährleistung des Grundrechts sogleich um eine Verletzung von Art. 1 Abs. 1 GG.

873 Zur Untersuchungshaft: *OLG Stuttgart*, NStZ-RR 2003, S. 191, 191; *OLG Frankfurt*, NStZ-RR 2004, S. 184, 185 *OLG Karlsruhe*, NStZ 2005, S. 56, 56; NStZ-RR 2005, S. 191, 192; *OLG Hamm*, NStZ-RR 2009, S. 326, 326. Zur Strafhaft: *BVerfG*, NJW 2002, 2699, 2700; NJW 2002, S. 2700, 2701; *OLG Frankfurt*, NJW 2003, S. 2843, 2845; NStZ-RR 2005, S. 155, 156; *OLG Karlsruhe*, NStZ-RR 2005, S. 224, 224 (ausführliche Entscheidungsgründe finden sich bei BeckRS 2005,02228).

874 Vgl. hierzu *Kirchhof*, in: HStR IX, 1997, § 221 Rn. 102 ff.; *Bethge*, in: Maunz/Schmidt-Bleibtreu/Klein/Bethge, BVerfGG, Stand: August 2010, § 90 Rn. 311; *Müller-Franken*, in: Schmidt-Bleibtreu/Hofmann/Hopfauf, GG, 12. Aufl., 2011, Vorb. v. Art. 1 Rn. 47. Die hervorgehobene Bedeutung des Art. 1 Abs. 1 GG begründet sich demzufolge auch nicht durch eine irgendwie geartete Rangstellung innerhalb des Grundrechtskataloges. Sie geht vielmehr darauf zurück, dass die Menschenwürde als „Wurzel aller Grundrechte" verstanden wird, deren Grundgehalt in den einzelnen Grundrechten konkretisiert wird, siehe *BVerfG*, NJW 1995, S. 3303, 3304.

875 Siehe nur *BVerfG*, Beschl. v. 04.02.2009 - 2 BvR 455/08, BeckRS 2009, 31732; *OLG Hamm*, NStZ-RR 2010, S. 292, 293.

Ausgleich zu bringen. Entsteht ein Ungleichgewicht, so ist die Maßnahme unverhältnismäßig und damit rechtswidrig.

Je größer die Divergenz dieser sich gegenüberstehenden Interessen ausfällt, desto weniger steht die Entscheidung auf der Seite des Rechts. Zwar lässt sich die Verhältnismäßigkeitsprüfung nicht auf der Seite des Eingriffs verorten, sondern auf der Seite der Rechtfertigung und taugt damit dem Grunde nach nicht zur Festlegung einer Eingriffsschwelle zur Anerkennung eines Feststellungsinteresses. Wenn das *BVerfG* jedoch den Eingriff in Grundrechte mit Richtervorbehalt als Indiz für einen möglichen „tiefgreifenden Grundrechtseingriff" nennt, dann kommt hierin lediglich zum Ausdruck, dass der mit dem Eingriff verbundene Verlust an persönlicher Freiheit, im Falle des Art. 104 GG sogar der Bewegungsfreiheit, das äußerste Ende staatlicher Eingriffsbefugnis darstellt und daher in besonderem Maße eine Unverhältnismäßigkeit der Maßnahme zu befürchten ist, die ein Feststellungsinteresse rechtfertigt.

Ein „tiefgreifender Grundrechtseingriff" kann daher dort angenommen werden, wo ein besonders großes Auseinanderklaffen zwischen dem Anlass der Beschränkung auf der einen und den Auswirkungen für den Betroffenen auf der anderen Seite festzustellen ist. Bei Maßnahmen gegen Untersuchungshäftlinge besteht aufgrund der höheren Rechtfertigungsschwelle im Rahmen der Verhältnismäßigkeit stets die Gefahr eines derartigen Ungleichgewichts und des damit verbundenen „tiefgreifenden Grundrechtseingriffs".

c) Ergebnis

Wenn nun also die konkrete Intensität eines Eingriffs erst am Maßstab einer Verhältnismäßigkeitsprüfung bestimmbar ist, so lässt sich daraus folgern, dass ein fehlendes Feststellungsinteresse nicht sogleich im Zuge der Zulässigkeitsprüfung festgestellt werden und zur Unzulässigkeit der Klage führen kann, da hierzu in die Sachprüfung eingetreten werden müsste, diese jedoch erst innerhalb der Begründetheit erfolgt.

Als Konsequenz hieraus muss auch im Rahmen erledigter Maßnahmen, welche auf Basis der Ländergesetze erlassen wurden, gelten, dass diese auf Antrag uneingeschränkter nachträglicher gerichtlicher Kontrolle zugänglich sind.

Wie auch schon zu der Schaffung einer umfassenden nachträglichen Kontrollmöglichkeit bei Maßnahmen i. S. d. § 119 Abs. 1 S. 1 StPO n. F. angemerkt, führt dieses „Mehr" an Rechtsschutz zudem zu einer Normstabilisierung.[876] Da der Inhaftierte eine jederzeitige Überprüfung veranlassen kann, wird der Anwender die Normen möglichst den Vorgaben entsprechend gebrauchen, so dass deren Geltung sichergestellt ist.

876 Siehe Kapitel 5, A. I Nr. 2 b).

Als Nebeneffekt gewinnt der Beschuldigte Vertrauen in die Beachtung seiner Rechte, was mitunter zur besseren Akzeptanz angeordneter Maßnahmen führt.[877]

Dies erlangt im eben behandelten Kontext umso mehr an Bedeutung, da mit der Anordnung und Durchführung nicht der Richter, sondern das Vollzugspersonal betraut wird und der Beschuldigte durch die Gewährung eines Rechtswegs die Sicherheit erhält, dass auch im abgeschotteten Bereich der Anstalt und unter Ausschluss gerichtlicher Entscheidungsfindungsverfahren das Recht umfassende Beachtung findet.

II. Ausgestaltung des Rechtsbehelfsverfahrens

Die Bestimmung der gerichtlichen Zuständigkeit bezüglich der Durchführung des Verfahrens nach § 119a StPO ergibt sich vor Erhebung der öffentlichen Klage aus § 126 Abs. 1 StPO, anderenfalls aus Abs. 2 der Vorschrift und bereitet insoweit keine Schwierigkeiten. In der Praxis können sich durch diese Handhabe jedoch Probleme ergeben, worauf auch die Gesetzesbegründung hinweist.

Aufgrund der unterschiedlichen Ausformung des Rechts des Untersuchungshaftvollzugs in den einzelnen Ländergesetzen und einer Zuständigkeitsregelung, die nicht nach dem Ort und Bundesland der Untersuchungshaftvollzugsanstalt, sondern nach den Regeln des § 126 StPO das Gericht bestimmt, kommt es mitunter zu einer Mehrbelastung der Gerichte, wenn diese ein für sie fremdes Ländergesetz anwenden und sich mit diesem inhaltlich vertraut machen müssen.[878] Zutreffend geht aber der Gesetzgeber von einer eher selten anzutreffenden Konstellation aus. Zudem sei eine allzu große inhaltliche Abweichung innerhalb der einzelnen Gesetze nicht zu befürchten und nicht zuletzt spreche auch die Gefahr von „Kompetenzkonflikten" sowie der erhöhte Aufwand, den eine Betrauung von zwei Gerichten mit sich bringe, gegen eine Aufspaltung der Zuständigkeit.[879]

Zur Gefahr inhaltlicher Abweichungen sei noch anzufügen, dass schon durch den sog. 12-Länderentwurf, der bis auf kleinere Änderungen, im Zuge der Transformation des Entwurfs in Landesrecht, zu einem einheitlichen Regelungswerk in den zwölf beteiligten Ländern führte, kaum ein erhöhter Arbeitsaufwand bei den Gerichten zu befürchten ist.[880]

877 Siehe hierzu auch die Ausführungen unter Kapitel 5, A. I Nr. 2 b).

878 BT-Drs. 16/11644, S. 32.

879 Alle Argumente lassen sich der BT-Drs. 16/11644, S. 32 entnehmen.

880 Vgl. zur 12-Ländergruppe und dem gemeinsamen Entwurf, *Wiesneth*, Die Untersuchungshaft, 2010, Rn. 284; *Höflich*, Die Entwürfe von Untersuchungshaftvollzugsgesetzen der Länder, NK 2009, S. 132 ff.

B. Untätigkeitsantrag nach § 119a Abs. 1 S. 2 StPO

I. Normzweck

§ 119a Abs. 1 S. 2 StPO ermöglicht die Beantragung einer gerichtlichen Entscheidung, wenn die Behörde innerhalb eines Zeitraumes von drei Wochen nicht über das Begehren des Antragstellers entschieden hat. Nach der Intention des Gesetzgebers sollen hierdurch die Rechte des Inhaftierten gestärkt werden.[881] Aufgrund der geltenden Unschuldsvermutung sei eine Entscheidung in angemessener Zeit erforderlich. Dies müsse auch deshalb durch ein eigenständiges gerichtliches Verfahren sichergestellt sein, da ansonsten der Rechtsbehelf des § 119a Abs. 1 S. 1 StPO leerliefe, der zunächst einmal überhaupt eine anfechtbare Ausgangsentscheidung erfordere.

Die Festsetzung einer Fristlänge von drei Wochen orientierte sich an der entsprechenden Regelung innerhalb des Strafvollzugs. Durch die im Vergleich zu § 113 Abs. 1 StVollzG „deutlich kürzere“ Verbescheidungsfrist soll wiederum der Tatsache Rechnung getragen werden, dass der Beschuldigte bis zu seiner rechtskräftigen Verurteilung als unschuldig zu gelten hat, wobei eine kürzere Frist an praktischen Erwägungen scheiterte und die getroffene Regelung insgesamt als „hinnehmbar“ erschien.

II. Verfassungsmäßigkeit der Norm

1. Problemaufriss

Soweit ersichtlich bisher alleinig diese Meinung vertretend, hält *Paeffgen*[882] die Einfügung des § 119a Abs. 1 S. 2 StPO durch den Bundesgesetzgeber für verfassungswidrig. Seiner Ansicht nach kann der Bund nicht darüber entscheiden, in welchem Zeitraum eine Entscheidung der Landesbehörde getroffen werden müsse, da er hierzu aufgrund der Kompetenzaufspaltung, in Folge der Änderung der Zuständigkeitsregelung in Art. 74 Abs. 1 Nr. 1 GG, keine Befugnis mehr habe. Auch eine „Kompetenz kraft Sachzusammenhangs“ bzw. das Konstrukt der „Annexkompetenz“ führen *Paeffgens* Ansicht nach nicht zu einer Zuständigkeit des Bundes für diese Regelungsmaterie.

---

881 Siehe zu den nachfolgenden Argumenten des Gesetzgebers, BT-Drs. 16/11644, S. 32.

882 *Paeffgen*, in: SK, StPO, 4. Aufl., 2010, § 119a Rn. 11.

2. Stellungnahme

Dem Bund obliegt nach Maßgabe des konkurrierenden Kompetenzkatalogs des Art. 74 GG, da er von seiner Gesetzgebungszuständigkeit i. S. d. Art. 72 Abs. 1 GG durch die Neuordnung der §§ 112 ff. StPO Gebrauch machte, die Regelung des gerichtlichen Verfahrens. Diese Kompetenz berechtigt sowohl zur Konzeption des Rechtsbehelfssystems als auch zur Schaffung von Normen, die sicherstellen, dass der Zweck der Untersuchungshaft nicht gefährdet wird.[883] § 119a Abs. 1 S. 2 StPO ähnelt seiner äußeren Erscheinungsform nach dem Antrag gem. § 27 Abs. 1 S. 1 EGGVG und weist hinsichtlich seiner Funktion Parallelen zur Untätigkeitsbeschwerde auf.[884]

Daraus ließe sich prinzipiell eine legitime Ausübung der Gesetzgebungskompetenz ableiten, handelt es sich doch seiner Zweckrichtung nach bei der Norm um einen Rechtsbehelf, der die gerichtliche Überprüfung der Behördentätigkeit zum Gegenstand hat.

Problematisch erweist sich die Normierung, worauf *Paeffgen* hinweist und gleichermaßen hieraus die Verfassungswidrigkeit ableitet, da die Fristsetzung faktisch zur Folge hat, dass der Bundesgesetzgeber bestimmt, in welchem Zeitraum vollzugliche Entscheidungen, die nicht der Sicherung des Haftanlasses dienen, zu erfolgen haben. Die Norm greift somit in einen Regelungsbereich ein, der gem. Art. 70 Abs. 1 GG, mangels anderweitiger bundesgesetzlicher Kompetenzeinräumung, in der legislatorischen Verantwortung des Landesgesetzgebers steht.

Trotz der kategorischen Ablehnung *Paeffgens*,[885] diese von ihm als „Kompetenzerweiterungs-Krücken" bezeichneten Konstrukte zur Begründung einer Bundeskompetenz zu bemühen, bedarf es einer Untersuchung, ob die Voraussetzungen einer „Annexkompetenz" bzw. einer „Kompetenz kraft Sachzusammenhangs" gegeben sind, oder ob eine Kompetenz anderweitig ableitbar ist.

a) Ungeschriebene Bundeskompetenz

Aufgrund des Eingriffs des Bundesgesetzgebers in einen Gesetzgebungsbereich, der dem Grunde nach der landesgesetzlichen Hoheitsgewalt untersteht, kann sich die Legitimität und Verfassungsmäßigkeit des § 119a Abs. 1 S. 2 StPO, als letzte verbleibende Option, aus einer ungeschriebenen Bundeskompetenz ergeben. Nach der Rechtsprechung des *BVerfG* kommt eine solche Erweiterung des Zuständigkeitsbereichs allerdings nur in Ausnahmefällen in Betracht:

883 Zum Ganzen siehe Kapitel 2.

884 Siehe zur Untätigkeitsbeschwerde Kapitel 4, B. I Nr. 2.

885 *Paeffgen*, in: SK, StPO, 4. Aufl., 2010, § 119a Rn. 11.

„Sie bestehen zum einen, wenn nach der Natur der Sache allein eine Bundesregelung in Betracht kommt, zum anderen wenn der Bund von einer ihm ausdrücklich eingeräumten Kompetenz nicht ohne Zugriff auf eine den Ländern zustehende Materie sinnvoll Gebrauch machen kann (Annexkompetenz und Kompetenz kraft Sachzusammenhangs).“[886]

Eine Kompetenz kraft „Natur der Sache“ scheidet schon wegen der vorhandenen positiv-rechtlichen Regelungen innerhalb des GG aus. Da aus dem Wortlaut des Art. 74 Abs. 1 Nr. 1 GG, sowie der fehlenden Zuweisung einer ausschließlichen Gesetzgebungskompetenz i. S. d. Art. 73 GG, im Zusammenspiel mit Art. 70 Abs. 1 GG hervorgeht, dass das Recht des Untersuchungshaftvollzugs den Ländern überantwortet wurde, kann es sich bei der Regelung dieses Sachgebietes nicht gleichermaßen um eine der „Natur nach eigenste, der partikularen Gesetzgebungszuständigkeit a priori entrückte Angelegenheit“ des Bundes handeln.[887]

Folglich kommt eine verfassungsgemäße Auslegung nur noch unter dem Gesichtspunkt einer ungeschriebenen Kompetenz kraft „Sachzusammenhangs“ bzw. im Rahmen einer „Annexkompetenz“ in Betracht, möglicherweise auch aufgrund des „Schwerpunktes der Gesamtregelung“. Die beiden erstgenannten Erweiterungen der geschriebenen Zuständigkeitsregelungen ähneln sich in ihren Voraussetzungen, vielfach gehen Ansichten in der Literatur auch von einem identischen Begriffsverständnis aus.[888]

Nach einer differenzierteren Sichtweise soll die „Annexkompetenz“ dann greifen, wenn zwar keine ausdrückliche Zuständigkeitsübertragung aus dem GG hervorgeht, jedoch die „Vorbereitung und Durchführung“ einer aufgrund einer geschriebenen Kompetenznorm erlassenen Regelung die Erweiterung erforderlich mache.[889]

Ungeachtet der unterschiedlichen Bezeichnungen besteht eine ungeschriebene Bundeskompetenz, die vornehmlich aus dem Sachzusammenhang zweier Materien hervorgeht. Da der Bund seine Gesetzgebungskompetenz für den Be-

886 *BVerfG*, NJW 1991, S. 841, 842.

887 Vgl. zu den Voraussetzungen einer Kompetenz kraft „Natur der Sache“, *BVerfG*, NJW 1961, S. 547, 550; NJW 1962, S. 2243, 2247 ff.

888 Von inhaltsgleichen Kompetenzerweiterungskonstrukten gehen etwa *Bullinger*, Ungeschriebene Kompetenzen im Bundesstaat, AöR 96 (1971), S. 237, 242; *Seiler*, in: BeckOK, GG, Stand: 01.04.2012, Art. 70 Rn. 23; *Jarass*, Allgemeine Probleme der Gesetzgebungskompetenz, NVwZ 2000, S. 1089, 1089 aus, die letzten beiden Ansichten jeweils unter Bezugnahme auf *BVerfG*, NJW 1999, S. 841, 842. In dieser Entscheidung differenziert das Gericht nicht mehr zwischen Annexkompetenz und Kompetenz kraft Sachzusammenhangs.

889 So definiert *Degenhart*, in: Sachs, GG, 5. Aufl., 2009, Art. 70 Rn. 37 den Begriff.

reich des „gerichtlichen Verfahrens“ gem. Art. 74 Abs. 1 Nr. 1 GG, der auch die Normierung des Rechtsbehelfssystems beinhaltet, nur dann in adäquater Weise ausüben kann, wenn er nicht nur Rechtsbehelfe für die Überprüfung behördlicher Entscheidungen und Maßnahmen installiert, sondern auch gewährleistet, dass eine Entscheidung und damit letzten Endes auch deren Überprüfung durch ein Gericht überhaupt in angemessener Zeit erfolgen kann, rechtfertigt dies den Eingriff in den Regelungsbereich des Landesgesetzgebers.[890]

Weiter begründet sich eine Bundeskompetenz auch nach dem „Schwerpunkt der Gesamtregelung“.[891] Danach fällt

> „eine Teilregelung, die bei isolierter Betrachtung einer Materie zuzurechnen wäre, für die der Bundesgesetzgeber nicht zuständig ist, [...] gleichwohl in seine Kompetenz [...], wenn sie mit dem kompetenzbegründenden Schwerpunkt der Gesamtregelung derart eng verzahnt ist, daß sie als Teil dieser Gesamtregelung erscheint.“[892]

§ 119a Abs. 1 S. 2 StPO soll nach der Begründung des Gesetzgebers eine Entscheidung in „angemessener Frist“ ermöglichen und zudem vor Beendigung der Untersuchungshaft die Überprüfung der behördlichen Entscheidung gerichtlich sicherstellen.[893] Der Schwerpunkt der Regelung, wie dies auch die inhaltliche Entsprechung zum Antrag nach § 27 Abs. 1 S. 1 EGGVG sowie die funktionellen Parallelen zur Untätigkeitsbeschwerde indizieren, liegt in der Gewährleistung eines effektiven Rechtsschutzes. Nur in zweiter Hinsicht soll die Norm eine Direktive an den Landesgesetzgeber darstellen, innerhalb der Frist des § 119a Abs. 1 S. 2 StPO zu verbescheiden.

b) Ergebnis

Da § 119a Abs. 1 S. 2 StPO sowohl zur Gewährleistung eines umfassenden Rechtsschutzes notwendigerweise einen Eingriff in den Regelungsbereich des Landesgesetzgebers erfordert, als auch schwerpunktmäßig dem Bereich des gerichtlichen Verfahrens zuzuordnen ist und nur sekundär auch eine Weisung an den Landesgesetzgeber zur Verbescheidung in angemessener Frist beinhaltet, erfüllt die Norm die verfassungsmäßigen Vorgaben hinsichtlich des kompetenzgemäßen Erlasses. Eine Bundeskompetenz leitet sich somit zum einen aus der

---

890 Insoweit sei auf die st. Rspr. des *BVerfG* zu den ungeschriebenen Kompetenzerweiterungen verwiesen, vgl. etwa NJW 1999, S. 841, 842; NJW 2003, S. 41, 44.

891 Vgl. hierzu *Jarass*, Allgemeine Probleme der Gesetzgebungskompetenz des Bundes, NVwZ 2000, S. 1089, 1090.

892 *BVerfG*, NJW 1999, S. 841, 842.

893 BT-Drs. 16/11644, S. 32.

ungeschriebenen Zuständigkeit kraft „Sachzusammenhangs“ ab, zum anderen besteht eine solche nach dem „Schwerpunkt der Gesamtregelung“.

C. Beschwerde nach § 119a Abs. 3 i. V. m §§ 304 ff. StPO

§ 119a Abs. 3 StPO enthält keinen eigenständigen Rechtsbehelf, sondern stellt klar, dass eine Beschwerdemöglichkeit i. S. d. §§ 304 ff. StPO gegen Entscheidungen des Gerichts, die auf den Antrag nach § 119a Abs. 1 StPO ergangen sind, besteht.[894]

Neben der Klarstellungsfunktion hinsichtlich des eröffneten Rechtswegs erweitert die Norm den Kreis der Antragsteller ausdrücklich auf „die für die vollzugliche Entscheidung oder Maßnahme zuständige Stelle.“ Die Gesetzesbegründung verweist in diesem Zusammenhang auf die entsprechende Regelung in § 116 StVollzG sowie auf § 304 Abs. 2 StPO und begründet die ausdrückliche Erweiterung der Gruppe der Beschwerdeberechtigten mit der Bedeutung einer gerichtlichen Entscheidung für die Gestaltung des Vollzugsalltags.[895] Eine weitere Beschwerde gem. § 310 StPO gegen den Beschluss des Beschwerdegerichts ist dagegen nicht statthaft.[896]

D. Originäre Beschwerdemöglichkeit nach §§ 304 ff. StPO

Als verbleibender Anwendungsbereich der Beschwerde i. S. d. §§ 304 ff. StPO auf dem Gebiet vollzuglicher Entscheidungen, die nicht der Sicherung des Haftzweckes dienen, kommen solche Entscheidungen oder Maßnahmen in Betracht, die unter dem Vorbehalt richterlicher Anordnung stehen.[897] Wie für den gesamten Bereich vollzugsinterner Maßnahmen, bleibt auch in diesem Punkt der Zugang zum Rechtsbehelf der weiteren Beschwerde gem. § 310 StPO versperrt.

894 Siehe etwa *OLG Jena*, Beschl. v. 23.08.2010 – 1 Ws 296/10, BeckRS 2010, 23540. Ausgenommen hiervon sind Entscheidungen des OLG bzw. des Ermittlungsrichters beim OLG, BGH. Dies ergibt sich, wegen der unterschiedlichen Auslegung des Verhaftungsbegriffs, aus den gleichen Gründen, die auch zum Ausschlusses der weiteren Beschwerde führen. Siehe hierzu Kapitel 4, B. I Nr. 4; Kapitel 4, C. I Nr. 2; Kapitel 5, A. I Nr.3.

895 BT-Drs. 16/11644, S. 32 ff.

896 Siehe obige Nachweise.

897 Im Folgenden unter Kapitel 6, F. wird der Anwendungsbereich, der richterlicher Anordnungen vorbehalten ist, näher bestimmt.

Dies gilt auch für die Überprüfung von Entscheidungen oder Maßnahmen des OLG bzw. des Ermittlungsrichters des OLG und des BGH. [898]

E. Verbleibender Anwendungsbereich für §§ 23 ff. EGGVG

I. Allgemeines

§ 23 Abs. 1 S. 1 des EGGVG schränkt den Zugang zu der Verwaltungsgerichtsbarkeit ein, sofern ein Justizverwaltungsakt die Grundlage richterlicher Auseinandersetzung bilden soll. Der Begriff des Justizverwaltungsaktes lehnt sich inhaltlich am Verwaltungsakt i. S. d. § 35 VwVfG an, ist aber nicht mit diesem identisch. Unterschiede bestehen bei der Anforderung, die an die Annahme eines Regelungscharakters der Anordnung, Verfügung oder Maßnahme zu stellen sind. So genügt im Gegensatz zum Verwaltungsakt auch rein tatsächliches Verwaltungshandeln um dem Erfordernis der „Regelung" in § 23 Abs. 1 S. 1 EGGVG gerecht zu werden.[899] Zusammenfassend lässt sich der Begriff wie folgt definieren:

> „Justizverwaltungsakt ist [...] jedes hoheitliche Handeln einer Justizbehörde zur Regelung einer einzelnen Angelegenheit auf einem der in [§ 23] Abs. 1 genannten Gebiete, das geeignet ist, den Betroffenen in seinen Rechten zu verletzen, also auch schlicht hoheitliches Handeln bis hin zum Realakt"[900]

Neben den in § 23 Abs. 1 S. 1 EGGVG genannten Rechtsgebieten eröffnet S. 2 der Vorschrift den Rechtsweg auch bei Anordnungen, Verfügungen oder sonstigen Maßnahmen im Vollzug der Untersuchungshaft, sofern die sonstigen Voraussetzungen erfüllt werden. § 24 Abs. 1 EGGVG stellt, ebenso wie § 42 Abs. 2 VwGO, die Antragsmöglichkeit unter die Prämisse eines Rechtsschutzbedürfnisses. Gem. § 24 Abs. 2 EGGVG bedarf es des Durchlaufens eines Vorverfahrens, wenn dies durch bundes- oder landesrechtliche Regelung vorgeschrieben ist.[901] Die Antragsfrist beträgt nach § 26 Abs. 1 EGGVG einen Monat nach „Zustellung oder schriftlicher Bekanntgabe des Bescheides" bzw. Beschwerdebescheides. Die Antragsstellung hat schriftlich oder zur Niederschrift

898 Zur Eingrenzung des Anwendungsbereichs sei wiederum auf Kapitel 4, B. I Nr. 4; Kapitel 4, C. I Nr. 2; Kapitel 5, A. I Nr.3 verwiesen.

899 *BGH*, NJW 2001, S. 1077, 1077.

900 *Schoreit*, in: KK, StPO, 6. Aufl., 2008, § 23 EGGVG Rn. 21.

901 Siehe hierzu genauer *Schoreit*, in: KK, StPO, 6., Aufl., 2008, § 23 EGGVG Rn. 5.

der Geschäftsstelle des OLG bzw. AG zu erfolgen. Die Zuständigkeit des Gerichts ergibt sich aus § 25 EGGVG. Sachlich fällt die Entscheidungszuständigkeit in den Bereich des OLG. Örtlich orientiert sich diese gem. § 25 Abs. 1 S. 1 EGGVG grundsätzlich am Sitz der Vollzugsbehörde, es sei denn, es erfolgte nach Maßgabe des § 24 Abs. 2 EGGVG ein Vorschaltverfahren. Dann bestimmt sich die Zuständigkeit gem. § 25 Abs. 1 S. 2 danach, in welchem Bezirk sich der Sitz der Beschwerdebehörde befindet.

II. Subsidiaritätsklausel

Vor der Neuordnung der §§ 112 ff. StPO und der damit verbundenen Einfügung des § 119a StPO als Rechtsbehelf zur Überprüfung behördlicher Entscheidungen oder Maßnahmen im Untersuchungshaftvollzug kam den §§ 23 ff. EGGVG als einziger fachgerichtlicher Instanz Bedeutung zu.[902] Allerdings beschränkte sich das Anwendungsgebiet wegen der Regelung des § 119 Abs. 6 StPO a. F. von jeher auf wenige Teilbereiche, da hierdurch in den meisten Fällen richterliches und nicht behördliches Handeln die Grundlage rechtlicher Auseinandersetzungen bildete und damit dem Anwendungsbereich der §§ 23 ff. EGGVG entzogen war.[903]

Da nun mit § 119a Abs. 1 S. 1 und Abs. 1 S. 2 StPO sowohl Handlungen behördlicher Stellen im Vollzug der Untersuchungshaft gerichtlicher Kontrolle unterliegen, als auch bei deren Untätigkeit dem Beschuldigten ein Rechtsschutzinstrumentarium zur Hand steht, gilt es herauszuarbeiten, welcher Anwendungsbereich für den Antrag gem. §§ 23 ff. EGGVG verbleibt.

Ein Nebeneinander neueingefügter Rechtsbehelfe neben den seit 1960 in Kraft[904] befindlichen Anträgen des EGGVG verbietet sich aufgrund der Subsidiaritätsklausel des § 23 Abs. 3 EGGVG. Hiernach kommt den Regelungen innerhalb des EGGVG lediglich eine Art Auffangfunktion zu. Nur wenn nicht auf anderem Wege, durch die ordentlichen Gerichte, Rechtsschutz zu erlangen ist, kommt eine Anrufung des OLG im Wege der Antragstellung gem. der §§ 23 ff. EGGVG in Betracht. Der Ausschlusstatbestand des § 23 Abs. 3 EGGVG greift unabhängig davon ein, ob die zur Disposition stehende Vorschrift dem Antragsteller im gleichen Maße die Einhaltung seiner Rechte, bzw. die nachträgliche Kontrolle, im Zuge des gerichtlichen Verfahren gewährleistet.[905] Die Frage der

902 Einen ausdrücklichen Verweis auf die Regelungen der §§ 23 ff. EGGVG findet man in Nr. 75 Abs. 3 S. 2 UVollzO.

903 Vgl. *Böttcher*, in: L/R, StPO, 26. Aufl., 2010, § 23 EGGVG Rn. 63, 127.

904 Das Gesetz trat am 01.04.1960 in Kraft (BGBl. I, S. 17 § 179). Siehe zur Entstehungsgeschichte *Böttcher*, in: L/R, StPO, 26. Aufl., 2010, Vor § 23 EGGVG Rn. 6.

905 *Böttcher*, in: L/R, StPO, 26. Aufl., 2010, § 23 EGGVG Rn. 84.

Subsidiarität des Antrages gem. § 23 Abs. 3 EGGVG lässt sich also durch einen Vergleich der Rechtsschutzbegehren, die mit den möglicherweise in Konkurrenz stehenden Rechtsbehelfen verfolgt werden, beantworten.

III. Anfechtungsantrag nach § 23 Abs. 1 S. 1, S. 2 i. V. m. § 28 Abs. 1 S. 1 EGGVG

Der Anfechtungsantrag hat gem. § 28 Abs. 1 S. 1 EGGVG das Begehren zum Gegenstand, eine als rechtswidrig beanstandete Maßnahme der Vollzugsbehörde in Form eines Justizverwaltungsaktes, die den Beschwerdeführer in seinen Rechten verletzt, aufheben zu lassen. Dieses Ziel lässt sich nunmehr mit dem Antrag nach § 119a Abs. 1 S. 1 StPO realisieren. Hinsichtlich des Kreises der berechtigten Antragsteller geht die Regelung sogar über den Regelungsgehalt des § 23 Abs. 1 S. 1, S. 2 EGGVG i. V. m. § 28 Abs. 1 S. 1 EGGVG hinaus. Erfordert § 24 Abs. 2 EGGVG grundsätzlich eine Adressatenstellung zur Begründung eines Rechtsschutzinteresses,[906] so steht beim Rechtsbehelf des § 119a Abs. 1 StPO all denjenigen das Antragsrecht zu, die durch die behördliche Entscheidung oder Maßnahme in ihren Rechten verletzt werden.[907] Somit verbleibt wegen § 23 Abs. 3 EGGVG für den Anfechtungsantrag neben der Regelung des § 119a Abs. 1 S. 1 StPO kein Raum mehr.

IV. Verpflichtungsantrag nach § 23 Abs. 2 EGGVG

Nach Maßgabe des § 23 Abs. 2 EGGVG kann eine Antragstellung erfolgen, die auf die Verpflichtung zum Erlass „eines abgelehnten oder unterlassenen Verwaltungsaktes" abzielt. Soweit das Begehren auf Neubescheidung nach Ablehnung eines Verwaltungsaktes gerichtet ist, findet sich dafür zunächst keine wortlautgetreue Entsprechung im Regelungsgefüge der StPO. Allerdings bietet § 119a Abs. 1 S. 1 StPO die Möglichkeit, Entscheidungen oder Maßnahmen im Vollzug der Untersuchungshaft gerichtlicher Kontrolle zu unterziehen. Die Beantragung der gerichtlichen Kontrolle einer ablehnenden Entscheidung führt bei deren Rechtswidrigkeit zur Verpflichtung der Justizbehörde, den begehrten Verwaltungsakt zu erlassen bzw. eine bestimmte Maßnahme zu ergreifen.

Anderes könnte im Falle des Unterlassens eines beantragten Verwaltungsaktes gelten. So geht *Paeffgen*, ohne näher darauf einzugehen, von einem verbleibenden Anwendungsbereich der §§ 23 ff. EGGVG in dieser Hinsicht aus.[908]

---

906 *Schoreit*, in: KK, StPO, 6. Aufl., 2008, § 24 EGGVG Rn. 4.

907 *Paeffgen*, in: SK, StPO, 4. Aufl., 2010, § 119a Rn. 8, 9.

908 *Paeffgen*, in: SK, StPO, 4. Aufl., 2010, § 119a Rn. 18a.

Auch hierzu findet sich allerdings in § 119a Abs. 1 S. 2 StPO eine entsprechende Regelung. Dieser Rechtsbehelf eröffnet den Zugang zu den Gerichten, wenn eine beantragte Entscheidung nicht innerhalb von drei Wochen ergeht.[909] Zwar enthält § 23 Abs. 2 EGGVG, im Gegensatz zu § 119a Abs. 1 S. 2 StPO, keine Bestimmung, ab wann die Untätigkeit der Behörde zur Antragstellung berechtigt, dies spielt jedoch für das Eingreifen der Subsidiaritätsklausel keine Rolle, da hierbei Erwägungen der Qualität des zur Verfügung gestellten Rechtsbehelfs außer Betracht bleiben.[910] De facto gewährt somit bereits § 119a Abs. 1 S. 2 StPO Rechtsschutz bei Untätigkeit der Behörde. Im Ergebnis verbleibt damit für § 23 Abs. 2 EGGVG kein Anwendungsfeld.

V. Antragstellung bei Untätigkeit der Behörde nach § 27 Abs. 1 S. 1 EGGVG

Die Regelung des § 27 Abs. 1 S. 1 EGGVG ermöglicht es, bei Untätigkeit der Behörde hinsichtlich eines gestellten Antrages, einer Beschwerde oder eines anderen förmlichen Rechtsbehelfs das Gericht anzurufen. Als weiteres Erfordernis nennt das Gesetz eine mindestens dreimonatige Untätigkeit der Behörde. In besonders gelagerten Fällen kann das Gericht jedoch bereits vor Ablauf der Frist angerufen werden, vgl. § 27 Abs. 1 S. 2 EGGVG. § 27 Abs. 1 S. 1 EGGVG findet seine Entsprechung in der Norm des § 119a Abs. 1 S. 2 StPO. Auch dieser Rechtsbehelf setzt reine Untätigkeit behördlicher Entscheidungsträger voraus und benennt eine Frist, deren Überschreitung zur Zulässigkeit des Antrages führt. Die speziellere Regelung innerhalb der StPO verdrängt damit den Rechtsbehelf.

VI. Fortsetzungsfeststellungsantrag nach § 23 Abs. 1 S. 1, S. 2 i. V. m. § 28 Abs. 1 S. 4 EGGVG

§ 28 Abs. 1 S. 4 EGGVG sieht die Möglichkeit der Feststellung der Rechtswidrigkeit „durch Zurücknahme oder anders“ erledigter Maßnahmen vor, „wenn der Antragsteller ein berechtigtes Interesse an dieser Feststellung hat.“ Der Anwendungsbereich erstreckt sich nach § 23 Abs. 1 S. 2 EGGVG ausdrücklich auf „Anordnungen, Verfügungen oder sonstige Maßnahmen der Vollzugsbehörden im Vollzug der Untersuchungshaft.“ Bei der Vorschrift handelt es um eine Konkretisierung des Art. 19 Abs. 4 GG, die sich hinsichtlich der Anforderungen,

909 Näheres unter Kapitel 6, B.

910 Vgl. *Böttcher*, in: L/R, StPO, 26. Aufl., 2010, § 23 EGGVG Rn. 84.

die an das Feststellungsinteresse zu stellen sind, an den vom *BVerfG* entwickelten Kriterien orientiert.[911]

Ein Feststellungsinteresse i. S. d. § 28 Abs. 1 S. 4 EGGVG besteht jedoch dann nicht, was gleichermaßen den Ausschluss aufgrund der Subsidiaritätsklausel des § 23 Abs. 3 EGGVG bedeutet, wenn Rechtsschutz auf anderem Wege zu erlangen ist.[912] Da § 119a StPO insoweit, im vom *BVerfG* näher bestimmten Maße, Rechtsschutz bietet, scheidet die Anwendung der §§ 23ff. EGGVG auch hinsichtlich dieses Begehrens aus.[913]

VII. Ergebnis

Durch die Neuregelung der §§ 112 ff. StPO und die Einfügung von § 119a StPO verbleibt für die Rechtsbehelfe innerhalb des EGGVG, für den im Rahmen dieser Untersuchung dargestellten Bereich, wegen § 23 Abs. 3 EGGVG kein Raum mehr.

F. Ansatzpunkte der Rechtsbehelfe

I. § 13 EGStPO

Die Übergangsregelung des § 13 EGStPO führte zur Fortgeltung des § 119 StPO a. F. sowie der UVollzO, bis eine landesgesetzliche Normierung des Untersuchungshaftvollzugs erfolgt.[914] Allerdings galt diese Übergangsregelung längstens bis zum 31.12.2011. Als Vergleichsmaßstab für die Bewertung und Auseinandersetzung mit der landesgesetzlichen Ausgestaltung des Untersuchungshaftvollzugs, genauer mit dem Bayerischen Untersuchungshaftvollzugsgesetz, kommt der Vorgängerregelung jedoch auch nach deren Ersetzung durch Landesrecht Bedeutung zu. Dies macht es erforderlich, überblicksartig das bis zur Ausübung der Gesetzgebungskompetenzen der Länder bundeseinheitlich geltende Regelungswerk der Untersuchung voranzustellen, um im Folgenden eventuelle Veränderungen der Rechtsstellung des Untersuchungshäftlings feststellen und bewerten zu können. Da dem Begriff der „Ordnung in der Vollzugsanstalt" grundlegende Bedeutung zukommt, sollen Erläuterungen hierzu die Darstellung anführen (1.). Hieran anschließend folgen Ausführungen zu den übrigen in § 119 StPO a. F. enthaltenen parlamentsgesetzlichen, den Untersuchungshaft-

---

911 *Schoreit*, in: KK, StPO, 6. Aufl., 2008, § 23 EGGVG Rn. 31a, b.

912 *Böttcher*, in: L/R, StPO, 26. Aufl., 2010, § 28 EGGVG Rn. 8.

913 Vgl. zur Anwendbarkeit der allgemeinen Kriterien des BVerfG, *Paeffgen*, in: SK, StPO, 4. Aufl., 2010, § 119a Rn. 10. Im Übrigen siehe Kapitel 6, A. I Nr. 3.

914 Siehe hierzu auch *OLG Frankfurt*, NStZ-RR 2010, S. 294, 294 sowie Kapitel 2, A. I.

vollzug betreffende Regelungen (2.), der UVollzO (3.) sowie der im StVollzG explizit für anwendbar erklärten Normen (4.).

1. „Ordnung in der Vollzugsanstalt" i. S. d. § 119 Abs. 3 StPO a. F.

a) Der Begriff in der Rechtsprechung des *BVerfG*

Das *BVerfG* differenziert bezüglich der verfassungsrechtlichen Anforderungen nicht danach, welcher der in § 119 Abs. 3 StPO a. F. genannten Gründe den Eingriff rechtfertigen soll.

Insoweit gelten die Grundsätze im Allgemeinen für alle Beschränkungen und Maßnahmen, die dem Untersuchungshäftling im Vollzug auferlegt werden.[915] Insbesondere sei hierzu also auf die aus der Unschuldsvermutung resultierende besondere Bedeutung des Verhältnismäßigkeitsprinzips mit dem Erfordernis einer „realen Gefährdung" der in § 119 Abs. 3 StPO a. F. aufgeführten „öffentlichen Interessen" verwiesen.[916]

Die Betonung dieser Verfassungsgrundsätze für die Beurteilung der Rechtmäßigkeit einer Maßnahme entbindet freilich nicht von einer näheren Klassifikation möglicher Anordnungen und Verhaltensweisen auf Basis dieser Eingriffsnorm. Hierzu muss als Bezugspunkt für die Frage der Verhältnismäßigkeit feststehen, welche Rechtsgüter unter den Begriff der „Ordnung in der Vollzugsanstalt" fallen, um eine Abwägung mit den auf der Gegenseite betroffenen Rechten des Inhaftierten durchführen zu können. Bereits die Ausgestaltung als Generalklausel impliziert, dass eine abschließende Aufzählung in Betracht kommender Beschränkungen vom Gericht nicht geleistet werden kann.[917] Dennoch lässt sich der Anwendungsbereich eingrenzen.

Umfasst sind grundsätzlich alle Einschränkungen, die mit dem Entzug der Freiheit und der Aufnahme in eine geschlossene Vollzugsanstalt untrennbar verbunden sind, wie etwa die Begrenzung des räumlichen Aufenthaltsbereichs und die Eingliederung in einen teilweise fremdbestimmten Tagesablauf.[918] Das Bedürfnis zur weiteren Begrenzung von Freiheitsrechten kann ferner dann bestehen, wenn andernfalls die Anstalt ihren Aufgaben nicht mehr gerecht werden könnte, wenn ohne die Regelung also „Organisations- und Betriebsabläufe in

---

915 Siehe hierzu Kapitel 5, C. I Nr. 1 b) bb).

916 *BVerfG*, NJW 1995, S. 1478, 1479; NJW 1996, S. 983, 983; NStZ 2008, S. 521, 522.

917 *BVerfG*, NJW 1974, S. 26, 26 spricht von einer „Vielzahl inhaltlich sehr verschiedener Maßnahmen", die sich auf die Generalklausel stützen lassen.

918 Vgl. *BVerfG*, NJW 1976, S. 1311, 1311. Vom Gericht als Einschränkungen „aus der Natur der Sache" heraus bezeichnet.

der Anstalt“ gestört wären.[919] Daneben enthält der Begriff der Ordnung auch eine „gefahrenabwehrrechtliche“ Komponente.[920] Maßnahmen, die dem Schutz Dritter dienen, bspw. Mitgefangenen oder Bediensteten, lassen sich unter diesen Begriff subsumieren.[921] Der Oberbegriff „Ordnung in der Vollzugsanstalt“ i. S. d. § 119 Abs. 3 Alt. 2 StPO a. F. bildet damit eine Eingriffsgrundlage sowohl aus Gründen der „Ordnung“ im engeren Sinne als auch aus Erwägungen heraus, die die „Sicherheit“ in der Anstalt in den Blick nehmen.[922]

Des Weiteren konkretisiert das Gericht die Anforderungen, die an die Abwägungen zu stellen sind und anhand deren die Verhältnismäßigkeitsprüfung erfolgt. Eine Eingrenzung erfolgt durch die Bestimmung eines Korridors, in dessen Raumgehalt Einschränkungen nach verfassungsrechtlichen Gesichtspunkten prinzipiell rechtfertigbar sind.

Zunächst stellt das Gericht klar, dass als Bezugspunkt für die Frage der Verhältnismäßigkeit einer Einschränkung nicht die gegebene Vollzugspraxis dient, sondern die grundsätzliche Praktikabilität innerhalb eines an grundrechtlichen Maßstäben ausgerichteten Vollzugs.[923] Dadurch rücken objektive Kriterien in den Vordergrund. Die individuellen Gegebenheiten der jeweiligen Haftanstalten bleiben bei der Prüfung zwar nicht völlig unberücksichtigt, taugen jedoch nicht zur alleinigen Begründung einer Rechtmäßigkeit der Maßnahme, sondern können allenfalls in Ausnahmefällen einen Eingriff rechtfertigen. [924]

---

919 *BVerfG*, NJW 1996, S. 983, 983. In diesem Sinne auch *BVerfG*, NJW 1974, S. 26, 27, das als Schutzgut das „Funktionieren des Ablaufs des Lebens in der Anstalt“ nennt.

920 *BVerfG*, NStZ 2008, S. 521, 522; Beschl. v. 04.02.2009 – 2 BvR 455/08, BeckRS 2009, 31732.

921 *BVerfG*, NJW 1974, S. 26, 27, „Sicherheit des Anstaltspersonals“; NStZ 2008, S. 292, 293. „Schutz der Gefangenen“, Schutz der Nachbarschaft“; NStZ 2008, S. 521, 522 „Abwehr von Gefahren für Dritte“. *BVerfG*, Beschl. v. 22.07.2010 – 2 BvR 1528/10, BeckRS 2010, 51320 nennt ebenfalls den Schutz Dritter. Interessanterweise richtete sich die Verfassungsbeschwerde gegen eine Maßnahme, die den Gefangenen in seinen Rechten beschränkte, um diesen vor einem Mithäftling zu schützen. Das Gericht macht unter Zugrundelegung allgemeiner gefahrenabwehrrechtlicher Erwägungen deutlich, dass sich eine Beschränkung primär gegen den Aggressor richten muss.

922 Vgl. *BVerfG*, NJW 1996, S. 983, 983; NStZ 2008, S. 292, 293.

923 Vgl. *BVerfG*, NJW 1963, S. 755, 756; NJW 1973, S. 1451, 1453; NJW 1995, S. 1478, 1479; NStZ 2008, S. 521, 522; Beschl. v. 05.05.2008 – 2 BvR 211/06, BeckRS 2008, 35236.

924 Siehe hierzu *BVerfG*, NStZ 2008, S. 521, 522; Beschl. v. 05.05.2008 – 2 BvR 2111/06, BeckRS 2008, 35236. Die individualisierende Betrachtungsweise kommt in den Worten: „unter den in der Anstalt gegebenen Verhältnissen“ bzw. „räumliche und personelle Ausstattung der jeweiligen Justizvollzugsanstalt“ zum Ausdruck. Individuellen Gegebenheiten kommt dann Gewicht zu, wenn die in Rede stehende Anstalt mit hohem Aufwand einen der Intensität nach geringen Eingriff kompensieren müsste. In diesem

Das *BVerfG* macht in diesem Zusammenhang deutlich, dass der Schutz der Grundrechte des Gefangenen durch eine entsprechende Ausstattung des Vollzugs sicherzustellen sei. [925] „Unbegrenzt personelle und sonstige Mittel" könne der Häftling jedoch nicht verlangen, um jeden wie auch immer gearteten Eingriff in seine Rechte abzuwenden. [926]

Die explizite Erwähnung dieser, dem Grundsatz der Verhältnismäßigkeit geschuldeten Selbstverständlichkeit[927] verdeutlicht nochmals die hohen Anforderungen, die das Verfassungsgericht an die Prüfung der Rechtmäßigkeit einer Beschränkung auf Grundlage des § 119 Abs. 3 StPO a. F. stellt. Aus den genannten Erwägungen heraus sei ein Eingriff, gestützt auf die Generalklausel, nur „in vergleichsweise engen Grenzen" möglich.[928] Im inhaltlichen Gegensatz hierzu steht eine frühere Entscheidung aus dem Jahre 1973, in der es heißt: „Es besteht kein Grund, den Rechtsbegriff „Ordnung in der Vollzugsanstalt" eng auszulegen und darunter nur ein Mindestmaß an Ordnung zu verstehen."[929] Diese Entscheidung fand jedoch bereits im Votum derjenigen Richter, die die Ansicht des Senats nicht teilten, harsche Kritik. Diese weisen darauf hin, dass der Entscheidung „eine mit den verfassungsmäßigen Rechten des Untersuchungsgefangenen nicht zu vereinbarende weite Auslegung des Begriffes der Ordnung in der Vollzugsanstalt zugrunde" liegt.[930] Die inhaltliche Auswertung der neueren Rechtsprechung[931] wird zeigen, inwieweit der älteren Sichtweise der eben zitierten Entscheidung aus dem Jahre 1973 noch Bedeutung zukommt.[932]

Fall wäre ein Eingriff auch dann nicht unverhältnismäßig, wenn in anderen Anstalten ein solcher Eingriff, aufgrund entsprechender personeller oder baulicher Eigenheiten regelmäßig vermieden werden könnte.

925 *BVerfG*, NJW 1995, S. 1478, 1479; NStZ 2008, S. 521, 522.

926 *BVerfG*, NStZ 2008, S. 521, 522.

927 Jedenfalls sofern dem Charakter nach das Grundrecht einschränkbar ist. Anders, falls etwa die Menschenwürde aus Art. 1 GG unantastbare Gewährleistungen bietet.

928 *BVerfG*, NJW 1995, S. 1478, 1480; NJW 1996, S. 983, 983; Beschl. v. 04.02.2009 – 2 BvR 455/08, BeckRS 2009, 31732.

929 *BVerfG*, NJW 1974, S. 26, 27.

930 *BVerfG*, NJW 1974, S. 26, 28.

931 Gemeint sind etwa *BVerfG*, NJW 1995, S. 1478, 1480; NJW 1996, S. 983, 983; Beschl. v. 04.02.2009 – 2 BvR 455/08, BeckRS 2009, 31732.

932 Genaueres hierzu in der Stellungnahme unter Kapitel 6, F. I Nr. 1 c).

b) Begriffsbestimmung in Literatur und fachgerichtlicher Rechtsprechung

Grundkonsens findet ein Begriffsverständnis, das all diejenigen Einschränkungen der Rechte des Inhaftierten umfasst, welche „notwendig sind, um den geschlossenen Betrieb einer U-Haftanstalt sachgerecht ablaufen zu lassen.“[933]

Da diese Definition mit den Worten „notwendig“ und „sachgerecht“ wiederum unbestimmte Rechtsbegriff enthält, bedarf es einer weiteren Konkretisierung. Ausgehend hiervon spalten sich die Lager.

Nach einer Ansicht sollen lediglich diejenigen Eingriffe erfasst sein, die zur Aufrechterhaltung der Funktionstüchtigkeit der Anstalt zwingend erforderlich, anders ausgedrückt „unumgänglich“ sind.[934]

Einem weiten Begriffsverständnis folgend genügt eine Beschränkung der Rechte des Inhaftierten auch dann noch den Erfordernissen der Verhältnismäßigkeit und der Unschuldsvermutung, wenn der Regelungsgehalt über dasjenige hinausgeht, was zur Gewährleistung einer „Minimalordnung“ notwendig ist.[935]

---

933 So das *OLG Nürnberg*, MDR 1969, S. 501, 501. In Variation des Wortlautes auch *OLG Hamm*, NStZ 1991, S. 559, 559; *OLG Düsseldorf*, NStZ 1999, S. 536, 536; *OLG Köln*, NStZ-RR 1999, S. 381, 381; *Veit*, Die Rechtsstellung des Untersuchungsgefangenen, 1971, S. 52 ff. mit der Betonung der Beachtung der Menschenwürde; *Grunau*, UVollzO, 2. Aufl., 1972, Nr. 1 Rn. 5; *Klein*, Rechtsgrundlagen für Grundrechtseinschränkungen im Untersuchungshaftvollzug, 1973, S. 34 ff.; *Kleinknecht/Janischowsky*, Das Recht der Untersuchungshaft, 1977, Rn. 355; *Seebode*, Der Vollzug der Untersuchungshaft, 1985, S. 236; *Münchhalffen/Gatzweiler*, Das Recht der Untersuchungshaft, 3. Aufl., 2009, Rn. 553; *Schlothauer/Weider*, Untersuchungshaft, 4. Aufl., 2010, Rn. 1029; *Hilger*, in: L/R, StPO, 26. Aufl., 2007, § 119 Rn. 32; *Schultheis*, in: KK, StPO, 6. Aufl., 2008, § 119 Rn. 13; *Paeffgen*, in: SK, StPO, 4. Aufl., 2010, § 119a Rn. 21.

934 *OLG Nürnberg*, MDR 1969, S. 501, 501. *Baumann*, Der Briefverkehr des Untersuchungsgefangenen, DRiZ 1959, S. 379, 380 Gewährleistung einer „Mindestordnung“; ders., „Mit dem Besitz von modernen Schreibgeräten fangen wir beim Untersuchungsgefangenen lieber erst gar nicht an“, StV 1985, S. 292, 294; *Veit*, Die Rechtsstellung des Untersuchungsgefangenen, 1971, S. 53 spricht von „unerlässlichen Voraussetzungen“; ebenso *Klein*, Rechtsgrundlagen für Grundrechtseinschränkungen im Untersuchungshaftvollzug, 1973, S. 36; Arbeitskreis Strafprozeßreform, Die Untersuchungshaft. Gesetzesentwurf mit Begründung, 1983, S. 55; *Hassemer*, Kommunikationsfreiheit in der Haft, ZRP 1984, S. 292, S. 295 „unverzichtbare Kern“; *Seebode*, Der Vollzug der Untersuchungshaft, 1985, S. 236; *Hilger*, in: L/R, StPO, 26. Aufl., 2007, § 119 Rn. 32 „Regelminimum“; *Paeffgen*, in: SK, StPO, 4. Aufl., 2010, § 119a Rn. 21 von „unabweisbaren Minimum-Bedingungen“;

935 Jeweils gestützt auf *BVerfG*, NJW 1974, S. 26 ff.: *BayObLG*, MDR 1976, S. 1037, 1037; *OLG Hamm*, NStZ 1991, S. 559, 559; *OLG Düsseldorf*, NStZ 1999, S. 536, 536; *Kleinknecht/Janischowsky*, Das Recht der Untersuchungshaft, 1977, Rn. 355; *Schultheis*, in: KK, StPO, 6. Aufl., 2008, § 119 Rn. 13.

Nahezu Einigkeit besteht wiederum darin, vom Ordnungsbegriff, wie er in § 119 Abs. 3 Hs. 2 StPO a. F. verwendet wird, gleichsam den Begriff der „Sicherheit“ umfasst zu sehen.[936] Dies begründe sich unter Zugrundelegung des Sicherheitsbegriffs, wie er im öffentlichen Recht Anwendung findet,[937] aus der Tatsache heraus, dass die Funktionstüchtigkeit der Anstalt nicht getrennt von der Gewährleistung der Rechte der Mithäftlinge oder des Anstaltspersonals sowie der Intaktheit der baulichen Anlagen betrachtet werden könne.[938]

c) Stellungnahme

Zwar gehören Eingriffe aufgrund des § 119 Abs. 3 Alt. 2 a. F. nunmehr der Vergangenheit an, die verfassungsrechtlichen Vorgaben für die Gestaltung des Vollzugs behalten jedoch weiterhin Gültigkeit.

Angesichts der Äußerungen des *BVerfG* mutet es fast schon seltsam an, wenn einige Stimmen immer noch darauf beharren, der Begriff der „Ordnung in der Vollzugsanstalt“ sei weit auszulegen. Nicht ersichtlich ist, wie diese Betrachtungsweise mit der oft zitierten Aussage, der Untersuchungshäftling dürfe „nur unvermeidlichen Beschränkungen unterworfen werden“, in Einklang zu bringen ist.[939] Die ständige Betonung der besonderen Bedeutung des Verhältnismäßigkeitsgrundsatzes bezogen auf jede Maßnahme im Bereich der Untersuchungshaft, sei es die Anordnung, sei es der Vollzug dergleichen[940] lässt erkennen, dass nur unabdingbare Eingriffe in die Rechtsstellung einer als unschuldig zu geltenden Person zulässig sind. Sie sind als ultima ratio zu verstehen.

---

936 Das *OLG Oldenburg*, NStZ-RR 2006, S. 28, 28 führt hierzu aus: „Bei der Auslegung des Begriffs der „Ordnung in der Vollzugsanstalt” hat der Gedanke der Gewährleistung der Sicherheit der Gefangenen und des Vollzugspersonals zentrale Bedeutung.“. Siehe auch *Veit*, Die Rechtsstellung des Untersuchungsgefangenen, 1971, S. 55 ff.; *Klein*, Rechtsgrundlagen für Grundrechtseinschränkungen im Untersuchungshaftvollzug, 1973, S. 36; *Kleinknecht/Janischowsky*, Das Recht der Untersuchungshaft, 1977, Rn. 355; *Schultheis*, in: KK, StPO, 6. Aufl., 2008, § 119 Rn. 13; *Paeffgen*, in: SK, StPO, 4. Aufl., 2010, § 119a Rn. 22. Zweifelnd: *Seebode*, Der Vollzug der Untersuchungshaft, 1985, S. 235, der auf die Regelungen in „Polizei- und Strafvollzugsrecht“ verweist, in denen die beiden Begriffe getrennt voneinander verwandt werden.

937 Umfasst von diesem Begriff sind nach h. M. die „Unversehrtheit von Leben, Gesundheit, Ehre, Freiheit und Vermögen der Bürger, ferner die Unverletzlichkeit des Staates, seiner Einrichtungen und Veranstaltungen sowie der objektiven Rechtsordnung allgemein“, siehe *VGH Mannheim*, NVwZ 1988, S. 166, 166; *Depenheuer*, in: Maunz/Dürig, GG, Stand: 61. EL, Art. 8 GG Rn. 154.

938 So etwa *Veit*, Die Rechtsstellung des Untersuchungsgefangenen, 1971, S. 55 ff.

939 *BVerfG*, NJW 1963, S. 755, 756; NJW 1976, S. 1311, 1311; NStZ 1994, S. 52, 52; NStZ 2008, S. 521, 522.

940 Siehe die Nachweise in Kapitel 5, C. I Nr. 1 b) bb), Kapitel 6, F. I Nr. 1 a).

Der etwa von *Seebode*[941] ins Feld geführte Vergleich mit den Regelungen innerhalb des StVollzG unterstreicht diese Auffassung. Wenn hiernach § 4 Abs. 2 S. 2 StVollzG einen Eingriff nur rechtfertigt, sofern dieser zur „Abwendung einer schwerwiegenden Störung der Ordnung der Anstalt unerläßlich" ist, dann können für den Vollzug der Untersuchungshaft keine strengeren Maßstäbe gelten, allenfalls wäre aufgrund der Unschuldsvermutung denkbar, einem Eingriff noch engere Grenzen zu setzen.[942]

Auch der Verweis auf die anderslautende Entscheidung des *BVerfG*[943] aus dem Jahre 1973 vermag an dem Erfordernis einer engen Auslegung des Begriffes nichts zu ändern. In den vielzähligen Entscheidungen, die dieser häufig kritisierten[944] Entscheidung nachfolgten, findet sich keine Wiederholung dieser Auffassung bzw. die Andeutung einer Bestätigung dieser Sichtweise.[945]

Wenn das *OLG Köln*[946] einen Rechtfertigungsversuch unternimmt, indem es die Gewährleistung von Rechten des Gefangenen versagt, weil es an Personalressourcen fehle, dieses Phänomen im gesamten Bereich staatlichen Handelns zu beobachten und daher auch im Untersuchungshaftvollzug hinzunehmen sei, dann verkennt das Gericht die Besonderheiten, die im Vollzug der Untersuchungshaft gelten.

Die klare Direktive des Verfassungsgerichts an den Staat,

> „im Rahmen des Zumutbaren alle Maßnahmen zu treffen, die geeignet und nötig sind, um Verkürzungen der Rechte von Untersuchungsgefangenen zu vermeiden; die

941 *Seebode*, Der Vollzug der Untersuchungshaft, 1985, S. 236 ff.

942 Siehe zur Heranziehung des StVollzG zur Auslegung der Regelung in § 119 Abs. 3 StPO auch *Hassemer*, Kommunikationsfreiheit in der Haft, ZRP 1984, S. 292, 294.

943 *BVerfG*, NJW 1974, S. 26, 27.

944 Bereits innerhalb des Senates teilten vier Richter dieses Auffassung nicht, siehe *BVerfG*, NJW 1974, S. 26, 28. Siehe auch *Seebode*, Der Vollzug der Untersuchungshaft, 1985, S. 237 ff.; *Paeffgen*, in: SK, StPO, 4. Aufl., 2010, § 119a Rn. 5, Rn. 21.

945 Diese Auffassung wird durch die unlängst erlassenen Entscheidung des *BVerfG*, NStZ 2008, S. 521 ff. zur nächtlichen Stromsperre in Untersuchungshaftanstalten bestätigt. Hierin setzt sich das Gericht intensiv mit dem Grundsatz der Verhältnismäßigkeit auseinander. Das Verfassungsgericht befasst sich mit möglichen Alternativen zur Sperrung der Stromversorgung und kommt zu dem Ergebnis, dass eine Beschränkung der Rechte des Inhaftierten hätte umgangen werden können. Im Ergebnis war der Eingriff damit nicht „unerlässlich", die „menschenwürdige Funktionstüchtigkeit der Haftanstalt als Zwangsform menschlichen Zusammenlebens" gewährleisten zu können, um die von *Veit*, Die Rechtsstellung des Untersuchungsgefangenen, 1971, S. 53 gestellten Anforderung heranzuziehen. Daher hatte die Verfassungsbeschwerde Erfolg.

946 *OLG Köln*, StV 2006, S. 537, 537. Ebenso *Schultheis*, in: KK, StPO, 6. Aufl., 2008, § 119 Rn. 13, gestützt auf die vorgenannte Entscheidung.

> dafür erforderlichen sächlichen und personellen Mittel [...] aufzubringen, bereitzustellen und einzusetzen“[947]

spricht gegen diese Handhabe.

Ansonsten wäre jede Einschränkung der Freiheitsrechte schon dann verhältnismäßig, wenn es andernfalls aufgrund der Besonderheiten in der Vollzugsanstalt, namentlich der knappen Personaldecke, zu Überlastungen käme.

Dadurch könnte die Vollzugsanstalt bzw. das für die Anstalt zuständige Bundesland im Ergebnis selbst bestimmen, welche Bedeutung den Grundrechten in der Haft beizumessen ist, indem sich die Zahl der Bediensteten nach Zweckmäßigkeitserwägungen, nicht aber nach den Erfordernissen eines an objektiven Werten orientierten Vollzugs bemisst.[948]

Schon gleich verbietet sich eine Argumentation, die die Einschränkungen mit der allerorts zu verzeichnenden Kürzung staatlicher Stellen zu begründen versucht. In dieser Allgemeinheit ließe sich dem Vorgebrachten nur zustimmen, wenn von einer gleichwertigen Interessenlage auszugehen wäre, wenn sich die Eingriffe also für jeden Bürger in jeder erdenkbaren Situation gleichwertig darstellen würden. Dies ist freilich nicht gegeben, daher ist der Einzelfall in den Blick zu nehmen. Die Argumentation könnte allenfalls dann fruchtbar gemacht werden, wenn eine vergleichbare Sachlage zur Diskussion stünde. Jedoch gelten die grundrechtlichen Gewährleistungen nicht nach Maßgabe dessen, „was an Verwaltungseinrichtungen üblicherweise vorhanden ist.“[949] Damit verbietet sich auch ein solcher Vergleich, sollte eine derartige Überlegung wegen der Besonderheiten des Untersuchungshaftvollzugs nicht von vornherein vernachlässigbar sein, weil als Maßstab nicht die allseits geübte Praxis, sondern die gewährleisteten Rechte heranzuziehen sind.

Anders ausgedrückt: Der Umstand, dass auf anderen Gebieten mangels ausreichender Ressourcen Rechte verletzt werden, rechtfertigt keinen Eingriff in die Rechte eines Untersuchungsgefangenen.

947 Siehe nur *BVerfG*, NStZ 2008, S. 521, 522.

948 *Seebode*, Härtere Untersuchungshaft, StV 2006, S. 552, 555 führt in seiner Anmerkung zu der Entscheidung des OLG Köln treffend aus: „Folgt man der Rechtsansicht des OLG, bemißt sich die Rechtsstellung der Untersuchungsgefangenen nach ihrer Zahl.“

949 *BVerfG*, NJW 1973, S. 1451, 1453.

2. Weitere den Vollzug betreffende Regelungen auf Basis des § 119 StPO a. F.

a) Zuständigkeit

Gem. § 119 Abs. 6 S. 1 a. F. bedürfen alle nach Maßgabe des § 119 StPO a. F. erforderlichen Maßnahmen der Anordnung durch einen Richter. Nähere Angaben zur sachlichen und örtlichen Zuständigkeit lassen sich § 126 StPO entnehmen. In Fällen, in denen der Richter nicht rechtzeitig eine Anordnung treffen kann, besteht eine Eilkompetenz der Staatsanwaltschaft, der Anstaltsleitung oder anderer Aufsichtsbeamten, § 119 Abs. 6 S. 2 a. F. Solcherlei ergangene Anordnungen sind gem. § 119 Abs. 6 S. 3 a. F. vom Richter zu genehmigen.

b) Unterbringung

§ 119 Abs. 1 und Abs. 2 StPO a. F. enthält Bestimmungen zur Unterbringung des Inhaftierten. Dem Grundsatz des § 119 Abs. 1 S. 1 a. F. nach besteht eine Pflicht zur Einzelunterbringung. Insbesondere hat eine Trennung zwischen Strafgefangenen und Untersuchungshäftlingen stattzufinden, § 119 Abs. 1 S. 2 a. F. Mehrere Häftlinge dürfen nur zusammen untergebracht werden, wenn es sich hierbei jeweils um Untersuchungshäftlinge handelt und der Gefangene eine gemeinsame Unterbringung schriftlich beantragt hat, § 119 Abs. 2 S. 1 StPO a. F., oder „sein körperlicher oder geistiger Zustand es erfordert", § 119 Abs. 2 S. 3 StPO a. F.

c) Bequemlichkeiten und Beschäftigungen i. S. d. § 119 Abs. 4 StPO a. F.

Sofern dies mit dem Zweck der Untersuchungshaft und der Aufrechterhaltung der Ordnung in der Anstalt zu vereinbaren ist, darf sich der Häftling „Bequemlichkeiten und Beschäftigen" auf eigene Kosten verschaffen, § 119 Abs. 4 StPO a. F. Die Vorschrift verdeutlicht, dass der Vollzug nur den notwendigen Beschränkungen unterliegt und darüber hinaus im weitestgehenden Maß die Freiheitsrechte des Gefangenen zu respektieren sind.[950] Nähere Konkretisierungen dieses allgemeinen Grundsatzes finden sich in Nr. 44, 45, 50, 51, 52, 53 UVollzO.

950 *Schultheis*, in: KK, StPO, 6. Aufl., 2008, § 119 Rn. 65; *Paeffgen*, in: SK, StPO, 4. Aufl., 2010, § 119a Rn. 33.

d) Voraussetzungen für eine Fesselung, § 119 Abs. 5 StPO a. F.

Die Vorschrift des § 119 Abs. 5 StPO a. F. enthält die Voraussetzungen, unter denen eine Fesselung des Untersuchungshäftlings erfolgen darf. Die in Nr. 1–Nr. 3 genannten Fesselungstatbestände sind abschließend.[951]

Der Gefangene darf demnach gefesselt werden, wenn die konkrete[952] Gefahr besteht, dass der Gefangene „Gewalt gegen Personen oder Sachen anwendet, oder wenn er Widerstand leistet", Nr.1, wenn „er zu fliehen versucht" oder die „Umstände des Einzelfalls" hierauf hindeuten, Nr. 2, sowie im Falle der konkreten Gefahr „des Selbstmordes oder der Selbstschädigung", Nr. 3.

Die Maßnahme kommt nur als ultima ratio in Betracht. Dies geht aus § 119 Abs. 5 S. 1 StPO a. F. hervor, der die Rechtmäßigkeit davon abhängig machte, dass „keine andere, weniger einschneidende Maßnahme" die Gefahren abzuwenden im Stande ist. Während der Hauptverhandlung soll eine Fesselung nicht erfolgen, § 119 Abs. 5 S. 2 StPO a. F.

e) Disziplinarmaßnahmen

aa) Allgemeines

Die vormals[953] als „Hausstrafen" bezeichneten, nunmehr als „Disziplinarmaßnahmen" betitelten Maßnahmen sind nach allgemeiner Ansicht ein notwendiges Instrumentarium, um die Ordnung in der Vollzugsanstalt sicherzustellen und den Vollzug, gemessen an seiner Zwecksetzung, wirksam durchführen zu können.[954]

951 *OLG Koblenz*, Beschl. v. 25.10.1988 – 2 Ws 652/88, BeckRS 1988, 31161274; *Hilger*, in: L/R, StPO, 26. Aufl., 2007, § 119 Rn. 65; *Schultheis*, in: KK, StPO, 6. Aufl., 2008, § 119 Rn. 73; *Paeffgen*, in: SK, StPO, 4. Aufl., 2010, § 119a Rn. 50.

952 *OLG Oldenburg*, NJW 1975, S. 2219, 2219; *OLG Dresden*, NStZ 2007, S. 479, 480; *Hilger*, in: L/R, StPO, 26. Aufl., § 119 Rn. 66; *Schultheis*, in: KK, StPO, 6. Aufl., 2008, § 119 Rn. 73

953 Die ursprüngliche Fassung vom 12.02.1953 der UVollzO, die den Sprachgebrauch bezüglich dieser Maßnahmen in neuerer Zeit prägte, beinhaltete in dem mit „Hausstrafen" überschriebenen dritten Kapitel in Nr. 68 noch Maßnahmen wie etwa „Schmälerung der Kost" (Abs. 1 Nr. 5) und „hartes Lager" (Abs. 1 Nr. 6). Zudem stand es nach Nr. 71 Abs. 2 UVollzO im Ermessen des Richters, den Arrest durch weitere drastische Einschränkungen wie etwa „Entziehung des Bettlagers" (Nr. 2) oder „Schmälerung der Kost oder Beschränkung der Kost auf täglich 700 Gramm Brot und das übliche Getränk" (Nr. 3) zu verschärfen. Mit der Neufassung vom 15.12.1976 und der Neubezeichnung verschwanden diese mit dem modernen Rechtsstaat nicht zu vereinbarenden Maßnahmen aus dem Katalog der UVollzO.

954 Siehe etwa *OLG Celle*, NJW 1951, S. 676, 676; *Dünnebier*, Das neue Recht der Untersuchungshaft, 1966, S. 207; *Achter*, Die Hausstrafe in der Untersuchungshaft, NJW 1970, S. 268, 269; *Grunau*, UVollzO, 2. Aufl., 1972, Nr. 67 Rn. 1; *Seebode*, Der Voll-

Diskrepanzen bestehen allerdings in der Beurteilung der Verfassungsmäßigkeit der bis zum Erlass der Landesuntersuchungshaftvollzugsgesetze bestehenden Rechtslage, sowie bezüglich der Voraussetzungen für deren Verhängung.

bb) Rechtsgrundlage

Zwar nicht ausdrücklich in der StPO geregelt, fand in der Rechtsprechung und in Teilen der Literatur die Möglichkeit der Anordnung auch von Disziplinarmaßnahmen auf Basis des § 119 Abs. 3 StPO a. F. großen Anklang.[955] Von einer diesbezüglichen Anordnungskompetenz ging auch die UVollzO aus, wenn sie sich in Nr. 67 Abs. 1, der die Voraussetzungen der Auferlegung einer Disziplinarmaßnahme nennt, auf § 119 Abs. 3 und Abs. 6 StPO a. F. berief.

Dagegen erachtete eine nicht unerhebliche Zahl im Schrifttum,[956] sowie soweit ersichtlich eine einzige (amtsgerichtliche) Rechtsprechungsansicht aus dem

zug der Untersuchungshaft, 1985, S. 245. A. A. *Klein*, Rechtsgrundlagen für Grundrechtseinschränkungen im Untersuchungshaftvollzug, 1973, S. 38 ff. Seiner Ansicht nach handelt es sich bei der Verhängung einer Hausstrafe nicht um ein „unvermeidliches Mittel" um die angestrebten Ziele zu erreichen. Vielmehr läge es in der Verantwortung der Anstalt durch bauliche oder sonstige Maßnahmen zu verhindern, dass überhaupt ein ahndungswürdiges Verhalten zu Tage treten könne.

955 Diese Ansicht findet nahezu (bis auf die unten angeführte Rspr. des *AG Krefeld*, MDR 1965, S. 759, 760) uneingeschränkte Zustimmung in der Rspr., siehe etwa *OLG Celle*, NJW 1951, S. 676, 676; NStZ 1985, S. 378, 378; *OLG Frankfurt*, NJW 1952, S. 799, 799; *OLG Hamm*, NJW 1953, S. 356, 356; *OLG Oldenburg*, NJW 1953, S. 235, 235; NStZ-RR 2006, S. 28, 29; *OLG Hamburg*, NJW 1965, S. 1544, 1544; *OLG Düsseldorf*, NStZ-RR 1997, S. 240, 240; *OLG Stuttgart*, NStZ-RR 2001, S. 221, 222. Literatur: *Veit*, Die Rechtsstellung des Untersuchungsgefangenen, 1971, S. 66/67; *Grunau*, UVollzO, 2. Aufl., 1972, Nr. 67 Rn. 2; *Kleinknecht/Janischowsky*, Das Recht der Untersuchungshaft, Rn. 420; *Schultheis*, in: KK, StPO, 6. Aufl., 2008, § 119 Rn. 86; *Lemke*, in: HK, StPO, 4. Aufl., 2009, § 119 Rn. 35; *Münchhalffen/Gatzweiler*, Das Recht der Untersuchungshaft, 3. Aufl., 2009, Rn. 565. Einschränkend *Seebode*, Der Vollzug der Untersuchungshaft, 1985, S. 247, wenn konkrete Anhaltspunkte einer „realen Gefahr" der Wiederholung bzw. Fortsetzung einer „erheblichen" Störung der Ordnung bestehen.

956 Siehe etwa *Achter*, Die Hausstrafe in der Untersuchungshaft, NJW 1970, S. 268 ff.; *Klein*, Rechtsgrundlagen für Grundrechtseinschränkungen im Untersuchungshaftvollzug, 1973, S. 40 ff. Unter Bezugnahme auf die zum Zeitpunkt der Publikation vom BVerfG noch vertretene Auffassung bezüglich der Grundrechtseinschränkung im besonderen Gewaltverhältnis geht *Dünnebier*, Das neue Recht der Untersuchungshaft, 1966, S. 207 davon aus, dass sich die Rechtsgrundlage aus § 119 Abs. 3 StPO a. F. „noch hinreichend ableiten [lässt]." In L/R, StPO, 23. Aufl., 1978, § 119 Rn. 60 nennt *Dünnebier* diese vormals schon mit Skepsis betrachtete Heranziehung der Rechtsgrundlage nicht mehr haltbar. *Baumann*, in: FS Dünnebier, 1982, S. 691, 694 ff.; *Paeffgen*, (Obergerichtliche) Rechtsprechung in Haftsachen, NStZ 1990, S. 430, 432; ders., in:

Jahre 1965,[957] die scither geltende Rechtslage als ungenügend, um hierauf Eingriffe in Form von Disziplinarmaßnahmen gründen zu können.

Diese Auffassung stützte sich in erster Linie auf die grundgesetzlichen Vorgaben aus Art. 103 Abs. 2 sowie Art. 104 Abs. 1 S. 1. Da es sich, gemessen an der Wirkung, um eine Strafe handele, sei die ausdrückliche Androhung einer Sanktion im Rahmen eines Gesetzes zwingend erforderlich, um den verfassungsmäßigen Vorgaben des Art. 103 Abs. 2 GG zu genügen.[958] Im Falle der Verhängung der Maßnahme des „Arrestes" gehe die Notwendigkeit einer parlamentsgesetzlichen Regelung zudem aus Art. 104 Abs. 1 S. 1 GG hervor.[959]

cc) Voraussetzungen

Die Voraussetzungen, die Nr. 67 Abs. 1 UVollzO bezüglich der Auferlegung von Disziplinarmaßnahmen nennt, lassen sich als Ausgangspunkt für die verschiedenen Anforderungsprofile der einzelnen Ansichten heranziehen.

Grundlage einer Ahndung ist demnach ein schuldhafter[960] Verstoß gegen die Ordnung in der Anstalt oder eine gleichermaßen zu verantwortende Gefährdung oder Vereitelung des Haftzwecks.[961]

Weitere Anforderungen lassen sich unter Heranziehung des Zweckes der Verhängung von Disziplinarmaßnahmen ermitteln. Nach absolut vorherrschender Ansicht „wohnt [solcherlei verhängten Maßnahmen] kein Vergeltungszweck inne."[962] Als legitime Zwecksetzung kommen demzufolge einzig general- und spezialpräventive Erwägungen in Betracht.[963] Stützt sich die Rechtfertigung der

SK, StPO, 4. Aufl., 2010, § 119a Rn. 53; *Hilger*, in: L/R, StPO, 26. Aufl., 2007, § 119 Rn. 52.

957 *AG Krefeld*, MDR 1965, S. 759 ff.

958 So etwa *AG Krefeld*, MDR 1965, S. 759, 760; *Achter*, Die Hausstrafe in der Untersuchungshaft, NJW 1970, S. 268, 269; *Klein*, Rechtsgrundlagen für Grundrechtseinschränkungen im Untersuchungshaftvollzug, 1973, S. 40 ff.

959 *Achter*, Die Hausstrafe in der Untersuchungshaft, NJW 1970, S. 268, 269.

960 Vgl. zum Erfordernis der „Schuld" bei der Beurteilung der Rechtmäßigkeit einer Disziplinarmaßnahme *BVerfG*, NStZ-RR 2004, S. 220, 221.

961 Siehe etwa *Veit*, Die Rechtsstellung des Untersuchungsgefangenen, 1971, S. 66 m. w. N.; *Hilger*, in: L/R, StPO, 26. Aufl., 2007, § 119 Rn. 52.

962 Hierfür exemplarisch *Dünnebier*, Das neue Recht der Untersuchungshaft, 1966, S. 207. A. A. dagegen *Klein*, Rechtsgrundlagen für Grundrechtseinschränkungen im Untersuchungshaftvollzug, 1973, S. 42, der in der Anordnung und Durchführung einer Hausstrafe „keine vorbeugende sondern eine vergeltende Maßnahme" sieht.

963 *OLG Bremen*, NJW 1957, S. 274, 275; *Dünnebier*, Das neue Recht der Untersuchungshaft, 1966, S. 207; *Veit*, Die Rechtsstellung des Untersuchungsgefangenen, 1971, S. 66 ff.; *Kleinknecht/Janischowsky*, Das Recht der Untersuchungshaft, 1977, Rn. 423; *Seebode*, Der Vollzug der Untersuchungshaft, 1985, S. 246 ff.;

Auferlegung allein auf die Verhinderung einer Wiederholung oder Weiterführung der tatbestandlichen Handlung, so erfordert dies ferner den Nachweis einer Wiederholungsgefahr.[964] Welche Qualität ein Ordnungsverstoß erreichen muss, um rechtmäßig auf Disziplinarmaßnahmen zur Ahndung dieser Zuwiderhandlung zurückgreifen zu können, richtet sich danach, ob einer weiten oder restriktiven Auslegung des Ordnungsbegriffs gefolgt wird.[965]

dd) Anforderungen an die Neuordnung des Disziplinarwesens im Landes- und Bundesrecht

(i) Gesetzgebungskompetenz

Nach bisheriger, nicht unumstrittener Ansicht fand die Anordnung von Disziplinarmaßnahmen in § 119 Abs. 3 StPO a. F. ihre gesetzliche Grundlage. Die weiteren Anforderungen ergaben sich, wenn auch die Norm aufgrund ihrer Eigenschaft nicht als Legitimierungsgrund taugt, aus Nr. 67 Abs. 1 UVollzO.

Ein schuldhafter Verstoß gegen die „Ordnung in der Anstalt", wie auch eine Gefährdung oder Vereitlung des „Haftzweckes" können demnach zur Verhängung einer disziplinarischen Maßnahme führen.

Durch die Neugliederung auf dem Gebiet des Untersuchungshaftrechts und die damit verbundene Kompetenzverteilung zwischen Bund und Ländern stellt sich auch in diesem Bereich die Frage nach der Verteilung der Gesetzgebungskompetenz.

Gemäß der hier vertretenen Auffassung kommt es für die Bestimmung der Zuständigkeiten maßgeblich auf den mit der Regelung verfolgten Zweck an.[966] Die Kompetenz zur Kodifikation solcherlei Maßnahmen, deren Existenzberechtigung in der Sicherung des mit der Anordnung der Untersuchungshaft verfolgten Zweckes liegt, verbleibt im konkurrierenden Gesetzgebungskatalog des Art. 74 Abs. 1 Nr. 1 GG. Darunter fallen auch alle Disziplinarmaßnahmen, die in einer Vereitelung oder Gefährdung des Haftzweckes bzw. einem Verstoß gegen verfahrenssichernde Beschränkungen ihre Rechtfertigung finden.[967] Andernfalls könnte der Landesgesetzgeber den Zweck der Untersuchungshaft in

Münchhalffen/Gatzweiler, Das Recht der Untersuchungshaft, 3.Aufl., 2009, Rn. 564; *Schultheis*, in: KK, StPO, 6. Aufl., 2008, § 119 Rn. 86; *Paeffgen*, in: SK, StPO, 4. Aufl., 2010, § 119a Rn. 53.

964 Stellvertretend hierfür *Seebode*, Der Vollzug der Untersuchungshaft, 1985, S. 247. Die Wiederholungsgefahr kann laut *Seebode* unter Zugrundelegung der spezial- und generalpräventiven Ausrichtung entweder vom Störer als solchem oder von Dritten ausgehen, die einen sanktionslos gebliebenen Verstoß „nachahmen".

965 Siehe hierzu die Ausführungen unter Kapitel 6, F. I Nr. 1.

966 Siehe diesbezüglich im Einzelnen Kapitel 2.

967 Siehe ausführlicher hierzu auch Kapitel 7, D. IV Nr. 1 a).

diesem Bereich selbständig definieren bzw. die Auslegung der Anstaltsleitung überlassen. Dies ist, neben der fehlenden Kompetenz, auch deshalb abzulehnen, weil der Inhaftierte dann unter Umständen mit disziplinarischen Maßnahmen wegen eines Verstoßes sanktioniert werden würde, den der gem. § 125 StPO für den Haftbefehl zuständige Richter überhaupt nicht als Gefährdung eines mit der Haft intendierten Zweckes betrachtet.[968]

Da der Bund mit § 119 StPO n. F. von seiner Gesetzgebungskompetenz für die ihm verbleibenden Teilbereiche der Regelung des Vollzugs Gebrauch gemacht hat, kommt eine Anordnungskompetenz auf Grundlage des § 119 Abs. 1 S. 1 StPO n. F. in Betracht. Die legislative Ausgestaltung von Disziplinarmaßnahmen, die auf den Erhalt der „Ordnung in der Anstalt" zurückgehen, bleibt dagegen landesgesetzlicher Regelung vorbehalten.

(ii) § 119 Abs. 1 S. 1 StPO n. F. als gesetzliche Grundlage

Somit stellen sich dem Grunde nach dieselben Fragen wie schon vor der Neuregelung. Da sich eine eindeutige Kompetenz aus der Norm nicht ergibt, der Wortlaut insoweit dem § 119 Abs. 3 Alt. 1 StPO a. F. ähnelt, könnten auch hier die Art. 103 Abs. 2 und Art. 104 Abs. 1 S. 1 GG der Annahme einer rechtmäßigen gesetzlichen Grundlage entgegenstehen.[969] Bedeutung erlangt in diesem Zusammenhang die Legitimation der Maßnahmen als solche, also die konkrete Zweckrichtung (1), die mit der Anordnung von Disziplinarmaßnahmen im Untersuchungshaftvollzug verfolgt wird und verfolgt werden darf. Unter Heranziehung der Ergebnisse lässt sich die Vereinbarkeit mit Art. 103 Abs. 2 GG (2) und Art. 104 Abs. 1 S. 1 GG (3) bestimmen.

(1) Zweckrichtung

Das den Haftvollzug bestimmende Prinzip der Verhältnismäßigkeit gebietet es, dem Inhaftierten nur solche Beschränkungen aufzuerlegen, die zur Erreichung des Zweckes der Haft und zur Gewährleistung eines geordneten Zusammenlebens in der Anstalt unabdingbar sind.[970]

---

968 Denkbar wäre diese Konstellation etwa, wenn eine verfahrenssichernde Maßnahme in der konkreten Ausgestaltung überhaupt nicht erforderlich ist, die Voraussetzungen nicht mehr vorliegen oder die Anordnung nicht hinreichend konkret erfolgt. Da die Anordnung gem. § 119 Abs. 1 S. 3 StPO n. F. grundsätzlich durch den Richter erfolgt, sollte, unabhängig von der Frage der Gesetzgebungskompetenz, auch die Zuständigkeit für die Auferlegung von Sanktionen wegen schuldhafter Nichtbefolgung dieser Anordnungen beim Richter liegen, um die genannten Unzulänglichkeiten zu vermeiden.

969 Siehe die Nachweise unter Kapitel 6, F. I Nr. 2 e) bb).

970 Hier sei nochmals auf BVerfG, NJW 1963, S. 755, 756; NJW 1976, S. 1311, 1311; NStZ 1994, S. 52, 52; NStZ 2008, S. 521, 522 verwiesen.

Disziplinarmaßnahmen können demzufolge nur auferlegt werden, um den zur Maßnahme Anlass gebenden Häftling von weiteren Handlungen abzuhalten (negative Spezialprävention) oder aber um hierdurch anderen Inhaftierten die Konsequenz solcher Zuwiderhandlungen aufzuzeigen und diese somit zu konformem Verhalten zu animieren (negative Generalprävention).[971]

Im Gegensatz zur Kriminalstrafe kommt dem Aspekt der positiven Spezialprävention keine Bedeutung zu. Eine Disziplinarmaßnahme kann keine resozialisierende Wirkung entfalten und die Besonderheiten des Untersuchungshaftvollzugs, insbesondere die Unschuldsvermutung, verbieten auch eine „Behandlung" des Inhaftierten. Zudem besteht im Falle einer Gefährdung oder Vereitlung des Zweckes der Haft überhaupt kein resozialisierungsfähiges Abweichungsverhalten.

Allenfalls vermag als Randaspekt noch der Gedanke der positiven Generalprävention einen Eingriff zu rechtfertigen, da die Auferlegung von Disziplinarmaßnahmen Rechtsfrieden erzeugt, weil hierdurch das Vertrauen der Mitinhaftierten in den Bestand der auch dem Schutz der Insassen dienenden Ordnung in der Anstalt bestärkt wird und dadurch indirekt das Zusammenleben in der Anstalt gefördert wird.[972]

„Vergeltung", als noch verbleibende Rechtfertigung von Strafe, kann allerdings zur Begründung für die Anordnung von disziplinarischen Maßnahmen nicht herangezogen werden. Eine solche Zweckrichtung, wenn hierin überhaupt

971 Siehe zur negativen Spezial- und Generalprävention *Hassemer/Neumann*, in: Kindhäuser/Neumann/Paeffgen, StGB, 3. Aufl., 2010, Vorb. z. § 1 Rn. 274 ff. Eine Übersicht über die Entwicklung des Diskurses der unterschiedlichen Strafzwecktheorien findet sich in der Einleitung *Hilgendorfs* zum Neudruck der 2. Auflage *Schmidhäusers* Werk „Vom Sinn der Strafe" aus dem Jahre 2004. *Schmidhäuser* erörtert in dem genannten Werk auf S. 28 ff. sowie auf S. 62 ff. umfassend die relativen Straftheorien.

972 Erstmals zu dem Strafzweck der positiven Generalprävention äußerte sich der *BGH* in der Entscheidung v. 08.12.1970 – 1 StR 353/7, NJW 1971, 439 ff. „ [...] zu den Aufgaben der Strafe gehört, das Recht gegenüber dem vom Täter begangenen Unrecht durchzusetzen, die Unverbrüchlichkeit der Rechtsordnung damit vor der Rechtsgemeinschaft zu erweisen." Der Senat konkretisierte weiter: „Eine Vollstreckung der Freiheitsstrafe ist daher nur geboten, wenn andernfalls eine ernstliche Gefährdung der rechtlichen Gesinnung der Bevölkerung als Folge schwindenden Vertrauens in die Funktion der Rechtspflege zu besorgen wäre." Siehe zu dieser Entscheidung, den Hintergründen und dem Strafzweck der positiven Generalprävention im Allgemeinen auch *Hassemer*, Warum Strafe sein muss, 2009, S. 96 ff. Die Publikation *Hassemers* richtet sich zwar an Leser, „die ihre Welt aufmerksam betrachten, aber nicht durch die Brille des Rechts", S. 11. Dennoch, oder wahrscheinlich gerade deshalb, gelingt es ihm, diesen Strafzweck kurz und prägnant darzustellen.

eine Rechtfertigung für hoheitliche Zwangsmaßnahmen erblickt werden kann,[973] dient weder der Aufrechterhaltung der Ordnung, noch der Erreichung des mit der Untersuchungshaft angestrebten Zweckes.

(2) Art. 103 Abs. 2 GG

(AA) SCHUTZBEREICH

Die Einwände gegen die Verhängung von Disziplinarmaßnahmen auf der gesetzlichen Grundlage des § 119 Abs. 3 StPO a. F. aufgreifend, stellt sich die Frage, ob es sich bei diesen Maßnahmen um eine „Bestrafung" i. S. d. Grundgesetznorm handelt.[974]

Unter „Strafe" nach Maßgabe dieser Vorschrift versteht man allgemeiner Ansicht folgend eine „mißbilligende hoheitliche Reaktion auf schuldhaftes Verhalten".[975]

Mit der Anordnung und dem Vollzug von Disziplinarmaßnahmen tritt zugleich die Haltung des Hoheitsträgers zutage, bestimmte Verstöße nicht hinzunehmen, sondern zu sanktionieren. In diesem Sinne entfaltet die „mißbilligende hoheitliche Reaktion" (negativ) generalpräventive Wirkung, da der Staat die Durchsetzungsfähigkeit der Einhaltung notwendiger Verhaltensregeln demonstriert. Gleichsam führt die Maßnahme dem „Störer" die Grenzen seines per Gesetz und von Verfassung wegen zugestandenen Aktionsradius vor Augen. Auch hierin liegt begründet, dass es sich um eine „mißbilligende hoheitliche Reaktion" handelt. Daher folgert die h. M. zu Recht die Zugehörigkeit von Disziplinarmaßnahmen zum Schutzbereich des Art. 103 Abs. 2 GG.[976]

---

973 Kritisch zum Strafzweck der „Vergeltung", *Schmidhäuser*, Vom Sinn der Strafe, Nachdruck d. 2. Aufl., 2004, S. 51 ff. *Schmidhäuser* weist darauf hin, dass „Strafe [...] schon dem Begriff nach Vergeltung" sei, darum bereits die Bezeichnung „Vergeltungstheorie" ungenau und nicht weiterführend sei. Unter der Terminologie „Gerechtigkeitstheorie" sowie „Sühnetheorie" setzt er sich sodann mit den Ansätzen der „absoluten Theorien" kritisch auseinander. Seiner Ansicht nach vermögen diese Theorien den Sinn des Strafens nicht zu begründen, da sie die Frage, warum im einen Falle bestraft, im anderen nicht, außer Betracht lassen und sich einzig der verhängten Strafe widmen.

974 Siehe zu § 119 Abs. 3 StPO a. F. als Rechtsgrundlage Kapitel 6, F. I Nr. 2 e) bb).

975 St. Rspr. d. *BVerfG*, siehe NJW 1969, S. 2192, 2195; NJW 2007, S. 1933, 1941; *Schmidt-Aßmann*, in: Maunz/Dürig, GG, Stand: 61. EL, Art. 103 Abs. 2 Rn. 195; *Radtke/Hagemeier*, in: BeckOK, GG, Stand: 01.04.2012, Art. 103 Rn. 19.

976 Siehe etwa *BVerfG*, NJW 1969, S. 2192, 2195; *KG Berlin*, NStZ 2002, S. 613, 614; *Radtke/Hagemeier*, in: BeckOK, GG, Stand: 01.04.2012, Art. 103 Rn. 22. Siehe auch die Nachweise unter Kapitel 6, F. I Nr. 2 e) bb). A. A. *Schmidt-Aßmann*, in: Maunz/Dürig, GG, Stand: 61. EL, Art. 103 Abs. 2 Rn. 196. Die Ablehnung der Geltung von Art. 103 Abs. 2 GG für Disziplinarmaßnahmen begründet *Schmidt-Aßmann* mit der

(BB) GEWÄHRLEISTUNGEN

Der Kerngehalt der Norm liegt in der Verankerung des Bestimmtheitsgebots.[977] Das *BVerfG* erblickt hierin

> „die Verpflichtung des Gesetzgebers, die Voraussetzungen der Strafbarkeit so konkret zu umschreiben, daß Tragweite und Anwendungsbereich der Straftatbestände zu erkennen sind und sich durch Auslegung ermitteln lassen.“[978]

Allerdings fugt das Gericht hinzu, dass aufgrund der „Vielgestaltigkeit des Lebens“ eine Bestimmung aller denkbaren ahndungswürdigen Verhaltensweisen unpraktikabel sei und daher auch in gewissem Maße Generalklauseln und unbestimmte Rechtsbegriffe noch dem Bestimmtheitsgebot genügten.[979] Die grundsätzliche Zulässigkeit von Generalklauseln auf dem Gebiet des Disziplinarrechts hat das *BVerfG* in ständiger Rechtsprechung wiederholt zum Ausdruck gebracht.[980] Allerdings ergeben sich hieraus weitere Anforderungen.

Das Gericht geht bezüglich der Ausgestaltung einer dem Bestimmtheitsgebot entsprechenden disziplinarischen Generalklausel davon aus, dass die Norm auf der Tatbestandsseite die „schuldhafte Verletzung“ einer nicht detailliert geschilderten, sich aber aus dem Gesamtzusammenhang erschließenden Pflicht fordert, und diese schuldhafte Pflichtverletzung auf der Rechtsfolgenseite „mit einer der gesetzlich vorgesehenen Disziplinarstrafen geahndet wird“.[981]

(CC) ÜBERTRAGUNG DER GRUNDSÄTZE AUF § 119 ABS. 1 S. 1 STPO N. F.

Die Norm des § 119 Abs. 1 S. 1 StPO n. F. kann aus mehrerlei Hinsicht nicht als taugliche gesetzliche Grundlage für die Anordnung von Disziplinarmaßnahmen wegen einer schuldhaften Konterkarierung des mit der Haft angestrebten Zweckes herangezogen werden.

Hierzu fehlt es zum einen an „gesetzlich vorgesehenen Disziplinarstrafen“, zum anderen richtet sich die Norm als Adressat nicht an den Häftling als solchen, dem hierdurch die Auferlegung von Beschränkungen bei schuldhafter Zuwiderhandlung angedroht wird, sondern an die gem. § 119 Abs. 1 S. 3 bzw. S. 4 StPO n. F. zuständige Stelle.

„Aufweichung der Bestimmtheitsmaßstäbe“ durch die Besonderheit der Zulassung von Generalklauseln in diesem Rechtsbereich.

977 *Schmidt-Aßmann*, in: Maunz/Dürig, GG, Stand: 61. EL, Art. 103 Abs. 2 Rn. 178.

978 *BVerfG*, NJW 1987, S. 3175, 3175; NJW 2010, S. 3209, 3210.

979 Siehe etwa *BVerfG*, NJW 2010, S. 3209, 3210 ff. m. w. N.

980 *BVerfG*, NJW 1969, S. 2192, 2195; NJW 1978, S. 101, 101.

981 *BVerfG*, NJW 1969, S. 2192, 2195; NVwZ 1985, S. 410, 410.

Eine Pflicht des Häftlings zu gesetzeskonformem Verhalten, welche als Grundvoraussetzung einer möglichen Pflichtverletzung zunächst aus der Vorschrift hervorgehen muss, kann somit hieraus überhaupt nicht erwachsen.

(3) Art. 104 Abs. 1 S. 1 GG

Zuletzt ist noch, obgleich die Zulässigkeit des § 119 Abs. 1 S. 1 StPO n. F. als gesetzliche Grundlage zur Auferlegung von Disziplinarmaßnahmen bereits am Bestimmtheitsgebot des Art. 103 Abs. 2 GG scheitert, auf die Vereinbarkeit mit Art. 104 Abs. 1 S. 1 GG einzugehen. Die Freiheit einer Person kann hiernach „nur aufgrund eines förmlichen Gesetzes und nur unter Beachtung der darin vorgeschriebenen Formen beschränkt werde." Bedeutung erlangt die Grundrechtsnorm in Bezug auf die Disziplinarmaßnahme des Arrests.

Umstritten ist hierbei, ob Art. 104 GG bei der Verhängung der Maßnahme des Arrestes überhaupt Anwendung finden kann, oder ob lediglich die Anordnung der Untersuchungshaft auf Grundlage der §§ 112 ff. StPO als solche der Inhaltsprüfung durch Art. 104 GG unterfällt und darüber hinausgehende Beschränkungen der Bewegungsfreiheit im Rahmen des Haftvollzugs von dieser Norm nicht umfasst werden.

Da die verfassungsrechtlichen Garantien im Hinblick auf die Anforderungen an das den Eingriff formulierende Gesetz „weitgehend" mit denen des Art. 103 Abs. 2 GG identisch sind,[982] kommt dieser Frage allerdings erst in Bezug auf den Richtervorbehalt des Art. 104 Abs. 2 GG im Rahmen der Anordnungskompetenz Bedeutung zu.

(iii) Anordnungskompetenz

Soweit ein nach verfassungsrechtlichen Vorgaben hinreichend bestimmtes Gesetz die Grundlage des Eingriffes bildet, bleibt es dem Gesetzgeber grundsätzlich überlassen, ob er die Anordnungskompetenz für disziplinarische Maßnahmen in die Hände der Anstaltsleitung oder des Richters gibt.[983]

982 *Radtke*, in: BeckOK, GG, Stand: 01.04.2012, Art. 104 Rn. 6.

983 *Paeffgen*, in: SK, StPO, 4. Aufl., 2010, § 119 Rn. 58a und *Schlothauer/Weider*, Untersuchungshaft, 4. Aufl., 2010, Rn. 1127 äußern allerdings Bedenken gegen die Übertragung der Anordnungskompetenz auf die Anstaltsleitung. Zwar verfassungsrechtlich legitim, gehe ein derartiger „Machtzuwachs [...] des natürlichen Feindes des U-Häftlings" (Paeffgens) zu Lasten der Rechte des Inhaftierten.

In Bezug auf die Anordnung des Arrestes erachten einige Stimmen wegen Art. 104 Abs. 2 S. 1 GG jedoch zwingend die Zuständigkeit des Richters für geboten.[984]

Das *BVerfG* hat im insoweit vergleichbaren Fall der Arrestanordnung im Strafvollzug entschieden, dass „der Arrest nur eine Form des Vollzugs einer richterlich bereits angeordneten Freiheitsentziehung ist" und daher nicht dem Richtervorbehalt des Art. 104 Abs. 2 GG unterliegt.[985]

Dass die Beschränkung der Freiheit vielgestaltig erfolgen kann, sich „graduell"[986] mitunter unterscheidet, lässt sich bereits an den unterschiedlichen Anforderungen der Absätze 1 und 2 des Art. 104 GG erkennen. Auch das *BVerfG* stellt die grundsätzliche Möglichkeit einer „weiteren Freiheitsentziehung" nicht in Abrede.[987] Der bereits erfolgte Entzug der Freiheit schließt damit nicht generell die Anwendbarkeit des Art. 104 Abs. 2 GG aus. Im konkret entschiedenen Fall lehnte das *BVerfG* die Annahme einer „weiteren Freiheitsentziehung" ab, da schon die Freiheitsentziehung als solche auf richterlicher Anordnung basiere, der Entzug der Freiheit nach den Regeln des StVollzG erfolge und dieses Gesetz auch die Anordnung von Disziplinarmaßnahmen vorsehe.[988] Wenn das *BVerfG* davon spricht, der Vollzug ändere sich durch die Maßnahme des Arrestes „nur in der Form",[989] dann stimmt dies insoweit, wenn hierdurch die gesteigerte Intensität der Freiheitsentziehung in Folge des Vollzugs dieser Maßnahme zum Ausdruck kommen soll. In diesem Zusammenhang erlangt der Sinn und Zweck des Richtervorbehalts maßgebliche Bedeutung. Besonders intensive Grundrechtseingriffe sollen der unabhängigen richterlichen Anordnung unterliegen, um hierdurch einen besseren Schutz des Eingriffsadressaten gewährleisten zu können.[990] Dies muss bei der Beurteilung der Anwendbarkeit des Art. 104 Abs. 2 GG Berücksichtigung finden.

---

984 *Seebode*, Der Vollzug der Untersuchungshaft, 1985, S. 249; *Marhöfer*, in: FS Mehle, 2009, S. 373, 380/385; *Paeffgen*, in: SK, StPO, 4. Aufl., 2010, § 119a Rn. 58a. Im Strafvollzug stellt sich die insoweit vergleichbare Frage. Siehe hierzu *Bemmann*, Über die Befugnis zur Anordnung des Arrestes im Strafvollzug, NJW 2000, S. 3116, 3117, der ebenfalls die richterliche Zuständigkeit wegen Art. 104 Abs. 2 S. 1 GG für zwingend erachtet.

985 *BVerfG*, NJW 1994, S. 1339, 1339.

986 So *Dürig*, in: Maunz/Dürig, GG, Stand: 61. EL, Art. 104 Rn. 5 in Bezug auf die Begriffe der „Freiheitsbeschränkung" i. e. S. des Art. 104 Abs. 1 GG sowie der „Freiheitsentziehung" des Art. 104 Abs. 2 GG.

987 *BVerfG*, NJW 1994, S. 1339, 1339.

988 *BVerfG*, NJW 1994, S. 1339, 1339.

989 *BVerfG*, NJW 1994, S. 1339, 1339.

990 Siehe etwa *BVerfG*, NJW 2001, S. 1121, 1122; NStZ-RR 2005, S. 203, 204; *Radtke*, in: BeckOK, GG, Stand: 01.04.2012, Art. 104 Rn. 10.

Eine Begründung die darauf abzielt, der Richter entscheide bereits über die Anordnung des Untersuchungshaftvollzugs und damit inzident auch über weitergehende Maßnahmen im Vollzug, widerspricht der Schutzfunktion des Richtervorbehalts. Diese Gewährleistung soll gerade die einzelfallbezogene Befassung einer neutralen Instanz sicherstellen. Im Zuge der Entscheidung über die Inhaftierung kann der Richter dieser Aufgabe allerdings nicht gerecht werden, da er im konkreten Fall nur über die Voraussetzungen der Rechtmäßigkeit des Untersuchungshaftvollzugs entscheidet. Wenn nun die Anordnung des Vollzugs selbstverständlich unter den Richtervorbehalt des Art. 104 Abs. 2 S. 1 GG fällt, dann können an die Prüfung der Voraussetzungen *dieser* Freiheitsentziehung keine höheren Anforderungen gestellt werden als an die Verhängung des Arrests, welcher eine weitere Steigerung der Eingriffsintensität in das grundrechtsgleiche Recht des Art. 104 Abs. 2 darstellt und für sich genommen ebenso als Freiheitsentziehung zu charakterisieren ist. Somit erfordert diese Maßnahme zwingend richterliche Befassung.

(iv) Voraussetzungen

Sofern eine rechtmäßig erlassene Eingriffsgrundlage besteht, darf eine Sanktionierung mittels Disziplinarmaßnahme nur erfolgen, wenn die Verfehlung durch schuldhaftes Verhalten herbeigeführt wurde.[991]

Gemessen am Zweck der Anordnung einer disziplinarischen Maßnahme darf diese nur verhängt werden, wenn sie der schuldhaften Zuwiderhandlung auf dem Fuße folgt, andernfalls muss von der Vollstreckung abgesehen werden.[992]

Dagegen schließt der Vollzug der Strafhaft die Vollstreckung einer während des Untersuchungshaftvollzugs verhängten Disziplinarmaßnahme nicht zwangsläufig aus.[993] Auch in der Strafhaft kann die Maßnahme ihre (negativ) spezialpräventive Zwecksetzung erreichen, indem der Gefangene von weiteren Zuwiderhandlungen abgehalten wird. Sowohl das StVollzG als auch die Ersetzung

991 Siehe etwa *BVerfG*, Beschl. v. 31.01.1994 – 2 BvR 1723/93; NJW 1995, S. 383, 383; NStZ-RR 2004, S. 220, 221.

992 *OLG Bremen*, NJW 1957, S. 274, 275; *Kleinknecht/Janischowsky*, Das Recht der Untersuchungshaft, 1977, Rn. 423; *Dünnebier*, in: L/R, StPO, 23. Aufl., 1978, § 119 Rn. 62; *Schultheis*, in: KK, StPO, 6. Aufl., 2008, § 119 Rn. 89; *Lemke*, in: HK, StPO, 4. Aufl., 2009, § 119 Rn. 35; *Paeffgen*, in: SK, StPO, 4. Aufl., 2010, § 119a Rn. 56.

993 *OLG Nürnberg*, NStZ 1989, S. 246, 246;*OLG Stuttgart*, NStZ-RR 2001, S. 221, 221; *Schultheis*, in: KK, StPO, 6. Aufl., 2008, § 119 Rn. 90; *Münchhalffen/Gatzweiler*, Das Recht der Untersuchungshaft, 3. Aufl., 2009, Rn. 566. A. A. *Dünnebier*, in: L/R, StPO, 23. Aufl., 1978, § 119 Rn. 62; *Paeffgen*, in: SK, StPO, 4. Aufl., 2010, § 119a Rn. 56.

durch Landesrecht regeln daher zu Recht die Möglichkeit der Vollstreckung solcherlei in der Untersuchungshaft angeordneter Maßnahmen.[994]

Ist dagegen eine erneute Zuwiderhandlung nicht zu befürchten, so darf eine Vollstreckung nicht mehr erfolgen, da Aspekte der negativen sowie der positiven Generalprävention in der Strafhaft nicht mehr auf den Untersuchungshaftvollzug durchschlagen können und die Maßnahme daher ihres Zweckes beraubt wäre. Folglich dürfen disziplinarische Maßnahmen, die aufgrund eines Verstoßes gegen verfahrenssichernde Anordnungen getroffen wurden, in der Strafhaft mangels Wiederholungsgefahr nicht mehr vollstreckt werden. Zwar bestehen insoweit Parallelen, als auch die Anordnung einer disziplinarischen Maßnahme wegen schuldhafter Missachtung verfahrenssichernder Beschränkungen als Teilaspekt der Aufrechterhaltung der Ordnung in der Anstalt dient,[995] der (negativ) spezialpräventive Charakter, also die Abhaltung vor weiteren Störungen, kommt hier jedoch nicht zum Tragen, da es sich nunmehr um strafvollzugliche Belange handelt, welche einem vom Untersuchungshaftvollzug abweichenden Regelwerk unterliegen.

3. Untersuchungshaftvollzugsordnung

Als Verwaltungsanordnung den Richter nicht bindend,[996] nunmehr durch Landesrecht völlig verdrängt, lohnt ein Blick auf die UVollzO[997] dennoch, enthielt diese doch ein detailliertes Regelwerk hinsichtlich der Ausgestaltung des Vollzugs der Untersuchungshaft und gibt damit Aufschluss über die vormals gegebene positivierte Rechtsstellung des Inhaftierten. Die nachfolgende Darstellung beschränkt sich weitestgehend auf die Wiedergabe der wichtigsten Regelungen innerhalb der UVollzO, ohne auf die Rechtmäßigkeit und die hierzu ergangene umfassende Kasuistik im Detail einzugehen.

a) Grundsätze

An erster Stelle, in Nr. 1 Abs. 1 UVollzO, nennt die Verwaltungsvorschrift den Zweck der Untersuchungshaft, an dem sich der Vollzug zu orientieren hat.[998]

---

994 § 105 Abs. 3 S. 1 StVollzG; Art. 112 Abs. 3 S. 1 BayStVollzG; § 97 Abs. 3 S. 1 NJVollzG; § 84 Abs. 3 S. 1 JVollzGB; § 89 Abs. 4 S. 1 HmbStVollzG.

995 Siehe hierzu Kapitel 7, D. IV Nr. 1 a).

996 Siehe aber zur tatsächlichen Bedeutung unten, Kapitel 6, F. I Nr. 3 b).

997 Siehe hierzu die Nachweise in Kapitel 2, I.; Kapitel 5, C. I Nr. 2 a) bb). Ein Abdruck der wichtigsten Normen der aktuellsten Fassung vom 10.10.2001 findet sich bei *Münchhalffen/Gatzweiler*, Das Recht der Untersuchungshaft, 3. Auf., 2009, Anlage II.

998 *Grunau*, UVollzO, 2. Aufl., 1972, Nr. 1 Rn. 1 weist auf die Verdeutlichungsfunktion für die die UVollzO ausführenden Bediensteten hin.

Wie auch die Anordnung als solche, beides hängt untrennbar zusammen, soll die Untersuchungshaft die Durchführung des Strafverfahrens gewährleisten oder aber der Gefahr einer Wiederholung der in § 112a StPO genannten Straftaten begegnen.

Die Ausgestaltung des Vollzugs hat nach Nr. 1 Abs. 3 S. 1 UVollzO unter Beachtung der „Persönlichkeit" sowie des „Ehrgefühls" des Gefangenen zu erfolgen. Nr. 18 Abs. 1 UVollzO, welcher auf die vorgenannte Vorschrift verweist, stellt hierbei die Beachtung der Menschenwürde des Gefangenen in den Vordergrund.

Die UVollzO enthielt ferner gleich zu Beginn in Nr. 1 Abs. 3 S. 2 einen Hinweis darauf, dass im Vollzug der Untersuchungshaft aufgrund der Unschuldsvermutung eine Gleichbehandlung mit Strafgefangen nur dann in Betracht kommt, wenn der Umstand, dass es sich um einen von Rechts wegen Unschuldigen handelt, nicht entgegensteht.[999] „Im Umgang mit [dem Gefangenen] muß selbst der Anschein vermieden werden, als ob er zur Strafe festgehalten werde." Gleichwohl finden sich an verschiedenen Stellen Verweise auf das StVollzG sowie die hierzu erlassenen bundeseinheitlichen Verwaltungsvorschriften (VVStVollzG),[1000] namentlich in Nr. 39 Abs. 1, Abs. 4, Nr. 40 Abs. 3, Nr. 43 Abs. 4[1001] sowie in Nr. 76 UVollzO.

Letztgenannte Vorschrift, die eine generelle Öffnungsklausel für die Anwendung des StVollzG im Falle fehlender Regelung innerhalb der UVollzO enthielt, stellte allerdings klar, dass „Wesen und Zweck" der Untersuchungshaft der Anwendbarkeit nicht entgegenstehen darf.[1002]

Die Verwaltungsvorschrift übernimmt schließlich in Nr. 1 Abs. 2 UVollzO den Wortlaut des § 119 Abs. 3 StPO a. F. und gab damit wieder, was ohnehin aufgrund der Bindung der Verwaltung an das Gesetz, auch ohne Aufnahme in dieses Regelwerk, bezüglich der Beschränkung der Rechte des Inhaftierten galt:

---

999 *Seebode*, Der Vollzug der Untersuchungshaft, 1985, S. 152 ff. misst diesem „sich eigenständig aus der Unschuldsvermutung" ergebenden Grundsatz verschiedene Bedeutungen zu. Neben dem Verbot der Vorwegnahme der Strafe und einer dementsprechenden Vollzugsgestaltung soll auch in der Außendarstellung der Eindruck einer noch nicht rechtskräftigen Verurteilung und eines bis dato offenen Verfahrens vermittelt werden.

1000 Siehe hierzu *Laubenthal*, Strafvollzug, 6. Aufl., 2011, Rn. 42 ff.

1001 Allerdings verweist die Vorschrift in diesem Punkt auf eine speziell die Untersuchungshaft betreffende Regelung innerhalb des StVollzG.

1002 Eine identische Regelung für den Vollzug der Untersuchungshaft bei „jungen Gefangenen" enthält Nr. 85 S. 2, der unter den gleichen Voraussetzungen den Zugriff auf Vorschriften des Jugendstrafvollzugs gestattet.

„Dem Gefangenen dürfen nur solche Beschränkungen auferlegt werden, die der Zweck der Untersuchungshaft oder die Ordnung in der Vollzugsanstalt erfordert."

b) Zuständigkeit

Bezugnehmend auf § 119 Abs. 6 StPO a. F. lag die Entscheidungsgewalt über alle „für den Vollzug der Untersuchungshaft erforderlichen Maßnahmen und notwendigen Beschränkungen" beim zuständigen Richter, Nr. 2 Abs. 1 S. 1 UVollzO.[1003] Die nachfolgende, in Abs. 2 S. 2 UVollzO normierte Passage verkehrte diese Regelung, die eine einzelfallbezogene Vollzugsgestaltung impliziert, in ihr Gegenteil:

„Soweit er [der Richter] in Verbindung mit dem Aufnahmeersuchen oder später keine besonderen Verfügungen trifft, ist davon auszugehen, daß die für den Vollzug der Untersuchungshaft durch diese Vollzugsordnung allgemein getroffene Regelung nach dem Willen des Richters auch für den Einzelfall gelten soll."

Diese vielfach kritisierte,[1004] teilweise als „skandalös"[1005] bezeichnete Regelung verhalf der UVollzO in der Praxis zu einem Bedeutungsgehalt, der die Ausgestaltung als unverbindliche Verwaltungsvorschrift in den Hintergrund rücken ließ. Die eigentliche Brücke zwischen der durch § 119 Abs. 3 und Abs. 6 StPO a. F. suggerierten richterlichen Einzelanordnung und der UVollzO schlug dabei die im Aufnahmeersuchen formularmäßig durch den Richter als Standard festgesetzte Geltung der UVollzO.[1006] De facto handelte es sich damit um ein

1003 Die Zuständigkeit bestimmt sich nach den Regelungen des § 126 StPO, vgl. Nr. 2 Abs. 3 S. 1.

1004 *Dünnebier*, in: L/R, StPO, 23. Aufl., 1978, § 119 Rn. 11; *Baumann*, in: FS Dünnebier, 1982, S. 691, 691 m. w. N.; ders., Gesetzliche Regelung des Vollzuges der Untersuchungshaft, JZ 1990, S. 107, 109; *Seebode*, Recht und Wirklichkeit der Untersuchungshaft, ZfStrVo 1988, S. 268, 272. Anders dagegen *Krohn*, Die Regelung des Briefverkehrs in der Untersuchungshaft, 1971, S. 64, der darauf verweist, dass trotz genereller Regelungen jederzeit eine Individualisierung durch den Richter erfolgen könne und daher die ins Felde geführten „Bedenken […] unbegründet" seien.

1005 *Baumann*, „Mit dem Besitz von modernen Schreibgeräten fangen wir lieber gar nicht erst an", StV 1985, S. 292, 293.

1006 Die faktische Geltung der UVollzO für den Einzelfall wird mit einem, so *Rotthaus*, Unzulänglichkeiten der heutigen Regelung der Untersuchungshaft, NJW 1973, S. 2269, 2270, „juristischen Kunstgriff" bewerkstelligt. Im Aufnahmeersuchen nach Nr. 15 Abs. 1 UVollzO, das der nach § 119 Abs. 6 StPO a. F. i. V. m. § 126 StPO zuständige Richter stellt, heißt es: „Für den Verhafteten soll die durch die Untersuchungshaftvoll-

Regelwerk, das die Verhältnisse in den Untersuchungshaftanstalten weitreichend regelte und an dem sich auch der Richter in weitem Maße orientierte.[1007]

Vom Grundsatz der richterlichen Zuständigkeit ließ die UVollzO Ausnahmen zu. Zum einen konnten einzelne Anordnungen, „die den Gefangenen nicht beschweren“, gem. Nr. 3 Abs. 1 UVollzO auf die Staatsanwaltschaft übertragen werden, sofern der Gefangene dies beantragt und dadurch eine Beschleunigung des Verfahrens erreicht werden kann, zum anderen konnten nach Nr. 5 UVollzO „in dringenden Fällen […] der Staatsanwalt, der Anstaltsleiter oder ein anderer Beamter, unter dessen Aufsicht der Gefangene steht, vorläufige Maßnahmen treffen.“

Letztere Regelung fand ihre Grundlage in § 119 Abs. 6 S. 2 StPO a. F. Die Ausübung dieser Eilkompetenz bedurfte, wie aus Nr. 5 Abs. 1 S. 2 UVollzO bzw. § 119 Abs. 6 S. 3 StPO a. F. hervorging, der Genehmigung des Richters.

c) Unterbringung

Dem Grundsatz des Nr. 11 Abs. 1 UVollzO gemäß sollte die Untersuchungshaft in „selbständigen Untersuchungshaftanstalten“ vollzogen werden. Hiervon konnte allerdings nach Abs. 2 S. 1 der Vorschrift abgesehen werden, sofern solche Anstalten nicht zur Verfügung standen. Auch der ersatzweise vorgesehene Vollzug in eigenen Abteilungen erfuhr wiederum Ausnahmen, wenn „die räumlichen Verhältnisse es nicht gestatten“, so dass vom Leitsatz des Abs. 1 nur wenig Gehalt verblieb.

Frauen sind von Männern, Nr. 12 Abs. 1 UVollzO, zu separieren, indem der Vollzug in jeweils eigenen Anstalten oder Abteilungen stattfindet. In der gleichen Weise zu trennen sind junge Gefangene von Erwachsenen, Nr. 13 Abs. 1 S. 1 UVollzO. Allerdings ließ die UVollzO hiervon gem. Nr. 13 Abs. 1 S. 2 UVollzO Ausnahmen zu, ohne diese jedoch konkret zu benennen.

Nr. 22 greift die vorgenannten Trennungsgrundsätze auf und überträgt sie auf die Unterbringung der Gefangenen.[1008] Gem. Nr. 22 Abs. 1 S. 1 UVollzO sind Untersuchungsgefangene von „Gefangenen anderer Art, namentlich von Strafgefangenen, getrennt unterzubringen.“ Der Trennungsgrundsatz galt ferner für die sonstigen Aktivitäten des Gefangenen, Nr. 22 Abs. 1 S. 2 UVollzO. Eine

---

zugsordnung allgemein getroffene Regelung gelten, soweit nicht in diesem Aufnahmeersuchen oder später besondere Verfügungen getroffen werden.“

1007 Siehe *Dünnebier*, in: L/R, StPO, 23. Aufl., 1978, § 119 Rn. 7; *Hilger*, in: L/R, StPO, 26. Aufl., 2007, § 119 Rn. 6. *Baumann*, in: FS Dünnebier, 1982, S. 691, 693 spricht von der „leider praktisch geltenden UVollzO“.

1008 „Unterbringung“ meint die konkrete Zuweisung eines Haftraumes zum Wohnen, Schlafen oder zur gemeinschaftlichen Arbeit, siehe *Grunau*, UVollzO, 2., Aufl., 1972, Nr. 22 Rn. 1.

Trennung der Untersuchungshäftlinge untereinander sollte nach Maßgabe der Persönlichkeit erfolgen, Nr. 22 Abs. 5 UVollzO.

Der Vollzug hatte grundsätzlich in Einzelhaft zu erfolgen, Nr. 23 Abs. 1 S. 1 UVollzO. Hiervon waren nur dann Ausnahmen zulässig, wenn der Häftling dies schriftlich beantragte und der Richter keine entgegenstehende Weisung getroffen hatte, Nr. 23 Abs. 1 S. 2 UVollzO. Eine weitere Ausnahme bestand, sofern „körperlicher oder geistiger Zustand" die Zusammenlegung mit anderen Gefangenen erforderlich macht, Nr. 23 Abs. 1 S. 4 UVollzO.[1009]

d) Verkehr mit der Außenwelt

Die UVollzO enthielt konkretisierende Angaben über die Handhabe von Besuchen, des Schriftwechsels, des fernmündlichen Verkehrs sowie des Empfangs von Paketen.[1010]

aa) Besuche

Besuche bedurften gem. Nr. 24 Abs. 1 S. 1 UVollzO vorheriger Zustimmung des Richters oder, sofern die Voraussetzungen des Nr. 3 UVollzO vorlagen, des Staatsanwaltes. Die Festlegung der Besuchszeiten oblag dem Anstaltsleiter, Nr. 24 Abs. 2 UVollzO. Die Besuchszeit betrug in der Regel dreißig Minuten, Nr. 24 Abs. 1 S. 2 UVollzO. Nach Maßgabe der Verwaltungsvorschrift erfolgte die Besuchszulassung im Zwei-Wochen-Turnus, Nr. 25 S. 1 UVollzO.

Darüber hinaus konnten „Besuche zugelassen werden, wenn sie unaufschiebbaren persönlichen, rechtlichen oder geschäftlichen Angelegenheiten dienen", soweit eine Erledigung auf anderem Wege mangels Durchführbarkeit ausscheidet, Nr. 25 S. 2 UVollzO. Im Regelfall wurde der Besuch nach § 27 Abs. 1 S. 1 UVollzO überwacht. Die Überwachung erfolgte durch den Richter, Staatsanwalt oder einem anderen Beamten dieser Sphäre, Nr. 27 Abs. 1 S. 1 UVollzO, konnte aber auch auf einen vom Anstaltsleiter zu bestimmenden Anstaltsbeamten übertragen werden, Nr. 27 Abs. 1 S. 2 UVollzO.

Einen Besuchsabbruch sah Nr. 27 Abs. 3 UVollzO vor, wenn dem mit der Überwachung betrauten Beamten der Gesprächsinhalt im Hinblick auf „das Strafverfahren oder mit Rücksicht auf die Ordnung in der Anstalt bedenklich

---

1009 Die vorgenannten Grundsätze finden sich wörtlich in § 119 Abs. 1 und Abs. 2 StPO a. F. wieder.

1010 Nr. 38 Abs. 2, der die Behandlung von Telegrammen zum Gegenstand hat, bleibt wegen der geringen Praxisbedeutung unerwähnt. Besonderheiten ergeben sich nur bezüglich der beschleunigten Beförderung, ansonsten erfolgt die Überwachung nach den Vorschriften zum Schriftwechsel.

erscheint", oder wenn unter Nichtbeachtung des Verbots mit Erlaubnisvorbehalt Gegenstände übergeben wurden.

bb) Schriftwechsel

Die Verwaltungsvorschrift sprach dem Gefangenen in Nr. 28 UVollzO ein Recht auf unbeschränkten Schriftwechsel zu, soweit der Richter keine andere Anordnung traf. Der gesamte Schriftwechsel unterlag nach Nr. 30 Abs. 1 UVollzO, mit Ausnahme der in Nr. 30 Abs. 2 UVollzO genannten Adressaten sowie der Verteidigerpost, Nr. 37 Abs. 1 UVollzO, und des Schriftwechsels mit dem Bewährungs-/Gerichtshelfers, Nr. 37a Abs. 1, 2 UVollzO, der Überwachung durch den Richter bzw. Staatsanwalt. Nr. 34 UVollzO regelte, unter welchen Voraussetzungen Schreiben angehalten werden dürfen.

Eine solche Maßnahme sollte nach Nr. 34 Abs. 1 Nr. 1–Nr. 3 UVollzO „insbesondere" dann erfolgen, wenn das Schreiben chiffriert oder „ohne zwingenden Grund in einer fremden Sprache abgefaßt ist", wenn eine Weiterleitung das Strafverfahren beeinträchtigen könnte oder wenn „die Weitergabe des Schreibens geeignet ist, die Ordnung in der Anstalt zu gefährden."

Zu letzterem Punkt enthielt die Vorschrift nähere Angaben, die konkretisieren, wann etwa eine Gefährdung der Ordnung in der Anstalt in Betracht kommt. Nr. 34 Abs. 2 Nr. 1–Nr. 3 UVollzO nennt hierzu Briefe, die „grob unrichtige oder erheblich entstellende" Schilderungen über die Verhältnisse in der Anstalt enthalten, solche, die „grobe Beleidigungen" beinhalten, oder aber Briefe, deren Weiterleitung „in Kenntnis [ihres] Inhalts einen Straf- oder Bußgeldtatbestand verwirklichen würde" bzw. "wenn ein Schreiben der Vorbereitung einer strafbaren Handlung oder Ordnungswidrigkeit dient."

cc) Fernmündlicher Verkehr

Gem. Nr. 38 Abs. 1 S. 1 UVollzO bedurfte es zur Führung eines Telefonats der vorherigen Zustimmung des Richters bzw. Staatsanwaltes. In „dringenden unbedenklichen Fällen" konnte auch der Anstaltsleiter die Erlaubnis erteilen, Nr. 38 Abs. 1 S. 2 UVollzO. Grundsätzlich wurde der Wortlaut des Telefonats mitgehört, Nr. 38 Abs. 1 S. 3 UVollzO.

dd) Verkehr mit dem Verteidiger

Im Gegensatz zu den die Außenkontakte regelnden Vorschriften im StVollzG hob die UVollzO die Besonderheiten, die bezüglich des Verkehrs mit dem Verteidiger gelten, deutlicher hervor. Zwar enthielt die UVollzO insoweit vergleichbare[1011] Regelungen, anders als im StVollzG[1012] befanden sich diese jedoch in einer gesonderten Rubrik unter der Überschrift „Verkehr mit dem Verteidiger, dem Bewährungshelfer und dem Gerichtshelfer."

Der Verkehr des Verteidigers mit seinem Mandanten war sowohl mündlich als auch schriftlich uneingeschränkt zu gewähren, eine Überwachung fand grundsätzlich nicht statt, Nr. 36 Abs. 1, Nr. 37 Abs. 1 UVollzO. Die Vorschrift bezog sich jeweils auf die entsprechende Regelung in § 148 Abs. 1 StPO. Ausnahmen waren allerdings nach Maßgabe des § 148 Abs. 2 StPO zulässig, worauf Nr. 36 Abs. 5 S. 3 sowie Nr. 37 Abs. 1 S. 1 UVollzO zur Klarstellung verwiesen.[1013]

Nicht jedoch rechtfertigten sonstige, aus § 119 Abs. 3 StPO a. F. hergeleitete Gründe eine Einschränkung des Verteidigerverkehrs.[1014]

ee) Pakete

Nr. 39 Abs. 1 verwies bezüglich des Empfanges von Paketen auf die entsprechenden Vorschriften zum Paketempfang in § 33 Abs. 1 StVollzG sowie die konkretisierenden Angaben in den bundeseinheitlichen Verwaltungsvorschriften zum Strafvollzugsgesetz. Das gleiche gilt für die Versendung von Paketen durch den Gefangenen. Auch hier galten gem. Nr. 39 Abs. 4 UVollzO die Regelungen des StVollzG. Somit durften „dreimal jährlich in angemessenen Abständen" Pakete mit „Nahrungs- und Genußmitteln" empfangen werden, § 33 Abs. 1 S. 1 StVollzG. Weitere Pakete oder Pakete mit anderem Inhalt bedurften der Zustimmung des Anstaltsleiters, Nr. 39 Abs. 1 S. 2 UVollzO i. V. m. § 33 Abs. 1 S. 3 StVollzG. Solche Pakete sollten allerdings „nur aus besonderem Anlaß" zugelassen werden, Nr. 39 Abs. 1 S. 2 UVollzO.

1011 Besonderheiten gelten hinsichtlich des unterschiedlichen Haftzwecks. So können etwa Einschränkungen des Besuchsrechts oder Briefwechsels auf Grundlage des StVollzG auch dann erfolgen, wenn dies aus Gründen der Erreichung des Vollzugsziels erforderlich ist, siehe § 25 Abs. 2 sowie § 28 Abs. 2 Nr. 2 StVollzG.

1012 Das StVollzG enthält die Kommunikation betreffende Angaben über die Sonderstellung des Verteidigers in den §§ 26, 29 Abs. 1, 31 Abs. 4 StVollzG.

1013 Die Regelung in § 148 Abs. 2 StPO erlaubt die Überprüfung von Schriftstücken und anderen Gegenständen sowie den Einsatz von „Vorrichtungen [...] die die Übergabe von Schriftstücken und anderen Gegenständen ausschließen" sofern der inhaftierte Beschuldigte „einer Tat nach § 129a auch in Verbindung mit § 129b Abs. 1" StGB dringend verdächtig ist und der Richter die Überwachung angeordnet hat. Die Norm wurde durch das Untersuchungshaftrechtsänderungsgesetz v. 29.07.2009 (BGBl. I, S. 2274) von einer „Muss-" in eine „Sollvorschrift" geändert.

1014 *BGH*, NJW 2004, S. 457, 457.

Die Regelung ging damit über den Regelungsgehalt des StVollzG hinaus, welches keine diesbezügliche Beschränkung enthält. Des Weiteren konnte „[dem Gefangenen] gestattet werden" Pakete zu versenden, Nr. 39 Abs. 4 UVollzO i. V. m. § 33 Abs. 4 S. 1 StVollzG.

Eine Überprüfung des Inhalts konnte unter dem Aspekt der „Sicherheit oder Ordnung der Anstalt" erfolgen, Nr. 33 Abs. 4 S. 2 StVollzG. Sollte ungewiss sein, ob der Inhalt das Strafverfahren beeinträchtigen könnte, so war eine Entscheidung des Richters erforderlich, Nr. 39 Abs. 5 UVollzO.

e) Tagesgestaltung

Dem Gefangenen wurde durch Nr. 18 Abs. 3 S. 1 UVollzO gestattet, sich „Bequemlichkeiten und Beschäftigungen" zu verschaffen, soweit dies in Einklang mit dem Zweck der Haft und der Ordnung der Anstalt zu bringen ist. Die Vorschrift verwies auf die inhaltsgleiche Regelung in § 119 Abs. 4 StPO a. F. Aus diesem Grundsatz ging auch das Recht zur „Selbstbeschäftigung" in Nr. 44 UVollzO hervor, welches denselben Beschränkungen unterlag.[1015]

Im Gegensatz zu Strafgefangenen[1016] sind erwachsene[1017] Untersuchungshäftlinge nicht zur Arbeit verpflichtet, Nr. 42 UVollzO. Ihnen sollte aber auf Verlangen eine den Fähigkeiten entsprechende und dem Zweck der Haft nicht zuwiderlaufende Arbeit zugeteilt werden, Nr. 43 Abs. 1 UVollzO. Das Arbeitsentgelt fiel im Gegensatz zu der Entlohnung im Strafvollzug geringer aus.[1018]

1015 Nicht allzu ernst nahm *Grunau*, UVollzO, 2. Aufl., 1972, Nr. 44 in diesem Zusammenhang die verfassungsmäßig verankerte Unschuldsvermutung, wenn er hierzu anmerkte: „Von der Möglichkeit der Selbstbeschäftigung machen verhältnismäßig wenige Ugefangene Gebrauch. Die meisten von ihnen sind typische Kriminelle, die entweder überhaupt nichts tun oder das Verlangen nach Anstaltsarbeit aus zwei Gründen äußern; einmal, um dadurch die Anstaltsverwaltung und den Haftrichter geneigter zu machen, ihn in Gemeinschaftshaft zu nehmen, nach der die große Mehrzahl der Kriminellen strebt, sodann um Geld für den begehrten Einkauf zu verdienen."

1016 Eine Arbeitspflicht ging aus § 41 Abs. 1 StVollzG hervor. Eine entsprechende Regelung, aus der die Arbeitspflicht für Strafgefangene hervorgeht, findet sich auch in den nun gültigen Strafvollzugsgesetzen der Länder, siehe etwa Art. 43 BayStVollzG.

1017 Anderes galt für junge Gefangene (Nr. 1 Abs. 4). Diese sind gem. Nr. 80 Abs. 2 S. 1 „aus erzieherischen Gründen zur Arbeit verpflichtet".

1018 Dies ging aus Nr. 43 Abs. 4 hervor, welcher auf § 177 S. 2 StVollzG verwies. Im Strafvollzug gilt im Geltungsbereich des StVollzG eine Vergütung von neun vom Hundert der Bezugsgröße nach § 18 SGB IV, für Untersuchungsgefangene lediglich eine Vergütung von 5 vom Hundert. Diese Ungleichbehandlung wurde vom *BVerfG* als verfassungsgemäß beurteilt. Insbesondere stellte das Gericht keinen Verstoß gegen das Willkürverbot aus Art. 3 Abs. 1 GG fest, siehe *BVerfG*, NStZ 2004, S. 514, 514 ff.

Zur Freizeitgestaltung hat die Anstalt Lesestoff „in ausreichendem Maße" bereitzustellen, Nr. 45 Abs. 1 UVollzO. Darüber hinaus stand es dem Gefangenen offen, über Verlag und Buchhandel weiteren Lesestoff zu beziehen, Nr. 45 Abs. 2 UVollzO, oder mit Zustimmung des Richters oder Staatsanwalts, Nr. 45 Abs. 3 UVollzO, auch andere Bezugsquellen zu nutzen. Mit Erlaubnis des Richters durfte der Gefangene am gemeinschaftlichen Hörfunk- und Fernsehprogramm teilnehmen, Nr. 40 Abs. 1 i. V. m. Nr. 46 Abs. 1 UVollzO. Einzelempfang auf eigenen Geräten bedurfte keiner gesonderten Genehmigung, Nr. 40 Abs. 2 UVollzO. Anderes galt nur, sofern der Richter dies anordnete. Nr. 54 Abs. 2 UVollzO ging davon aus, dass die Beleuchtung des Haftraums nicht ganztägig zu gewährleisten ist, vielmehr bestimmte die Anstaltsordnung, in welchem Zeitraum die Zelle zu beleuchten ist, Ausnahmen hiervon lagen im Ermessen des Anstaltsleiters.

Mindestens eine Stunde am Tag sollte der Gefangene Gelegenheit erhalten, sich im Freien aufzuhalten, Nr. 55 Abs. 1 UVollzO.

f) Versorgung/Kleidung und sonstige Habe

Grundsätzlich sorgt die Anstalt im Rahmen der Kostordnung für die Verpflegung des Inhaftierten, Nr. 50 Abs. 1 UVollzO. Dem Gefangenen stand es gem. Nr. 50 Abs. 2 S. 1 UVollzO offen, sich auf seine Kosten selbst zu verköstigen. Hierzu bestimmte die Anstaltsleitung geeignete Gastronomiebetriebe, die mit der Lieferung der Speisen betraut wurden.

Regelmäßig hatte die Anstalt dem Gefangenen die Beschaffung sonstiger Artikel des persönlichen Bedarfs zu ermöglichen, Nr. 51 Abs. 1, Abs. 2 UVollzO, vorausgesetzt, der Einkauf hielt sich im Rahmen einer „vernünftigen Lebensweise" und es handelte sich um vom Anstaltsleiter zugelassene Artikel. Sofern „Arznei- und Kräftigungsmittel" den Gegenstand des Einkaufs bildeten, erforderte dies die Zustimmung des Anstaltsarztes.

Die Gesundheitsfürsorge übernimmt ein Anstaltsarzt, Nr. 56 Abs. 1 S. 1 UVollzO. Externe Ärzte konnte der Inhaftierte mit Zustimmung des Richters und nach Anhörung des Anstaltsarztes auf eigene Kosten hinzuziehen. Ferner blieb es dem Gefangenen, unter dem Vorbehalt der Erlaubnis des Richters bzw. Staatsanwalts (Nr. 3), belassen, bei Übernahme der Behandlungskosten eine Zahnbehandlung auch außerhalb der Anstalt durchführen zu lassen, Nr. 56 Abs. 2 UVollzO.

Dem Untersuchungshäftling stand es frei, eigene Kleidung und Wäsche zu tragen, Nr. 52 Abs. 1 UVollzO. Im Bedarfsfall sind ihm Anstaltssachen zur Verfügung zu stellen, Nr. 52 Abs. 2 S. 1 UVollzO. Neben seiner Kleidung sind dem Inhaftierten sonstige „Stücke der Habe" zu überlassen, „die sich zum persönlichen Gebrauch oder zur Ausstattung des Haftraumes" eignen, Nr. 53 Abs. 1 UVollzO. Die Beurteilung der Eignung oblag der Anstaltsleitung.

g) Besondere Maßnahmen bei erheblicher Verdunklungsgefahr

Bei „erheblicher Verdunklungsgefahr" sah Nr. 60 Abs. 1 UVollzO die Anordnung besonderer Maßnahmen durch den Richter vor. Abs. 2 enthielt hierzu eine nicht abschließende[1019] Aufzählung. Genannt werden „strenge Einzelhaft", Nr. 1, „Beschränkung des Verkehrs mit der Außenwelt auf das Mindestmaß", Nr. 2, der Entzug von Privilegien gegenüber Strafgefangenen, wie das Recht der Selbstbeköstigung, Nr. 3, und das Tragen eigener Kleidung, Wäsche und Bettwäsche bzw. die Überlassung von Stücken der Habe, Nr. 4, sowie die Beschränkung des täglichen Aufenthalts im Freien, Nr. 5.

h) Sicherheit und Ordnung

aa) Durchsuchung

Nr. 61 UVollzO erlaubte die jederzeitige Durchsuchung sowohl des Gefangenen als auch seines Haftraumes oder seiner sonstigen Sachen.

bb) Besondere Sicherungsmaßnahmen

Um einer Gefährdung des Zwecks der Untersuchungshaft oder einer „erheblichen Störung der Anstaltsordnung" zu begegnen, konnten nach Nr. 62 Abs. 1 UVollzO besondere Sicherungsmaßnahmen angeordnet werden, wenn die Gefahr nicht auf anderem Wege abzuwenden war.

Die Anordnung hatte durch den Richter zu erfolgen, Nr. 62 Abs. 3 UVollzO. In dringenden Fällen galt die Regelung der Nr. 5 UVollzO. Ebenso wie bei den besonderen Maßnahmen im Falle erheblicher Verdunklungsgefahr enthielt Nr. 63 Abs. 1 UVollzO eine nicht abschließende Aufzählung zulässiger Maßnahmen. Da eine Anordnung insbesondere in Fällen von erhöhter Fluchtgefahr, Gewalttätigkeiten gegen Personen oder Sachen bzw. der Selbstschädigung gem. Nr. 62 Abs. 2 UVollzO in Betracht kam, orientierte sich die Auflistung der regelmäßig verordneten Maßnahmen hieran. Nr. 64 Abs. 1 UVollzO gibt den Wortlaut des § 119 Abs. 5 StPO a. F. wieder, der regelte, unter welchen Voraussetzungen eine Fesselung des Gefangenen legitim war. Konkretisierend fügte Nr. 64 Abs. 2 UVollzO hinzu, dass „in der Regel" nur an Händen und Füßen gefesselt werden darf. Bei der Auswahl der Anordnungen war gem. Nr. 63

1019 Dies geht aus dem Wortlaut hervor, wonach gem. Nr. 60 Abs. 2 „hauptsächlich" die nachfolgend aufgelisteten Maßnahmen in Betracht kommen. Siehe auch *Grunau*, UVollzO, 2. Aufl., 1972, Nr. 60 Rn. 1.

Abs. 2 UVollzO die Verhältnismäßigkeit zu beachten und unter mehreren zur Disposition stehenden die am wenigsten belastende zu ergreifen. In die gleiche Richtung zielte auch Nr. 65 Abs. 1 UVollzO, wenn hierdurch festlegt wurde, dass eine Maßnahme nur so lange aufrechterhalten werden durfte, wie dies der Zweck der Anordnung erforderte.

cc) Disziplinarmaßnahmen

(i) Verfahren

Unter der Voraussetzung eines „schuldhaften" Verstoßes gegen die Anstaltsordnung oder einer gleichermaßen vorwerfbaren Gefährdung des Haftzweckes erlaubte Nr. 67 Abs. 1 UVollzO, unter Verweis auf § 119 Abs. 3 und 6 StPO a. F., die Anordnung von Disziplinarmaßnahmen durch den Richter. Handelte es sich um „leichtere Verstöße", so konnte auch eine „Ermahnung oder Verwarnung" die Disziplinarmaßnahme ersetzen, Nr. 67 Abs. 2 UVollzO. Hierzu bedurfte es nicht zwingend der Einschaltung des Richters. Auch der Anstaltsleiter konnte diese aussprechen.

Nr. 69 UVollzO regelte das Verfahren im Einzelnen. Die Aufklärung des Sachverhalts oblag grundsätzlich dem Anstaltsleiter, Abs. 1 S. 1, eine Anhörung des Gefangenen hatte stattzufinden, Abs. 1 S. 2. Der Richter entschied auf Grundlage dieser Erhebungen über die Anordnung der vom Anstaltsleiter beantragten Disziplinarmaßnahme, Abs. 1 S. 3. Im Bedarfsfall konnte der Richter weitere Nachprüfungen veranlassen oder selbst durchführen, Abs. 1 S. 4.

Sofern der Gefangene unter ärztlicher Beobachtung stand, sich in Behandlung befand, es eine Schwangere betraf oder eine Mutter in der Stillzeit, bedurfte es der vorherigen Konsultation des Anstaltsarztes, Abs. 2. Grundsätzlich war sowohl bei der Anordnung als auch beim Vollzug darauf zu achten, dass „die Verteidigung und die Verhandlungsfähigkeit des Gefangenen nicht beeinträchtigt" wird, Abs. 4. Die Anordnung der Disziplinarmaßnahme erforderte die Einhaltung der Schriftform und unterlag einer Begründungspflicht, Abs. 3 S. 1.

(ii) Einzelne Maßnahmen

Ob der Maßnahmenkatalog des Nr. 68 Abs. 1 UVollzO abschließend war, geht aus dem Wortlaut nicht eindeutig hervor. Zwar heißt es dort: „Als Disziplinarmaßnahmen kommen in Betracht", und nicht wie etwa in Nr. 63 Abs. 1 UVollzO „kommen hauptsächlich in Betracht", dennoch schließt die Wortwahl die

Anordnung anderer Maßnahmen nicht aus, so dass nach allgemeiner Ansicht auch Maßnahmen denkbar waren, die im Katalog keine Erwähnung fanden.[1020]

Die in Nr. 63 Abs. 1 Nr. 1–Nr. 9 UVollzO aufgezählten Disziplinarmaßnahmen lassen eine gewisse Steigerung nach der Intensität des Eingriffes erkennen. Dies geht zum einen aus den Maßnahmen als solchen hervor, zum andern daraus, dass bestimmte Anordnungen an zusätzliche Bedingungen geknüpft wurden. So „soll" eine in den Nrn. 3 – 9 genannte Maßnahme „möglichst" mit der Verfehlung in Zusammenhang stehen und der Arrest nur „wegen schwerer oder mehrfach wiederholter Verfehlungen" verfügt werden. Bezüglich des Vollzugs der letztgenannten Maßnahme enthielt Nr. 71 UVollzO weitergehende Regelungen. Der Vollzug wurde nach Nr. 71 Abs. 1 S. 1 UVollzO unter „unausgesetzter Absonderung des Gefangenen von anderen Gefangenen vollzogen." Hierzu konnte der Gefangene in einen anderen, speziellen Arrestraum verbracht werden, Nr. 71 Abs. 1 S. 2 UVollzO. Gleichsam mit der Anordnung und dem Vollzug des Arrests „ruht" auch die Gewährung von Befugnissen, die in Nr. 71 Abs. 2 UVollzO genannt werden. Es handelte sich hierbei um „Privilegien",[1021] die die UVollzO dem Untersuchungshäftling unter dem Vorbehalt der Erlaubnis gestattete.

dd) Unmittelbarer Zwang

Nr. 72 Abs. 1 UVollzO verwies bezüglich der Anwendung unmittelbaren Zwanges auf die gesetzlichen Vorschriften. Diese finden sich in den §§ 94–101 StVollzG, deren Anwendbarkeit § 178 Abs. 1, 2 StVollzG über den Strafvollzug hinaus auf den Bereich der Untersuchungshaft erweiterte.

i) Junge Gefangene

Besonderheiten galten beim Vollzug der Untersuchungshaft an jungen Gefangenen. Neben den in den verschiedenen Abschnitten der UVollzO verstreuten Vorschriften widmete sich der achte Abschnitt unter der Überschrift „Junge Gefan-

---

1020 So etwa *Grunau*, UVollzO, 2. Aufl., 1972, Nr. 68 Rn. 1; *Baumann*, in: FS Dünnebier, 1982, S. 681, 703; *Seebode*, Der Vollzug der Untersuchungshaft, 1985, S. 245; *Schultheis*, in: KK, StPO, 6. Aufl., 2008, § 119 Rn. 88; *Paeffgen*, in: SK, StPO, 4. Aufl., 2010, § 119a Rn. 55.

1021 Vom Grundsatz her handelte es sich um Einschränkungen der Beschränkung der Freiheitsrechte des Inhaftierten. Es kann nur dann richtigerweise von „Privilegien" gesprochen werden, wenn sich der Blick auf den vergleichbaren Regelungsgehalt im Strafvollzugsgesetz richtet und der Untersuchungshäftling aufgrund der Unschuldsvermutung eine Vorzugsbehandlung erfährt.

gene" explizit dieser Gruppe.[1022] Ergänzend konnten auch „Vorschriften über den Jugendstrafvollzug" hinzugezogen werden, sofern dies wegen des besonderen Zweckes und Wesens der Untersuchungshaft nicht ausgeschlossen war, Nr. 85 S. 2 UVollzO.

Nr. 1 Abs. 4 UVollzO definiert den Begriff des „jungen Gefangenen" und grenzte hierdurch die Anwendbarkeit der Vorschriften ein. Als solche galten alle Untersuchungshäftlinge unter 21 Jahren. Die Anordnung von Maßnahmen erfolgte gem. Nr. 77 S. 1 UVollzO durch den Jugendrichter. Nach Maßgabe von Nr. 1 Abs. 4 UVollzO hatte der Vollzug bei dieser Gruppe von Häftlingen erzieherisch und dem Grundsatz des Nr. 13 Abs. 1 UVollzO folgend in gesonderten Anstalten oder Abteilungen zu erfolgen. Das Erfordernis, jugendliche und erwachsene Gefangene zu trennen, stellten sowohl Nr. 22 Abs. 4 UVollzO als auch Nr. 78 Abs. 1 S. 1 UVollzO auf.

Anders als erwachsene Gefangene, waren unter 21 Jährige aus Gründen der Erziehung zur Arbeit verpflichtet, Nr. 80 Abs. 2 S. 1 UVollzO. Die erzieherische Ausgestaltung des Vollzugs, sowie die physiologischen Unterschiede machten auch gesonderte Regelungen der Lebenshaltung, der Überwachung der Außenkontakte sowie des Aufenthaltes im Freien erforderlich, Nr. 81–83 UVollzO. Als Disziplinarmaßnahme kam der Entzug des täglichen Aufenthalts im Freien nicht in Betracht, ein Arrest durfte höchstens für die Dauer von zwei Wochen verhängt werden, Nr. 68 Abs. 2.

4. Regelungen innerhalb des StVollzG

Gesetzliche Regelungen der Untersuchungshaft fanden sich auch im StVollzG wieder. Ausdrücklich für anwendbar erklärte § 178 Abs. 1 StVollzG die §§ 94 bis 101 des StVollzG, also die Regelungen über den unmittelbaren Zwang, auch „für Justizvollzugsbedienstete außerhalb des Anwendungsbereichs des Strafvollzugsgesetzes".[1023] § 178 Abs. 2 StVollzG wies für den Bereich des Untersuchungshaftvollzugs darauf hin, dass die Regelungen des § 119 Abs. 5, Abs. 6 StPO a. F. hiervon unberührt blieben, also auch insoweit die Anordnung dem Grundsatz nach richterlich zu erfolgen hatte und Besonderheiten hinsichtlich der Voraussetzungen einer rechtmäßigen Fesselung bestanden. Die UVollzO verwies in Nr. 39 Abs. 1, 40 Abs. 3 sowie in 43 Abs. 4 auf die Vorschriften des StVollzG. Es handelt sich hierbei um Vorschriften, die die Kommunikation des

1022 Nr. 85 S. 1 stellte klar, dass generell die gesamte UVollzO auch für den Vollzug „junger Gefangener" anwendbar ist, sofern nicht spezielle Regelungen gelten.

1023 Ein entsprechender Verweis in der UVollzO fand sich in Nr. 72 Abs. 1. Hierin wurde auf „die gesetzlichen Vorschriften" hingewiesen.

Gefangenen mit der Außenwelt betreffen, den Fernseh- und Rundfunkempfang sowie die Bemessung des Arbeitsentgelts.

II. Zusammenfassung der Ergebnisse

- Der Begriff der „Ordnung“ ist eng auszulegen.

- Die Gesetzgebungskompetenz der Länder erstreckt sich im Bereich der Disziplinarmaßnahmen nur auf solche, die unmittelbar zur Aufrechterhaltung der „Ordnung“ in der Anstalt auferlegt werden, nicht dagegen auf Sanktionen, die in einem Verstoß gegen Anordnungen zur Sicherung des Haftzweckes ihre Begründung finden.

- § 119 Abs. 1 S. 1 StPO n. F. vermag als Kompetenzgrundlage zur Verhängung von Disziplinarmaßnahmen nicht den Anforderungen an ein den Eingriff rechtfertigendes Gesetz zu genügen.

- Die Anordnung eines weiteren Freiheitsentzuges in Form des Arrestes erfordert, aufgrund des Art. 104 Abs. 2 S. 1 GG, die Befassung des Richters.

- Die Verhängung einer Disziplinarmaßnahme während des Untersuchungshaftvollzugs ist auch nach Antritt der Strafhaft grundsätzlich vollstreckbar, sofern der Vollzug seine (negativ) spezialpräventive Wirkung auch im Strafvollzug noch entfalten kann. Bei Verstößen gegen verfahrenssicherende Maßnahmen ist dies abzulehnen, da im Strafvollzug eine solche nicht mehr auferlegt wird und daher auch kein erneuter Verstoß zu befürchten ist. Ein längeres Zuwarten zwischen Sanktionsanlass und Vollstreckung führt dagegen zur generellen Unzulässigkeit der Maßnahme, wenn eine Zweckerreichung dann nicht mehr möglich erscheint.

Kapitel 7 Bayerisches Untersuchungshaftvollzugsgesetz

A. Entstehungsgeschichte

Die Bayerische Staatsregierung brachte als letzte der sechzehn Landesregierungen am 29.06.2011 einen Gesetzesentwurf zur Regelung des Untersuchungshaftvollzugs auf den Weg.[1024] Bereits am 03.03.2010 hatte die Landtagsfraktion Bündnis90/Die Grünen einen entsprechenden Entwurf eingebracht.[1025] Dieser wurde jedoch nach Beratung vom Landtag abgelehnt.[1026] Erstmals drängte die SPD-Fraktion die Staatsregierung im Mai 2009 zur Vorlage einer Ausarbeitung.[1027] Dieser Aufforderung folgte am 03.02.2010 ein Dringlichkeitsantrag der Freien Wähler.[1028] Der mit dem Entwurf betraute Ausschuss für Verfassung, Recht, Parlamentsfragen und Verbraucherschutz der CSU-Fraktion rechtfertigte die Verzögerung mit einem Hinweis auf die Schwierigkeit der Materie und dem gesetzlich eingeräumten Zeitfenster in § 13 EGStPO.[1029] Das Gesetz trat gem. Art. 45 des Bayerischen Untersuchungshaftvollzugsgesetz (BayUVollzG) am 01.01.2012 in Kraft.[1030]

B. Regelungstechnik

Das Gesetz gibt, daraus macht die Begründung der Regierung keinen Hehl, in weiten Teilen den vormals geltenden, allerdings nicht bindenden, Regelungsgehalt der UVollzO wieder.[1031] In Anlehnung an die UVollzO enthält das Regelungswerk, bspw. im Bereich des Verkehrs mit der Außenwelt, dem Grundsatz nach Eingriffsbefugnisse, etwa die Überwachung des Besuches in Art. 17 Abs. 1 S. 1, des Schriftwechsels, Art. 19 Abs. 1 sowie der Telefonate, Art. 21 Abs. 2 S. 1 i. V. m. Art. 17 Abs. 1, ohne dass hierfür eine gesonderte Einzelanordnung erfolgen muss. Allerdings bestehen Unterschiede zur früher geltenden Rechtsla-

---

1024 Drs. 16/9082.

1025 Drs. 16/4010.

1026 Drs. 16/5552.

1027 Drs. 16/1319.

1028 Drs. 16/3428.

1029 So das Mitglied des Ausschusses, *Franz Rieger*, im Plenum anlässlich des Gesetzesentwurfes des Bündnis90/Die Grünen, siehe Plenarprotokoll Nr. 43 v. 11.03.2010, S. 4. Siehe auch Plenarprotokoll Nr. 30 v. 14.10.2009, S. 4.

1030 Drs. 16/10707.

1031 Siehe hierzu S. 13 ff. der Entwurfsbegründung.

ge, da das Gesetz von der in den genannten Vorschriften grundsätzlich bestehenden Eingriffsbefugnis zahlreiche Ausnahmen zulässt, etwa in Art. 17 Abs. 1 S. 1 Hs. 2, wonach eine Überwachung nicht erfolgt, wenn „im Einzelfall Erkenntnisse dafür vor[liegen], dass es der Überwachung nicht bedarf.“

Das Bayerische Untersuchungshaftvollzugsgesetz besteht aus 45 Artikeln. Davon verweisen 28 auf Regelungen des BayStVollzG. Ohne Bereithalten des ebengenannten Gesetzes ist daher ein Verständnis des BayUVollzG aus sich heraus kaum möglich. Manche Stellen des BayUVollzG verweisen gar auf Passagen des BayStVollzG, welche wiederum eine interne Verweisung enthalten.[1032] Neben der Ergänzung von einzelnen Regelungsmaterien durch Vorschriften des Bayerischen Strafvollzugsgesetzes erklärt Art. 42 S. 1 des BayUVollzG insgesamt 51 Normen des BayStVollzG für anwendbar, „soweit Zweck und Eigenart der Untersuchungshaft nicht entgegenstehen“.

In ihrer Begründung weist die Staatsregierung bezüglich dieser Verfahrensweise darauf hin, dass „die besondere Stellung der als unschuldig zu geltenden Untersuchungsgefangenen [...] immer zu berücksichtigen [sei]“ und mit dem Entwurf weder eine Gleichsetzung von Untersuchungshaft- und Strafvollzug beabsichtigt noch eine solche in diesem enthalten sei.[1033]

C. Rechtsstellung des Inhaftierten

Teil 2 des BayUVollzG trägt die Überschrift „Grundsätze“ und trifft mit Art. 3 eine Aussage über die „Stellung der Untersuchungsgefangenen“ im Vollzug. Art. 3 Abs. 1 verdeutlicht die Geltung der Unschuldsvermutung als bestimmendes Prinzip für die Anwendung der nachfolgenden Gesetzesmaterie.[1034] Dadurch findet die verfassungsmäßig verbürgte Maxime erstmals Eingang in das geschriebene Regelwerk zum Untersuchungshaftvollzug.

Art. 3 Abs. 2 gibt weitestgehend wieder, was vormals durch § 119 Abs. 4 StPO a. F. gewährleistet wurde.[1035] Anstelle von „Bequemlichkeiten“ spricht der Gesetzesentwurf nun von „Annehmlichkeiten“, zudem nennt das Landesgesetz ergänzend zum Begriff der „Ordnung“ auch die „Sicherheit“ als einschränkendes Kriterium. Da die Begründung auf die Entsprechung in Nr. 18 Abs. 3 S. 1 UVollzO verweist, diese Norm wortlautidentisch mit § 119 Abs. 4 StPO a. F. ist,

1032 Exemplarisch für zahlreiche andere Verweise etwa Art. 22 Abs. 3 BayUVollzG, der Art. 29 S. 2 BayStVollG für „entsprechend“ anwendbar erklärt. Art. 29 S. 2 BayStVollzG verweist wiederum auf die „entsprechende“ Geltung von Art. 27 Abs. 3 BayStVollzG.

1033 So S. 13 der Begründung des Entwurfs.

1034 Siehe S. 16 der Begründung des Entwurfs.

1035 Siehe zu § 119 Abs. 4 StPO a. F. Kapitel 6, F. I Nr. 2 c).

will der Gesetzgeber keine Änderung der ursprünglichen Rechtslage bewirken.[1036] Der Begriff der „Sicherheit“ ist ohnehin nach allgemeiner Ansicht im Begriff der „Ordnung“ enthalten, so dass der Ergänzung lediglich deklaratorische Bedeutung zukommt.[1037]

Art. 3 Abs. 3 beinhaltet eine Generalklausel. Im Gegensatz zu Nr. 1 Abs. 2 der UVollzO[1038] lassen sich, sofern „Bundes- oder Landesrecht eine besondere Regelung nicht enthält“, nurmehr solche Beschränkungen rechtfertigen,

> „die zur Aufrechterhaltung der Sicherheit, zur Abwendung einer schwerwiegenden Störung der Ordnung der Anstalt oder zur Umsetzung von Anordnungen nach § 119 StPO zur Bekämpfung einer Flucht-, Verdunklungs- oder Wiederholungsgefahr (verfahrenssichernde Anordnungen) unerlässlich sind.“

Das Gesetz orientiert sich damit im Bereich der Generalklausel am „engen“ Ordnungsbegriff.[1039] Zudem vertritt die Staatsregierung als Urheber des Entwurfs die Auffassung, ihr stehe nach der Neuordnung des Kompetenzgefüges lediglich die Gesetzgebungskompetenz für Beschränkungen aus Gründen der Sicherheit und Ordnung zu.[1040] Diese Annahme deckt sich mit der hier vertretenen Ansicht und steht damit auch mit den bundesgesetzlichen Vorschriften innerhalb der StPO im Einklang.[1041] Lediglich die Umsetzung verfahrenssichernder Anordnungen fällt in den Kompetenzbereich des BayUVollzG.

Ebenso als Novum im geschriebenen Untersuchungshaftvollzugsrecht - aufgrund der verfassungsmäßigen Verankerung die Rechte des Inhaftierten jedoch nicht erweiternd - gibt Art. 3 Abs. 4 die sich aus dem Verhältnismäßigkeitsgrundsatz des Grundgesetzes ergebenden Prüfungskriterien für eine rechtmäßige Gesetzesanwendung wieder.

Der letzte Absatz des Artikel 3 soll das Recht des Inhaftierten auf effektive Verteidigung gewährleisten.[1042] Das „Verteidigungsinteresse der Untersuchungsgefangenen“ ist daher bei jeglichen Maßnahmen im Vollzug „angemessen zu berücksichtigen.“ Somit wird auch verhindert, dass der inhaftierte Be-

---

1036 Siehe S. 16 der Begründung des Entwurfs.

1037 Siehe hierzu Kapitel 6, F. I Nr. 1.

1038 Die UVollzO verzichtet, ebenso wie § 119 Abs. 3 StPO a. F., auf die Eingrenzung des Ordnungsbegriffes. Siehe zur Generalklausel des Nr. 1 Abs. 2 UVollzO Kapitel 6, F. I Nr. 3 a).

1039 Siehe hierzu Kapitel 6, F. I Nr. 1.

1040 Siehe S. 16 der Begründung des Entwurfs.

1041 Siehe näheres hierzu in Kapitel 2.

1042 Siehe S. 16 der Begründung des Entwurfs.

schuldigte hinsichtlich seiner Verteidigungsmöglichkeiten schlechter gestellt wird als der auf freiem Fuß befindliche.

D. Einzelheiten

I. Zuständigkeit

Für jegliche auf Grundlage des BayUVollzG zu treffende Maßnahmen sieht das Gesetz in Art. 6 die Zuständigkeit des Anstaltsleiters bzw. der Anstaltsleiterin[1043] vor. Art. 42 S. 1 i. V. m. Art. 177 Abs. 2 S. 2 BayStVollzG ermächtigt den Anstaltsleiter zur Übertragung von Kompetenzen. Die Befugnis zur Anordnung der Durchsuchung, der besonderen Sicherungsmaßnahmen sowie von Disziplinarmaßnahmen gem. Art. 42 S. 1 i. V. m. Art. 177 Abs. 3 BayStVollzG darf jedoch nur mit Zustimmung der Aufsichtsbehörde übertragen werden.[1044]

II. Unterbringung

Art. 5 Abs. 1 S. 1, S. 2 normiert die räumliche Trennung der Untersuchungshäftlinge von Häftlingen „anderer Haftarten". Eine gemeinsame Unterbringung ist auf Betreiben der Inhaftierten und mit deren Zustimmung zulässig, Art. 5 Abs. 1 S. 3 i. V. m. Art. 11 Abs. 2, sowie Art. 5 Abs. 1 S. 4. Daneben besteht die Möglichkeit, „vorübergehend" vom Grundsatz der Trennung abzuweichen, wenn „dies aus Gründen der Sicherheit oder Ordnung der Anstalt oder anderen dringenden Gründen der Vollzugsorganisation erforderlich ist."[1045]

Art. 5 Abs. 2 S. 1 sieht eine getrennte Unterbringung von männlichen und weiblichen Gefangenen vor. Ausnahmen können nach Art. 5 Abs. 2 S. 2 zulässig sein, wenn dies den Gefangenen zu Gute kommt, weil nur auf diesem Wege Behandlungsangebote[1046] wahrgenommen werden können.

1043 Der Einfachheit halber wird im Folgenden auf die Nennung der weiblichen Form verzichtet.

1044 Nach Art. 173 Abs. 1 BayStVollzG, über Art. 42 S. 1 BayUVollzG ebenfalls für entsprechend anwendbar erklärt, führt das Staatsministerium der Justiz die Aufsicht.

1045 Die Begründung nennt auf S. 17 etwa eine zu geringe Zahl von Untersuchungshäftlingen in der Anstalt, oder aber die Umsetzung einer verfahrenssichernden Anordnung, die die Trennung von anderen Untersuchungshäftlingen zum Gegenstand hat, als Beispiele für Ausnahmen vom Grundsatz der getrennten Unterbringung.

1046 Der Begriff „Behandlung" steht im Kontext der Untersuchungshaft grundsätzlich im Widerspruch zur Unschuldsvermutung. In der Begründung zum Entwurf heißt es dann auch auf S. 17, Art. 5 BayUVollzG stelle „einen grundlegenden Ausfluss der Unschuldsvermutung und der daran orientierten Behandlung der Untersuchungsgefangenen in der Anstalt dar." Die Unschuldsvermutung solle die Rechtsstellung des Inhaftierten

Art. 11 Abs. 1 S. 1 enthält den vormals in § 119 Abs. 1 S. 1 StPO a. F. normierten Grundsatz der Einzelunterbringung von Untersuchungshäftlingen während der Ruhezeiten. Im Gegensatz zur vorherigen Rechtslage und der Entsprechung in Nr. 23 Abs. 1 UVollzO lässt das Gesetz weitergehendere Ausnahmen von diesem Grundsatz zu. Parallelen bestehen insoweit, als auch nach alter Gesetzeslage mit Zustimmung des Untersuchungshäftlings eine gemeinsame Unterbringung erfolgen konnte,[1047] was nunmehr Art. 11 Abs. 1 S. 2 regelt. Ferner kommt dies in Betracht bei „Gefahr für Leben oder Gesundheit oder bei Hilfsbedürftigkeit von Untersuchungsgefangenen", Art. 11 Abs. 1 S. 3 Nr. 1.[1048]

Neueingefügt wurde die Möglichkeit auch dann „vorübergehend" vom Gebot der Einzelunterbringung abzuweichen, „wenn und solange die räumlichen Verhältnisse der Anstalt dies zwingend erfordern.", Art. 11 Abs. 1 S. 3 Nr. 2.[1049] Unter den zusätzlichen Voraussetzungen des Art. 5 Abs. 1 dürfen dann Untersuchungshäftlinge sogar mit Gefangenen anderer Haftarten gemeinsam während der Ruhezeiten untergebracht werden.[1050] Die zukünftige Entwicklung im Blick, erklärt Art. 11 Abs. 4, der auf Art. 20 Abs. 4 BayStVollzG verweist, eine gemeinschaftliche Belegung eines Haftraumes mit bis zu acht Personen für zulässig.[1051] Abschließend sei hinzugefügt, dass de facto, wegen der genannten Ausnahmen, das BayUVollzG keinen Grundsatz der Einzelunterbringung mehr enthält.[1052]

---

verbessern, nicht etwa durch eine starre Anwendung dieses Grundsatzes das Gegenteil bewirken, S. 17. „Behandlung" i. d. S. können nach S. 17 „Bildungsmaßnahmen oder Freizeitveranstaltungen, therapeutische Maßnahmen oder seelsorgerische Veranstaltungen sein:" Maßgebliches Kriterium für die Vereinbarkeit mit der Unschuldsvermutung ist die Freiwilligkeit der Maßnahmen.

1047 Vormals durch § 119 Abs. 2 S. 1 StPO a. F geregelt.

1048 Vormals durch § 119 Abs. 2 S. 3 StPO a. F. geregelt.

1049 Kritisch angemerkt sei, dass dem Hinweis auf die nur temporäre Zulässigkeit („vorübergehende gemeinsame Unterbringung") keine eigenständige Bedeutung mehr zukommt, wenn die Aufrechterhaltung andauern darf, „solange die räumlichen Verhältnisse dies zwingend erfordern".

1050 Dies stellt Art. 11 Abs. 1 S. 4 klar, da hiernach Art. 5 Abs. 1 unberührt bleibt. Siehe auch S. 20 der Begründung.

1051 Der Entwurf deutet auf S. 20 darauf hin, dass eine solche Höchstbelegung keinesfalls „als wünschenswerter Zustand angesehen [werden] kann oder gar im bayerischen Justizvollzug die Regel sei. Gleichwohl kann abhängig von der Entwicklung der Belegungszahlen nicht ausgeschlossen werden, dass in Einzelfällen diese Belegungsmöglichkeit genutzt werden muss, um Belegungsspitzen aufzufangen."

1052 Dem widersprechen die Verfasser des Entwurfs. Ihrer Ansicht nach sei der Grundsatz „[...] nicht beseitigt. Er wird aber in dem gebotenen Umfang eingeschränkt." Siehe S. 20 der Entwurfsbegründung.

III. Verkehr mit der Außenwelt

Das Gesetz befasst sich in Teil 5 mit dem Außenweltverkehr der Inhaftierten. Neben der bereits in der UVollzO geregelten Verfahrensweise bzgl. Besuchsempfang, Schriftwechsel und Paketen enthält das geplante Untersuchungshaftvollzugsgesetz mit Art. 21 eine Vorschrift, die anders als Nr. 38 UVollzO nicht nur Bestimmungen zum fernmündlichen Verkehr und Telegrammversand enthält, sondern die die „Telekommunikation" im Ganzen regelt und damit auch neuere Formen elektronischer Interaktion im Blick hat.

1. Besuch

a) Recht auf Besuch

Art. 15 erweitert die Rechtsstellung der Inhaftierten im Vergleich zur bisher geltenden Rechtslage zunächst einmal, indem in Art. 15 Abs. 1 S. 2 eine Gesamtbesuchsdauer von mindestens zwei Stunden im Monat zugestanden wird.[1053] Zumindest „in den ersten drei Monaten nach Aufnahme in die Anstalt" gilt dies gem. Art. 15 Abs. 2 uneingeschränkt. Nach diesem Zeitraum kann, sofern „erhebliche räumliche, personelle oder organisatorische Gründe entgegen stehen", die Gesamtbesuchsdauer auf eine Stunde im Monat beschränkt werden, Art. 15 Abs. 1 S. 3.

Der Gesetzgeber weist zwar darauf hin, dass, entgegen der nicht zwingend formulierten Vorschrift in der UVollzO, nun eine Mindestbesuchsdauer in das Gesetz Eingang gefunden habe. Die Untersuchungshaftanstalt sei nicht gehindert, darüber hinaus Besuche zuzulassen. Es bestünden „bereits jetzt deutlich längere Besuchsmöglichkeiten" als gesetzlich garantiert.[1054] Dennoch bewegt sich das BayUVollzG in diesem Punkt, verglichen mit den Untersuchungshaftvollzugsgesetzen der übrigen Bundesländer,[1055] auf einem niedrigen Niveau und weist, abgesehen von der Gewährleistung des Art. 15 Abs. 2 hinsichtlich der ers-

1053 Nr. 24 Abs. 1 S. 3 i. V. m. Nr. 25 S. 1 der UVollzO sah eine Besuchsdauer von dreißig Minuten vor, wobei „in der Regel […] alle zwei Wochen Besuch zugelassen [wird]".

1054 S. 22 der Begründung.

1055 Siehe hierzu *Wiesneth*, Die Untersuchungshaft, 2010, Rn. 360 ff. Zwar befanden sich einige Gesetze zum Zeitpunkt der Veröffentlichung Wiesneths noch im Entwurfsstadium, die Gesetze traten jedoch in diesem Punkt unverändert in Kraft. Sowohl der 12-Länder-Entwurf als auch das Gesetz Nordrhein-Westfalens sehen eine Mindestbesuchsdauer von 2 Stunden im Monat vor. Nur Baden-Württemberg und Niedersachsen zeigen sich noch restriktiver, da diese Gesetze keine dem Art. 15 Abs. 2 BayUVollzG entsprechende Regelung enthalten.

ten drei Monate, keinen Unterschied zur Regelung des Bayerischen Strafvollzugsgesetzes auf.[1056]

Art. 16 BayUVollzG räumt der Anstalt, jeweils mit Verweis auf die unbestimmten Rechtsbegriffe der „Sicherheit oder Ordnung", Kompetenzen ein, die zur Durchsuchung des Besuchs, zum Absuchen mittels „technischen Mitteln oder sonstigen Mitteln" oder zur Versagung des Besuchs, bzw. zur Knüpfung des Besuchsrechts an Weisungen, berechtigen.

b) Überwachung von Besuchen

In Abweichung zur vorher geltenden Regelung in Nr. 27 UVollzO differenziert Art. 17 zwischen optischer und akustischer Überwachung.[1057] Die optische Überwachung bleibt zwar gem. Art. 17 Abs. 1 S. 1 die Regel. Von einer Überwachung kann jedoch dann abgesehen werden, wenn „im Einzelfall Erkenntnisse dafür vor[liegen], dass es der Überwachung nicht bedarf." Insoweit verdeutlicht die Gesetzesfassung, dass eine generelle, undifferenzierte Überwachung dem Grundsatz der Verhältnismäßigkeit widerspricht.

Die Möglichkeit der akustischen Überwachung, also der Wahrnehmung des Gesprächsinhalts, sieht das Gesetz lediglich im Ausnahmefall vor. Art. 17 Abs. 2 S. 1 legitimiert diesen Eingriff nur dann, wenn dies „im Einzelfall aus Gründen der Sicherheit oder Ordnung der Anstalt erforderlich ist." Ein Hinzuziehen von technischen Mitteln zur Überwachung und Aufzeichnung ist dagegen generell nur hinsichtlich der optischen Überwachung zulässig, siehe Art. 17 Abs. 1 S. 2 bzw. Art. 17 Abs. 2 S. 2. Auch in diesem Punkt wird also die unterschiedliche Eingriffsintensität deutlich, die eine Gleichbehandlung zwischen der Wahrnehmung des gesprochenen Wortes und der „lediglich" optischen Überwachung verbietet. Nach bisher auf Nr. 27 UVollzO gestützter Praxis fand eine solche Abstufung nicht statt.

Art. 17 Abs. 3 S. 2 legitimiert den Einsatz einer „Trennvorrichtung" zur Verhinderung der unerlaubten Übergabe von Gegenständen im Besuchsverkehr. Die Entwurfsbegründung verweist darauf, dass diese Handhabe schon vorher üblich gewesen sei, nunmehr lediglich „klarstellend" im Gesetz Eingang gefunden habe und hinsichtlich des damit verfolgten Ziels, der „Bekämpfung des Drogenmissbrauchs", ein probates Mittel sei.[1058]

In der Gesamtschau lässt das BayUVollzG im Bereich der Überwachung von Besuchen eine Verbesserung der Rechtsstellung des Inhaftierten erkennen, indem sich die Eingriffsschwelle, in Anwendung des Grundsatzes der Verhält-

1056 Siehe Art. 27 Abs. 2 S. 2 BayStVollzG.

1057 Siehe zur Regelung in der UVollzO Kapitel 6, F. I Nr. 3 d) aa).

1058 Siehe S. 23 der Entwurfsbegründung.

nismäßigkeit, nunmehr an der Intensität des Eingriffs orientiert und keine undifferenzierte sowohl optische als auch akustische Überwachung mehr zulässt. Ansonsten bestehen keine gravierenden Unterschiede zur bisherigen, weitestgehend auf Nr. 27 UVollzO basierenden Vollzugspraxis.

c) Besuchsabbruch

Ein Besuchsabbruch darf nach Art. 17 Abs. 4 dann erfolgen, wenn das Verhalten der Besucher eine „Gefährdung der Sicherheit oder Ordnung der Anstalt" impliziert. Aufgrund der Verweisung auf Art. 30 Abs. 4 BayStVollzG bedarf es grundsätzlich einer Abmahnung vor Abbruch des Besuches. Ausnahmen vom Grundsatz der vorherigen Abmahnung bestehen dann, „wenn es unerlässlich ist, den Besuch sofort abzubrechen."

2. Schriftwechsel

a) Recht auf Schriftwechsel

Auch die Neuregelung erlaubt grundsätzlich den unbeschränkten Schriftwechsel der Gefangenen, Art. 18 Abs. 1 S. 1. Stand die Vorgängerregelung nach Nr. 28 UVollzO unter dem Vorbehalt anderweitiger richterlicher Anordnung, so konkretisiert Art. 18 Abs. 1 S. 2 i. V. m. Art. 31 Abs. 2 Nr. 1 BayStVollzG die Matereie nunmehr dahingehend, dass eine Untersagung des Schriftwechsels mit bestimmten Personen nur aus Gründen der Gefährdung der „Sicherheit oder Ordnung der Anstalt" angeordnet werden darf. Im Gegensatz zur Regelung in der UVollzO und im BayStVollzG enthält das BayUVollzG in Art. 18 Abs. 2 S. 1 einen Hinweis darauf, wann in besonderem Maße die Übernahme der Kosten für den Schriftwechsel finanziell unterversorgter Gefangener angezeigt ist. „Insbesondere Schriftverkehr mit Ehegatten, Lebenspartnern und Verteidigern" soll eine Kostentragungspflicht der Anstalt auslösen. Das Gesetz berücksichtigt damit die aus der Unschuldsvermutung resultierende Sonderstellung der Untersuchungshäftlinge.

b) Überwachung des Schriftwechsels

Wie bei der Besuchsüberwachung differenziert das BayUVollzG auch hinsichtlich des Schriftwechsels nach physischer und gedanklicher Inhaltsüberwachung. Erstere soll nach Art. 19 Abs. 1 generell erfolgen und der „Kontrolle auf verbotene Beilagen wie beispielsweise Betäubungsmittel" dienen.[1059]

An die Zulässigkeit der Überwachung des gedanklichen Inhalts stellt Art. 19 Abs. 2 höhere Anforderungen. Hiervon soll abgesehen werden, „wenn eine Ge-

1059 Siehe S. 24 der Entwurfsbegründung.

fährdung der Sicherheit und Ordnung der Anstalt nicht zu befürchten ist." Die Formulierung lässt durchblicken, dass es sich bei der gedanklichen Inhaltsüberwachung, anders als im Falle der inhaltlichen Gesprächsüberwachung, nicht um einen Ausnahmefall handelt, sondern um die Regel, von der unter den genannten Voraussetzungen abgewichen werden kann.

Schriftwechsel mit bestimmten Adressaten, wie etwa Volksvertretungen des Bundes und der Länder und die sonst in Art. 19 Abs. 3 i. V. m. Art. 32 Abs. 2 BayStVollzG genannten Stellen, sind allerdings von der Überwachung vollständig ausgenommen.

c) Anhalten von Schreiben

Art. 20 Abs. 1 nennt Tatbestände, die das Anhalten von Schreiben rechtfertigen. Die Vorschrift entspricht inhaltlich weitestgehend Art. 34 Abs. 1 BayStVollzG.[1060] Keine Rechtfertigung mehr findet das Anhalten von Schreiben, „wenn ein Schreiben der Vorbereitung einer strafbaren Handlung oder Ordnungswidrigkeit dient", wie dies noch Nr. 34 Abs. 3 Nr. 3 UVollzO beeinhaltete.

Dagegen wurde als Anhaltegrund, den die UVollzO nicht vorsah, die „Gefährdung der Eingliederung anderer Gefangener" in Art. 20 Abs. 1 Nr. 5 neu aufgenommen. Eine solche Möglichkeit sei aufgrund der Erfahrungen der „vollzuglichen Praxis" zum Schutz der anderen Strafgefangenen vonnöten.[1061]

Die Inhaftierten sind nach Art. 20 Abs. 2 über etwaig getroffene Maßnahmen zu informieren. Sollte ein Schreiben „unrichtige Darstellungen" enthalten, so besteht die Möglichkeit der Beifügung eines Begleitschreibens, wenn der Gefangene auf die Weiterleitung besteht, Art. 20 Abs. 4 i. V. m. Art. 34 Abs. 2 BayStVollzG. Gänzlich ausgeschlossen ist nach Art. 20 Abs. 5 das Anhalten solcher Schreiben, die auch von der Überwachung gem. Art. 19 Abs. 3 ausgenommen sind.

3. Telekommunikation

Wie eingangs bereits erwähnt,[1062] regelt das BayUVollzG im Gegensatz zur Vorgängerregelung nunmehr nicht mehr lediglich die Behandlung von Telefona-

1060 Abweichungen sind den Besonderheiten des Untersuchungshaftvollzuges geschuldet. So legitimiert Art. 34 Abs. 1 Nr. 1 BayStVollzG das Anhalten im Falle der Gefährdung des „Behandlungsauftrags", Nr. 6 des BayStVollzG erfasst den Schriftwechsel der „Gefangenen", wohingegen Art. 20 Abs. 1 BayUVollzG den Schriftwechsel der „Untersuchungsgefangenen" im Blick hat.

1061 Siehe S. 24 der Entwurfsbegründung.

1062 Siehe Kapitel 7, D. III.

ten und Telegrammen, sondern erweitert den Regelungsgehalt auf „Telekommunikation“ im Allgemeinen und damit auch auf moderne Formen elektronischer Kommunikation.

Die Neufassung ändert jedoch nichts an der Rechtsstellung der Inhaftierten.[1063] Nach wie vor stehen Telefonate unter dem Erlaubnisvorbehalt der Anstaltsleitung und sind nur in „dringenden Fällen“ gestattet. Des Weiteren enthält Art. 21 Abs. 1 S. 1 zusätzliche Gründe, auf die sich eine Ablehnung stützen lässt. So kann eine Versagung, neben dem omnipräsenten Versagungsgrund der „Sicherheit und Ordnung“, auch mit entgegenstehenden „räumlichen, personellen und organisatorischen Verhältnissen der Anstalt“ begründet werden. Ebenso besteht gem. Art. 21 Abs. 2 i. V. m. Art. 16 Abs. 2 die Möglichkeit, Telefonate mit bestimmten Personen wiederum aus Gründen der „Sicherheit oder Ordnung“ zu versagen oder von Weisungen abhängig zu machen. Ausgehend von einem Änderungsantrag[1064] wurde die ursprüngliche Fassung des Regierungsentwurfes um S. 2 ergänzt. Hiernach soll ein Telefongespräch „möglichst zeitnah nach der Aufnahme in die Anstalt […] zugelassen werden.“

Sofern kein Versagungsgrund greift und ein Telefonat zustande kommt, wird dieses in entsprechender Anwendung der Vorschriften des Art. 17 Abs. 1 S. 1 im Regelfall überwacht und kann unter den gleichen Voraussetzungen, unter denen ein Besuch abgebrochen werden darf, unterbrochen werden, siehe Art. 21 Abs. 2 S. 1. Die Vorschrift verweist ebenso auf Art. 35 Abs. 1 Sätze 3 und 4 BayStVollzG. Die Gefangenen sind demzufolge über die beabsichtigte Überwachung „rechtzeitig“ zu informieren. Das gleiche gilt für die Gesprächspartner des Inhaftierten, wobei die Mitteilung auch den Gefangenen überlassen werden kann.

Andere Kommunikationsformen, die Begründung nennt etwa „SMS- oder E-Mail-Verkehr“, stehen dem Inhaftierten gem. Art. 21 Abs. 3 nicht zur Verfügung. Mit praktischen Erwägungen hinsichtlich der Kontrollmöglichkeit, des Aufwandes und der von der Nutzung ausgehenden „Missbrauchsgefahren“ versuchen die Verfasser des Gesetzesentwurf diese restriktive Handhabe zu rechtfertigen.[1065]

4. Pakete

Nach Einholung einer entsprechenden Erlaubnis dürfen die Untersuchungshäftlinge Pakete absenden und empfangen, Art. 23 Abs. 1 S. 1, Abs. 2 S. 1. Die Er-

1063 Siehe zur vorherigen Rechtslage Kapitel 6, F. I Nr. 3 d).
1064 Drs. 16/10005.
1065 Siehe S. 25 der Entwurfsbegründung.

laubniserteilung kann gänzlich versagt oder eingeschränkt werden, je nachdem in welchem Maß die „Sicherheit oder Ordnung der Anstalt" dies erfordert.

Generell sind vom Paketverkehr solche Inhalte ausgeschlossen, welche die „Sicherheit und Ordnung der Anstalt gefährden können", sowie „Nahrungs- und Genussmittel", Art. 23 Abs. 1 S. 2 i. V. m. Art. 24 Abs. 2 S. 1 bzw. Art. 36 Abs. 1 S. 3 BayStVollzG. Der gesamte Paketverkehr der Inhaftierten steht gem. Art. 23 Abs. 3 S. 1 unter Überwachung. Sollte die „Sicherheit oder Ordnung der Anstalt" es erfordern, dürfen ein Paket oder einzelne darin enthaltene verbotene Inhalte von der Weiterleitung ausgenommen werden, Art. 23 Abs. 4 S. 1.

5. Verkehr mit Verteidigern

a) Allgemeines zum Verteidigerverkehr

Die Würdigung des Inhalts des Art. 22 erfordert zunächst ein kurzes Eingehen auf die Bedeutung des Verteidigerverkehrs für den Inhaftierten. Der Rechtsbeistand des Untersuchungshäftlings nimmt gegenüber anderen Kontaktpersonen eine Sonderstellung ein. Bei Fragen, die die Haftsituation als solche betreffen oder das laufende Verfahren, fungiert der Verteidiger zumeist als erster Ansprechpartner. Ihm obliegt die Sicherstellung einer effektiven Verteidigung.[1066] Diese kann nur erfolgen, wenn ein Vertrauensverhältnis zwischen Mandanten und Verteidiger besteht und ein ungestörter Gedankenaustausch, frei von staatlicher Überwachung und strenger Reglementierung, stattfinden kann.[1067]

Das Recht auf ungehinderten und unüberwachten Verteidigerverkehr bildet daher einen von vielen Eckpfeilern eines rechtsstaatlichen, fairen Verfahrens und steht damit unter dem Schutz des Art. 6 Abs. 3 lit. c EMRK.[1068] Da die Konkretisierung der in der EMRK enthaltenen Verfahrensrechte der jeweiligen nationalen Gesetzgebung überlassen bleibt, stellt die Strafprozessordnung den unmittelbaren Bezugspunkt dar.[1069] Hierin regelt § 148 den „Verkehr mit dem Beschuldigten". Aus dieser Norm geht ein Anspruch auf Gewährleistung jederzeitiger Kontaktaufnahmemöglichkeit des Inhaftierten mit dem Verteidiger sowie die Sicherstellung einer überwachungsfreien Kommunikation hervor,[1070] so dass es eines direkten Rückgriffs auf die EMRK nicht bedarf.

1066 *Kneuer*, Der Schutz der Geheimsphäre der Verteidigung, 1992, S. 33 / S. 37 ff.

1067 Siehe etwa *Welp*, Abhörverbote zum Schutz der Strafverteidigung, NStZ 1986, S. 294, 295; *Schlothauer/Weider*, Untersuchungshaft, 4. Aufl., 2010, Rn. 94.

1068 Siehe etwa *Meyer-Ladewig*, in: EMRK, 3. Aufl., 2011, Art. 6 Rn. 238; *Grabenwarter/Pabel*, in: EMRK/GG, 2006, Kap. 14 Rn. 140.

1069 Siehe *Valerius*, in: BeckOK, StPO, Stand: 01.02.2012, Art. 6 EMRK Rn. 42.

1070 Siehe etwa *Wessing*, in: BeckOK, StPO, Stand: 01.02.2012, § 148 Vor Rn. 1. Ausnahmen vom Grundsatz des unüberwachten Verteidigerverkehrs bestehen nach § 148

Nichts anderes regelt Art. 22 Abs. 1 S. 1. Nach dieser Vorschrift „dürfen die Untersuchungsgefangenen ohne Beschränkung und Überwachung schriftlich und mündlich verkehren." Allerdings enthalten die nachfolgenden Sätze der Norm Ausnahmen hiervon.

b) Beachtung der Hausordnung

Der Grundsatz des freien Verteidigerverkehrs, hierauf verweist Art. 22 Abs. 1 S. 2 i. V. m. Art. 15 Abs. 1 S. 4, entbindet nicht von der Einhaltung der Hausordnung, so dass die Besuchszeiten einzuhalten sind.[1071] Die Regelung entspricht jedoch nur dann den Gewährleistungen des Art. 6 Abs. 3 lit. c EMRK und dem diese Norm inhaltlich ausfüllenden § 148 Abs. 1 StPO, wenn die Besonderheiten im Verhältnis des Beschuldigten zum Verteidiger Berücksichtigung finden und Ausnahmen vom Grundsatz zugelassen werden.[1072] *Wohlers* nennt insbesondere „Komplexität" und „Umfang" sowie den „anwaltlichen Erstkontakt" als Stichworte, die eine Erweiterung der allgemeinen Regelung rechtfertigen können.[1073] Nach wohl überwiegender Meinung sollen Besuche außerhalb der Besuchszeiten dagegen nur dann zugelassen werden, wenn mit der Einhaltung eine wesentliche Erschwerung der Verteidigung verbunden wäre.[1074]

Abs. 2 S. 1 StPO, wenn sich der Beschuldigte wegen des Verdachts einer Tatbegehung nach § 129a, auch in Verbindung mit § 129b Abs. 1 StGB, in Haft befindet. Dann findet eine Überwachung des Schriftverkehrs statt. Die Durchführung hat gem. § 148a Abs. 2 StPO durch einen ansonsten mit dem Verfahren nicht betrauten Richter zu erfolgen, welcher zur Verschwiegenheit über den konkreten Inhalt des Schriftwechsels verpflichtet ist.

1071 Zu Vorbereitung und Ablauf des Besuchs des Verteidigers in der JVA siehe *Schmitz*, Betreuung inhaftierter Mandanten, NJW 2010, S. 1728, 1729.

1072 *Wohlers*, in: SK, StPO, 4. Aufl., 2011, § 148 Rn. 12; *Julius*, in: HK, StPO, 4. Aufl., 2009, § 148 Rn. 11.

1073 *Wohlers*, in: SK, StPO, 4. Aufl., 2011, § 148 Rn. 12.

1074 *OLG Hamm*, NStZ 1985, S. 432, 432: nur wenn die Verteidigung hierdurch „ernstlich eingeschränkt" wäre; *OLG Karlsruhe*, NStZ 1997, S. 407, 408; *OLG Stuttgart*, NStZ 1998, S. 212, 214; *Meyer-Goßner*, StPO, 54. Aufl., 2011, § 148 Rn. 10; *Krekeler/Werner*, in: AnwK, StPO, 2. Aufl., 2010, § 148 Rn. 10; *Laufhütte*, in: KK, StPO, 6. Aufl., 2008, § 148 Rn. 7; *Reinhart*, in: Radtke/Hohmann, StPO, 2011, § 148 Rn. 9; *Lüderssen/Jahn*, in: L/R, StPO, 26. Aufl., 2007, § 148 Rn. 13; *Wessing*, in: BeckOK, StPO, Stand: 01.02.2012, § 148 Rn. 11; *Kneuer*, Der Schutz der Geheimsphäre der Verteidigung, 1992, S. 58.

Die Zulassung von Besuchen außerhalb der Besuchszeit unter derart strenge Voraussetzungen zu stellen, wird zu Recht als unzulässig erachtet.[1075] Die Hausordnung als abstrakt generelles Regelungswerk und die darin enthaltenen starren Besuchszeiten können keinen tauglichen Bezugspunkt für die individuellen Verteidigungsinteressen der jeweiligen Inhaftierten darstellen. Insoweit handelt es sich bei der Festlegung von Besuchszeiten zwar um ein notwendiges Instrumentarium zur störungsfreien Anstaltsorganisation.[1076] Besuche außerhalb der Kernzeiten dürfen daher nicht die Regel darstellen, jedoch ist eine einzelfallbezogene[1077] Beurteilung anzustellen, wobei Belange der Verteidigung in höherem Maße zu berücksichtigen sind als organisatorische und personelle Beurteilungsfaktoren.[1078]

c) Telefonverkehr

Das Gesetz stellt klar, dass der Telefonverkehr zwischen dem Verteidiger und seinem Mandanten unüberwacht bleibt. Ansonsten „sollen [Telefonate] unter den Voraussetzungen des Art. 21 Abs. 1 zugelassen werden“, Art. 22 Abs. 1 S. 3. Die verbindlichere Formulierung lässt in den Augen der Entwurfsverfasser weniger Spielraum für ablehnende Ermessensentscheidungen der Anstaltsleitung bezüglich der Erlaubnis des Telefonverkehrs.[1079]

d) Schriftverkehr

Auch im Bereich des Schriftverkehrs bestehen Einschränkungen des freien, unüberwachten Verkehrs. Allerdings beschränkt sich die Überwachung auf die äußere Kontrolle und berechtigt nicht zur Öffnung der Briefe, so dass eine inhaltliche Kenntnisnahme ausgeschlossen ist, siehe Art. 22 Abs. 1 S. 4 i. V. m. Art. 19 Abs. 1.

1075 Siehe hierzu, neben der bereits zitierten Ansicht Wohlers, auch *Schriever*, Anm. z. Beschl. d. OLG Karlsruhe v. 24.04.1997 – 2 VAs 8/97 (NStZ 1997, S. 407 ff.), NStZ 1998, S. 159, 160.

1076 Siehe etwa *Reinhart*, in: Radtke/Hohmann, StPO, 2011, § 148 Rn. 9.

1077 Zum Erfordernis des Einzelfallbezuges siehe *Schriever*, Anm. z. Beschl. d. OLG Karlsruhe v. 24.04.1997 – 2 VAs 8/97 (NStZ 1997, S. 407 ff.), NStZ 1998, S. 159, 160; *Paeffgen*, Rechtsprechungsübersicht in U-Haft-Sachen 1998, NStZ 1999, S. 71, 77 Fn. 13.

1078 Vgl. *Wohlers*, in: SK, StPO, 4. Aufl., 2011, § 148 Rn. 12; *Lüderssen/Jahn*, in: L/R, StPO, 26. Aufl., 2007, § 148 Rn. 13, die „im Zweifel“ den Verteidigungsinteressen Vorrang einräumen und dadurch eine Gewichtung vornehmen.

1079 Siehe S. 25 der Entwurfsbegründung.

e) Besuchsrecht

Das Besuchsrecht des Verteidigers kann unter den Vorbehalt einer vorherigen Durchsuchung „mit technischen Mitteln oder sonstigen Hilfsmitteln" gestellt werden, Art. 22 Abs. 1 S. 5 i. V. m. Art. 16 Abs. 1 S. 1. Jedoch muss gewährleistet sein, dass die Unterlagen, die der Verteidiger mitführt, inhaltlicher Kenntnisnahme entzogen sind.

Kritiker sehen in dieser Maßnahme eine unzulässige Beschränkung des freien Verteidigerverkehrs, ohne jedoch die genauen Gründe für ihre Sichtweise darzulegen.[1080] Da die Durchsuchung der Entdeckung verbotener Gegenstände dient, der Zugang des Verteidigers zu seinem Mandanten ohne jegliche Beeinträchtigung des Vertrauensverhältnisses gewährleistet wird und eine Durchsuchung auch nur stattfinden darf, wenn es die „Sicherheit oder Ordnung der Anstalt" (im Einzelfall) erfordert, kann dieser Ansicht nicht zugestimmt werden.

f) Übergabe von Gegenständen

Schließlich regelt Art. 22 Abs. 1 S. 6 die Übergabe solcherlei von der Durchsuchung betroffenen Unterlagen. Die Aushändigung an den Untersuchungsgefangenen steht, im Gegensatz zu Art. 17 Abs. 3 S. 1, unter keinem Erlaubnisvorbehalt.

IV. Disziplinarmaßnahmen

1. Voraussetzungen

Art. 28 Abs. 1 S. 1 nennt, neben dem Erfordernis der Schuld, die weiteren tatbestandlichen Voraussetzungen, die zur Anordnung einer disziplinarischen Maßnahme führen können. Zum einen können schuldhafte Verstöße gegen „verfahrenssichernde Beschränkungen nach § 119 Abs. 1 StPO" die Anordnung rechtfertigen, zum anderen schuldhafte Verstöße gegen Pflichten, die den Untersuchungshäftlingen durch oder auf der Grundlage des BayUVollzG auferlegt wurden.

1080 So *Piel/Püschel/Tsambikakis/Wallau*, Der Entwurf eines Untersuchungshaftvollzugsgesetzes NRW, ZRP 2009, S. 33, 35 in Bezug auf den in diesem Punkt vergleichbaren Regelungsgehalt des § 22 Abs. 2 S. 1 UVollzG NRW. Die Autoren weisen lediglich auf die „Stellung des Verteidigers als Organ der Rechtspflege" hin, welcher „Vertrauensvorschuss" genießen müsse.

a) Gesetzgebungskompetenz

Problematisch erscheint erstere Variante, die Anordnung wegen schuldhaften Verstoßes gegen „verfahrenssichernde Beschränkungen nach § 119 Abs. 1 StPO." Die Gesetzgebungskompetenz hierzu wurde bereits an anderer Stelle abgelehnt.[1081] Dennoch soll ergänzend auf die Erwägungen der Entwurfsbegründung eingegangen werden.

Die Begründung beruft sich darauf, dass im Falle der Verhängung wegen Verstoßes gegen Beschränkungen nach § 119 Abs. 1 StPO die Disziplinarmaßnahme „nicht unmittelbar der Sicherung des Verfahrens dient, sondern vielmehr der Aufrechterhaltung der Ordnung in der Anstalt."[1082]

Zwar muss zugestanden werden, dass sowohl der (negativ) generalpräventive Aspekt der Zwecksetzung der Disziplinarmaßnahme als auch die (negativ) spezialpräventive Zielsetzung zugleich insoweit auch die „Ordnung in der Anstalt" betreffen, als durch die Verhängung der Maßnahme dem betroffenen Individuum und der Gesamtheit der Gefangenen aufgezeigt wird, dass Zuwiderhandlung Konsequenzen nach sich ziehen.[1083] Dennoch bildet die Verfahrenssicherung den unmittelbaren Bezugspunkt der Anordnung. Maßgebliche Grundlage der Verhängung der Sanktion stellt die Verhinderung weiterer Beeinträchtigungen des Strafverfahrens dar. Insoweit stehen die Legitimation zur Anordnung verfahrenssichernder Beschränkungen nach § 119 Abs. 1 StPO und die Durchsetzung dergleichen in Gestalt disziplinarischer Maßnahmen in untrennbarem Zusammenhang.

b) Ergänzende Bestimmungen

Art. 28 Abs. 2 stellt klar, dass der Vollzug der Disziplinarmaßnahme weder auf die Verhandlungsfähigkeit noch auf die Verteidigung des Beschuldigten negativen Einfluss haben darf. Beide Erfordernisse des Art. 28 Abs. 2 S. 1 konkretisieren das Recht auf ein faires Verfahren aus Art. 6 Abs. 1 EMRK, welches gewährleistet, dass der Beschuldigte „nicht zum bloßen Objekt der Entscheidungsfindung herabgewürdigt werden darf", sondern eigenständig auf den Ausgang des Prozesses einwirken kann.[1084] Die gesetzliche Anforderung, jegliche Maßnahmen auch unter dem Aspekt der Verteidigungsinteressen des Inhaftierten zu betrachten, findet sich bereits im Allgemeinen Teil des BayUVollzG, in Art. 3

1081 Siehe hierzu Kapitel 6, F. I Nr. 2 e) dd) (i).

1082 Siehe S. 27 ff. der Entwurfsbegründung.

1083 Siehe zur Zwecksetzung der Disziplinarmaßnahmen Kapitel 6, F. I Nr. 2 e) dd) (ii) (1).

1084 Zu Art. 6 Abs. 1 EMRK siehe *Valerius*, in: BeckOK, StPO, Stand: 01.02.2012, Art. 6 EMRK Rn. 9 m. w. N.

Abs. 5, wieder.[1085] Um die Beachtung der genannten Grundsätze sicherzustellen, hat eine unverzügliche Information der Verteidigung über eine angeordnete Disziplinarmaßnahme zu erfolgen, Art. 28 Abs. 2 S. 2.

Der Vollzug der Disziplinarmaßnahme kann auch dann noch erfolgen, wenn sich mittlerweile der Anlass der Freiheitsentziehung geändert hat. Art. 28 Abs. 3 S. 3 nennt eine nachfolgende „Untersuchungshaft, Strafhaft oder Sicherungsverwahrung“ sowie „Strafarrest“. Voraussetzung soll sein, dass der Freiheitsentzug zeitlich „unmittelbar“ an die zum Zeitpunkt der Anordnung vollzogene Untersuchungshaft anschließt.

Die Urheber des Gesetzes erachten die Weiterverfolgung auch bei Wechsel der Grundlage der Freiheitsentziehung für zwingend, da „andernfalls der Zweck der Maßnahme verfehlt würde.“[1086] Dieser Zweck, auf den die Begründung im Allgemeinen verweist und der sich weitestgehend auf die (negative) General- und Spezialprävention beschränkt,[1087] würde jedoch auch dann verfehlt, wenn die Vollstreckung der Anordnung nicht auf dem Fuße folgt.[1088] Das Erfordernis der „Unmittelbarkeit“, dahingehend konkretisiert das BayUVollzG nicht weiter, müsste daher auf die zeitliche Abfolge zwischen der Anordnung und den Vollzug gerichtet sein.

2. Maßnahmenkatalog

a) Allgemeine Regelungen

Art. 28 Abs. 1 S. 2 und S. 3 erklären zahlreiche Normen des BayStVollzG für „entsprechend“ anwendbar. Mit Ausnahme der grundlegenden Voraussetzungen für die Anordnung der Maßnahmen, der ergänzenden Regelungen des Art. 28 Abs. 2 S. 1 und S. 2 sowie einiger untersuchungshaftspezifischer Modifikationen implementiert das Gesetz damit die Normen des Bayerischen Strafvollzugsgesetzes. Somit gilt auch im Untersuchungshaftvollzug der abschließende[1089] Maßnahmenkatalog des Art. 110 Abs. 1 BayStVollzG. Das Gesetzeswerk verzichtet damit auf die ohnehin umstrittene Möglichkeit des „Entzuges oder der Beschränkung verlängerter Haftraumbeleuchtung“[1090] sowie des „Entzuges des

1085 Die Entwurfsbegründung spricht daher von einer Konkretisierung des allgemeinen Gebots, siehe S. 28.

1086 Siehe S. 28 der Entwurfsbegründung.

1087 Siehe Kapitel 6, F. I Nr. 2 e) dd) (ii) (1).

1088 Siehe Kapitel 6, F. I Nr. 2 e) dd) (iv).

1089 *Laubenthal*, in: FS Paulus, 2009, S. 103, 115.

1090 Der Verzicht auf diese Maßnahme begründet sich schon daraus, dass eine Regelung, wie in Nr. 54 Abs. 2 UVollzO enthalten, für das BayUVollzG nicht vorgesehen ist. Die UVollzO sah keine generelle, zeitlich unbeschränkte Haftraumbeleuchtung vor, sondern täglichen Aufenthalts im Freien".[1091] Ebenso enthält der Entwurf keine Handhabe mehr, die eine „Beschränkung oder Entzug des Rechts der Selbstbeköstigung" rechtfertigt, es sei denn, die Befugnisse nach Art. 14 ruhen, weil gegen den Inhaftierten die Maßnahme des Arrestes nach Art. 28 Abs. 1 S. 2 i. V. m. Art. 110 Abs. 1 Nr. 8 BayStVollzG verhängt wurde.[1092]

Anders als in § 103 Abs. 4 S. 1 StVollzG und auch in Nr. 68 Abs. 5 S. 2 UVollzO geregelt, verzichteten die Verfasser des Gesetzes auf die Verankerung des „Spiegelungsprinzips". Die Anordnung einiger Disziplinarmaßnahmen sollte nach alter Gesetzeslage nur erfolgen, „wenn die Verfehlung mit den zu beschränkenden oder zu entziehenden Befugnissen im Zusammenhang steht." Der bayerische Gesetzgeber hat sich gegen die Einfügung dieses Prinzips entschieden, weil gerade vermieden werden soll, dass ein Entzug derjenigen Befugnisse erfolgt, mit denen der Inhaftierte in Konflikt geraten ist.[1093]

b) Maßnahme des Arrests

Art. 28 Abs. 1 S. 2 i. V. m. Art. 110 Abs. 1 Nr. 8 BayStVollzG sieht die Verhängung der Maßnahme des Arrests vor. Bezüglich der Anordnungskompetenz bestehen dem Grunde nach keine Besonderheiten, d. h., die Anordnung obliegt nicht dem Richter, sondern dem nach Art. 6 zuständigen Anstaltsleiter.[1094] Diese Regelung steht nicht im Einklang mit Art. 104 Abs. 2 S. 1 GG.[1095]

Die Höchstdauer beträgt gem. Art. 28 Abs. 1 S. 2 i. V. m. Art. 110 Abs. 1 Nr. 8 BayStVollzG, wie bereits in der Vorgängerregelung des Nr. 68 Abs. 1

stellte die Verlängerung der Haftraumbeleuchtung unter Erlaubnisvorbehalt. Das *BVerfG* sieht die Grundrechte der betroffenen Inhaftierten durch diese Regelung als „nicht unerheblich beeinträchtigt." Siehe *BVerfG*, NStZ 2008, S. 521, 523.

1091 Diese Disziplinarmaßnahme sah Nr. 68 Abs. 1 Nr. 7 UVollzO vor. Siehe hierzu *Achter*, Die Hausstrafe in der Untersuchungshaft, NJW 1970, S.268, 270, der jedenfalls in Kombination mit der Verhängung des Arrestes unter gewissen Umständen eine „seelische Mißhandlung" in dem Vollzug der Maßnahme erblickt. Auch *Paeffgen* fordert, auf diese Maßnahme zu verzichten, siehe *Paeffgen*, in: SK, StPO, 4. Aufl., 2010, § 119a Rn. 55.

1092 Grds. ruhen bei der Anordnung des Arrestes nach Art. 28 Abs. 1 S. 3 BayUVollzG i. V. m. Art. 111 Abs. 5 BayStVollzG die Privilegien aus den Art. 11 bis 14, „soweit nichts anderes angeordnet wird."

1093 *Laubenthal*, in: FS Paulus, 2009, S. 103, 115.

1094 Lediglich in Bezug auf die Übertragung der Kompetenz zur Anordnung von Disziplinarmaßnahmen besteht eine Besonderheit. Art. 42 S. 1 BayUVollzG i. V. m. Art. 177 Abs. 2 S. 2, Abs. 3 BayStVollzG berechtigt den Anstaltsleiter zur Übertragung der Kompetenz zur Anordnung von Disziplinarmaßnahmen nur, sofern die Aufsichtsbehörde ihre Zustimmung erteilt.

1095 Siehe hierzu Kapitel 6, F. I Nr. 2 dd) (iii).

Nr. 10 UVollzO festgelegt, vier Wochen und soll nur als „Ultima Ratio“[1096] verhängt werden.

V. Junge Gefangene

1. Anwendungsbereich

Teil 8 des Gesetzes enthält „Vorschriften für junge Untersuchungsgefangene“. Der Anwendungsbereich wird durch Art. 29 definiert, welcher auf § 89c JGG verweist.[1097] Demzufolge ergänzen die Art. 29 bis 40 die allgemeinen Vorschriften, sofern die Inhaftierten „zur Tatzeit das 21. Lebensjahr noch nicht vollendet hatten, [...] solange sie das 24. Lebensjahr noch nicht vollendet haben.“

2. Besondere Regelungen

Zu den Besonderheiten des Jugenduntersuchungshaftvollzugs gehört die erzieherische Ausrichtung des Vollzugs, Art. 30 Abs. 1. Anders als im Bereich des Erwachsenenvollzugs besteht nach Maßgabe des Art. 33 Abs. 2 die Pflicht zur „Teilnahme an schulischen und beruflichen Maßnahmen oder zu arbeitstherapeutischer oder sonstiger Beschäftigung.“ Der Verkehr mit der Außenwelt wird gem. Art. 32 Abs. 1 S. 1 auf mindestens vier Stunden im Monat Besuchszeit ausgeweitet, wobei Besuche von Personensorgeberechtigte nach Art. 32 Abs. 1 S. 2 zusätzlich erfolgen dürfen, „wenn dies dem Erziehungsauftrag dient.“ Der Grundsatz der Trennung des Vollzugs, der gem. Art. 34 Abs. 1 „nach Möglichkeit“ die Separierung junger Gefangener in besonderen Abteilungen einer Jugendstrafvollzugsanstalt oder einer Anstalt für den Vollzug von Freiheitsstrafe vorsieht, erfährt zwar weiterhin nach Maßgabe des Art. 5 Ausnahmen, diese unterliegen jedoch strikteren Reglementierungen. So dürfen junge Untersuchungsgefangene mit Gefangenen anderer Haftarten, neben den Erfordernissen des Art. 5 Abs. 1 S. 4 bzw. S. 5, nur dann untergebracht werden, wenn eine erzieherische Ausrichtung des Vollzugs gewährleistet bleibt und die jungen Gefangenen vor schädlichen Einflüssen geschützt werden, Art. 34 Abs. 2 S. 2. Wohngruppenvollzug bei „geeigneten“ Gefangenen ermöglicht Art. 35. Im Bereich

1096 Siehe *Laubenthal*, in: FS Paulus, 2009, S. 103, 116. Die entsprechend anzuwendende Vorschrift des Art. 110 Abs. 2 BayStVollzG verweist auf das Erfordernis einer schweren oder wiederholten Verfehlung und greift damit die Regelung der Nr. 68 Abs. 5 S. 1 UVollzO auf.

1097 Einer Verweisung steht das in Kapitel 2, B. ermittelte Ergebnis der fehlenden Gesetzgebungskompetenz des Bundes bezüglich des Inhalts des § 89c JGG nicht entgegen. Dem bayerischen Gesetzgeber bleibt es daher unbenommen, selbständig im Regelungsgehalt des § 89c JGG legislatorisch tätig zu werden.

der Freizeitgestaltung verweist Art. 36 auf die entsprechende Anwendung der Art. 152 Abs. 1 und 2 Sätze 2 und 3 sowie Art. 153 BayStVollzG. Bezüglich der Möglichkeit zur Auferlegung von erzieherischen Maßnahmen und Disziplinarmaßnahmen verweist Art. 40 ebenfalls auf die den Vollzug der Jugendstrafe betreffenden Vorschriften, namentlich Art. 155 und 156 BayStVollzG, so dass etwa für die Maßnahme des Arrestes eine Höchstdauer von zwei Wochen vorgeschrieben ist.

VI. Zusammenfassung der Ergebnisse

- Für Verteidigerbesuche müssen weitreichende Ausnahmen vom Grundsatz der Geltung der Hausordnung bezüglich der Besuchszeiten gem. Art. 22 Abs. 1 S. 2 i. V. m. Art. 15 Abs. 1 S. 4 BayUVollzG zugelassen werden.

- Es besteht keine Gesetzgebungskompetenz bezüglich der Auferlegung von Disziplinarmaßnahmen gem. Art. 28 Abs. 1 S. 1 BayUVollzG wegen schuldhaften Verstoßes „gegen verfahrenssichernde Beschränkungen nach § 119 Abs. 1 StPO."

- Die Kompetenz der Anstaltsleitung zur Auferlegung der Maßnahme des Arrestes nach Art. 28 Abs. 1 S. 2 BayUVollzG i. V. m. Art. 110 Abs. 1 Nr. 8 BayStVollzG steht nicht im Einklang mit Art. 104 Abs. 2 S. 1 GG, da diese Maßnahme zwingend durch den Richter anzuordnen ist.

Schlussbetrachtung

Im Folgenden werden die Ergebnisse der Untersuchung in Kurzform noch einmal aneinandergereiht dargestellt. Bezüglich der ausführlichen Begründung der jeweiligen Ansichten sei auf die entsprechenden Stellen der Ausarbeitung verwiesen. Die Fußnote am Ende jedes Ergebnisses enthält die konkrete Angabe der Fundstelle . Das einleitende Kapitel 1 wird vorangestellt. Danach folgen thematisch geordnet die übrigen Erkenntnisse der Arbeit.

I. Kapitel 1

1. Unschuldsvermutung

- § 112 Abs. 3 StPO hat vorverurteilenden Charakter und widerspricht dem Grundsatz der Unschuldsvermutung, da sich die Legitimität dieses Haftgrundes in erster Linie auf die Schwere der vorgeworfenen Anlasstat, nicht jedoch auf tatsachenbasierte, verfahrenssichernde oder spezialpräventive Erwägungen stützt. Auch darf die überlange Dauer der Untersuchungshaft nicht allein mit einem möglicherweise zu erwartenden Strafrahmen legitimiert werden, sondern kann allenfalls durch die Komplexität des Verfahrens begründet sein und muss, um eine Vorwegnahme von Schuldzuweisungen zu verhindern, einer zeitlichen Höchstgrenze unterliegen. Eine hiervon abweichende Handhabe lässt sich mit dem Grundsatz der Unschuldsvermutung nicht in Einklang bringen.[1098]

2. Akteneinsichtsrecht

- Das Recht auf Einsichtnahme in die Ermittlungsakten im Rahmen eines Haftprüfungs- bzw. Beschwerdeverfahrens bezieht sich grundsätzlich auf alle Aktenteile, also sowohl die der Staatsanwaltschaft als auch die dem Gericht vorliegenden.[1099]

- Sofern der Haftbefehl nicht vollzogen ist, kann eine Beschränkung des Einsichtsrechts im Rahmen des gerichtlichen Rechtsmittelverfahrens dagegen statthaft sein. Es müssen jedoch konkrete Anhaltspunkten einer drohenden Gefährdung des Zweckes der Untersuchungshaft, und damit des Verfahrens, dargelegt werden. Ein lediglich verallgemeinerndes

---

1098 Siehe Kapitel 1, A. III Nr. 2 c), Nr. 2 d).

1099 Siehe Kapitel 1, B. IV Nr. 2 a).

Abstellen auf eine mögliche „Verfestigung der Flucht“ kann den Anforderungen nicht entsprechen.[1100]

- Ein Ausübungsrecht auch des Beschuldigten ist zur Gewährleistung der Verfahrensgrundrechte aus Art. 103 Abs. 1 GG und aus Gründen der Verwirklichung des Grundsatzes eines fairen Verfahrens dagegen nicht erforderlich.[1101]

- Die Möglichkeit gerichtlicher Überprüfung der Verweigerung der Akteneinsicht bei denjenigen Beschuldigten, die sich auf freiem Fuße befinden und bei denen die Anklage noch nicht erhoben wurde, ist auf der Grundlage einer analogen Anwendung des § 147 Abs. 5 S. 2 StPO zuzulassen.[1102]

II. Gesetzgebungskompetenz

1. Ausgangspunkt

- Die umstrittene Frage der Kompetenzverteilung, nach der Neugliederung des Zuständigkeitskataloges des Art. 74 Abs. 1 Nr. 1 GG im Zuge der Föderalismusreform, bedeutet für den Bereich der Untersuchungshaft, dass die in § 119 Abs. 3 Alt. 1 StPO a. F. geregelte Materie weiterhin als Bestandteil der konkurrierenden Gesetzgebung zu betrachten ist. Einzig verfahrenssichernde Anordnungen unterstehen damit fortan der legislatorischen Gestaltungshoheit des Bundes.[1103]

2. Konsequenzen

- § 89c JGG widerspricht obiger Auslegung. Hinsichtlich der Gesetzgebungskompetenz bestehen keine Besonderheiten zwischen der Regelung des Untersuchungshaftvollzugs bei jungen Untersuchungsgefangenen oder Erwachsenen. Die Frage, in welcher Anstalt und nach welchen Vorschriften der Vollzug der Untersuchungshaft erfolgt, betrifft einzig das „Wie“ des Vollzugs und zwar die „konkrete Ausgestaltung des Vollzugs.“ Ein Verfahrensbezug besteht dagegen nicht. Die hiervon zu trennende materiell-rechtliche Frage der „jugendgemäßen Ausgestaltung“ der konkreten Vorschriften obliegt ebenfalls dem Verantwortungsbereich des Lan-

1100 Siehe Kapitel 1, B. IV Nr. 2 b).
1101 Siehe Kapitel 1, B. IV Nr. 2 c).
1102 Siehe Kapitel 1, B. IV Nr. 3 b).
1103 Siehe Kapitel 2 I, II.

desgesetzgebers und ist im Zweifel durch die Verfassungsgerichte nachzuprüfen.[1104]

- § 119a Abs. 1 S. 2 StPO wurde kompetenzgemäß erlassen. Da § 119a Abs. 1 S. 2 StPO sowohl zur Gewährleistung eines umfassenden Rechtsschutzes notwendigerweise einen Eingriff in den Regelungsbereich des Landesgesetzgebers erfordert, als auch schwerpunktmäßig dem Bereich des gerichtlichen Verfahrens zuzuordnen ist und nur sekundär auch eine Weisung an den Landesgesetzgeber zur Verbescheidung in angemessener Frist beinhaltet, erfüllt die Norm die verfassungsmäßigen Vorgaben hinsichtlich des kompetenzgemäßen Erlasses. Eine Bundeskompetenz leitet sich somit zum einen aus der ungeschriebenen Zuständigkeit kraft „Sachzusammenhangs" ab, zum anderen besteht eine solche nach dem „Schwerpunkt der Gesamtregelung".[1105]

- Die Gesetzgebungskompetenz zur Auferlegung von Disziplinarmaßnahmen wegen schuldhaftem Verstoß gegen verfahrenssichernde Anordnungen nach § 119 Abs. 1 StPO liegt weiterhin beim Bundesgesetzgeber. Maßgebliche Grundlage der Verhängung der Sanktion stellt die Verhinderung weiterer Beeinträchtigungen des Strafverfahrens dar. Insoweit steht die Legitimation zur Anordnung verfahrenssichernder Beschränkungen nach § 119 Abs. 1 StPO, und die Durchsetzung dergleichen in Gestalt disziplinarischer Maßnahmen, in untrennbarem Zusammenhang.[1106]

- In weiterer Konsequenz wird festgestellt, dass Art. 28 Abs. 1 S. 1 Alt. 1 BayUVollzG, aus den genannten Gründen, nicht mit der Kompetenzverteilung des GG im Einklang steht.[1107]

III. Rechtsbehelfe gegen Haftentscheidungen

1. Haftprüfung gem. § 117 Abs. 1 StPO

- Das Haftprüfungsverfahren i. S. d. § 117 Abs. 1 StPO dient allein der Überprüfung der Rechtmäßigkeit des konkret vollzogenen Haftbefehls.[1108]

1104 Siehe Kapitel 2, III.
1105 Siehe Kapitel 6, B. II.
1106 Siehe Kapitel 6, F. I Nr. 2 e) dd) (i); Kapitel 7, D IV Nr. 1 a).
1107 Siehe Kapitel 7, D IV Nr. 1 a).
1108 Siehe Kapitel 4, A. I Nr. 2.

- Das Haftprüfungsverfahren steht sachlich außerhalb der Hauptverhandlung. Daher sind die §§ 30 Abs. 2, 76 Abs. 2 S. 1, 122 Abs. 1 GVG maßgeblich für die Besetzung des Spruchkörpers.[1109]

- Fristen, welche die verfahrensrechtliche Überprüfung einer Freiheitsentziehung gewährleisten, sind zwingend. Eine Verletzung des § 118 Abs. 5 Hs. 2 StPO stellt daher gleichsam einen Eingriff in Art. 104 Abs. 1 S. 1, Art 2 Abs. 2 S. 2 GG dar. Die Konsequenz hieraus liegt in der Rechtswidrigkeit der Untersuchungshaft bei Fristüberschreitung.[1110]

- Da § 118 Abs. 3 StPO, auch zum Wohle des Inhaftierten, verhindern soll, dass in kurzen Abständen mündliche Haftprüfungstermine stattfinden, welche das Verfahren verzögern könnten, ohne neue Erkenntnisse einfließen zu lassen, kommt es bei Ingangsetzung der Ausschlussfrist nicht darauf an, aus welcher Sphäre die Antragstellung entstammt.[1111]

- Der identische Normzweck, nämlich die Sicherstellung verfassungsgemäßer Gehörsgewährung unter Vermeidung von Verdoppelungen auf Kosten der Verfahrensdauer, liegt § 118 Abs. 4 StPO zugrunde. Ausnahmen vom Wortlaut müssen jedoch gelten, um eine ausreichende Gehörsgewährung zu sichern, wenn das Verfahren zwar formal während einer Unterbrechung „andauert", jedoch gem. § 229 Abs. 2 StPO erst nach einem Monat fortgesetzt wird, da in diesem Zeitraum eine Äußerungsmöglichkeit innerhalb der Hauptverhandlung mangels Durchführung nicht existiert.[1112]

- Dem Beschuldigten bzw. seinem Bevollmächtigten steht im Haftprüfungsverfahren ein Beweisantragsrecht in den Grenzen des § 166 Abs. 1 StPO zu, da solcherlei Anträge zu einer Ermessensreduktion des § 118a Abs. 3 S. 2 StPO auf Null führen.[1113]

2. Haftbeschwerde gem. §§ 304 ff. StPO

a) Zulässigkeit

- Unter gewissen Voraussetzungen bietet das Rechtsmittel der Beschwerde auch gegen eine etwaige Untätigkeit des Gerichts Rechtsschutz. Ein Be-

1109 Siehe Kapitel 4, A II Nr. 1 b) bb).
1110 Siehe Kapitel 4, A II Nr. 2 a) bb).
1111 Siehe Kapitel 4, A. II Nr. 2 b) aa) (ii).
1112 Siehe Kapitel 4, A. II Nr. 2 b) bb) (ii).
1113 Siehe Kapitel 4, A. II Nr. 2 c) bb).

schwerderecht besteht dann, wenn das Gericht eine gesetzliche Pflicht zum Handeln vorübergehend unterlässt und sich alleine hierdurch eine Grundrechtsbeeinträchtigung begründet.[1114]

- Eine Entscheidung des Gerichts nach § 116b S. 2 Alt. 2 StPO, die entgegen der Regel des § 116b S. 2 Alt. 1 zum Inhalt hat, Untersuchungshaft vorrangig vor anderen freiheitsentziehenden Maßnahmen zu vollziehen, unterliegt der Nachprüfung mittels Beschwerde. Der Anwendungsbereich des § 119 Abs. 5 S. 1 StPO ist hingegen nicht eröffnet. Dies ergibt sich bereits aus der grundsätzlichen Subsidiarität des Rechtsbehelfs, vgl. § 119 Abs. 5 S. 1 a. E. StPO.[1115]

- § 304 Abs. 4 S. 2 Nr. 1, Abs. 5 StPO erfordert eine Auslegung, die in den Mittelpunkt der Betrachtung die Frage der Freiheit oder Unfreiheit des Beschuldigten, bei Erfolg oder Misserfolg der Anfechtung, stellt. Dabei besteht diese Verknüpfung auch bei einem außer Vollzug gesetzten Haftbefehl, begründet doch alleine der Bestand einen Eingriff in das Recht des Beschuldigten aus Art. 2 Abs. 2 S. 2 GG. Einzelne Auflagen tangieren diese Fragestellung nur, soweit hierdurch unmittelbar der Vollzug eines Haftbefehls betroffen ist. Haftgründe sind dagegen uneingeschränkt isoliert anfechtbar.[1116]

b) Verfahren

- Die bisherige Übung der Gerichte, Haftbeschwerdeanträge nach Erhebung der Anklage in einen Haftprüfungsantrag umzudeuten, findet keine Zustimmung. Eine Beibehaltung des ursprünglichen Antrags macht es jedoch zur Vermeidung zweifacher erstinstanzlicher Gerichtsbefassung erforderlich, die anzufechtende Entscheidung als solche des nun erkennenden Gerichts zu betrachten.[1117]

- § 306 Abs. 2 Hs. 2 StPO bedarf zwingender Beachtung. Eine Überschreitung der Frist führt zwar nicht zur Aufhebung des Haftbefehls, berechtigt aber zur Untätigkeitsbeschwerde.[1118]

1114 Siehe Kapitel 4, B. I Nr. 2 b).
1115 Siehe Kapitel 4, B. I Nr. 3 b).
1116 Siehe Kapitel 4, B. I Nr. 4 b).
1117 Siehe Kapitel 4, B. II. Nr. 1 b).
1118 Siehe Kapitel 4, B. II Nr. 3 b).

- Ein beschränkter Prüfungsumfang im Beschwerdeverfahren bei laufender Hauptverhandlung lässt sich sachlich, entgegen der hierzu überwiegend vertretenen Ansicht, nicht rechtfertigen. Dies geht aus dem Wesen der Beschwerde hervor, welche als Tatsacheninstanz die erneute Überprüfung der angefochtenen Entscheidung durch das Beschwerdegericht, als höherrangiges Gericht, gewährleistet.[1119]

3. Weitere Beschwerde gem. § 310 StPO

- Die Zulässigkeitsvoraussetzungen des § 304 Abs. 4 S. 2 Nr. 1, Abs. 5 StPO und des § 310 StPO gleichen sich bezüglich der Anforderungen an den Verhaftungsbegriff. Dies gilt auch für die Gewährung nachträglichen Rechtsschutzes. Beide Rechtsmittel können daher auch auf die Feststellung der Rechtswidrigkeit eines bereits aufgehobenen Haftbefehls gerichtet sein.[1120]

4. Konkurrenzen

- Die Rücknahme des Haftprüfungsantrages führt zur Zulässigkeit einer zu diesem Zeitpunkt anhängigen Haftbeschwerde.[1121]

- Hilfsweise bzw. vorsorglich gestellte Haftprüfungsanträge und Haftbeschwerdeanträge sind zulässig. Die Grundsätze der Bedingungsfeindlichkeit von Rechtsmitteln lassen sich nicht übertragen.[1122]

- § 117 Abs. 2 S. 1 StPO führt nicht zur Unwirksamkeit einer in Verkennung oder Unkenntnis dieser Vorrangregelung getroffenen Entscheidung des Beschwerdegerichts. Aus Gründen der Rechtssicherheit muss auch eine unter Verkennung der Zulässigkeitsvoraussetzung ergangene Entscheidung zunächst Wirksamkeit entfalten.[1123]

5. Gegenvorstellung

- Die Gegenvorstellung unterliegt dem Formzwang des Art. 17 GG und ist daher schriftlich einzureichen.[1124]

1119 Siehe Kapitel 4, B. II Nr. 5 c) bb).
1120 Siehe Kapitel 4, C. I Nr. 2, sowie Nr. 3 b).
1121 Siehe Kapitel 4, D. II Nr. 2.
1122 Siehe Kapitel 4, D. II Nr. 3.
1123 Siehe Kapitel 4, D. II Nr. 4.
1124 Siehe Kapitel 4, E. IV Nr. 1.

- Der Petent hat einen Anspruch auf Prüfung und Bescheidung. Lediglich stattgebende Entscheidungen bedürfen der Begründung und sind insoweit mit Rechtsmitteln und Rechtsbehelfen anfechtbar. Soweit die Gegenvorstellung ihren Adressaten nicht zur Änderung der getroffenen Entscheidung veranlasst, verbleibt die bereits ergangene Entscheidung und somit auch deren Begründung.[1125]

- Die zuständige Stelle hat sich mit den vorgebrachten Argumenten inhaltlich uneingeschränkt zu befassen. Dies gilt auch für Tatsachen, die zum Zeitpunkt des Entscheidungserlasses noch nicht vorlagen.[1126]

- Der außerordentliche Rechtsbehelf kann grundsätzlich nicht an das Rechtsmittelgericht gerichtet werden, da die Zuständigkeit mit Erlass des Beschlusses endet. Ausnahmen gelten nur bei schwerwiegenden Verfahrensfehlern und nur dann, wenn eine weitere Beschwerdemöglichkeit nicht mehr besteht. Da insoweit grundsätzlich auch die Verfassungsbeschwerde statthaft wäre, muss es dem Fachgericht möglich sein, im Wege der Gegenvorstellung selbst Abhilfe zu schaffen. Ansonsten müsste dem Rechtsschutzsuchenden zugemutet werden, den Verfassungsrechtsweg zu beschreiten, obwohl das Rechtsmittelgericht möglicherweise gewillt wäre, nach Hinweis auf die Verfahrensfehler einen neuerlichen Beschluss zu erlassen.[1127]

IV. Rechtsbehelfe gegen vollzugliche Beschränkungen zur Sicherung des Haftzwecks

1. Beschwerde gem. §§ 304 ff. StPO

- Die nachträgliche Feststellung der Rechtswidrigkeit einer bereits erledigten Maßnahme erfordert ein besonderes Feststellungsinteresse. Sofern nicht bereits aufgrund des Bestandes eines Haftbefehls Wiederholungsgefahr besteht, so handelt es sich in allen Fällen um einen „tiefgreifenden“ Grundrechtseingriff, so dass jegliche Beschränkung auf Grundlage des § 119 Abs. 1 S. 1 StPO n. F. der nachträglichen Kontrolle zugänglich ist.[1128]

1125 Siehe Kapitel 4, E. IV Nr. 2.

1126 Siehe Kapitel 4, E. IV Nr. 3.

1127 Siehe Kapitel 4, E. IV Nr. 4.

1128 Siehe Kapitel 5, A. I Nr. 2.

- Trifft die Entscheidung nach § 119 Abs. 1 S. 1 StPO n. F. das Oberlandesgericht bzw. der Ermittlungsrichter des OLG oder BGH, so scheidet eine Beschwerde hiergegen aus, da es sich insoweit nicht um Maßnahmen handelt, die auf den Aufenthalt des Inhaftierten in Freiheit oder Unfreiheit Wirkung entfalten. Aus den gleichen Gründen scheidet auch die weitere Beschwerde gem. § 310 StPO als Rechtsbehelf aus, bzw. die Überprüfung einer gerichtlichen Entscheidung nach § 119 Abs. 5 StPO n. F.[1129]

2. Gerichtliche Entscheidung nach § 119 Abs. 5 S. 1 Alt. 1 StPO

- Zum Teil trägt der Rechtsbehelf i. S. d. § 119 Abs. 5 S. 1 Hs. 1 StPO n. F. die Charakterzüge einer Gegenvorstellung. Dies gilt dann, wenn die gerichtliche Überprüfung von Entscheidungen des OLG bzw. des Ermittlungsrichters des OLG und BGH veranlasst wird. Hierbei tritt das Gericht durch die Antragstellung des Beschuldigten in die erneute Prüfung seiner bereits erlassenen Entscheidung ein.[1130]

V. Rechtsbehelfe gegen sonstige Entscheidungen und Maßnahmen im Vollzug

1. Gerichtliche Entscheidung nach § 119a Abs. 1 S. 1 StPO

- Auch im Rahmen erledigter Maßnahmen, welche auf Basis der Ländergesetze erlassen wurden, muss gelten, dass diese auf Antrag uneingeschränkt nachträglicher gerichtlicher Kontrolle zugänglich sind. Das hierzu erforderliche Feststellungsinteresse liegt jeweils vor.[1131]

2. Untätigkeitsantrag nach § 119a Abs. 1 S. 2 StPO

- Da § 119a Abs. 1 S. 2 StPO sowohl zur Gewährleistung eines umfassenden Rechtsschutzes notwendigerweise einen Eingriff in den Regelungsbereich des Landesgesetzgebers erfordert, als auch schwerpunktmäßig dem Bereich des gerichtlichen Verfahrens zuzuordnen ist und nur sekundär auch eine Weisung an den Landesgesetzgeber zur Verbescheidung in angemessener Frist beinhaltet, erfüllt die Norm die verfassungsmäßigen Vorgaben hinsichtlich des kompetenzgemäßen Erlasses. Eine Bundeskompetenz leitet sich somit zum einen aus der ungeschriebenen Zuständigkeit kraft „Sachzusammenhangs" ab, zum anderen besteht eine solche nach dem „Schwerpunkt der Gesamtregelung".[1132]

1129 Siehe Kapitel 5, A. I Nr. 3.

1130 Siehe Kapitel 5, B. II Nr. 1 b).

1131 Siehe Kapitel 6, A. I Nr. 3.

1132 Siehe Kapitel 6, B. II.

3. Verbleibender Anwendungsbereich für §§ 23 ff. EGGVG

- Durch die Neuregelung der §§ 112 ff. StPO und die Einfügung des § 119a StPO verbleibt für die Rechtsbehelfe innerhalb des EGGVG, für den im Rahmen dieser Untersuchung dargestellten Bereich, wegen § 23 Abs. 3 EGGVG kein Raum mehr.[1133]

VI. Regelungsgehalt des § 119 StPO

- Die Anordnung der Untersuchungshaft und der Vollzug dergleichen müssen in der Verfolgung des Zweckes inhaltlich übereinstimmen. Maßnahmen auf Grundlage des § 119 Abs. 1 StPO dürfen daher nur mit Haftzwecken begründet werden, die dem konkreten Vollzug zugrundeliegen, also im Haftbefehl enthalten sind. Hiervon erfahren einzig Anordnungen auf Grundlage des § 112a StPO eine Ausnahme, weil der Weg über die Änderung bzw. Ergänzung des Haftbefehls hier wegen § 112a Abs. 2 StPO nicht gangbar ist.[1134]

- Jede Anordnung, unabhängig davon in welcher Regelmäßigkeit eine solche getroffen wird, bedarf einer einzelfallbezogenen, schriftlichen Begründung.[1135]

VII. Die weitere Regelung des Vollzugs

- Der Begriff der „Ordnung“ ist eng auszulegen.[1136]

- Die Gesetzgebungskompetenz der Länder erstreckt sich im Bereich der Disziplinarmaßnahmen nur auf solche, die unmittelbar zur Aufrechterhaltung der „Ordnung“ in der Anstalt auferlegt werden, nicht dagegen auf Sanktionen, die in einem Verstoß gegen Anordnungen zur Sicherung des Haftzweckes ihre Begründung finden.[1137]

- § 119 Abs. 1 S. 1 StPO n. F. vermag als Kompetenzgrundlage zur Verhängung von Disziplinarmaßnahmen nicht den Anforderungen an ein den Eingriff rechtfertigendes Gesetz genügen.[1138]

1133 Siehe Kapitel 6, E.
1134 Siehe Kapitel 6, C. I Nr. 1 b).
1135 Siehe Kapitel 6, C. I Nr. 2 c).
1136 Siehe Kapitel 6, F. I Nr. 1 c).
1137 Siehe Kapitel 6, F. I Nr. 2 e) dd) (i).
1138 Siehe Kapitel 6, F. I Nr. 2 e) dd) (ii).

- Die Anordnung eines weiteren Freiheitsentzuges in Form des Arrestes erfordert, aufgrund des Art. 104 Abs. 2 S. 1 GG, die Befassung des Richters.[1139]

- Die Verhängung einer Disziplinarmaßnahme während des Untersuchungshaftvollzugs ist auch nach Antritt der Strafhaft grundsätzlich vollstreckbar, sofern der Vollzug seine (negativ) spezialpräventive Wirkung auch im Strafvollzug noch entfalten kann. Bei Verstößen gegen verfahrenssicherende Maßnahmen ist dies abzulehnen, da im Strafvollzug eine solche nicht mehr auferlegt wird und daher auch kein erneuter Verstoß zu befürchten ist. Ein längeres Zuwarten zwischen Sanktionsanlass und Vollstreckung führt dagegen zur generellen Unzulässigkeit der Maßnahme, wenn eine Zweckerreichung dann nicht mehr möglich erscheint.[1140]

VIII. Bayerisches Untersuchungshaftvollzugsgesetz

- Für Verteidigerbesuche müssen weitreichende Ausnahmen vom Grundsatz der Geltung der Hausordnung bezüglich der Besuchszeiten gem. Art. 22 Abs. 1 S. 2 i. V. m. Art. 15 Abs. 1 S. 4 BayUVollZG zugelassen werden.[1141]

- Es besteht keine Gesetzgebungskompetenz bezüglich der Auferlegung von Disziplinarmaßnahmen gem. Art. 28 Abs. 1 S. 1 BayUVollzG wegen schuldhaften Verstoßes „gegen verfahrenssichernde Beschränkungen nach § 119 Abs. 1 StPO."[1142]

- Die Kompetenz der Anstaltsleitung zur Auferlegung der Maßnahme des Arrestes nach Art. 28 Abs. 1 S. 2 BayUVollzG i. V. m. Art. 110 Abs. 1 Nr. 8 BayStVollzG steht nicht im Einklang mit Art. 104 Abs. 2 S. 1 GG, da diese Maßnahme zwingend durch den Richter anzuordnen ist.[1143]

1139 Siehe Kapitel 6, F. I Nr. 2 e) dd) (iii).
1140 Siehe Kapitel 6, F. I Nr. 2 e) dd) (iv).
1141 Kapitel 7, D. III Nr. 5 b).
1142 Kapitel 7, D. IV Nr. 1 a).
1143 Kapitel 7, D. IV Nr. 2 b).

Literaturverzeichnis

Achter, Viktor, Die Hausstrafe in der Untersuchungshaft, NJW 1970, S. 268 – S. 270

Ambos, Kai, Der Europäische Gerichtshof für Menschenrechte und die Verfahrensrechte, ZStW 115 (2003), S. 583 – S. 637

Amelung, Knut/Bemmann, Günter/Grünwald, Gerald/Hassemer, Winfried/Krauß, Detlef/Lüderssen, Klaus/Naucke, Wolfgang/Rudolphi, Hans-Joachim/Schubarth, Martin/Welp, Jürgen, Arbeitskreis Strafprozeßreform. Die Untersuchungshaft. Gesetzesentwurf mit Begründung, Heidelberg, 1983 *(Zitiert: Arbeitskreis Strafprozeßreform, Die Untersuchungshaft. Gesetzesentwurf mit Begründung)*

Arndt, Adolf, Die Verfassungsbeschwerde wegen Verletzung des rechtlichen Gehörs, NJW 1959, S. 1297 – S. 1301

Bahnsen, Sönke, Das Akteneinsichtsrecht der Verteidigung im Strafverfahren, Frankfurt a. M., 1996

Bauer, Hartmut, Entwicklungstendenzen und Perspektiven des Föderalismus in der Bundesrepublik Deutschland – Zugleich ein Beitrag zum Wettbewerbsföderalismus, DÖV 2002, S. 837 – S. 845

Baumann, Jürgen, Der Briefverkehr des Untersuchungsgefangenen, DRiZ 1959, S. 379 – S. 380

Baumann, Jürgen, Die Bedeutung des Artikels 2 GG für die Freiheitsbeschränkungen im Strafprozess, Festschrift für Eberhard Schmidt, Göttingen, 1961, S. 525 – S. 550 (*Zitiert: Baumann, in: FS Eb. Schmidt*)

Baumann, Jürgen, Neue Haftgründe (Teil 1), NJW 1962, S. 649 – S. 653

Baumann, Jürgen, Neue Haftgründe (Teil 2), NJW 1962, S. 689 – S. 694

Baumann, Jürgen, „Mit dem Besitz von modernen Schreibgeräten fangen wir beim Untersuchungsgefangenen lieber erst gar nicht an“ , StV 1985, S. 292 – S. 295

Baumann, Jürgen, Disziplinarmaßnahmen beim Vollzug der Untersuchungshaft, Festschrift für Hanns Dünnebier, Berlin, 1982, S. 691 – S. 706 (*Zitiert: Baumann, in: FS Dünnebier*)

Baumann, Jürgen, Zur Revisibilität von Haftentscheidungen, Festschrift für Gerd Pfeiffer, Köln, 1988, S. 255 – S. 264 (*Zitiert: Baumann, in: FS Pfeiffer*)

Baumann, Jürgen, Gesetzliche Regelung des Vollzugs der Untersuchungshaft, JZ 1990, S. 107 – S. 113

Bemmann, Günter, Über die Befugnis zur Anordnung des Arrestes im Strafvollzug, NJW 2000, S. 3116 – S. 3117

Berndt, Sabine Veronika, Eingriffe in den Briefverkehr von Untersuchungsgefangenen - 1. Teil - Kontrolle, Anhalten, Beschlagnahme von Briefen insbesondere "beleidigenden" Inhalts an (familiäre) Bezugspersonen, NStZ 1996, S. 115 – S. 118

Bertram, Günter, Mitwirkung von Schöffen während unterbrochener Hauptverhandlung? NJW 1998, S. 2934 – S. 2937

Binding, Karl, Grundriss des gemeinen deutschen Strafprocessrechts, Leipzig, 1881

Bittmann, Folker, Gesetz zur Änderung des Untersuchungshaftrechts, NStZ 2010, S. 13 – S. 17

Bleckmann, Albert, Zu den Methoden der Gesetzesauslegung in der Rechtsprechung des BVerfG, JuS 2002, S. 942 – S. 947

Bloy, René, Die Ausgestaltung der Rechtsmittel im deutschen Strafprozeßrecht, JuS 1986, S. 585 – S. 596

Bockwoldt, Renate, Grundrechtsbeschränkungen im Untersuchungshaftvollzug – Zugleich Anmerkung zum Beschluss des BVerfG vom 5.2.1981 (NJW 1981, 1943 ff.), ZfStrVo 1982, S. 153 – S. 159 *(Zitiert: Bockwoldt, Grundrechtsbeschränkungen im Untersuchungshaftvollzug)*

Borggräfe, Joachim/ Schütt, Marc, Grundrechte und dinglicher Arrest – zugleich Anmerkung zum Beschluss des BVerfG vom 19.1.2006, StraFo 2006, S. 133 – S. 140

Börner, René, Akteneinsicht nach Durchsuchung und Beschlagnahme, NStZ 2007, S. 680 – S. 684

Börner, René, Die Ungleichheit von Schöffen und Berufsrichtern – Schöffen als Garanten der Unmittelbarkeit, ZStW 122 (2010), S. 157 – S. 198

Bornkamm, Joachim, Die Berichterstattung über schwebende Strafverfahren und das Persönlichkeitsrecht des Beschuldigten, NStZ 1983, S. 102 – S.108

Bornmann, Kathleen, Die Struktur der strafprozessualen Beschwerde - insbesondere im Hinblick auf die Anfechtung von Zwangsmaßnahmen, Hamburg, 2008

Borowsky, Heinz-Jürgen, Zum Beweisantragsrecht im Ermittlungsverfahren, StV 1986, S. 455 – S. 455

Brandt, Arthur, Die Strafprozeßnovelle vom 27. Dezember 1926, Berlin, 1927

Brune, Ulrike/Müller, Simon, Wohin geht der Untersuchungshaftvollzug? Ein Vergleich der (beabsichtigten) landesrechtlichen Regelungen, ZRP 2009, S. 143 – S. 146

Bruns, Anja, Prozeßgrundrechte im System des Grundgesetzes, Münster, 2002

Buchheister, Joachim, Verfassungsbeschwerde und Gegenvorstellung, NVwZ 2000, S. 1356 – S. 1360

Bullinger, Martin, Ungeschriebene Kompetenzen im Bundesstaat, AöR 96 (1971), S. 237 – S. 285

Burhoff, Detlef, Das Akteneinsichtsrecht des Strafverteidigers nach § 147 StPO, HRRS 2003, S. 181 – S. 191

Burhoff, Detlef, Handbuch für das strafrechtliche Ermittlungsverfahren, 5. Auflage, Münster, 2010 (*Zitiert: Burhoff, EV)*

Dahs , Hans, Das rechtliche Gehör im Strafprozeß, München, 1965

Dahs, Hans, Verfassungswidrige Untersuchungshaft?, NJW 1966, S. 761 – S. 764

Dahs, Hans, Die kleine Strafprozeßreform – Zum Strafprozeßänderungsgesetz vom 19.12.1964 (BGBl. 1964 I 1067), NJW 1965, S. 81 – S. 86

Dahs, Hans, Das Verbrechensbekämpfungsgesetz vom 28. 10. 1994 – ein Produkt des Superwahljahres, NJW 1995, S. 553 – S. 557

Dahs, Hans, Handbuch des Strafverteidigers, 7. Auflage, Köln, 2005

Deckers, Rüdiger, Die Vorschrift des § 112 Abs. 3 StPO, sogenannter „Haftgrund der Tatschwere", AnwBl. 1983, S. 420 - S. 422

Deckers, Rüdiger, Einige Bemerkungen zum Gesetz zur Änderung des Untersuchungshaftrechts vom 29.7.2009, das am 1.1.2010 in Kraft tritt, StraFo 2009, S. 441 – S.445

Dehn, Bertram, Anmerkung zum Beschluss des BGH vom 30.04.1997 – StB 4/97, NStZ 1997, S. 607 – S. 609

Dörr, Dieter, Rechtsschutz gegen vollzogene Durchsuchungen und Beschlagnahmen im Strafermittlungsverfahren, NJW 1984, S. 2258 – S. 2262

Dreier, Horst (Hrsg.), Grundgesetz, Kommentar, 2. Auflage, Tübingen, 2008 *(Zitiert: Bearbeiter, in: Dreier, H.)*

Duden, Das Bedeutungswörterbuch, 4. Auflage, Mannheim, 2010

Dünnebier, Hanns, Das neue Recht der Untersuchungshaft, 1966, Berlin

Dünnebier, Hanns, Beschwerdeentscheidungen über Haftbefehle bezirksfremder Amtsrichter, MDR 1968, S. 185 – S. 186

Eisenberg, Ulrich, Einzelne Bemerkungen zu den Bestrebungen zur Schaffung eines Untersuchungshaftvollzugsgesetzes, ZRP 1987, S. 238 – S. 241

Eisenberg, Ulrich, Beweisrecht der StPO, Spezialkommentar, 6. Auflage, München, 2008

Eisenberg, Ulrich, Jugendgerichtsgesetz, Kommentar, 14. Auflage, München, 2010 *(Zitiert: Eisenberg, JGG)*

Ellersiek, Dirk, Die Beschwerde im Strafprozeß, Berlin, 1981

Eppinger, Volker/Hillgruber, Christian (Hrsg.), Beck'scher Online-Kommentar zum Grundgesetz, München, Stand: 01.04.2012 (*Zitiert: Bearbeiter, in: BeckOK, GG)*

Erb, Volker/Esser, Robert/Franke, Ulrich/Graalmann-Scheerer, Kirsten/Hilger, Hans/Ignor, Alexander, Löwe/Rosenberg - Die Strafprozeßordnung und das Gerichtsverfassungsgesetz, Großkommentar, 25./26. Auflage, Berlin, Ab 2001 (*Zitiert: Bearbeiter, in: L/R, StPO)*

Eschelbach, Ralf, Gehör vor Gericht, GA 2004, S. 228 – S. 245

Esser, Robert/Gaede, Karsten/Tsambikakis, Michael, Übersicht zur Rechtsprechung des EGMR in den Jahren 2008 bis Mitte 2010 – Teil I, NStZ 2011, S. 78 – S. 82

Fehling, Michael/Kastner, Berthold, Verwaltungsrecht, Handkommentar, 2. Auflage, Baden-Baden, 2010 *(Zitiert: Bearbeiter, in: Hk-VerwR)*

Foth, Eberhard, Anmerkung zum Beschluss des BGH vom 30.04.1997 - StB 4/97, NStZ 1998, S. 262 – S. 262.

Foth, Eberhard, Anmerkung zum Beschluss des OLG Köln vom 13.02.1998 – 2 Ws 93/98, NStZ 1998, S. 419 – S. 422

Friedrich, Klaus Jürgen, Die Normierung des Untersuchungshaftvollzuges – Eine Untersuchung bisheriger Gesetzesentwürfe und die Ausarbeitung eines Alternativentwurfs, Berlin, 2004

Frister, Helmut, Zur Bedeutung der Unschuldsvermutung (Art. 6 II MRK) und zum Problem „gerichtskundiger" Tatsachen, Jura 1988, S. 356 – S. 363

Frohn, Hansgeorg, Strafverteidigung und rechtliches Gehör - Verfassungsrechtliche Anmerkungen zur Strafverfahrensreform, GA 1984, S. 554 – S. 571

Frowein, Jochen Abr., Zur Bedeutung der Unschuldsvermutung in Art. 6 Abs. 2 der Europäischen Menschenrechtskonvention, Festschrift für Hans Huber, Bern, 1981, S. 553 – S. 562 (*Zitiert: Frowein, in: FS Huber*)

Gebauer, Michael, Die Rechtswirklichkeit der Untersuchungshaft in der Bundesrepublik Deutschland. Eine empirische Untersuchung zur Praxis der Haftanordnung und des Haftverfahrens, Göttingen, 1987 (*Zitiert: Gebauer, Die Rechtswirklichkeit der Untersuchungshaft)*

Gerhardt, Michael, Europa als Rechtsgemeinschaft: Der Beitrag des Bundesverfassungsgerichts, ZRP 2010, S. 161 – S. 165

Giesler, Detlev, Der Ausschluß der Beschwerde gegen richterliche Entscheidungen im Strafverfahren, Bad Honnef, 1981

Gollwitzer, Walter, Menschenrechte im Strafverfahren – MRK und IPBPR, Kommentar, Berlin, 2005 *(Zitiert: Gollwitzer, Menschenrechte im Strafverfahren)*

Graf Vitzthum, Wolfgang (Hrsg.), Völkerrecht, 4. Auflage, Berlin, 2007

Graf Vitzthum, Wolfgang/März, Wolfgang, Das Grundrecht der Petitionsfreiheit, JZ 1985, S. 809 – S. 817

Graf, Jürgen Peter (Hrsg.), Kommentar zur Strafprozessordnung, München, 2010 (*Zitiert: Bearbeiter, in: Graf-StPO)*

Graf, Jürgen Peter (Hrsg.), Beck'scher Online-Kommentar zur Strafprozessordnung, München, Stand: 01.02.2012 (*Zitiert: Bearbeiter, in: BeckOK, StPO)*

Graßmann, Nils, Rechtsbehelfe gegen Unterlassen im Strafverfahren – Ein Beitrag zur Dogmatik der Beschwerde, Baden-Baden, 2004

Gropp, Walter, Zum verfahrenslimitierenden Wirkungsgehalt der Unschuldsvermutung, JZ 1999, S. 804 – S. 813

Grote, Rainer/Marauhn, Thilo (Hrsg.), EMRK/GG, Konkordanzkommentar zum europäischen und deutschen Grundrechtsschutz, Tübingen, 2006 *(Zitiert: Bearbeiter, in: EMRK/GG)*

Grube, Friederike Charlotte, Richter ohne Robe – Laienrichter in Strafsachen im deutschen und anglo-amerikanischen Rechtskreis, Frankfurt a. M., 2005

Grunau, Theodor, Untersuchungshaftvollzugsordnung (UVollzO), Kommentar, 2. Auflage, Köln, 1972

Grunst, Bettina, Prozeßhandlungen im Strafprozeß, Ebelsbach a. M., 2002

Gusy, Christoph, Freiheitsentziehung und Grundgesetz, NJW 1992, S. 457 – S. 463

Haberstroh, Dieter, Unschuldsvermutung und Rechtsfolgenausspruch, NStZ 1984, S. 289 – S. 295

Hahn, Carl/Mugdan, Benno, Die Gesamten Materialien zu den Reichs-Justizgesetzen, Band 3 – Materialien zur Strafprozeßordnung, Abteilung 1, Berlin, 1885 (Neudruck 1983)

Harms, Sven, Der Entwurf für ein Gesetz zur Änderung des Untersuchungshaftrechts, FS 2009, S. 13 – S. 17

Hartung, Fritz, Das Recht der Untersuchungshaft – Nach dem Gesetz vom 27. Dezember 1926, Berlin, 1927

Hassemer, Winfried, Die Voraussetzungen der Untersuchungshaft, StV 1984, S. 38 – S. 42

Hassemer, Winfried, Kommunikationsfreiheit in der Haft, ZRP 1984, S. 292 – S. 296

Hassemer, Winfried, Anmerkung zum BGH-Urteil vom 30.10.1991 (2 StR 200/91), JuS 1992, S. 527 – S. 528

Hassemer, Winfried, Warum Strafe sein muss – Ein Plädoyer, Berlin, 2009

Heghmanns, Michael/Scheffler, Uwe (Hrsg.), Handbuch zum Strafverfahren, München, 2008 (*Zitiert: Bearbeiter, in: HbStrVf)*

Heintschel-Heinegg, Bernd/Stöckel, Heinz (Hrsg.), KMR – Kommentar zur Strafprozessordnung, Loseblattsammlung, München/Unterschleißheim, Stand: Januar 2010 (*Zitiert: Bearbeiter, in: KMR, StPO)*

Herrmann, David, Untersuchungshaft, Münster, 2008

Hiebl, Stefan, Ausgewählte Probleme des Akteneinsichtsrechts nach § 147 StPO, Frankfurt a. M., 1994

Hilger, Hans, Anmerkung zum Beschluss des BGH vom 12.03.2002 – 3 BJs 16/00 – 1 StB 5/02, NStZ 2002, S. 444 – S. 445

Hilger, Hans, § 147 V StPO – Untersuchungshaft, GA 2006, S. 294 – S. 297

Hoffmann, Thomas-Michael, Die Untätigkeitsbeschwerde der Staatsanwaltschaft bei Nichtentscheidung über die Eröffnung des Hauptverfahrens - Versuch einer neuen Grenzziehung, NStZ 2006, S. 256 – S. 259 (*Zitiert: Hoffmann, Die Untätigkeitsbeschwerde der Staatsanwaltschaft)*

Höflich, Peter, Die Entwürfe von Untersuchungshaftvollzugsgesetzen der Länder – eine kritische Bestandsaufnahme, NK 2009, S. 132 – S. 136 *(Zitiert: Höflich, Die Entwürfe von Untersuchungshaftvollzugsgesetzen der Länder)*

Hohmann, Ralf, Anmerkung zum Beschluss des OLG Koblenz vom 18.10.1989 - 1 Ws 533/89, NStZ 1990, S. 507 – S. 508

Hohmann, Ralf, Rechtsbehelf bei "Überhaft": Antrag auf Haftprüfung oder Haftbeschwerde?, NJW 1990, S. 1649 – S. 1651

Hohmann, Ralf, Die Gegenvorstellung – „Stiefkind" des Strafverfahrens?, JR 1991, S. 10 – S. 13 *(Zitiert: Hohmann, Die Gegenvorstellung)*

Holzinger, Daniel, Die Gegenvorstellung im Strafverfahren, ein verkannter Rechtsbehelf?, StRR 2008, S. 208 – S. 212

Hufen, Friedhelm, Die Menschenwürde, Art. 1 I GG, JuS 2010, S. 1 – S. 10

Isensee, Josef/Kirchhof, Paul (Hrsg.), Handbuch des Staatsrechts der Bundesrepublik Deutschland, Band VI, 2. Auflage, Heidelberg, 2001 (*Zitiert: Bearbeiter, in: HStR VI)*

Isensee, Josef/Kirchhof, Paul (Hrsg.), Handbuch des Staatsrechts der Bundesrepublik Deutschland, Band VII, 3. Auflage, Heidelberg, 2009 (*Zitiert: Bearbeiter, in: HStR VII)*

Isensee, Josef/Kirchhof, Paul (Hrsg.), Handbuch des Staatsrechts der Bundesrepublik Deutschland, Band VIII, 3. Auflage, Heidelberg, 2010 (*Zitiert: Bearbeiter, in: HStR VIII)*

Isensee, Josef/Kirchhof, Paul (Hrsg.), Handbuch des Staatsrechts der Bundesrepublik Deutschland, Band IX, Heidelberg, 1997 (*Zitiert: Bearbeiter, in: HStR IX)*

Jagusch, Heinrich, Über das rechtliche Gehör im Strafverfahren, NJW 1959, S. 265 – S. 269

Jahn, Matthias, Stürmt Karlsruhe die Bastille? - Das Bundesverfassungsgericht und die überlange Untersuchungshaft, NJW 2006, S. 652 – S. 654

Jakobs, Günther, Schuld und Prävention, Tübingen, 1976

Jarass, Hans, Allgemeine Probleme der Gesetzgebungskompetenz des Bundes, NVwZ 2000, S. 1089 – S. 1095

Jarass, Hans/Pieroth, Bodo, Grundgesetz, Kommentar, 11. Auflage, München, 2011

Jehle, Jörg-Martin, Untersuchungshaft zwischen Unschuldsvermutung und Wiedereingliederung, München, 1985

Julius, Karl-Peter u.a., Heidelberger Kommentar zur Strafprozessordnung, 4. Auflage, Heidelberg, 2009 (*Zitiert: Bearbeiter, in: HK, StPO)*

Junker, Thorsten/Armatage, Marc, Praxiswissen Strafverteidigung, Münster, 2009 (*Zitiert: Bearbeiter, in: Praxiswissen Strafverteidigung*)

Katholnigg, Oskar, Anmerkung zum Urteil des BGH vom 26.03.1997 - 3 StR 421/96, NStZ 1997, S. 506 – S. 508

Katholnigg, Oskar, Anmerkung zum Beschluss des BGH vom 30.04.1997 – StB 4/97, JR 1998, S. 33 – S. 37

Kazele, Norbert, Untersuchungshaft – Ein verfassungsrechtlicher Leitfaden für die Praxis, Baden-Baden, 2008

Kazele, Norbert, Änderungen im Recht der Untersuchungshaft, NJ 2010, S. 1 – S. 6

Kazele, Norbert, Anmerkung zu OLG Celle, Beschluss vom 09.02.2010 – 1 Ws 37/10, StV 2010, S. 258 – S. 261

Kemmer, Frank, Befangenheit von Schöffen durch Aktenkenntnis?, Frankfurt a. M., 1989

Kern, Eduard, Die Wiederherstellung der Rechtseinheit auf dem Gebiet der Strafgerichtsverfassung und des Strafverfahrens, MDR 1950, S. 582 – S. 588.

Kindhäuser, Urs/Neumann, Ulfrid/Paeffgen, Hans-Ullrich (Hrsg.), Strafgesetzbuch, Kommentar, Band 1, 3. Auflage, Baden-Baden, 2010 *(Zitiert: Bearbeiter, in: Kindhäuser/Neumann/Paeffgen, StGB)*

Kirchner, Juliane, Anmerkung zum Beschluss des OLG München vom 31.01.2006 – 3 Ws 61/06, StV 2006, S. 317 – S. 318

Kirschke, Bettina/Brune, Ulrike, Der gemeinsame Gesetzentwurf der länderübergreifenden Arbeitsgruppe zum Untersuchungshaftvollzugsgesetz, FS 2009, S. 18 – S. 20

Klein, Oliver, Straßburger Wolken am Karlsruher Himmel. Zum geänderten Verhältnis zwischen Bundesverfassungsgericht und Europäischem Gerichtshof für Menschenrechte seit 1998, NVwZ 2010, S. 221 – S. 225

Klein, Winfried, Rechtsgrundlagen für Grundrechtseinschränkungen im Untersuchungshaftvollzug, Münster, 1973

Kleinknecht, Theodor/Janischowsky, Georg, Das Recht der Untersuchungshaft, München 1977 (ab der 2. Auflage von Münchhalffen/Gatzweiler fortgeführt)

Kluth, Winfried (Hrsg.), Föderalismusreformgesetz, Einführung und Kommentierung, Baden-Baden, 2007 (*Zitiert: Bearbeiter, in: Föderalismusreformgesetz)*

Kneuer, Petra Yvonne, Der Schutz der Geheimsphäre der Verteidigung – Das Recht auf ungehinderte und unüberwachte Kommunikation zwischen Klient und Verteidiger (§§ 148, 148a StPO), Bonn, 1992

König, Stefan, Zur Neuregelung der haftrichterlichen Zuständigkeit in § 119 StPO, NStZ 2010, S. 185 – S. 190

Kopp, Ferdinand, Die Ablehnung von Beweisanträgen und Beweisermittlungsanträgen als Verletzung des Rechts auf Gehör gem. Art. 103 I GG? NJW 1988, S. 1708 – S. 1709

Kopp, Peter, Anmerkung zum Beschluss des KG Berlin vom 18.06.1979 - 3 Ws 161/79, NJW 1979, S. 2626 – S. 2627

Köster, Rolf-Jürgen, Die Rechtsvermutung der Unschuld, Bonn, 1979

Krekeler, Wilhelm/Löffelmann, Markus/Sommer, Ulrich, Anwaltskommentar, Strafprozessordnung, 2. Auflage, Bonn, 2010 (*Zitiert: Bearbeiter, in: AnwK, StPO)*

Krings, Günter, Die Petitionsfreiheit nach Art. 17 GG, JuS 2004, S. 474 – S. 478

Krohn, Axel, Die Regelungen des Briefverkehrs in der Untersuchungshaft, Hamburg, 1971

Krüger, Matthias, Anmerkung zum Beschluss des OLG Köln vom 07.01.2009 – 2 Ws 640-641/08, NStZ 2009, S. 589 – S. 591

Kruis, Konrad/Cassardt, Gunnar, Verfassungsrechtliche Leitsätze zum Vollzug von Straf- und Untersuchungshaft, NStZ 1995, S. 521 – S. 524

Kubach, Robert, Die völkerrechtlichen und verfassungsrechtlichen Vorgaben für ein Gesetz zum Vollzug der Untersuchungshaft und deren praktische Umsetzung, Frankfurt a. M. , 2004

Kühl, Kristian, Unschuldsvermutung, Freispruch und Einstellung, Köln, 1983

Kühl, Kristian, Persönlichkeitsschutz des Tatverdächtigen durch die Unschuldsvermutung, Festschrift für Heinrich Hubmann, Frankfurt, 1985, S. 241 – S. 254 (*Zitiert: Kühl, in: FS Hubmann*)

Kühne, Hans-Heiner, Anmerkung zu OLG Köln, Beschluss vom 28.01.2009 – 2 Ws 31/09, StV 2009, S. 653 – S. 655

Lange, Jürgen, Vollständige oder teilweise Akteneinsicht für inhaftierte Beschuldigte in den Fällen des § 147 Abs. II StPO? Falsche und richtige Folgerungen aus den Urteilen des EGMR vom 13. 2. 2001 gegen Deutschland - Zugleich Anmerkung zu einschlägigen neuen Beschlüssen der OLGe Köln (NStZ 2002, S. 659 ff.) und Hamm (NStZ 2003, S. 386 ff.), NStZ 2003, S. 348 – S. 353

Larenz, Karl, Methodenlehre der Rechtswissenschaft, 6. Auflage, Heidelberg, 1991

Laubenthal, Klaus, Wiederaufnahme des Verfahrens, GA 1989, S. 20 – S. 31

Laubenthal, Klaus, Disziplinierung unbotmäßigen Verhaltens im Vollzug von Freiheitsstrafe nach dem Bayerischen Strafvollzugsgesetz, Festschrift für Rainer Paulus, Würzburg, 2009, S. 103 – S. 118 (*Zitiert: Laubenthal, in: FS Paulus*)

Laubenthal, Klaus, Strafvollzug, 6. Auflage, Heidelberg, 2011

Lilie, Hans, Unschuldsvermutung und Subjektstellung, Festschrift für Walter Remmers, Köln, 1995 *(Zitiert: Lilie, in: FS Remmers)*

Lindner, Josef Franz, Der Verfassungsrechtssatz von der Unschuldsvermutung, AöR 133 (2008), S. 235 – S. 260

Lobe, Adolf/Alsberg, Max, Die Untersuchungshaft – Kommentar zum IX. Abschnitt des 1. Buches der Strafprozeßordnung in der Fassung vom 27. Dezember 1926, Berlin, 1927

Löhr, Diana, Zur Mitwirkung der Laienrichter im Strafprozess, Hamburg, 2008

Lorenz, Dieter, Der Rechtsschutz des Bürgers und die Rechtsweggarantie, München, 1973

Luhmann, Niklas, Legitimation durch Verfahren, 2. Auflage, Darmstadt, 1975

Maaß, Rainald, Die neuere Rechtsprechung des BVerfG zum allgemeinen Gleichheitssatz - Ein Neuansatz?, NVwZ 1988, S. 14 – S. 21

Marhöfer, Peter, Die Ausgestaltung des Vollzugs der Untersuchungshaft aus der Sicht des Haftrichters, Festschrift für Volkmar Mehle, Baden-Baden, 2009, S. 373 – S. 386 (*Zitiert: Marhöfer, in: FS Mehle*)

Matt, Holger, Zur (weiteren) Beschwerde nach §§ 304, 310 StPO, NJW 1991, S. 1801 – S. 1803

Matt, Holger, Zu Problemen der Haftbeschwerde und des Haftprüfungsantrags, JA 1991, S. 85 – S. 94

Matt, Holger, Die Gegenvorstellung im Strafverfahren, MDR 1992, S. 820 – S. 826

Maunz, Theodor (Begr.)/Schmidt-Bleibtreu, Bruno/Klein, Franz/Bethge, Herbert, Bundesverfassungsgerichtsgesetz, Kommentar, Loseblattsammlung, München, Stand: August 2010 (*Zitiert: Bearbeiter, in: Maunz/Schmidt-Bleibtreu/Klein/Bethgte, BVerfGG*)

Maunz, Theodor/ Dürig, Günther (Begr.), Grundgesetz, Kommentar, Loseblattsammlung, München, Stand: 61. EL, 2011 (*Zitiert: Bearbeiter, in: Maunz/Dürig, GG)*

Meyer, Alexander, Das Akteninformationsrecht des Beschuldigten nach § 147 StPO i.d.F. des StVÄG 1999, Hamburg, 2003

Meyer, Frank/Rettenmaier, Felix, Die Praxis des nachträglichen Rechtsschutzes gegen strafprozessuale Zwangsmaßnahmen – Rückkehr der prozessualen Überholung?, NJW 2009, S. 1238 – S. 1243

Meyer, Jürgen (Hrsg.), Charta der Grundrechte der Europäischen Union, Kommentar, 2. Auflage, 2006 (*Zitiert: Bearbeiter, in: Kommentar zur EuGRCH)*

Meyer, Karlheinz, Notwendigkeit und Grenzen der Heilung von Grundrechtsverletzungen durch die Strafgerichte, Festschrift für Theodor Kleinknecht, München, 1985, S. 267 – S. 286 *(Zitiert: Meyer, in: FS Kleinknecht)*

Meyer, Karlheinz, Grenzen der Unschuldsvermutung, Festschrift für Herbert Tröndle, Berlin, 1989, S. 60 – S. 74 (*Zitiert: Meyer, in: FS Tröndle*)

Meyer-Goßner, Lutz, Strafprozessordnung mit GVG und Nebengesetzen, Kurzkommentar, 54. Auflage, München, 2011 *(Zitiert: Meyer-Goßner, StPO)*

Meyer-Ladewig, Jens (Hrsg.), Europäische Menschenrechtskonvention, Kommentar, 3. Auflage, München, 2011 (*Zitiert: Bearbeiter, in: EMRK*)

Mohrbotter, Kurt, Grenzen der Bindung an aufhebende Entscheidungen im Strafprozeß, ZStW 84 (1972), S. 612 – S. 647 *(Zitiert: Mohrbotter, Grenzen der Bindung an aufhebende Entscheidungen)*

Müller, Friedrich/Christensen, Ralph, Juristische Methodik, Band I, Grundlegung für die Arbeitsmethode der Rechtspraxis, 10. Auflage, Berlin, 2009

Müller-Dietz, Heinz, Gesetzgebungszuständigkeit für den Strafvollzug, ZRP 2005, S. 156 – S. 159

Münchhalffen, Gaby/Gatzweiler, Norbert, Das Recht der Untersuchungshaft, 3. Auflage, München, 2009

Nehm, Kay, Der Untersuchungshäftling als Interviewpartner, NStZ 1997, S. 305 – S. 312

Nestler, Nina, Zum „Recht des Untersuchungshaftvollzugs" i. S. v. Art. 74 Abs. 1 Nr. 1 GG – Anmerkung zu OLG Celle, Urteil vom 9. Februar 2010, Az.: 1 Ws 37/10, HRRS 2010, S. 546 – S. 550

Neuhaus, Ralf, Haftverschonungsauflagen und ihre Kontrolle, StV 1999, S. 340 – S. 347

Neuling, Christian-Alexander, Strafjustiz und Medien - mediale Öffentlichkeit oder "justizielle Schweigepflicht" im Ermittlungsverfahren?, HRRS 2006, S. 94 – S. 102 (*Zitiert: Neuling, Strafjustiz und Medien)*

Ostendorf, Heribert, Die Praxis des U-Haft Vollzugs – Daten und Fakten, NK 2009, S. 126 – S. 131

Pache, Eckhard, Die Europäische Menschenrechtskommission und die deutsche Rechtsordnung, EuR 2004, S. 393 – S. 398

Paeffgen, Hans-Ullrich, Vorüberlegungen zu einer Dogmatik des Untersuchungshaft-Rechts, Köln, 1986

Paeffgen, Hans-Ullrich, (Obergerichtliche) Rechtsprechung in Haftsachen, NStZ 1990, S. 430 – S. 432

Paeffgen, Hans-Ullrich, Obergerichtliche Rechtsprechung in Haftsachen - 1. Teil, NStZ 1993, S. 530 – S. 534

Paeffgen, Hans-Ullrich, Anmerkung zum Beschluss des OLG Hamm vom 05.11.1996 – 3 Ws 514/96, StV 1998, S. 35 – S. 41

Paeffgen, Hans-Ullrich, Rechtsprechungsübersicht in U-Haft-Sachen 1998, NStZ 1999, S. 71 – S. 78

Paeffgen, Hans-Ullrich, Übersicht über die (ober-)gerichtliche Rechtsprechung in Haftsachen – Teil 1, NStZ 2007, S. 79 – S. 86

Paeffgen, Hans-Ullrich, Das Niedersächsische Justizvollzugsgesetz vom 14.12.2007, StV 2009, S. 46 – S. 53

Paeffgen, Hans-Ullrich, § 119 soll reformiert werden!? Anmerkung zum U-HaftRÄG-Entwurf BT-Drs. 16/11644 vom 21.1.2009, GA 2009, S. 450 – S. 468

Paeffgen, Hans-Ullrich, Übersicht über die (ober-)gerichtliche Rechtsprechung in Haftsachen – Teil 1, NStZ 2010, S. 200 – S. 206

Paeffgen, Hans-Ullrich/Seebode, Manfred, Stellungnahme zum Entwurf eines Gesetzes zur Regelung des Vollzuges der Untersuchungshaft (BR-Dr 249 vom 30.4.1999), ZRP 1999, S. 524 – S. 526

Park, Tido, Der Anspruch auf rechtliches Gehör im Rechtsschutzverfahren gegen strafprozessuale Zwangsmaßnahmen, StV 2009, S. 276 – S. 284

Park, Tido/Schlothauer, Reinhold, Rechtswidrige Untersuchungshaft: Nachträglicher Rechtsschutz und Wiedergutmachung, Festschrift für Gunter Widmaier, Köln, 2008, S. 387 – S, 410 *(Zitiert: Park/Schlothauer, in: FS Widmaier)*

Pauly, Jürgen, Anmerkung zum Urteil des EGMR vom 09.07.2009 – Nr. 11364/03, StV 2010, S. 490 – S. 493

Peters, Karl, Anmerkung zum Beschluss des OLG Braunschweig vom 15.12.1952 – Ws 192/52, JZ 1953, S. 640 – S. 642

Peters, Karl, Anmerkung zum Beschluss des BGH vom 06.04.1977 – 1 BJs 123/76 StB 76/77 (BGHSt. 27, 175), JR 1978, S. 83 – S. 84

Pfeiffer, Gerd (Hrsg.), Karlsruher Kommentar zur Strafprozessordnung und zum Gerichtsverfassungsgesetz mit Einführungsgesetz, 4. Auflage, München, 1999 *(Zitiert: Bearbeiter, in: KK, StPO, 4. Aufl.)*

Pfeiffer, Gerd, Die Unschuldsvermutung im Strafprozess, Festschrift für Karlmann Geiß, Köln, 2000, S. 147 – S. 153 *(Zitiert: Pfeiffer, in: FS Geiß)*

Pfeiffer, Gerd, Strafprozeßordnung, Kommentar, 5. Auflage, München, 2005

Pfeiffer, Gerd/Fischer, Thomas (Hrsg.), Karlsruher Kommentar zur Strafprozessordnung und zum Gerichtsverfassungsgesetz mit Einführungsgesetz, 6. Auflage, München, 2008 *(Zitiert: Bearbeiter, in: KK, StPO, 6. Aufl.)*

Piel, Milena/Püschel, Christof/Tsambikakis, Michael/Wallau, Rochus, Der Entwurf eines Untersuchungshaftvollzugsgesetzes NRW- Ein rechtliches und politisches Ärgernis, ZRP 2009, S. 33 – S. 37

Püschel, Christof/Bartmeier, André/Mertens, Andreas, Untersuchungshaft in der anwaltlichen Praxis, Bonn, 2011

Radtke, Henning/Hohmann, Olaf (Hrsg.), Strafprozessordnung, Kommentar, München, 2011 *(Zitiert: Bearbeiter, in: Radtke/Hohmann, StPO)*

Rennig, Christoph, Die Entscheidungsfindung durch Schöffen und Berufsrichter in rechtlicher und psychologischer Sicht, Marburg, 1993 *(Zitiert: Rennig, Die Entscheidungsfindung durch Schöffen und Berufsrichter)*

Rieß, Peter, Amtlich verwahrte Beweisstücke, Festgabe für Karl Peters, Heidelberg, 1984, S. 113 – S. 129 *(Zitiert: Rieß, in: FS Peters)*

Rieß, Peter, Entwicklungstendenzen in der deutschen Strafprozessgesetzgebung seit 1950, ZIS 2009, S. 466 – S. 483

Röhl, Hellmut, Das rechtliche Gehör, NJW 1964, S. 273 – S. 279

Rostek, Holger, Die aufgedrängte Haftprüfung, StV 2002, S. 225 – S. 226

Rotthaus, Karl-Peter, Unzulänglichkeiten der heutigen Regelung der Untersuchungshaft, NJW 1973, S. 2269 – S. 2273

Roxin, Claus, Strafverfahrensrecht, 25. Auflage, München, 1998

Roxin, Claus/Schünemann, Bernd, Strafverfahrensrecht, 26. Auflage, München, 2009

Rudolphi, Hans-Joachim/Frister, Helmut/Frisch, Wolfgang/Paeffgen, Hans-Ullrich/Rogall, Klaus/Schlüchter, Ellen/Velten, Petra/Weßlau, Edda/Wohlers, Wolfgang/Wolter, Jürgen, Systematischer Kommentar zur Strafprozessordnung und zum Gerichtsverfassungsgesetz, Loseblattsammlung, Neuwied/Kriftel, Stand: Juni 2008 (*Zitiert: Bearbeiter, in: SK, StPO, Stand: Juni 2008)*

Rudolphi, Hans-Joachim/Degener, Wilhelm/Deiters, Mark/Frister, Helmut/Frisch, Wolfgang/Paeffgen, Hans-Ullrich/Rogall, Klaus/Schlüchter, Ellen/Velten, Petra/Weßlau, Edda/Wohlers, Wolfgang/Wolter, Jürgen, Systematischer Kommentar zur Strafprozessordnung mit GVG und EMRK, Band II, 4. Auflage, Köln, 2010 (*Zitiert: Bearbeiter, in: SK, StPO, 4. Aufl., 2010)*

Rudolphi, Hans-Joachim/Degener, Wilhelm/Deiters, Mark/Frister, Helmut/Frisch, Wolfgang/Paeffgen, Hans-Ullrich/Rogall, Klaus/Schlüchter, Ellen/Velten, Petra/Weßlau, Edda/Wohlers, Wolfgang/Wolter, Jürgen, Systematischer Kommentar zur Strafprozessordnung mit GVG und EMRK, Band III, 4. Auflage, Köln, 2011 (*Zitiert: Bearbeiter, in: SK, StPO, 4. Aufl., 2011)*

Rüping, Hinrich, Der Grundsatz des rechtlichen Gehörs und seine Bedeutung im Strafverfahren, Berlin, 1976

Rupprecht, Reinhard, Verfassungsrechtsprechung zur Untersuchungshaft, NJW 1973, S. 1633 – S. 1636

Sachs, Michael, Grundgesetz, Kommentar, 5.Auflage, München, 2009 (*Zitiert: Bearbeiter, in: Sachs, GG)*

Säcker, Horst, Die Verfassungsgerichtsbarkeit im Konvent von Herrenchiemsee, Festschrift für Wolfgang Zeidler, Band 1, Berlin, 1987, S. 265 – S. 279 *(Zitiert: Säcker, in: FS Zeidler, Band 1)*

Schlaich, Klaus/Korioth, Stefan, Das Bundesverfassungsgericht, 8. Auflage, München, 2010

Schlegel, Stephan, Das Akteneinsichtsrecht des Beschuldigten im Strafverfahren, HRRS 2004, S. 411 – S. 417

Schloth, Stephanie, Die Haftgründe der Wiederholungsgefahr und der Schwere der Tat, Baden-Baden, 1999

Schlothauer, Reinhold, Der Beweiserhebungsanspruch des Beschuldigten gegenüber dem Ermittlungsrichter (§ 166 Abs. 1 StPO), StV 1995, S. 158 – 165

Schlothauer, Reinhold, Zum Rechtsschutz des Beschuldigten nach dem StVÄG 1999 bei Verweigerung der Akteneinsicht durch die Staatsanwaltschaft, StV 2001, S. 192 – S. 196

Schlothauer, Reinhold/Weider, Hans-Joachim, Untersuchungshaft, 4. Auflage, Heidelberg, 2010

Schmid, Werner, Bedingte Prozeßhandlungen im Strafprozeß?, GA 1982, S. 95 – S. 108

Schmidhäuser, Eberhard, Strafrecht Allgemeiner Teil, 1982, Tübingen (Zitiert: Schmidhäuser, Strafrecht AT)

Schmidhäuser, Eberhard, Vom Sinn der Strafe, Neudruck der 2. Auflage, Berlin, 2004

Schmidt, Eberhard, Einführung in die Geschichte der deutschen Strafrechtspflege, Göttingen, 1947

Schmidt, Eberhard, Lehrkommentar zur Strafprozeßordnung und zum Gerichtsverfassungsgesetz, Teil II: Erläuterungen zur Strafprozeßordnung und zum Einführungsgesetz zur Strafprozeßordnung, Göttingen, 1957 (*Zitiert: Eb. Schmidt, in: StPO Teil II)*

Schmidt, Eberhard, Anmerkung zum Urteil des BGH vom 17.11.1958 – 2 StR 188/58, JR 1961, S. 30 – S. 31

Schmidt, Eberhard, Repression und Prävention im Strafprozeß, JR 1970, S. 204 – S. 208

Schmidt, H. W., Untersuchungshaft noch nach Rechtskraft des Urteils?, NJW 1959, S. 1717- S. 1718

Schmidt-Bleibtreu (Begr.), Bruno/Hofmann, Hans/Hopfauf, Axel (Hrsg.), Grundgesetz, Kommentar, 12. Auflage, Köln, 2011 (*Zitiert: Bearbeiter, in: Schmidt-Bleibtreu/Hofmann/Hopfauf)*

Schmidt-Jortzig, Edzard, Effektiver Rechtsschutz als Kernstück des Rechtsstaatsprinzips nach dem Grundgesetz, NJW 1994, S. 2569 – S. 2573

Schmitz, Alexandra, Betreuung inhaftierter Mandanten, NJW 2010, S. 1728 – S. 1729.

Schneider, Ragnar, Überlegungen zu einem Bayerischen Untersuchungshaftvollzugsgesetz, FS 2009, S. 24 – S. 26

Schorn, Hubert, Die Untersuchungshaft nach dem Strafprozeßänderungsgesetz, NJW 1965, S. 841 – S. 845

Schriever, Wolfgang, Anmerkung zum Beschluss des OLG Karlsruhe vom 24.04.1997 – 2 VAs 8/97, NStZ 1998, S. 159 – S. 160

Schröder, Christian, Die jederzeitige Haftprüfung von Amts wegen, NStZ 1998, S. 68 – S. 70

Schubarth, Zur Tragweite des Grundsatzes der Unschuldsvermutung, Basel, 1978

Schünemann, Bernd, Grundfragen der Revision im Strafprozeß (1. Teil), JA 1982, S. 72 – S. 77 *(Zitiert: Schünemann, Revision im Strafprozeß)*

Schwanengel, Wito, Die Malaise des deutschen Bundesstaates – Zu Möglichkeiten und Grenzen der Föderalismusreform, DÖV 2004, S. 553 – S. 560

Schwentker, Wolfgang, Der Ausschluß der Beschwerde nach § 305 StPO, Pfaffenweiler, 1990

Seebode, Manfred, Der Vollzug der Untersuchungshaft, Berlin, 1985

Seebode, Manfred, Recht und Wirklichkeit der Untersuchungshaft, ZfStrVo 1988, S. 268 – S. 275

Seebode, Manfred, Anmerkung zum BGH-Urteil vom 5.12.1996 (1 StR 376/96), JR 1997, S.471 – S. 478

Seebode, Manfred, Härtere Untersuchungshaft – Paketempfang und Rechtsstellung inhaftierter Verdächtiger bei hoher Belegung der Vollzugsanstalten, StV 2006, S. 552 – S. 556

Seebode, Manfred, Das „Recht des Untersuchungshaftvollzugs" im Sinne des Art. 74 GG, HRRS 2008, S. 236 – S. 241

Seebode, Manfred, Wer regelt den Justizvollzug? Vollzugsgesetze und formelles Verfassungsrecht, FS 2009, S. 7 – S. 12

Siegert, Rainer, Anmerkung zum Beschluss des OLG Köln vom 13.02.1998 – 2 Ws 93/98, NStZ 1998, S. 419 – S. 422

Sodan, Helge/Ziekow, Jan, Verwaltungsgerichtsordnung, Großkommentar, 3. Auflage, Baden-Baden, 2010 *(Zitiert: Bearbeiter, in: VwGO)*

Sowada, Christoph, Die Gerichtsbesetzung bei Haftentscheidungen während einer anhängigen Hauptverhandlung, NStZ 2001, S. 169 – S. 175

Strafner, Alexander, Anmerkung zum Beschluss vom 11.05.2008 – Nr. 41077/04, NStZ 2009, S. 164 – S. 166

Stuckenberg, Carl-Friedrich, Untersuchungen zur Unschuldsvermutung, Berlin, 1997

Stuckenberg, Carl-Friedrich, Die normative Aussage der Unschuldsvermutung, ZStW 111(1999), S. 422 – S. 460

Tiemann, Axel, Der Schutzbereich des Art. 2 II 2 GG - Zum Grundrecht auf Bewegungsfreiheit im Asylverfahrensrecht, NWvZ 1987, S. 10 – S. 15

Többens, Hans Werrier, Der Freibeweis und die Prozeßvoraussetzungen im Strafprozeß, NStZ 1982, S. 184 – S. 187

Trepper, Thomas, Zur Rechtskraft strafprozessualer Beschlüsse, Frankfurt a. M., 1995

Veit, Wolfgang, Die Rechtsstellung des Untersuchungsgefangenen, dargestellt am Modell des Briefverkehrs, Frankfurt a. M., 1971 *(Zitiert: Veit, Die Rechtsstellung des Untersuchungsgefangenen)*

Volk, Elisabeth, Haftbefehle und ihre Begründung: Gesetzliche Anforderungen und praktische Umsetzung, Frankfurt a. M., 1995 (*Zitiert: Volk, Haftbefehle und ihre Begründungen)*

Voßkuhle, Andreas, Bruch mit einem Dogma: Die Verfassung garantiert Rechtsschutz gegen den Richter, NJW 2003, S. 2193 – S. 2200

Wagner, Heinz, Rechtliches Gehör im Ermittlungsverfahren, ZStW 109(1997), S. 545 – S. 592

Wankel, Bernhard, Zuständigkeitsfragen im Haftrecht, Neuwied, 2002

Wasserburg, Klaus, Das Einsichtsrecht des Anwalts in die kriminalpolizeiliche Spurenakte, NJW 1980, S. 2440 – S. 2446

Wasserburg, Klaus, Einsichtsrecht der Verteidigung in kriminalpolizeiliche Spurenakten, NStZ 1981, S. 211 – S. 212

Wassermann, Rudolf (Gesamthrsg.), Reihe Alternativkommentare, Kommentar zur Strafprozeßordnung, Band 2, Neuwied, 1992 *(Zitiert: Bearbeiter, in: AK)*

Wassermann, Rudolf (Gesamthrsg.), Reihe Alternativkommentare, Kommentar zur Strafprozeßordnung, Band 3, Neuwied, 1996 *(Zitiert: Bearbeiter, in: AK)*

Weber, Albrecht, Vom Verfassungsvertrag zum Vertrag von Lissabon, EuZW 2008, S. 7 – S. 14

Weider, Hans-Joachim, Anmerkung zum Beschluss des BGH vom 16.08.1991 – 1 StE 6/89, StV 1991, S. 525 – S. 526

Weider, Hans-Joachim, Das Gesetz zur Änderung des Untersuchungshaftrechts, StV 2010, S. 102 – S. 109

Weigend, Thomas, Der Zweck der Untersuchungshaft, Festschrift für Egon Müller, Baden-Baden, 2008, S. 739 – S. 752 *(Zitiert: Weigend, in: FS Müller)*

Weitzel, Jürgen, Grundzüge des Rechts der Rechtsmittel, JuS 1992, S. 625 – S. 631

Welp, Jürgen, Probleme des Akteneinsichtsrechts, Festgabe für Karl Peters, Heidelberg, 1984, S. 309 – S. 330 *(Zitiert: Welp, in: FS Peters)*

Welp, Jürgen, Abhörverbote zum Schutz der Strafverteidigung - Zugleich Besprechung des BGH-Urteils vom 5. 11. 1985 - 2 StR 279/85, NStZ 1986, S. 294 – S. 299

Welp, Jürgen, Haft und Haftprüfung, Festschrift für Christian Richter II - Verstehen und Widerstehen, Baden-Baden, 2006, S. 573 – S. 588 *(Zitiert: Welp, in: FS Richter II)*

Wendisch, Günter, Anfechtung von Beschlüssen, die Verhaftungen oder die einstweilige Unterbringung betreffen, Festschrift für Hanns Dünnebier, Berlin, 1982 (*Zitiert: Wendisch, in: FS Dünnebier)*

Werner, Stefan, Strafprozessuale Gegenvorstellung und Rechtsmittelsystem, NJW 1991, S. 19 – S. 22

Widmaier, Gunter (Hrsg.), Münchner Anwaltshandbuch Strafverteidigung, München, 2006 (*Zitiert: Bearbeiter, in: MAH Strafverteidigung)*

Wiesneth, Christian, Die Untersuchungshaft, Stuttgart, 2010

Winkelmann, Martin/Engsterhold, Oliver, Einbringung technischer Geräte in die Untersuchungshaft, NStZ 1993, S. 112 – S. 117

Winzer, Stephanie/Hupka, Jan, Das neue niedersächsische Justizvollzugsgesetz – Vom Haftrichter zum Vollzugsrichter im Untersuchungshaftvollzug, DRiZ 2008, S. 146 – S. 146

Woesner, Horst, Die Gegenvorstellung im Strafverfahren, NJW 1960, S. 2129 – S. 2132

Wohlers, Wolfgang, Anmerkung zum Urteil des OLG München v. 27.8.2008 – 2 Ws 763/08, StV 2009, S. 538 – S. 540

Wohlers, Wolfgang/Schlegl, Stephan, Zum Umfang des Rechts der Verteidigung auf Akteneinsicht gemäß § 147 I StPO - Zugleich Besprechung von BGH – Urteil vom 18. 6. 2009 – BGH 18.06.2009 Aktenzeichen 3 StR 89/09 – (LG Hannover), NStZ 2010, S. 486 – S. 492

Wölfl, Bernd, Die Gegenvorstellung im Strafverfahren, StraFo 2003, S. 222 – S. 228

Wolter, Jürgen, Untersuchungshaft, Vorbeugungshaft und vorläufige Sanktionen, ZStW 93 (1981), S. 452 – S. 506

Zuck, Rüdiger, Das Recht der Verfassungsbeschwerde, 3. Aufl., München, 2006

Würzburger Schriften zur Kriminalwissenschaft

Herausgegeben von Klaus Laubenthal

Band 1 Hans-Jochen Schrepfer: Die Anwesenheit des Verteidigers bei der polizeilichen Beschuldigtenvernehmung. 2001.

Band 2 Nadine Hohlfeld: Moderne Kriminalbiologie. Die Entwicklung der Kriminalbiologie vom Determinismus des 19. zu den bio-sozialen Theorien des 20. Jahrhunderts. Eine kritische Darstellung moderner kriminalbiologischer Forschung und ihrer kriminalpolitischen Forderungen. 2002.

Band 3 Robert Frank: Die Bekämpfung der Geldwäsche in den USA. High-Tech-Gewinnaufspürung, drakonische Strafen und radikale Gewinneinziehung – Ist der Amerikanische Ansatz ein Vorbild für Deutschland? 2002.

Band 4 Johannes Hofmann: Menschenhandel. Beziehungen zur Organisierten Kriminalität und Versuche der strafrechtlichen Bekämpfung. 2002.

Band 5 Hans Christian Lohmann: Arbeit und Arbeitsentlohnung des Strafgefangenen. 2002.

Band 6 Stefanie Mühlfeld: Mediation im Strafrecht. Unter besonderer Berücksichtigung von Gewalt in Schule und Strafvollzug. 2002.

Band 7 Eric Uftring: Die Auswirkungen von Entscheidungen des Bundesverfassungsgerichtes und des Europäischen Gerichtshofes im intertemporalen Steuerstrafanwendungsrecht. Dargestellt am Beispiel der Vermögensteuer, der Zinsbesteuerung und der Getränkesteuer. 2002.

Band 8 Sebastian Fickert: Die Behandlung von Zufallserkenntnissen im Ermittlungsverfahren. Unter Berücksichtigung der allgemeinen Grundsätze über Verwertungsverbote. 2002.

Band 9 Stefan Laun: Alternative Sanktionen zum Freiheitsentzug und die Reform des Sanktionensystems. 2002.

Band 10 Anette Kaufmann: Möglichkeiten der sanktionsrechtlichen Erfassung von (Sonder-)Pflichtverletzungen im Unternehmen. Unter besonderer Berücksichtigung des Zusammenspiels von § 14 StGB, (§ 9 OWiG), § 130 OWiG und § 30 OWiG. 2003.

Band 11 Martina Seeliger: Entwicklung der Kinderdelinquenz und Folgerungen im Hinblick auf eine Änderung der Strafmündigkeitsgrenze. 2003.

Band 12 Silke Elli Jäger: Behandlung von Sexualstraftätern im Strafvollzug. 2003.

Band 13 Silke Marion Hirsch: Die Kommunikationsmöglichkeiten des Strafgefangenen mit seiner Familie. 2003.

Band 14 Volker Stiebig: Vollstreckungsverzicht und Grundfreiheiten. Ein Beitrag zur Entwicklung des Europäischen Strafrechts. 2003.

Band 15 Urte Nevermann-Jaskolla: Das Kind als Opferzeuge im Strafverfahren. 2004.

Band 16 Frank Och: Der strafrechtliche Schutz gegen ungerechtfertigte Vermögensverschiebungen in England und Wales im Vergleich mit dem deutschen Strafrecht. 2004.

Band 17 Michael Arlt: Der strafrechtliche Anlegerschutz vor Kursmanipulation. 2004.

Band 18 Anja Rieder-Kaiser: Vollzugliche Ausländerproblematik und Internationalisierung der Strafverbüßung. 2004.

Band 19 Katrin Malkmus: Prostitution in Recht und Gesellschaft. 2005.

Band 20 Susanne Werner-Eschenbach: Jugendstrafrecht. Ein Experimentierfeld für neue Rechtsinstitute. 2005.

Band 21 Stefanie Röhrs: Vergewaltigung von Frauen in Südafrika. Primäre, Sekundäre und Tertiäre Viktimisierung. 2005.

Band 22 Andrea Lindner: 100 Jahre Frauenkriminalität. Die quantitative und qualitative Entwicklung der weiblichen Delinquenz von 1902 bis 2002. 2006.

Band 23 Michael Steiner: Der Strafgefangene im System der gesetzlichen Sozialversicherung. 2006.

Band 24 Simone Kleespies: Kriminalität von Spätaussiedlern. Erscheinungsformen, Ursachen, Prävention. 2006.

Band 25 Caroline Vöhringer: Tötung auf Verlangen. Die Abgrenzung des § 216 StGB zur straflosen Beihilfe zum Suizid sowie das Verhältnis von privilegierenden zu qualifizierenden Tötungsumständen. 2008.

Band 26 Jörg Weddig: Mittelbare Täterschaft und Versuchsbeginn bei der Giftfalle. Eine Auseinandersetzung mit dem „Passauer Apothekerfall“ (BGHSt 43, 177 ff.). 2008.

Band 27 Isabel Albert: Innerfamiliäre Gewalt gegen Kinder. Eine kriminologische und rechtliche Betrachtung der Erscheinungsformen, Ursachen und Möglichkeiten der Bekämpfung. 2008.

Band 28 Nina Nestler: Churning. Strafbarkeit der Spesenschinderei nach deutschem Recht. 2009.

Band 29 Leonie Ackermann: Die Altersgrenzen der Strafbarkeit in Deutschland, Österreich und der Schweiz. 2009.

Band 30 Annika Flaig: Die nachträgliche Sicherungsverwahrung. 2009.

Band 31 Simona Markert: Der bayerische Jugendstrafvollzug in Theorie und Praxis. Betrachtet vor dem Hintergrund der Entscheidung des Bundesverfassungsgerichts vom 31.5.2006. 2012.

Band 32 Klaus Jünemann: Gesetzgebungskompetenz für den Strafvollzug im föderalen System der Bundesrepublik Deutschland. Eine Analyse anlässlich der Föderalismusreform 2006 unter besonderer Berücksichtigung der Ziele und Aufgaben des Strafvollzugs. 2012.

Band 33 Lars Firchau: Das fachgerichtliche Rechtsbehelfssystem der Untersuchungshaft sowie die Regelung des Vollzuges. Unter Einbeziehung des Bayerischen Untersuchungshaftvollzugsgesetzes. 2013.

www.peterlang.de